21世纪经济管理新形态教材·创新创业教育系列

大学生就业创业与创新素质

主 编 ◎ 姚凤云 戴国宝 田 阳

清华大学出版社

北 京

内 容 简 介

本书是在总结大学生就业和创业的理论和实践经验的基础上编写的高校大学生就业创业与创新素质教材。全书共分3篇17章，主要从求职就业、创业管理与创新素质三个方面展开论述。

本书具有较强的理论性、实践性、知识性、引导性和可操作性，可作为高校各类专业的公共必修课或公共选修课教材。大学生学习本教材，能很好地提高其就业与创业的理论和实际运用水平及创新素质，能对就业创业与创新等高素质人才的培养起到一定的引导和促进作用。

本书封面贴有清华大学出版社防伪标签，无标签者不得销售。

版权所有，侵权必究。举报：010-62782989，beiqinquan@tup.tsinghua.edu.cn

图书在版编目（CIP）数据

大学生就业创业与创新素质/姚凤云，戴国宝，田阳主编. —北京：清华大学出版社，2022.8
21 世纪经济管理新形态教材. 创新创业教育系列
ISBN 978-7-302-61548-4

Ⅰ.①大… Ⅱ.①姚… ②戴… ③田… Ⅲ.①大学生－职业选择－高等学校－教材 Ⅳ.①G647.38

中国版本图书馆 CIP 数据核字(2022)第 143788 号

责任编辑：贺　岩
封面设计：汉风唐韵
责任校对：王荣静
责任印制：丛怀宇
出版发行：清华大学出版社
　　　　网　　　址：http://www.tup.com.cn，http://www.wqbook.com
　　　　地　　　址：北京清华大学学研大厦 A 座　　　　邮　　编：100084
　　　　社 总 机：010-83470000　　　　邮　　购：010-62786544
　　　　投稿与读者服务：010-62776969，c-service@tup.tsinghua.edu.cn
　　　　质 量 反 馈：010-62772015，zhiliang@tup.tsinghua.edu.cn
　　　　课 件 下 载：http://www.tup.com.cn，010-83470332
印 装 者：小森印刷霸州有限公司
经　　　销：全国新华书店
开　　　本：185mm×260mm　　　　印　张：20.25　　　　字　　数：466 千字
版　　　次：2022 年 8 月第 1 版　　　　印　　次：2022 年 8 月第 1 次印刷
定　　　价：58.00 元

产品编号：096543-01

前 言

　　临近蜡梅迎春的季节，终于完成了《大学生就业创业与创新素质》一书的写作任务。笔者如释重负的心中犹如沁入蜡梅的清香，情不自禁地吟诵出两首颂赞"就业""创业"的诗。在此，愿将其奉献给读者，以共同感慨"就业"与"创业"激荡豪迈的情怀！

"就业"颂

就业使你步入了企盼的职场，
职业生涯之舟由此启航。
为着学生角色的转变，
你一直在吸取和积蓄着力量。

规划使你绘出了就业的向往，
职业追求之灯因此明亮。
为着美好蓝图的铺展，
你经常去探索和寻求新希望。

素质使你练就了坚强的翅膀，
人生奋斗之途任你翱翔。
为着期望事业的未来，
你坚持着培育和塑造优良。

求职使你展示着应聘的形象，
综合能力之备使其闪光。
为着职场应聘的成功，
你悉心让技巧和礼仪显芬芳。

法律使你拥有了入职的保障，
求职就业之旅因此无恙。
为着意外侵权的防范，
你全力用政策和法规去抵挡。
职业使你具有了责任的担当，

工作任务之施据此阳刚。

为着理想目标的实现，

你竭力使业绩和奉献尽辉煌！

赞"创业"

创业，

时代潮流的火热。

投身民族振兴的佳境，

竞相落实战略驱动的国策！

创业，

明晰开阔的视野。

遐想无限美好的未来，

敏锐进行天赐机会的识别！

创业，

各种资源的整合。

巧妙进行优化的配置，

造就促建了新佳特的企业！

创业，

资金是你的稀缺。

融通筹集所需的资本，

支撑助推经济实体的飞跃！

创业，

谨防突显的不测。

悉心洞察潜在的隐患，

有效规避意外风险的伤害！

创业，

异军突起的队列。

呈现经济多元的主体，

不断展现蓬勃发展的卓越！

我国高等教育由"精英化"向"大众化"转变之后，高校大学生的就业形势愈来愈严峻。党的十八大以来，习近平总书记多次强调："就业是民生之本，要切实做好以高校毕业生为重点的青年就业工作。""全社会都要重视和支持青年创新创业。"李克强总理曾多次专门到高校视察指导高校就业创业工作，并明确指出："高校毕业生是国家的宝贵财富""要进一步实施大学生就业创业促进计划""以创业带动就业"。教育部《关于做好 2022 届全国普通高校毕业生就业创业工作的通知》中更强调指出："各地各高校要把就业教育、就业引导全面纳入大学生思想政治教育体系。""要加强职业生涯教育和就业创业指导。"

为贯彻党和国家这些就业创业的指导思想和教育方针，我们与时俱进地总结了大学生就业、创业的最新理论和实践，撰写了《大学生就业创业与创新素质》这一高校公共课的教材。

本书主编为姚凤云、戴国宝、田阳；副主编为高虹、郑郁、刘礼坤。具体分工为：田阳（第一章、第二章、第三章）；方璐瑶（第四章）；黄永伦（第五章）；吴伟彬（第六章）；郑郁（第七章）；刘礼坤（第八章）；戴国宝（第九章、第十章、第十一章、第十二章、第十四章）；姚凤云（第十三章）；高虹（第十五章、第十六章、第十七章）。

在本书的编写过程中，我们借鉴了有关著者的大量专著、教材和其他资料，在此，谨对其表示诚挚的谢意！

由于我们对大学生就业和创业学科研究的时间不算太长，研究水平非常有限，此书的编写可能有一些不足之处。在此，诚请各位专家、同行、读者多多给予批评指正。

编 者

目 录

第一篇　大学生求职就业篇

第二篇　大学生创业管理篇

第三篇　大学生创新素质篇

第一篇　大学生求职就业篇

"就业"一词的基本含义是指具有劳动能力的公民，依法从事某种有报酬或劳动收入的社会活动。高校就业教育是指为帮助学生根据自身特点和社会职业需要，选择并确定有利于发挥个人才能和实现个人理想的职业所进行的教育。

20世纪90年代末我国高等院校扩招，实现了高等教育大众化，其就业也开始了向市场化转变。近年来我国大学生就业压力日益凸显，大学生就业难越来越成为人们关注的焦点问题。在严峻的就业形势下，高校大学生就业显得越来越重要。可以认为，就业教育是高校素质教育的有机组成部分。

本篇特对大学生就业及就业的市场、政策、制度，职业及相关素质，职业生涯规划，求职的准备，求职的方式技巧，就业文书和法律保障等问题分六章进行阐释。

第一章

大学生就业概论

学习要点及目标

通过本章的学习，认识就业的概念和基本特征；了解大学毕业生就业市场的特征、基本职能和作用；了解大学生成功就业的措施；明晰大学毕业生就业的政策；认识大学生就业制度。

引导案例

2021年云南省金秋招聘月
暨高校毕业生就业服务系列活动启动仪式在昆举行

2021年10月26日，以"'就'在金秋，'职'面未来"为主题的2021年云南省金秋招聘月暨高校毕业生就业服务系列活动启动仪式在昆明市官渡广场举行。

此次招聘活动是贯彻落实党中央、国务院和省委、省政府关于稳就业、保就业决策部署，落实"我为群众办实事"工作要求，推动云南省实现更充分、更高质量就业的重要举措。

"金秋招聘月及高校毕业生就业服务系列活动"以省、市、区三级联动形式在全省范围内拉开序幕，将持续一个月，在全省营造政府搭台、用人单位发力、各级各类人力资源服务机构积极参与，全方位促进劳动者充分就业创业的良好社会氛围。

据了解，本次招聘会有200余家用人单位入场"招贤"，其中政府公共事业服务单位8家，国企23家，上市企业20家，外资企业、港澳台企业12家，以及优质民营企业100余家。同时，在云南公共就业服务网还有4万余家用人单位参与招聘。共计提供了软件工程、人事、行政、文员、财务、策划、培训、网站管理等393万多个优质岗位。

为方便不能到招聘会现场的求职者，招聘会还设立了现场直播间，邀请20家薪资待遇高、工作条件好、发展前景广的优质企业在现场"直播带岗"，介绍企业情况及招聘岗位信息，并通过"互联网+"渠道广泛宣传。启动仪式结束后，还将在云南人才网、云南启航就业服务平台搭建"直播带岗"平台，组织优质企业开展专场直播招聘活动，通过链接各类网站、微信公众号、抖音官方号等多种渠道播放；同时搭建网络招聘专区，举办高校毕业生、退役军人专场招聘会，加强政策宣传，进一步扩大系列活动影响力，延伸官方就业渠道覆盖面。

近年来，云南全省各地各部门认真贯彻落实党中央、国务院和省委、省政府的决策部署，想办法、聚合力、出实招，围绕重点群体就业保障工作，不断完善政策措施，积

极搭建服务平台，帮助解决重点群体就业，保持全省就业形势总体稳定。（中国日报云南记者站）

资料来源：中国日报网
https://yn.chinadaily.com.cn/a/202110/27/WS61794e64a3107be4979f5202.html

自高校扩招以后，我国高等教育早已从"精英化"转向"大众化"，使得大学毕业生人数逐年递增，毕业生就业形势发生了巨大的变化，大学生就业难成了一种普遍的社会现象。那么，大学生在当今就业环境严峻、竞争异常激烈的形势下，如何找到适合自己的职业起点，成功实现就业呢？大学毕业生学习就业知识、掌握就业技巧、了解就业发展趋势，及早调整和把握自己的择业方向，对其成功就业会起到至关重要的作用。

第一节　大学生就业及就业市场

一、就业概述

（一）就业的概念和基本特征

1. 就业的概念

就业是劳动力与生产资料的结合，是指在法定年龄内的有劳动能力和劳动愿望的人们为获取报酬或经营收入而进行的活动。

如果再进一步分析，则需要把就业从三个方面进行界定：一是就业条件，指在法定劳动年龄内，有劳动能力和劳动愿望；二是收入条件，指获得一定的劳动报酬或经营收入；三是时间条件，即每周工作时间。

2. 就业的基本特征

就业具有如下基本特征。

（1）社会性。劳动者与生产资料是构成就业的基本要素，两者相结合，处于一定的生产关系之中。生产关系就是社会关系，就业总是受到社会关系的推动和制约，总是同社会的现状与发展密切相关的。

（2）经济性。对社会来讲，就业活动在宏观上要求尽可能充分合理地利用社会劳动力资源。对劳动者个人来讲，就业是获得生活资料的主要手段。就业活动的结果，要尽可能地满足劳动者不断增长的物质和文化生活的需要，使劳动力再生产的条件不断完善。

（3）计划性和合理性。劳动者和生产资料的结合不是任意进行的，而要按一定的计划和比例来进行。其计划的方式由生产关系决定，结合的比例限于生产力的发展水平。

（4）变动性和相对稳定性。随着生产力水平的提高和社会分工的不断发展，劳动者就业岗位的变换越来越频繁。这种变动在现代社会是不可避免的。同时，不同劳动资料与劳动对象相结合的劳动就业岗位，对劳动者的文化技术水平有着不同的要求。要提高结合的效益，就要不断提高劳动者的素质，并使劳动者尽可能地稳定在一定就业岗位上。

（二）大学生就业的概念

大学生就业是指大学生通过一系列在校内的专业知识学习，提高了自身的知识水平和修养，具备了从事某种工作的能力，从而通过合法的渠道获得薪酬水平与自身素质相适应的、稳定的工作岗位。

二、大学毕业生就业市场

（一）大学毕业生就业市场的特征

大学毕业生就业市场具有以下特征。

（1）社会性。大学生就业关系到国家人力资源能否合理配置和使用，关系到千家万户的利益，关系到社会能否稳定发展。广大毕业生能否充分就业不仅是学生个人的问题，同时关系到学校培养目标的实现和国家教育的发展，是一个社会问题，具有广泛的社会性，即大学生就业市场是一种具有较大社会意义的就业市场。

（2）初次性。全国每年有上百万名高校毕业生第一次进入社会就业，这是一个庞大的就业规模。大学毕业生学成后的初次就业，往往缺乏就业经验，而就业的愿望又比较迫切，对就业的期望值一般都比较高，理想与现实容易产生矛盾。为此，学校及教育主管部门必须精心组织安排，做好工作，才能实现大学毕业生的充分就业。

（3）公益性。毕业生就业市场以促进毕业生就业创业为宗旨，构建毕业生、用人单位之间安全、可靠的平台，为高校毕业生就业创业提供快捷、有效、全面、高质量的服务。

（4）专门性。大学毕业生具有较强的专业知识水平和能力，具有较高的学历层次，在就业竞争中处于十分有利的地位，具有广阔的就业前景。与一般的劳动力市场相比，大学生就业市场的就业率相对比较高。

（5）集中性。我国每年都有近几百万名大学生集中进入社会就业，从人数到年龄，都有集中性的特点。用人单位和毕业生在一个相对固定的时间和场所集中招聘或应聘，特别是校际间或院校内举办的人才交流会，表现在专业方向上，更具有集中性的特征。由于这个主体都是大学毕业生，学历层次差别不大，年龄也比较集中，因此在就业的过程中竞争会更加激烈。

（6）多样性。为满足用人单位和毕业生的需求，大学生就业市场形式灵活多样，既有有形的，也有无形的；既有主管部门举办的，也有高校自己举办的；既有规模大的，也有规模小的；既有综合的，也有分类的；既有区域的，也有部门的。

（7）自主性。市场需求主体是指广大用人单位，它们在就业市场中具有较强的独立性和自主性。在现代企业制度下，企业成了自主经营、自负盈亏、自我发展、自我约束的经营单位和独立的法人实体。企业拥有人事自主权，可以自主地在人才市场上选择自己所需要的人才。

（8）时效性。大学生就业具有一定的季节性，由于全国大学生毕业的时间基本一致，要让大多数大学毕业生在此期间就业，任务十分艰巨。我国现行的大学生就业政策规定，毕业生就业必须在有限的时间内完成。每年寒假或暑假，全国有上百万应届高校毕业生，一般要求他们在半年内落实工作单位，现在择业期延长为两年。各级主管就业部门对每年的毕业生就业市场的运行日程都有一个大致的安排，从用人单位到高校招聘、到毕业生落实就业单位、签约，以及未能落实或重新落实单位等都有具体的时间规定。如果毕业生在两年内不能落实就业单位，就要离开这一市场而转到其他就业市场择业或待业。

（9）影响性。高校毕业生就业市场涉及面广，任何一个毕业生就业都牵动着毕业生本人、家长、亲朋好友等的关心，为社会所关注，影响极大。

（二）大学毕业生就业市场的基本职能

大学毕业生就业市场具有如下基本职能。

（1）信息交流。大学毕业生就业市场是毕业生与用人单位供需双方进行双向选择，实现求职和招聘的必要场所，而充分交流就业信息与求职信息又是供需双方进行双向选择的基础和前提，因而，促进信息交流是毕业生就业市场的首要职能。大学毕业生就业市场需要通过收集和整理各种就业信息，并通过适当的方式对所有毕业生公开，供毕业生了解和进行选择。这些就业信息既包括国家宏观的政治、经济形势，也包括有关的就业政策、规定，还包括各用人单位的基本情况和具体的用人需求，是各种与毕业生就业有关信息的集合。同时，市场也要向用人单位提供各个高校的专业介绍和生源情况，提供具体的求职者的应聘信息，方便用人单位进行招聘。市场信息能否实现共享，交流是否充分，直接决定了市场作用能否有效发挥，人才配置是否合理。

（2）就业服务与管理监督。高校毕业生就业市场是履行政府公共职能的公益性服务市场，其宗旨就是为毕业生和用人单位提供政策咨询、就业指导、供需见面、创业培训等就业创业综合服务。目前，大学毕业生就业市场应当提供以下就业服务：向毕业生和用人单位提供就业政策和规章咨询；办理毕业生就业调整、改派、就业代理等一系列手续。实行一站式服务：为求职毕业生提供就业指导和职业介绍；为需要培训的求职毕业生推荐培训单位；公开发布需求信息、供求分析信息和职业培训信息；办理求职登记；对就业困难毕业生进行就业援助；举办毕业生求职和用人单位招聘双选活动；完成国家和省规定的其他有关服务工作。

高校毕业生就业市场通过建立用人单位准入制度、用人单位招聘毕业生和毕业生应聘信用制度及信息公开制度等完善的制度，加强市场管理与监督，切实维护进入市场的毕业生和用人单位的权益，维护毕业生市场的正常秩序，促进市场健康发展。

（三）大学毕业生就业市场的作用

大学毕业生就业市场具有以下作用。

（1）市场配置作用。毕业生就业市场是通过市场的调节作用，实现对毕业生这一宝贵人才资源的合理配置，促进人才的合理流动，达到人尽其才、才尽其用的根本目的。大学生要依据人才价格信息、个人与职业匹配情况和人才竞争的激烈程度等因素来决定是否就业；用人单位则是根据工作要求、经营状况和社会平均人才价格等信息决定对毕业生的录用。毕业生就业市场就是依靠市场竞争机制，根据供求规律、价值规律等基本规律最终决定人才的组合与配置。多年就业实践的经验表明，高校毕业生就业市场在毕业生就业中发挥了不可替代的基础性作用，80%以上的毕业生是通过这一市场实现就业的。因此，高校毕业生就业市场已经成为毕业生求职、就业的主渠道。

（2）市场导向作用。就业市场中大学毕业生的就业状况从根本上讲反映的是高等学校人才培养与市场需求之间的适应程度。认真分析用人需求与毕业生就业的状况和存在的问题，有利于高等学校树立科学发展观，转变办学思路，加强学科建设，调整专业设置和教学计划，推动教育教学改革，提高学校人才培养的针对性和适用性，增强学校主动适应社会与经济发展需要的能力。毕业生就业市场建立就业预测制度(预测主要包括毕业生的生源状况、需求状况、就业状况及其他信息)，加强对就业形势的研究，定期公布就业预测情况，不但对高等教育的改革起到了导向作用，同时也为相关部门制订和调整有关毕业生就业政策提供了重要参考和依据，作用十分明显。

第二节　大学生就业政策

一、大学毕业生就业政策的内涵

就业政策，即国家在一定的历史条件和阶段下，为促进经济发展和社会进步，创造劳动者就业条件，扩大就业机会所制定的行为准则。只有全面了解国家就业政策，转变就业观念，增强自主择业意识，主动面向人才需求市场，遵循供需见面、双向选择和市场竞争的原则，才能顺利就业。

我国现行的大学毕业生就业工作的方针、政策是：坚持"公开、公正、择优、自愿"的原则，贯彻统筹安排、合理使用、加强重点、兼顾一般和面向基层，充实生产、科研、教学第一线的方针，实行"市场导向、政府调控、学校推荐、学生和用人单位双向选择"的就业模式。

虽然"双向选择""自主择业"是当前大学生就业的基本制度，但"自主择业"并非自由择业，不同隶属关系的学校和不同层次、不同类别的毕业生在就业途径和就业规定等方面都略有差异，不同地区接收毕业生的办法也不尽相同。

近几年，随着高等学校毕业生数量的逐年增加，也由于经济体制转轨，产业结构调整，国有企业减员增效，国家机关精简机构等原因，人员下岗分流，使原有接收毕业生的主渠道接收能力降低，而新增长的就业点，如私营企业、民营企业等，由于政策措施尚不配套，接纳能力也有限。为此，国家更加重视毕业生就业工作。近年来，围绕推动和促进高校毕业生就业，国家出台了一系列方针政策。比如，破除了一切部门限制和地区限制，毕业生可以在全国范围内自由流动；在择业期限方面，不仅毕业前可以找工作，而且毕业后两年内仍可双向选择；在就业服务中，不仅学校有周到的指导和服务，政府有关部门特别是人才市场、劳动力市场和毕业生就业市场也提供多种公益性服务。可以说，现有政策涵盖了毕业生就业的各个方面，基本形成了比较完善的政策框架体系。这些方针政策强调：普通高校毕业生是国家宝贵的人才资源，实现其充分就业，发挥好这部分人才的作用，是实施科教兴国战略，全面建设小康社会的客观要求；合理配置使用毕业生，充分发挥他们的作用，对于促进经济发展和社会进步具有十分重要的意义，各级领导都应从科教兴国的高度重视大学毕业生的就业工作。

党的十六大以来，国家为推动高等教育更加主动地适应经济社会发展，要求各地、各部门和各高校高度重视毕业生就业工作，努力适应新时期高校毕业生就业工作的迫切需要，积极探索，总结行之有效的做法和经验，扎扎实实做好相关工作，并出台了一系列措施。

第一，地方和高校要把毕业生就业状况作为确定高等教育事业发展规模的重要依据，坚持年度招生计划安排与毕业生就业率适度挂钩，对就业率明显偏低的地方和高校，区分情况，原则上要减少招生，控制招生或调减增幅。

第二，进一步优化调整高校设置及学科专业结构，加快改革人才培养模式，把毕业生就业率作为评议高校设置的主要依据和参数，对毕业生就业率低的地区，控制新增高校的数量；加强地方教育行政部门对本科专业设置、调整的统筹管理和宏观调控，各地教育行政部门应根据本地区高校毕业生的就业情况，确定本地区控制增设的专业。

第三，把毕业生就业状况纳入高校评估指标体系，使评估结果更加全面地反映学校的实际状况；将毕业生就业率作为高校教学评估方案中的重要指标，凡就业率低的学校，一般不得评为优秀；将教育部直属高校毕业生就业率作为反映学校办学状况的一项重要指标。各地要按照有关文件要求，责成高校将毕业生就业工作纳入学校工作的重要议事日程，把高校毕业生就业工作作为考核高校领导干部政绩的重要内容。

第四，高等院校必须明确以就业和社会实际需求为导向，调整专业结构，改革培养模式，加强实践环节的教育教学，保持同经济和社会的直接、密切沟通与联系；要特别对可能面临就业困难的毕业生有针对性地强化短期职业技能训练。

第五，加大就业经费投入，加强就业指导教师队伍建设；对毕业生就业工作做得好的学校，主管部门应适当核拨经费，支持其就业指导中心的建设。

二、不同情况毕业生的就业政策

我国实行招生计划内普通高等学校本、专科学生，凡取得毕业资格的，在国家就业方针、政策指导下在一定范围内自主择业。高校毕业生就业工作要贯彻统筹安排、合理使用、加强重点、兼顾一般和面向基层，充实生产、科研、教学等第一线的方针；在保证国家需要的前提下，贯彻学以致用、人尽其才、优生优用的原则。同时针对毕业生的特殊情况，国家还制定了不同的政策。

（一）国家对自费毕业生的就业政策

国家招生计划内招收的自费生（含电大、函授普通专科班）毕业后自主择业，在规定时间内找到单位由地方主管调配部门开具《报到证》。有些地区规定，自费毕业生按政策在原生源省市自主择业。凡计划招收的自费毕业生，在毕业一年之内找到接收单位的，均可为其办理派遣手续。自费生到各种非公有制经济性质的企事业单位就业，该单位的人事档案关系应当挂靠在政府人事部门所属的人才服务机构。经人才服务机构盖章同意接收该毕业生后，学校才能为其办理派遣手续。超过规定时间仍未落实接收单位的毕业生，将其档案关系转回家庭所在地街道，自谋职业。

（二）本科毕业生、结业生、肄业生在就业政策方面的区别

本科毕业生在国家就业方针政策指导下通过供需见面、双向选择在一定范围内自主择业；已落实工作单位的毕业生，国家负责为其办理就业手续，在规定时间内未落实工作单位的毕业生，学校将档案、户口转回其家庭所在地，由当地毕业生就业指导服务机构帮助推荐就业。结业生由学校向用人单位推荐或自荐，找到工作单位的，可以派遣，但必须在《报到证》上注明"结业生"字样；在规定时间内无接收单位的，由学校将其档案户粮关系转至家庭所在地（家居农村的保留非农业户口），自谋职业。受过严重校纪处分的毕业生，可参照结业生的办法办理。

结业生可以通过供需见面、双向选择在一定范围内就业，但是很多省市对外地本专科结业生进入本地就业进行了一系列限制，比如北京、上海等地都明确规定不接收非本地生源的本专科结业生。

国家对肄业生不负责为其办理就业手续，即国家不负责分配，其善后问题按规定处理：入学前凡是国家或集体企事业单位在职人员的，回原单位安排；原单位已并入其他单位的，由并入单位接收；原单位撤销的，由主管部门安排。其他的则回家庭所在地自谋职业。

（三）对定向生就业的规定

定向生是按国家招生计划定向招生、定向就业的学生。定向生就业应当按与定向单位的协议回原单位就业，不回原单位就业的定向毕业生需与原单位解除定向协议，但是许多大城市都对非本地生源的定向生进入本市就业有一定限制，比如北京、上海就明确规定不接受非本地生源的定向毕业生。

（四）毕业生到非公有制企业就业的规定

毕业生到各种非公有制经济性质的企事业单位就业，该单位的人事档案关系应当是挂靠在政府人事部门所属的人才服务机构。经挂靠的人才服务机构盖章同意接收该毕业生后，学校才能为该毕业生办理就业有关手续。

到非公有制单位就业的高校毕业生，公安机关将放宽建立集体户口的审批条件。劳动、人事部门所属人才服务机构将为这类毕业生提供集体户口、人事代理、存放人事关系等服务，同时还将代办人事关系接转、人事档案管理、转正定级、党团关系、专业技术职务任职资格申报评审、社会保险金缴纳等服务。

（五）毕业生参军及到部队就业的规定

军队是广大高校毕业生报效祖国、施展才华的广阔天地。但军队是执行特殊政治任务的武装集团，对干部的政治、文化和身体素质有很高的要求：①拥护党的基本路线，忠于祖国，热爱军队，志愿献身国防事业，符合公民服役的政治条件；②学习成绩平均在良好以上；③本专科毕业生的年龄不超过25岁，毕业研究生的年龄视具体情况而定；④身体健康，具体条件参照人民解放军院校招收学员的体格检查标准执行。

1. 大学毕业生参军后的职级待遇

军队接收的地方大学毕业生在首次评授军衔、评任专业技术职务、确定专业及住房

分配等方面，与同期入伍的军队院校学习的毕业生学员同等对待，专科毕业生参军之后授予少尉军衔；本科毕业生（获得学士学位）授予中尉军衔，定为副连职（技术 13 级）；研究生（获得硕士学位）授予上尉军衔，定为正连职（技术 12 级）；获得博士学位，授予少校军衔，定为正营职（技术 10 级）。

2. 地方大学生入伍后在部队的服役期限

地方大学生在部队服役期的长短主要取决于本人。如果安心在部队服役，而且各方面表现良好，一般都具有较好的发展前途。由于种种原因要求退出现役的，一般服役不少于 5 年。

3. 接收大学生到部队工作的程序

接收大学生到部队工作的程序如下。

第一步：报名。毕业生可向所在学校的毕业生分配部门和部队大军区级单位的大学生接收站报名，并提供本人的有关材料，向用人单位推荐。

第二步：接受考核。部队用人单位在规定的期限内，将派人到有关高校，对接收对象进行全面考核。

第三步：审批。对考核合格的毕业生，用人单位将组织填写《地方高等学校毕业生献身国防事业志愿书》，逐级上报至大军区级单位政治部审批。

第四步：参加培训。毕业生到部队报到后，一般要经过一定时间的集中训练，然后再分往各部队。

军队干部出国留学以公派为主要渠道。同时，也允许部分人员自费出国留学，但一般要担任军队干部职务满 8 年。

与部队单位签订协议前要注意提醒部队进行体检，体检标准一般按部队要求进行。同时，毕业生可以到部队就业。部队用人单位的信息，一般由总政治部干部部和各军区级单位政治部干部部向高校发布，也可以通过高校公布。同时，在高等院校集中的大城市，比如北京、上海和南京等地的部队都常年设有接收大学毕业生办事处。结业生、肄业生和定向生不能到部队就业。

到军队基层指挥岗位的毕业生还应具备良好的气质和强健的体魄。到专业技术岗位的毕业生视力和身高条件，在不影响工作的前提下，可适当放宽。

国家历来鼓励毕业生到边远地区去建功立业，改革开放以来，国家对去边远地区工作的毕业生，除了授予荣誉称号等精神鼓励外，在工作安排和生活待遇方面都制定了一些优惠的政策，具体实施起来分以下两种情况：

（1）国家教育部直属高校和中央其他部委所属院校的毕业生，如果有边远省区的需求，可以直接向学校提出申请由学校直接列入当年就业计划；如果没有边远省区的需求，可由本人自行联系工作单位，或向学校提出申请，由学校和有关部门联系，帮助落实工作单位，如有单位接收，由学校列入当年就业计划。

（2）地方院校毕业生，因就业范围一般限制在本省市范围内，所以首先要向学校提出支边申请，由学校报省高教厅主管（就业）部门同意列入当年的就业计划。如果属于自行联系工作单位的，可直接申请报告学校，由学校报省高教厅主管（就业）部门批准。如果是没有联系工作单位的，则要待支边申请报告同意后，由省高教厅主管（就业）部门和毕业生志愿去的边远省区主管就业的部门协商落实具体单位，然后列入当年就业计划。

（六）毕业生到西部、基层及艰苦地区工作的优惠政策

毕业生到西部、基层及艰苦地区工作的优惠政策具体如下。

（1）对原籍在中、东部地区而去西部工作的高校毕业生，实行来去自由的政策，根据本人意愿，户口可迁到工作地区，也可迁回原籍，由政府主管部门所属的人才交流机构提供免费人事代理服务；到西部贫困边远地区工作的高校毕业生，可以提前定级，并根据实际情况适当高定工资标准。人事部还要求各地积极引导高校毕业生进入国有大中型骨干企业及承担国家重点工程、项目的单位。

（2）各级政府要为高校毕业生创造工作条件，主要充实城市社区和农村乡镇基层单位，从事教育、卫生、公安、农技、扶贫和其他社会公益事业。在艰苦地区工作两年或两年以上者，报考研究生的，应优先予以推荐、录取；报考党政机关和应聘国有企事业单位的，在同等条件下，应优先录用。

（3）实施"大学生志愿服务西部计划"。从高校毕业生中招募志愿者，到西部贫困县的乡镇一级教育、卫生、农技、扶贫等单位服务 1~2 年，服务期间计算工龄。志愿者服务期满后，鼓励其扎根基层或自主择业。服务期满一年考核合格，报考研究生的，总分加 10 分，参照高校政策，同等条件下优先录取。服务期满一年考核合格，可以应届毕业生身份报考国家机关公务员，报考中央国家机关和东、中部地区公务员的，同等条件下优先录取；报考西部地区公务员的，笔试总分加 5 分；在录用党政机关公务员和新增国有企事业单位专业技术人员、管理人员时优先招聘、录用志愿者。

（七）毕业生跨省市就业的鼓励政策

为了促进高校毕业生就业，消除人为限制毕业生跨省就业障碍，国家有关部门出台了多项鼓励人才合理流动的政策。

（1）落实企业用人自主权的规定，鼓励用人单位根据实际需要多招聘高校毕业生。

（2）取消对接收高校毕业生收取的城市增容费、出省（自治区、直辖市）费、出系统费和其他不合法、不合理的收费政策。

（3）省会及省会以下城市放开对吸收高校毕业生落户的限制。省会以上城市也要根据需要，积极放宽高校毕业生就业落户规定，简化有关手续。公安部门对应届毕业生凭用人单位与毕业生签订的《就业协议书》和高校毕业生所持的《普通高校毕业证书》《全国普通高等学校毕业生就业报到证》办理其落户手续；对非应届毕业生凭用人单位录（聘）用手续、劳动合同和《普通高等学校毕业生证书》办理其落户手续。

（八）毕业生考研时如何就业的规定

考研毕业生择业时应在协议书中向用人单位声明并协商解决。学校确定毕业生落实就业单位，准备上报就业计划时，报考研究生尚未确定是否被录取的毕业生与其他同学一样参加就业。

（九）对有疾病、残疾毕业生就业的规定

学校应在派遣前认真负责地对毕业生进行健康检查，不能坚持正常工作的，让其回家休养。一年内治愈的（须经学校指定县级以上医院证明能坚持正常工作）可以随下一届毕业生就业，一年后仍未治愈或无用人单位接收的，户口、档案转至家庭所在地，按社会待业人员处理。毕业生报到后，发生疾病不能坚持正常工作的，按在职人员生病的有关规定处理，不得把上岗后发生疾病的毕业生退回学校。

对残疾毕业生应按其所学专业帮助其就业；确有困难的，由生源所在地民政部门处理。

（十）未就业高校毕业生失业登记政策

按照《国务院办公厅关于做好 2013 年全国普通高等学校毕业生就业工作的通知》（国办发〔2013〕35 号）和《人力资源社会保障部关于实施离校未就业高校毕业生就业促进计划的通知》（人社部发〔2013〕41 号）要求，为做好离校未就业高校毕业生就业工作，从 2013 年起实施离校未就业高校毕业生就业促进计划：

（1）地方各级人事部门所属公共就业人才服务机构和基层公共就业服务平台要面向所有离校未就业高校毕业生（包括户籍不在本地的高校毕业生）开放，办理求职登记或失业登记手续，发放《就业失业登记证》，摸清就业服务需求。其中，直辖市为非本地户籍高校毕业生办理失业登记办法按现行规定执行。

（2）对实名登记的所有未就业高校毕业生提供更具针对性的职业指导。

（3）对有求职意愿的高校毕业生要及时提供就业信息。

（4）对有创业意愿的高校毕业生，各地要纳入当地创业服务体系，提供政策咨询、项目开发、创业培训、融资服务、跟踪扶持等"一条龙"创业服务。

（5）要将零就业家庭、经济困难家庭、残疾等就业困难的未就业高校毕业生列为重点工作对象，提供"一对一"个性化就业帮扶，确保实现就业。

（6）对有就业见习意愿的高校毕业生，各地要及时纳入就业见习工作对象范围，确保能够随时参加。

（7）对有培训意愿的离校未就业高校毕业生，各地要结合其专业特点，组织参加职业培训和技能鉴定，按规定落实相关补贴政策。

（8）地方各级公共就业人才服务机构要为离校未就业高校毕业生免费提供档案托管、人事代理、社会保险办理和接续等一系列服务，简化服务流程，提高服务效率；有条件的地方可对到小微企业就业的离校未就业高校毕业生，提供免费的人事劳动保障代理服务。

（9）加大人力资源市场监管力度，严厉打击招聘过程中的欺诈行为，及时纠正性别歧视和其他各类就业歧视。加大劳动用工、缴纳社会保险费等方面的劳动保障监察力度，切实维护高校毕业生就业后的合法权益。

（十一）毕业生派遣及派遣之后办理改派手续的规定

毕业生凭学校统一发放的报到证到接收单位报到。毕业生的报到期限原则上为一个

月（在报到证上注明）。

毕业生派遣后原则上不予改派；非本人原因需要调整改派的，按有关政策办理。每年毕业生按计划派遣后，都有不少毕业生要求改派。改派办理手续时间在每月最后一周，一般毕业生离校后三个月内原则上同意改派。需改派的毕业生具备以下几条才能改派：第一，要有新用人单位的接收函（加盖主管单位、人事局的印章）；第二，要有原派遣单位所在地人事局同意放行证明；第三，学校毕业生分配就业工作领导小组办公室同意。

（十二）违约毕业生处理的规定

对违反就业协议或不履行定向合同的毕业生，按协议书或合同书的有关条款办理，须承担违约责任。

（十三）学生入学后父母因工作需要已调往他处工作，毕业生就业的规定

这种情况毕业生有两种选择，一是到生源地就业，二是到父母调动后的户口所在地就业，但必须具备以下几个条件：本人提出书面申请；出示父母户口本原件并上交户口本复印件；现父母所在地有接收单位。

（十四）就业时间的规定

毕业生集中办理就业手续的时间一般是每年的 7 月份。对毕业时未落实工作单位的高校毕业生，学校根据本人意愿，将其转至入学前户籍所在地或两年内继续保留在原就读的高校。按有关政策，待落实工作单位后，将户口迁至工作单位所在地。毕业生择业期为两年，也就是说最晚可至隔一年的 6 月 30 日，超过两年仍未落实工作单位的高校毕业生，学校和档案管理机构将其在校户口及档案迁回其入学前户籍所在地。另外，改派调整手续也只能在择业期内办理，过期则停止办理。虽然毕业生毕业后有两年的择业期，但是各个学校都鼓励毕业生尽早确定就业单位。

（十五）对普通高等学校生活困难毕业生的救助办法

对高校生活困难毕业生实施临时救助，是党中央、国务院关心高校毕业生生活的一项重要举措，凡高校毕业生（含大学专科、大学本科、研究生）因患病等原因短期无法就业且生活困难的，由高校毕业生户籍迁入地所在地民政部门参照当地低保标准，给予临时救助，享受临时救助的时间最长不得超过一年。一年后家庭生活仍有困难的，按有关规定申请享受最低生活保障或其他社会救济。对于滞留高校尚未办理户籍迁移的高校困难毕业生，民政部门不予受理。高校生活困难毕业生申请临时救助，按最低生活保障的申请审批程序办理。高校生活困难毕业生应当向户籍迁入地所在的申请审批机关出具高等学校颁发的《毕业证书》、个人身份证以及省级高校毕业生就业工作主管部门签发的《全国普通高等学校本专科毕业生就业报到证》，或者《全国毕业研究生就业报到证》。享受临时救助的高校毕业生已参加就业或家庭经济条件好转，应及时取消对其的临时救助。

但是，政策中仍有一些规定不够灵活，对大学生择业有一定的限制，比如对学生户籍、人事档案、党组织关系的管理规定应进一步灵活调整，做到具体问题具体分析。

资料导入

2021大学毕业生十大就业政策

为全力做好普通高校毕业生就业创业工作，以更大决心、更强力度、更实举措对冲疫情影响，教育部、人力资源和社会保障部、工业和信息化部、国资委、中央广播电视总台、共青团中央等6部门和单位共同实施"百日冲刺"行动。

1. 毕业生人数多少

在2021年5月12日召开的国务院联防联控机制发布会上，教育部高校学生司司长王辉表示，2020年应届高校毕业生有874万人，2021年应届高校毕业生总规模高达909万人，同比增长35万人！

2. 毕业生就业政策

一是升学扩招吸纳行动。教育部已经安排硕士研究生扩大招生规模18.9万、普通专升本扩招32.2万。目前，正在会同有关部门研究在第二学士学位进行扩招。

二是充实基层专项计划行动。"特岗教师"计划将增加招募5000人，今年招募规模将达到10.5万。适当扩大"三支一扶""西部计划"等中央基层项目实施规模。将招收40多万毕业生补充中小学和幼儿园教师队伍，采取"先上岗、再考证"的举措，进一步加强中小学和幼儿园教师配备。

三是扩大毕业生参军入伍行动。今年将加大力度推进精准征兵、精准动员，进一步落实好毕业生参军入伍的优惠政策。

四是大力开拓科研、社区、医疗等基层岗位行动。努力开发适合毕业生的科研助理岗位。有关部门将推动全国城乡社区和基层卫生部门新增岗位优先招录毕业生。

五是推进企业稳岗扩就业行动。国有企业今明两年将连续扩大高校毕业生招聘规模。有关部门将落实一次性补贴、返还失业保险等优惠政策，鼓励中小微企业吸纳更多高校毕业生。

六是持续开展网上就业服务行动。进一步开展好"24365校园网络招聘服务""百日千万网络招聘专项行动"，央企"抗疫稳岗扩就业""国聘行动""千校万岗"线上招聘会等，为企业和毕业生提供全天候不断线、不打烊的就业服务。同时，在高校开学后，有序恢复校园现场招聘活动。

七是推进创业带动就业行动。实施高校毕业生创业支持计划，开展大学生创新创业教育，办好第六届中国国际"互联网+"大学生创新创业大赛，引领大学生投身"双创"。

八是开展重点帮扶支持湖北行动。教育部会同有关部门制定了"中央+地方"促进湖北高校毕业生就业创业的"十个一批"政策，将实现全国高校与湖北高校就业创业"一帮一"行动的全覆盖。

九是助力脱贫攻坚行动。对全国建档立卡家庭毕业生、52个未摘帽贫困县毕业生，将实行分类帮扶和"一人一策"动态服务。设立"建档立卡家庭贫困生专升本专项计划"，单独进行录取。

十是狠抓责任落实行动。将毕业生就业纳入对地方政府和高校的督导考核内容，高校要落实"一把手"工程，发动全国 5 万余名毕业班辅导员，逐一压实责任，同时让更多的专业教师都行动起来，群策群力帮助毕业生顺利毕业、尽早就业。

资料来源：文/叶丹 2021-05-13 14:59:06 高三网

http://www.gaosan.com/gaokao/277921.html

第三节　大学生就业制度

所谓就业制度,是指国家对人们合法取得就业岗位、维护社会就业行为的根本规定,是党和国家根据不同时期社会人才、人力供需状况及社会、经济、政治状况,为充分利用劳力、人才资源和实现供需平衡而确定的指导劳动就业工作的行为规范和工作标准体系。大学生就业制度作为我国就业制度的重要组成部分,从改革开放至今走过了以"双向选择、自主择业"为目标的改革、发展、完善之路,取得巨大成效也面临一些挑战。借鉴其他国家大学生就业制度的成功经验,进一步完善我国大学生就业制度,是重要的现实选择。

一、我国大学生就业制度的发展历程

改革开放至今,我国大学生就业制度经历了"双向选择、自主择业"的提出、确立和完善,大致分为初步酝酿、逐步实施、全面执行以及重点突破等四个阶段,完成了由"计划分配"向"双向选择"的过渡。

（一）"双向选择、自主择业"初步酝酿阶段（1978—1988 年）

这一阶段的标志是于 1985 年出台的《中共中央关于教育体制改革的决定》,提出"要改革大学招生的计划制度和毕业生分配制度。改变高等学校全部按国家计划统一招生,毕业生全部由国家包下来分配的办法。""实行在国家计划指导下,由本人选报志愿、学校推荐、用人单位择优录用的制度。"这份《决定》站在时代的高度,不仅分析了改革开放后一段时间教育发展的宏观形势,也为今后的大学生就业制度指明了方向。一方面,由于受到宏观政策的影响,大学生就业仍然延续"统包统分"的做法;另一方面,因为《决定》的出台而拉开了大学生"双向选择、自主择业"的序幕。受到计划经济时期的传统思维影响,也由于社会宏观环境的制约,"统包统分"在大学生就业中仍占据主导地位,"双向选择、自主择业"的就业制度仅处在初步酝酿阶段。

（二）"双向选择、自主择业"逐步实施阶段（1989—1992 年）

随着经济体制改革的深化,由"统包统分"所带来的就业制度僵化、招聘制度单一等问题日益显现,已经很难适应社会主义市场经济的发展。1989 年,国务院批转《国家教委关于改革高等学校毕业生分配制度的报告》,通过附件形式颁布了《高等学校毕业生分配制度改革方案》,提出"高等学校毕业生分配制度改革的目标是:在国家就业方针、政策指导下,逐步实行毕业生自主择业,用人单位择优录用的'双向选择'制度。"同时提出"由于目前我国经济、文化、教育发展还很不平衡,国家可提供的毕业生数量在近期内还不能满足各方面的需要,社会上也还不完全具备公平竞争的环境,因此这项改革只能随同其他方面改革的展开而逐步实施。"这一方案的出台，指明了大学生"双向选择、自主择业"的改革方向，促进了高校办学自主权和单位用人自主权，是"逐步实施阶段"的标志性事件。

（三）"双向选择、自主择业"全面执行阶段（1993—2001 年）

1993 年《中国教育改革和发展纲要》出台，标志着"双向选择、自主择业"进入全面执行阶段。1995 年又出台了《关于 1995 年进行普通高等学校招生和毕业生就业制度改革的意见》，保障大学生就业"双向选择、自主择业"政策的全面执行。这一阶段出台的政策，一方面为转变以往的"统包统分"进一步统一思想，另一方面对全面执行"双向选择、自主择业"予以保障。自此，社会、高校及大学生不仅在认识上逐步认同并接受"双向选择、自主择业"的政策，还在行动上积极响应，为全面执行新时期就业制度积累经验。随着就业制度的发展和完善，"双向选择、自主择业"的政策不仅观念深入人心，还在全国范围内建成了比较完备的政策体系加以保障。国家层面制定的一系列鼓励"双向选择、自主择业"的措施取得明显效果，高校层面则逐步建立起了符合本单位实际的就业服务体系，大学生往往从进校就围绕就业这一目标而努力。

（四）"双向选择、自主择业"重点突破阶段（2002 年至今）

进入 21 世纪，我国出现了就业流向不均衡的现象，愿意并实际到基层就业的大学生远未达到基层需求，政府机关、事业单位、大型企业成为很多大学生就业的首选。更加均衡、合理地使用大学生人才，成为进入新世纪以来国家、社会、高校乃至大学生本人需要面对的问题。为此，2002 年，国家出台了《关于进一步深化普通高等学校毕业生就业制度改革有关问题的意见》（国发办〔2002〕19 号），鼓励并保障大学生到基层就业，这份《意见》不仅认识到了大学生人才培养结构、人才就业流向和经济社会发展需求的矛盾，也指出要"拓宽高校毕业生到基层就业的渠道"，认为"引导高校毕业生到基层、到中小企业就业是解决高校毕业生就业问题的主要途径"。

我国大学生就业制度完成了从"统包统分"向"双向选择、自主择业"的转变，中央、省市政府成立了大学生就业领导机构以推进大学生就业，形成了由政府部门和高校共同建立的大学生就业市场，实现了就业供给主体从政府到大学生的转移，并强调就业管理和就业指导。然而不可回避的是，现行大学生就业制度在缓解就业压力、促进合理就业的同时还暴露出一些问题，如大学生人才资源供需还不平衡，大学生劳动力市场尚缺乏有效管理，对大学生进行就业指导服务还不完善等，这固然跟我国大学毕业生多、经济发展水平仍需提升、劳动力市场整体缺乏配套制度等因素分不开。此时，借鉴其他国家成功经验，完善我国以"双向选择、自主择业"为核心的就业制度十分必要。

二、现行的大学生就业管理制度

现行的大学生就业管理制度由大学生就业管理体制和大学生就业的服务保障体系等方面的内容构成。

（一）大学生就业管理体制

近几年，我国高等学校的管理体制改革和机构布局调整迈出了重大步伐，可以说已经取得了决定性成果，中央和地方两级管理，以地方管理为主的新的高等学校管理格局已经形成。高校毕业生就业管理是高等学校整个管理职能中的一个子系统，在改革高等学校管理体制时，自然也包括了高等学校毕业生就业管理体制的改革。随着管理体制改革的深化，目前高校毕业生就业管理体制已初步完成由条块分割向条块有机结合的转化，高校毕业生就业工作也是以地方管理为主。按照现行高校毕业生就业管理体制，毕业生的就业采取在政府宏观调控下，以市场需求为导向，实行分级负责，相互调剂的办法。国家根据每年度毕业生的资源情况和社会对毕业生的需求，制定年度方针、政策或指导性就业计划，高等学校按照国家的方针、政策和学校主管部门的要求落实毕业生就业计划，组织派遣毕业生，用人单位按照国家下达的接收计划接收毕业生。

为了进一步完善高校毕业生就业工作的管理体制，2002 年 3 月，国务院办公厅转发了教育部、公安部、人事部、劳动保障部《关于进一步深化普通高等学校毕业生就业制度改革有关问题的意见》的文件。文件第一次提出成立由政府主管领导牵头，有关部门参加的领导协调机构，统筹做好高校毕业生就业工作。这是根据新的就业形势和任务提出的一个新的体制，为做好高校毕业生就业工作提供了重要的组织保证和体制保障。

目前我国的大学生就业管理制度主要包括人事代理制度、就业准入制度和劳动合同制度。

1. 人事代理制度

人事代理，在我国是指在社会主义市场经济条件下，经组织人事部门批准或授权指定的人才服务机构，受单位和个人委托，运用社会化服务方式和现代化手段，按指定的法律和政策规定，为其代办的有关人事业务，是我国人事制度改革的一项重要内容，是一种新型的人事管理方式。简单地说，就是随着劳动力市场的发展，为促进用人单位自主用人和求职者自主择业，由政府人事部门所属人才服务机构为综合代管部门，受企事业单位（个人）的委托，对其在人事方面提供社会化的综合管理和服务。

对毕业生而言，实行人事代理，有利于保障毕业生的合法权益，解决毕业生的后顾之忧，有利于各类毕业生的合理流动和作用的发挥，实现毕业生的社会价值。

人事代理服务为毕业生提供的主要服务内容如下：

（1）为毕业生管理人事档案，办理专业技术人员任职资格的申报，办理大中专毕业生见习期满后的转正定级手续，调整档案工资，出具报考研究生、婚姻登记、办理独生子女手续、留学、出国等有关人事档案的证明材料。

（2）为国家承认学历的大中专毕业生提供人事代理服务。从签订人事代理合同之日起，按照有关规定承认身份、申报职称、计算工龄、确定档案工资、办理流动手续等。

（3）为毕业生转接党团组织关系，建立流动人员党团组织，开展党团组织活动。

（4）为毕业生代办失业、养老等社会保险业务。

签订《人事代理协议书》需准备以下材料："人事代理"申请及单位简介；单位营业执照副本复印件；人事代理需存档人员名单；单位详细地址、邮编、人事部负责人及联系电话。

此外，还应注意以下几点：

（1）凡注册股份制企业、"三资"企业、私营企业、民办非企业单位等无主管部门和不具有人事管理权的用人单位，对于招聘的员工需办理人事代理。

（2）代理方在核准委托人事代理有关材料后应签订人事代理委托合同书。

（3）人事代理期间，应连续计算工龄。

（4）未就业毕业生人事代理重新就业后，其解聘、辞职前的工龄和重新就业后的工龄合并计算。

（5）在代理项目内有档案工资关系的，在代理期间内涉及国家统一调整时，根据国家及省有关规定，档案工资按自收自支的事业单位的工资标准核定。

（6）单位选择人事代理的大中专毕业生在见习期间的考核、转正定级手续，由用人单位按期向代理方提供毕业生的工作表现等书面材料。

（7）单位选择人事代理的大中专毕业生在见习期间，如果解除了聘用合同，可以应聘到其他单位工作。代理方负责毕业生的见习期管理。待聘期超过一个月者，其见习期顺延。

（8）人事代理期间，若被公有制单位正式接收，人事代理机构凭人事主管部门的接收函负责办理其人事、档案关系的转递手续；若被其他单位重新聘用，则代理方负责及时变更人事代理手续。

2. 就业准入制度

所谓就业准入制度是指根据《劳动法》和《职业教育法》的有关规定，对从事技术复杂，通用性广，涉及国家财产、人民生命安全和消费者利益的职业（工种）的劳动者，必须经过培训，并取得职业资格证书后，方可就业上岗的制度。

《劳动法》规定："从事技术工种的劳动者，上岗前必须经过培训。""国家确定职业分类，对规定的职业制定职业技能鉴定标准，实行职业资格证书制度，由经过政府批准的考核鉴定机构负责对劳动者实施职业技能考核鉴定。"《职业教育法》规定："国家实行劳动者在就业前或者上岗前接受必要的职业教育的制度。"

实行就业准入控制，推行职业资格证书制度，一是可以规范劳动力市场建设，为劳动者就业创造平等竞争的就业环境；二是可以实现劳动力资源合理开发和配置，并使其纳入良性发展轨道；三是可以促进劳动者主动提高自身的技术业务素质，使我国的就业从安置型就业转为依靠素质就业，达到使劳动者尽快就业和稳定就业的目的。职业资格考试通过提高教育培训的针对性和适用性，使人才的成长更加有序和高效。随着核心技能在职业资格考试中逐步得到应用，劳动者职业能力的可迁移性将得到加强，可以更有效地利用教育培训资源，从而提高人力资源开发效率。

教育部、公安部、人事部、劳动保障部要求各地要进一步完善并严格执行就业准入制度，对国家规定实行就业准入的职业，从业者和初次就业者必须取得相应职业资格证书后方可上岗；对新增加的就业岗位，要优先录用符合相应资格条件的高校毕业生。在国家政策规定范围内，切实落实用人单位的用人自主权。省会及省会以下城市要取消进人指标、户口指标等限制，以利于高校毕业生就业。允许高校毕业生包括专科（高职）毕业生跨省（自治区、直辖市）、跨地（市）就业。

3. 劳动合同制度

市场经济体制下的劳动关系，其外在表现形式就是体现企业和劳动者之间权利义务的劳动合同。企业通过与劳动者订立劳动合同，不仅从法律上确立了劳动关系，而且劳动合同成为企业组织生产劳动过程中如何使用劳动力的一项法律制度。企业劳动关系的运行体现的就是劳动合同中企业和劳动者权利义务的实现过程。因此，现代企业的人力资源管理，大量的和主要的工作就是劳动合同的管理。

劳动合同应在毕业生上岗、试用前与用人单位签订，而不是试用合格后。用人单位与劳动者存在劳动关系未订立劳动合同，劳动者要求签订劳动合同的，用人单位不得解除劳动关系，并应当与劳动者签订劳动合同。

签订劳动合同前，毕业生应该仔细阅读关于岗位的工作说明书、岗位责任制、劳动纪律、工资支付规定、绩效考核制度、劳动合同管理细则和有关规章制度，不论这些用人单位的文件是否作为劳动合同的附件，因为这些文件中会涉及求职者多方面的权益以及求职者应当遵守的法定义务。作为劳动合同附件时，这些文件与劳动合同具有同样的法律约束力。

（二）大学生就业的服务保障体系

大学生就业的服务保障体系主要包括：

1. 毕业生就业指导和服务体系

毕业生就业指导和服务体系是由政府、学校及社会各方力量组成的集管理、服务、教育、指导为一体，相互联系和沟通的组织体系。其宗旨是为毕业生就业提供全方位的、高质量的、方便快捷的指导和服务。其功能有信息服务、就业咨询服务、职业指导服务、职业介绍服务、职业（创业）培训服务、社会保障服务等。

2. 职业技能开发体系

职业技能开发体系，即政府与社会各方面根据市场和社会经济发展的需要，积极开发毕业生人力资本，调节毕业生供求平衡与素质结构，全面提高毕业生职业技能与劳动能力的组织体系。

3. 劳动关系调整体系

劳动关系调整体系，即由政府、用人单位及员工组成的对供需双方在生产和工作中义务与权利，合作与冲突相互交织所产生的各种关系（如工作任务、工作时间、工作期限、劳动报酬、劳动保护、社会保障以及其他权利和义务等）予以调整的组织体系。

4. 宏观调控体系

宏观调控体系，即由国家政府部门组成的对市场经济的运行从总量与结构上进行调节、控制和引导的组织体系。该体系在市场机制充分发挥作用的前提下，通过结合运用计划、经济、法律、行政等手段，对毕业生供求及其结构、毕业生流向及毕业生就业市场的公平与效率等进行调控，以弥补市场机制的缺陷，同时做好毕业生市场的宏观分析预测与规划。

5. 社会保障服务体系

社会保障服务体系，即国家和社会依据一定的法律和规定，通过建立一系列的管理机构对社会成员的基本生活权利给予保障的组织体系。社会保障服务体系包括社会保险、社会救助、社会福利等方面内容，是保证社会分配公平，维护社会良性发展和稳定的一项重要社会政策和调节机制。

6. 法律法规体系

法律法规体系是指遵循宪法规定的原则，通过制定相关法律、法规、制度，建立健全执法监督机制和法律服务机构，以规范市场主体行为，规范市场秩序，保护毕业生和用人单位的权益，使毕业生就业市场在公平、公正的健康环境中运行。

本 章 小 结

本章共分三节。第一节，首先阐释了就业的概念和基本特征、大学生就业的概念，而后论述了大学毕业生就业市场的特征、基本职能和作用。第二节，首先论述了大学毕业生就业政策的内涵，而后介绍了不同情况毕业生的就业政策。第三节，回顾了我国大学生就业制度的发展历程，阐释了现行的大学生就业管理制度。通过本章学习，能使大学生认识就业、就业市场、就业政策、就业制度，以更好地适应宏观环境，成功地求职就业。

名词解释

就业　　大学生就业　　大学生就业政策　　大学生就业制度

思考训练题

1. 简述就业的基本特征。
2. 简述大学毕业生就业市场的特征。
3. 高校毕业生就业市场有哪些基本职能？
4. 毕业生就业市场有哪些作用？
5. 简述毕业生参军及到部队就业的规定。
6. 简述毕业生到西部、基层及艰苦地区工作的优惠政策。
7. 我国大学生就业制度经历了怎样的发展历程？
8. 简述大学生就业管理体制和服务保障体系。

案例分析

痛彻心扉的小赵

小赵是某重点大学国际经济与贸易专业 2013 届毕业生，凭着漂亮的简历和过硬的专业功底，小赵在求职过程中并没有太多的悬念，上海张江工业园区一家国内著名的商贸公司于当年 5 月向他发出了录用通知函。到公司报到后，老总对他非常器重，答应让他先实习三个月，每月 1500 元，实习期满后，工资每月 4000 元。当年 9 月，小赵与公司签订了正式协议，老总还让他参加了一个重要的与国外的合作项目，这样一忙就到了

12 月底，他也出色地完成了公司交给的任务。

就在这时，一个他意料之外的情况发生了。小赵从同学处得知，外地毕业生在上海就业需要办理"蓝表"审批手续，他这才模模糊糊想起学校还有一些手续，由于忙于公司的项目，一直拖延未办。

于是，他向公司请了半天假，急急忙忙赶回学校办理相关手续。学校老师告诉他，按照当年的政策规定，进沪手续已经在 10 月底截止，也就是说，他再也不能通过毕业生留沪这条途径解决上海户口了，而以后若想解决上海户口，就只能通过复杂的人才引进手续来办理。

听老师这么一说，小赵后悔不已！

资料来源：王佳，姚圆鑫. 大学生职业生涯规划与就业指导[M]. 北京：国家行政学院出版社，2016.

问题：小赵同学在就业过程中有什么遗憾？这对你有何启示？

第二章

职业及相关因素

学习要点及目标

通过本章的学习，认识职业的概念和特征；了解职业的形成与演变；明确职业的功能；了解职业的分类及含义；明确职业分类的意义；认识产业、行业与职业的概念；辨析产业、行业与职业的关系；明晰职业理想及其确立问题；知晓如何加强大学生的职业素质培养。

引导案例

教你 5 招找好理想职业定位

打造自己理想的职业生涯，规划自己理想的职业前景，多少人为之苦苦追问一生。有人身在桃林，肩落桃花，好运连连；有人却身陷误区，雾里看花，一片茫然。看来，要想找到属于自己的理想职业方向，需要同时具备几个相关的要素。

你在为自己做职业规划时，是否考虑了以下几个相关因素？你具备怎样的实力？你有怎样的素质？你的自身潜力在哪里？等等。

一、心理因素——理想职业之基础

性格决定命运，脑袋决定口袋。在选择职业时你仔细想过没有，你的性格是否适合自己所从事的职业。时下，本科生扫地、硕士生卖货、博士生打杂。初听感觉笑口难掩，可是细细想来不免有种淡淡的悲哀。诚然，上述群体学历颇高，令人羡慕，但是最后的结局却让人大跌眼镜，发人深省。一个不容忽视的问题令人深思，他们究竟怎么了？人才是否浪费了？读书是否无用了？

有些人性格内向，整天郁郁寡欢，使人望而生畏，无形之中与人产生距离。人际关系淡化，缺乏必要的适时沟通，久而久之脱离了群体。在今天这个强调团队精神的职场里，他们能不"掉队"吗？人要学会合作，学会敞开自己，学会融入群体，因为只有这样，才能集思广益，取得胜利；否则，孤芳自赏只能孤掌难鸣，到头来一无所获，不能适应变化的时代需求，不能适应变化的职场需求。

二、信息因素——理想职业之过程

我们每个人都生活在信息社会里，感受着信息带给我们的便捷，信息无时无刻不在影响着我们每个人生活的方方面面。这一点从某种意义上讲，对选择理想职业显得至关重要。要有针对性地广泛收集来源于不同渠道的职业信息，通过理性分析及时做出科学决策，从而取得理想职业，打造属于自己的一片理想天空。有人把握契机先行一步，而胜人一筹；有人与机遇擦肩而过，抱憾终生。

三、判断因素——理想职业之关键

就像赛场上一个优秀的足球运动员一样，他的门前一射对于取得胜利来说至关重要。同样有针对性地收集特定的相关职场信息，经过理性的、科学的分析后，因地制宜、把握时机，占据主动性及时出击，适时做出抉择，对于获得理想职业来说也是至关重要的。

四、潜力因素——理想职业之延续

就像一个教练选择运动员一样，他首先需要了解该运动员是否符合该项目的标准，是否有潜力可挖，是否是可造之才，在做了相关综合测评后，才能决定是否培养他。选择理想职业，同样需具备潜力因素。因为人是最大的资源，如何有效地利用和开发人的潜力，最大限度地发挥人的效应，使人在一定意义上保持长久的职业竞争力，让自己永远走在职场的前列，领先于他人，这就需要我们每时每刻都要充分挖掘自身的潜力。

五、学习因素——理想职业之法宝

一个人的学历在很大程度上讲决定着其个人的未来发展方向，也决定着其本人能否适应本职工作，能否在本职岗位上做出成绩，开创自己的美好前程。学习在今天看来是一个终身的话题，面对日益加剧的职场竞争趋势，只有不断学习，有针对性地充电，不断补充新的"血液"，才能满足不断变化的职场需求，避免遭遇淘汰的厄运。

资料来源：姚凤云. 大学生就业与创业[M]. 北京：清华大学出版社，2017.

第一节 职业的特征、演变和功能

一、职业的概念和特征

（一）职业的概念

什么是职业？众说纷纭，没有一个统一的概念，从不同的角度可以有不同的理解。从词义学的角度看，"职业"一词是"职"和"业"两个字组合而成的，"职"字包含着责任、工作中所担当的职务等意思；"业"字含有行业、业务、事业等意思。《现代汉语词典》将职业解释为"个人在社会中所从事的作为主要生活来源的工作"。

在《国家职业大典》里，还明确规定了职业的五个要素：一是职业名称，它是职业的符号特征；二是工作的对象、内容、劳动方式和场所；三是特定的职业资格和能力；四是职业所提供的各种报酬；五是在工作中建立的各种人际关系。

综上所述，所谓职业一般是指参与社会分工，利用专门的知识和技能，为社会创造物质财富和精神财富，获取合理报酬，作为物质生活来源，并满足精神需求的工作。

职业生活是人们社会生活中居首要地位的活动，成千上万种职业构成了现代文明社会的复杂结构，不同的职业分工成为个人与社会联系的纽带。

人们只有通过自己的职业，通过交换各自的劳动才能满足其生存需要，在实现自我价值的同时，又体现为他人服务，为社会、为国家做贡献，实现其社会价值。

（二）职业的特征

从职业的概念中可以看出它具有以下特征。

1. 职业的经济性

经济学家潘锦堂将职业定义为：职业是劳动者比较稳定地从事某项有酬工作而获得的劳动角色。其更加强调职业的经济特性。

经济性主要是指人们通过从事职业活动取得一定的经济收入。因为，任何一种职业劳动都能得到现金或实物回报，人们从事某种职业的一个重要目的就是谋生。通过自己的劳动，换取相应的经济报酬，并以此作为维持、丰富生活的主要收入来源。

大学生从毕业到就业就是学生独立生存的开始，就是以"社会人"的身份进入社会的开始，而选择职业、从事职业活动会为我们新的生活奠定必要的基础，这个基础就是经济收入。

另外，从社会学角度看，职业分工是构成社会经济制度运行的主体，职业劳动创造出社会财富，从而为社会的存在和发展奠定物质基础。

2. 职业的社会性

职业是人类在劳动过程中的分工现象，它体现的是劳动力与劳动资料之间的结合关系，其实也体现出劳动者之间的关系；劳动产品的交换体现的是不同职业之间的劳动交换关系。这种劳动过程中结成的人与人的关系无疑是社会性的，他们之间的劳动交换反映的是不同职业之间的等价关系，这反映了职业劳动成果的社会属性。职业本身就是在工作岗位上为社会整体做贡献，社会整体也是以全体成员的劳动成果作为积累而获得持续发展和进步的。

3. 职业的规范性

职业的规范性也就是职业的合法性。职业的规范性应该包含两层含义：一是指职业内部的操作规范性，二是指职业道德的规范性。不同的职业在其劳动过程中都有一定的操作规范性，这是保证职业活动的专业性要求。当不同职业在对外展现其服务时，还存在一个伦理范畴的规范性，即职业道德。这两种规范性构成了职业规范的内涵与外延。

4. 职业的技术性

职业的技术性是指不同的职业都有具体的知识、技能和技巧要求。每一种职业往往都表现出相应的技术要求。因为，要完成相应的职责要求，必须具有特定的知识和技能。很多职业岗位对任职者学历证书、职业资格证书、专业技术考核证书、上岗培训合格证、专业工作年限等条件和资格都有具体规定，只有达到职业岗位的起点的知识、技能要求才能上岗。

5. 职业的时代性

职业的时代性是指职业随着时代的变化而变化。随着社会的发展进步，某些职业会消失，新的职业会不断产生，原有的职业也会获得新的时代内容。由于科学技术的变化，人们生活方式、习惯等因素的变化导致职业打上那个时代的"烙印"。

6. 职业的多样性

职业的多样性指的是职业数量和种类特征的多样性。按照国际职业分类，职业共分为 8 个大类、83 个小类、284 个细类、1881 个职业。2015 版《中华人民共和国职业分类大典》将职业分为 8 个大类、75 个中类、434 个小类、1481 个职业。自 2015 版《中华人民共和国职业分类大典》颁布以后，还将有数以百计的新职业陆续产生，也将被列入职业范畴。职业种类不断增加的过程，反映了经济与社会的飞速发展变化，也为求职者提供了越来越广阔的选择空间。

二、职业的形成与演变

在原始社会初期，并无职业可言。随着社会的进步和发展，人类在长期生产活动中产生了劳动分工，职业由此产生和发展。也就是说，社会职业存在于社会分工之中，职业是随着社会分工的产生而逐渐增多的。人类社会到目前为止经历了两次重大的社会分工：第一次社会大分工是畜牧业从农业中分离出来，从此社会经济分为两大领域，也就形成了两类职业；第二次社会大分工是手工业从农业中分离出来，从而形成了手工制作领域的各种职业，如纺织、制陶、酿酒、建筑等。

在漫长的农业社会中，生产力一直处于低下的水平，职业的演变速度非常缓慢，很少出现新的职业，传统职业的活动内容和方式大体不变。比如在我国农业生产中，"刀耕火种"的方式延续了上千年。

随着社会生产力的发展，大规模的机器生产细化了职业分工。

从科技领域说，18 世纪以来，人类社会经历了三次技术革命：以机械为主导的第一次技术革命，开始于 18 世纪 60 年代，其主要标志是纺织机器的发明和蒸汽机的广泛应用；以电力为主导的第二次技术革命，发生在 19 世纪 70 年代，其主要标志是电力的广泛应用；以信息为主导的第三次技术革命，发生在 20 世纪 40 年代到 50 年代，其主要标志是电子计算机的诞生、原子能的利用、空间技术及合成材料的广泛应用。每一次科技革命都对职业的演变起到促进作用，使一些新职业产生，同时也改变着传统职业的内涵。

随着生产力的快速发展，科学技术的开发和应用，人类发展在工业社会进入了崭新时代。新的产业、新的行业、新的劳动手段和劳动方式层出不穷，从而极大地促进了职业的演变和更替。现在的大部分职业都是在这个阶段出现的。

随着资本主义的发展，18 世纪人类社会进入了工业革命的时代，纺织和采掘成为先行工业国家的主要经济活动，这些领域集中了大批劳动人口。

社会对职业的专业技术水平要求越来越高，因此，这对劳动者素质也提出了更高的要求，职业的智能化和综合化越来越强。社会生产力的发展、科学技术的进步必然导致职业之间知识的相互交叉，对从业人员的素质要求越来越全面，要求人们具备较宽的知识面和多种技能，具有较强的环境适应性以及处理人际关系和终身学习的能力。

当今 21 世纪，经济活动及职业的发展又呈现出新的特点，对从业人员也提出了一些新的要求。

首先，高新技术产业的发展使得相关职业以集群的方式迅速出现，并且以其技术含量高、对从业人员素质要求高、工作回报大的特点吸引了众多的新生劳动人口，其中尤以受过专门教育的人为多。

其次，第三产业中的传统职业如商业（批发业、零售业）和服务业（餐饮业、修理业、生活服务业）依然占据重要位置，而越来越多的新型职业如旅游、保险、理财、咨询、培训、体育、健身、娱乐和文化传播等正在日益走进人们的生活，成为人们特别是新生劳动人口的职业选择。

最后，职业的变化促使对从业人员素质的要求发生了很大变化。特别值得注意的是，建立在技术进步和社会需要基础上的职业的发展变化，使得职业能力从"动手能力"越来越多地演变为"动脑能力"。作为大学生应该特别注意到这种变化，有意识地调整自己的认知方式和兴趣特点，以适应职业变化对我们提出的新要求。

三、职业的功能

只要具备劳动能力的人，都会从事一定的职业。职业对于个人和社会都是非常重要的。

（一）职业对个人的功能

前面提到职业具有经济性，即人们通过职业活动可以获得经济收入，从而保证自己和家人的生活。所以，职业是维持个人和家庭生存的基础。虽然从事职业活动可以为我们提供经济基础，但是求职择业，如果将经济收入的高低当作最重要的选择依据，则是不可取的。

在开始阶段，主要是寻求适合自己发展的职业方向，积累社会经验，锻炼职业能力。职业可以促进个人多方面地发展，培养完善个人的兴趣、个性、特长和能力。

能够与个人兴趣相结合的职业会更持久、更深入、更有效，人的个性也会在职业活动中，在与他人的相互联系与合作中不断完善。职业场合是锻炼人的特长和能力的最好场合，往往也是实现个人理想和价值的最好场合，是发展自我和完善自我的最好场合。

另外，市场经济社会中，个人的成就往往体现在职业生涯之中，职业的成功会给个人带来地位、名誉、权力的满足感。

（二）职业对社会的功能

任何职业都是在社会生产中形成的，所以任何职业对社会都有一定的功能。尽管职业的种类多种多样，但它们对社会都具有以下功能：

（1）体现社会分工。职业是社会分工劳动的具体体现，是人们相互结合起来形成生产力，推动经济与社会进步的具体方式、途径和手段。

（2）创造财富。职业活动创造社会财富，这与劳动创造财富是一个道理。

（3）维护社会稳定。职业可以吸纳就业者和保障就业者的正常生活，是维持社会稳定的重要条件。

第二节　职业分类及与产业、行业的关系

一、职业种类的划分

我国《春秋·谷梁传》写道："古者有四民，有士民，有商民，有农民，有工民。"

这表明我国古代很早就有职业分类。

所谓职业分类，是采用一定的标准和方法，依据一定的分类原则，对从业人员所从事的各种专门化的社会职责所进行的全面、系统的划分。

近几十年来，随着我国社会主义现代化建设的发展，也促进了我国现代职业的发展。1995 年劳动部联合中央各部委成立了国家职业分类大典和职业资格工作委员会，经过 4 年时间编制完成《中华人民共和国职业分类大典》，1999 年 5 月向社会发布。《大典》将我国职业划分为 8 个大类、66 个中类、413 个小类、1838 个细类。

2015 年 7 月 29 日，国家职业分类大典修订工作委员会召开全体会议，审议、表决通过并颁布了新修订的 2015 年版《中华人民共和国职业分类大典》。2015 年新版《大典》职业分类结构为 8 个大类、75 个中类、434 个小类、1481 个职业。与 1999 年版相比，维持 8 个大类，增加 9 个中类和 21 个小类，减少 547 个职业（新增 347 个职业，取消 894 个职业）。经过系统专家努力，质检行业共 24 个职业列入大典，质检工作重要性进一步凸显。

下面介绍职业的 8 个大类。

第一大类

1999 年版：国家机关、党群组织、企业、事业单位负责人，其中包括 5 个中类、16 个小类、25 个细类。

2015 年版：第一大类名称修订为"党的机关、国家机关、群众团体和社会组织、企事业单位负责人"，其职业分类修订参照我国政治制度与管理体制现状，对具有决策和管理权的社会职业依组织类型、职责范围的层次和业务相似性、工作的复杂程度和所承担的职责大小等进行划分与归类。修订后的第一大类包括 6 个中类、15 个小类、23 个职业。与 1999 年版相比，增加 1 个中类，减少 1 个小类、2 个职业，并对部分类别名称和职业描述进行了调整。

第二大类

1999 年版：专业技术人员，其中包括 14 个中类、115 个小类、379 个细类。

2015 年版：第二大类名称为"专业技术人员"，维持原大类名称不变，其职业分类修订除遵循职业分类一般原则和技术规范外，还着重考量职业的专业化、社会化和国际化水平。修订后的第二大类包括 11 个中类、120 个小类、451 个职业。与 1999 年版相比，减少 3 个中类，增加 5 个小类、11 个职业。

第三大类

1999 年版：办事人员和有关人员，其中包括 4 个中类、12 个小类、45 个细类。

2015 年版：第三大类名称为"办事人员和有关人员"，维持原大类名称不变，其职业分类修订主要依据我国公共管理与社会组织中从业者的实际业态进行。修订后的第三大类强化其公共管理、企事业管理等领域行政业务、行政事务属性，包括 3 个中类、9 个小类、25 个职业。与 1999 年版相比，减少 1 个中类、3 个小类、28 个职业。

第四大类

1999 年版：商业、服务业人员，其中包括 8 个中类、43 个小类、147 个细类。

2015 年版：第四大类名称修订为"社会生产服务和生活服务人员"，其职业分类修订主要参照国民经济行业分类以及我国服务业发展现状,特别关注新兴服务业的社会职业发展,主要按照服务属性归并职业。修订后的第四大类包括 15 个中类、93 个小类、278 个职业。与 1999 年版相比,增加 7 个中类、50 个小类、81 个职业。

第五大类

1999 年版:农、林、牧、渔、水利业生产人员,其中包括 6 个中类、30 个小类、121 个细类。

2015 年版:第五大类名称修订为"农、林、牧、渔业生产及辅助人员",其职业分类修订以农、林、牧、渔业生产环境、生产技术和产业结构的变化,现代农业生产领域生产技术应用、生产分工与合作的现状为依据,参照国民经济行业分类进行。修订后的第五大类包括 6 个中类、24 个小类、52 个职业。与 1999 年版相比,中类维持不变,减少 6 个小类、83 个职业。

第六大类

1999 年版:生产、运输设备操作人员及有关人员,其中包括 27 个中类、195 个小类、1119 个细类。

2015 年版:第六大类名称修订为"生产制造及有关人员",其职业分类修订按照国民经济行业分类以及生产制造业发展业态,以工艺技术、工具设备、主要原材料、产品用途和服务与技能等级水平相似性进行。修订后的第六大类包括 32 个中类、171 个小类、650 个职业。与 1999 年版相比,增加 5 个中类,减少 24 小类、526 个职业。

第七大类

1999 年版:军人,其中包括 1 个中类、1 个小类、1 个细类。

第八大类

1999 年版:不便分类的其他从业人员,其中包括 1 个中类、1 个小类、1 个细类。如:①高等学校校长这一职业。它属于第一大类——国家机关、党群组织、企业、事业单位负责人;中类——事业单位负责人;小类——教育教学单位负责人。其他如各级各类学校校长、卫生及科研单位负责人等都属于这一类。②高等学校教师这一职业。它属于第二大类——专业技术人员;中类——教育人员;小类——高等教育老师。这一职业是指在高等学校专门从事教育教学及科研工作的人员。③导游这一职业。它属于第四大类——商业、服务业人员;中类——饭店、旅游及健身娱乐场所服务员;小类——旅游及公共游览场所服务员;细类——导游这一职业是指为中外游客组织安排旅行和游览事项,提供向导、讲解和旅途服务的人员。

2015 年版:第七大类和第八大类沿用 1999 年版《大典》做法,维持原大类名称及内容表述不变。

二、职业分类的意义

职业分类具有以下意义。

1. 职业分类有助于社会各个行业的发展

职业分类对于国家合理开发、利用和综合管理劳动力,提高劳动者的素质,对于民族的兴旺、国家的昌盛意义重大。因为，职业分类是一个国家形成产业结构概念和进行产业结构、产业组织及产业政策研究的基础，进行职业分类，能加强相关问题的研究，更能促进社会各个行业的发展。

2. 职业分类是开展就业指导的前提

科学的职业分类将为国家就业教育培训事业确定目标和方向。我国近年来相继通过的《劳动法》和《职业教育法》等从立法高度明确规定了国家确定职业分类，并以此指导就业教育培训工作和职业资格证书制度建设。这充分表明，职业分类在国家人力资源开发体系中具有重要的基础性地位。

3. 职业分类使管理更具针对性

经过职业分类，同一性质的工作，往往具有共同的特点和规律。把性质相同的职业归为一类，有助于国家对职工队伍进行分类管理，根据不同的职业特点和工作要求，采取相应的录用、调配、考核、培训、奖惩等管理方法，使管理更具针对性。

4. 职业分类为岗位责任制提供了依据

职业分类给各个职业分别确定了工作责任以及履行职责及完成工作所需要的职业素质，这就为岗位责任制提供了依据。

5. 职业分类是职工考核培训的重要依据

职业分类是对职工进行考核和智力开发的重要依据。考核就是要考查职工能否胜任他所承担的职业工作，考查他是否完成了他应完成的工作任务。这就需要制定出考查标准，对各个职业岗位工作任务的质量、数量提出要求，而这些都是在职业分类的基础上才能加以规定的。职业分类中规定的各个职业岗位的责任和工作人员的从业条件，不仅是考核的基础，同时也是进行培训的重要依据。

6. 职业分类能促使从业者提高职业素质

职业分类的发展也是职业自身发展的需要。职业分类的发展使得从业者了解社会职业领域的总体状况，增强人们的职业意识，促使从业者不断提高职业素质。

三、产业、行业与职业

在了解了职业的分类及意义后，作为未来的从业者，还应进一步了解职业在国民经济发展中的地位，以及它与产业、行业结构之间的关系。

（一）产业与职业

我国现有的职业种类异彩纷呈。任何一种职业都可以分属国民经济的某一产业和某一行业，职业类别也是以产业、行业类型为基础划分的。

产业是国民经济活动的最基本类型，是由社会分工而独立出来的、专门从事某一类别生产经营活动的单位的总和。国家统计局把我国产业分为三大类：第一产业包括农业、林业、畜牧业、渔业，简称农林牧渔。第二产业是指广义的工业，又可分为重工业和轻工业，包括制造业、采掘业、建筑业等。第三产业是指广义的服务业，也就是为社会公众提供社会性服务的非物质生产部门，包括交通运输、仓储和邮政业，信息传输、计算机服务和软件业，批发和零售业，住宿和餐饮业，金融业，房地产业，租赁和商务服务业，科学研究、技术服务和地质勘查业，水利、环境和公共设施管理业，居民服务和其他服务业，教育、卫生、社会保障和社会福利业，文化、体育和娱乐业，公共管理和社会组织，国际组织等。

在社会分工中，第一和第二产业是物质生产部门，是第三产业发展的基础；第三产业是流通和服务部门，它虽然不直接从事物质生产，但可以促进整个社会和经济的发展。

职业存在于产业之中，每一种产业都包含着多种职业。在三大产业中，第二、第三产业包含的职业最多。

（二）行业与职业

行业是根据社会分工对产业的进一步细划，是根据单位所使用的加工原料、所产生的物品或提供服务的不同来表示的社会分工类别。根据国家有关部门颁布的《国民经济行业分类和代码》，我国国民经济划分为16个行业大类，它们分属于三大产业。

职业与行业之间相互交叉，一种行业当中包含着许多职业，同一种职业也可以存在于许多行业中。各种职业之间存在着密切的联系，它们共同推动着一个国家国民经济的正常运转。整个国民经济的分工体系正是由产业到行业再到职业这三个层次组成的（见表2-1）。

表 2-1　产业、行业、职业的三个层次

产业层次	主要行业	典型职业
第一产业	农业、林业、渔业、畜牧业、采矿业等	农民、林业工人、牧民、渔民等农林牧渔劳动者，管理人员和专业技术人员等
第二产业	制造业、水的生产和供应业、电业、燃气业、建筑业等	经营管理人员，如经理、生产主管、营销策划等；工程技术人员，如工程师、设计师等；技术工人；辅助人员，如保管员等
第三产业	除第一、第二产业以外的其他行业	营业员、导游、律师、会计师、教师、医师、摄影师、美容师、厨师、服务员、维修技师、公务员等

从产业、行业、职业三者之间的区别与联系看，其三者在狭义的范围内可以混为一谈，互相代替。以购销活动为例，在购销活动中，主要产生三方面的经济关系：一是与农业生产者——农民的买卖关系；二是与消费者（这里包括与以农产品为原料的第二产业中的某些加工制造业）的买卖关系；三是商业部门内部业务系统之间、产销地区批发企业之间，以及批发与零售部门之间的关系。这些关系如果处理不好，层层违背行业和产业所要求的职业道德，例如，向农民敲诈勒索、打白条、营私舞弊、无端加价、哄抬物价，就会大大挫伤农民的生产积极性，严重破坏农业生产，动摇国民经济基础，危及各行各业。可见，职业、行业、产业具有不可分割的内在的必然联系。而且在现代社会中以经济活动为中心的时代，各种职业都带有并反映着各行业、产业的特点，因此，我们必须联系各职业应归属的行业和产业的要求，加强行业和产业的职业道德建设，从而将职业道德建设落到实处。

第三节　职业理想

一、职业理想的含义和特点

（一）职业理想的含义

所谓职业理想是个人对未来职业的向往和追求。既包括对将来所从事的职业种类和职业方向的追求，也包括对事业成就的追求。职业理想是人生理想的重要组成部分。职业理想是社会发展的产物，是随着生产力的发展和社会分工的出现而逐步产生和发展起来的，它决定着人们在职业生活中的事业心和责任感。

职业理想是人们实现个人生活理想、道德理想和社会理想的手段，并受社会理想的制约。它是人们对职业活动和职业成就的超前反映，与人的价值观、职业期待、职业目标密切相关，与世界观、人生观密切相关。

每个人在走上工作岗位之前，心中都有一个职业理想。它与社会理想、道德理想、生活理想等相互联系、相互作用，并指导人们的择业行为，体现出人们的就业价值观。

（二）职业理想的特点

职业理想具有以下特点。

（1）差异性。职业是多样性的，一个人选择什么样的职业，与他的思想品德、知识结构、能力水平、兴趣爱好等都有很大的关系，政治思想觉悟、道德修养水准以及人生观决定着一个人的职业理想方向；知识结构、能力水平决定着一个人的职业理想追求的层次；个人的兴趣爱好、气质性格等非智力因素以及性别、身体状况等生理特征也影响着一个人的职业选择。因此，职业理想具有一定的个体差异性。

（2）现实可能性。职业理想具有现实可能性。职业理想源于现实，与空想、幻想不同。大学生必须结合自己的实际，树立自己的职业理想，切忌好高骛远。

（3）发展性。个人职业理想的内容会因时因地因事的不同而变化。另外，随着年龄的增长、社会阅历的增强、知识水平的提高，职业理想会由朦胧变得清晰，由幻想变得理智，由波动变得稳定。因此，职业理想具有一定的发展性。孩提时代想当一名演员，长大后却成了一名教师的事实就说明了这一点。

（4）时代性。社会的分工、职业的变化是影响一个人职业理想的决定性因素。生产力发展的水平不同，社会实践的深度和广度不同，人们的职业追求目标也会不同，因为职业理想总是一定的生产方式及其形成的职业地位、职业声望在一个人头脑中的反映。

（5）阶级性。职业理想是社会意识的一个主要组成部分，因而必然受到社会中不同阶级意志的影响，具有阶级性。

二、职业理想与人生发展

大学生树立正确的职业理想，是迈好职业生涯的重要一步，这不仅有助于其求职择业的成功，而且有助于就业后在职业岗位上施展才华，最大限度地实现自己的人生价值。

职业理想与人生理想紧密相联，它是推动人们求职就业、就业后取得事业的成功、实现社会理想和个人生活理想的巨大动力。

1. 职业理想是职业选择的重要向导

理想是前进的方向，是心中的目标。人生发展的目标是通过职业理想来确立的，并最终通过职业理想来实现。俄国的托尔斯泰曾说过："理想是指路的明灯，没有理想就没有坚定的方向，就没有生活。"由于职业理想是人们对未来职业的向往，一个人一旦确立了科学的职业理想，就应当朝着实现这一理想的方向去努力。而为了实现自己的职业理想，首先必须选择一个与之相适应的职业，这个职业可以是所从之业，也可以是所创之业。否则，职业理想就无法或者很难得到实现。因此，在进行职业选择时，其职业理想将起着非常重要的导向作用。有了明确的、切合实际的职业理想，再经过努力奋斗，人生发展目标必然会实现。

2. 职业理想是取得职业成功的推动力

职业理想源于现实又高于现实，它比现实更美好。为使美好的未来和宏伟的憧憬变成现实，人们会以坚韧不拔的毅力、顽强的拼搏精神和开拓创新的行动去为之努力奋斗。由于职业理想是人们对未来职业的追求，它不仅包括了工作的部门、工作的种类，还包括了工作的成就。无论是从业，还是创业，每个人都有自己的职业理想。为了实现自己的职业理想，从学生时代起，就必须积极进行相关知识的积累和相关能力的培养，为选择自己理想中的职业做准备；走上职业岗位后，还要能够利用自己所学的知识和所掌握的能力，努力地、创造性地做好岗位工作，力争取得优异的工作成绩，并最终取得职业成功。

3. 职业理想是事业成功的重要精神支柱

职业理想是成就事业，推动社会进步的精神力量，有了这样的精神力量，无论是在职业准备、职业选择，还是在就业或创业的过程中，无论遇到什么样的困难，无论遇到什么样的曲折，都会奋发进取、勇往直前。职业理想在现实生活中具有参照物的作用，它指导并调整着我们的职业活动。当一个人在工作中偏离了理想目标时，职业理想就会发挥纠偏作用，尤其是在实践中遇到困难和阻力时，如果没有职业理想的支持，人就会心灰意冷、丧失斗志；而有了职业理想，就有了精神支柱，就会朝着已经确立的职业目标前进，直到取得事业上的成功。

4. 职业理想是人生价值实现的促进力

人生价值分为自我价值和社会价值两个方面。个人的生存、发展是个人适应社会、融入社会、改造社会的过程，是在推动经济、社会发展过程中的自我完善。无论从什么角度去体现自己的人生价值，总要依托某一职业，对职业理想的追求，必然促进其人生价值的实现。

实践证明，当人们把职业理想作为自己职业生活中具体奋斗的目标时，其具体选择职业的行为将会受到积极的影响并产生激励作用。纷杂的社会职业中，不同的职业理想将引导人们选择不同的职业。一个合理而恰如其分的职业理想能以巨大的感召力指导人们正确进行职业选择，唤起人们从业的热情和勇气，在成就事业的征途上奋力拼搏。

三、职业理想的树立

1. 全面地认识自己

古希腊德尔斐的一个神庙前竖立着一块石碑，上面刻着一句名言："认识你自己。"它表达了人们最朴素的愿望和渴求，具有耐人寻味的意义。要树立正确的职业理想，首先必须全面地认识自己。一要全面认识自己的生理特点，主要包括性别、身高、体重、视力、健康状况、体质和相貌等；二要全面认识自己的心理特点，主要包括兴趣、能力、气质、性格特点、人格类型以及道德品质等；三要全面认识自己的学习水平和将来可能达到的状态；四要正确认识自己的身心特点、学识能力等与未来职业需要之间的差距，要在全面认识自己的基础上，结合自己的发展潜力，对自己进行合理的定位。

2. 全面地了解社会

树立正确的职业理想，要全面、科学地了解社会、了解职业。一要了解党和国家的路线、方针、政策；二要了解我国社会的经济构成及其发展状况；三要了解我国的基本国情；四要了解各地区的产业结构、行业结构和职业结构；五要了解各种产业、行业和职业对职工共同的基本要求和不同的具体要求；六要了解自己所学专业所对应的职业群，以及该职业群在社会主义建设中的地位和作用；七要了解该职业群中各种职业的社会价值、工作性质、工作条件、工作待遇、从业人员的发展前途，以及该职业群中各种职业对人员的素质要求，包括学历、专业、性别、智力、体力、性格等方面的要求。

3. 树立正确的人生观

人生观是人们对于人生目的和人生意义的根本看法和根本态度，不同的人生观会产生对人生的不同看法和不同态度，而对人生的不同看法和不同态度，则会导致人们选择不同的人生道路。

由此可见，持不同人生观的人，其职业理想也一定不同。正确的人生观会产生正确的职业理想，错误的人生观则会产生错误的职业理想。因此，要根据时代的要求，根据社会发展的要求，坚持以辩证唯物主义和历史唯物主义的立场、观点和方法看待人生，坚持以最广大人民群众的根本利益为核心，坚持以实现社会主义的共同理想为目标，不断加强学习，不断提高自己的思想觉悟，不断提高自己的思想素质、文化素质、能力素质，不断地完善自我，做到自尊、自爱、自强，树立正确的价值观、苦乐观、幸福观、荣辱观，进而树立为人民服务的正确的人生观。

4. 树立正确的职业观

职业观是人们在选择职业与从事职业时所持的基本观点和基本态度，是理想在职业问题上的反映，是人生观的重要组成部分。职业观具有三个基本要素：一是维持生活；二是发展个性；三是承担社会义务。在三个基本要素中哪一个要素占主导地位，将决定一个人职业观的类型与层次。正确的职业观是把三个基本要素统一起来，以承担社会义务作为主导方向。

第四节　职　业　素　质

一、职业素质的含义和分类

（一）什么是职业素质

1. 职业素质的概念

职业素质是指从业者在一定生理和心理条件基础上，通过教育培训、职业实践、自我修炼等途径形成和发展起来的，在职业活动中起决定性作用的、内在的、相对稳定的基本品质。其主要表现在职业兴趣、职业能力、职业个性及职业情况等方面。简单地说，职业素质是劳动者对社会职业了解与适应能力的一种综合体现。

2. 职业素质的特征

一般来说，职业素质具有下列特征。

（1）职业性。不同的职业，职业素质是不同的。对建筑工人的素质要求，不同于对护士职业的素质要求；对商业服务人员的素质要求，不同于对教师职业的素质要求。

（2）稳定性。一个人的职业素质是在长期执业中日积月累形成的。它一旦形成，便产生相对的稳定性。比如，一位教师，经过三年五载的教学生涯，就逐渐形成了怎样备课、怎样讲课、怎样热爱自己的学生、怎样为人师表等一系列教师职业素质，并保持相对的稳定性。当然，随着他继续学习、工作和环境的影响，这种素质还可继续提高。

（3）内在性。职业从业人员在长期的职业活动中，经过自己学习、认识和亲身体验，觉得怎样做是对的，怎样做是不对的。这样，有意识地内化、积淀和升华的这一心理品质，就是职业素质的内在性。我们常说，"把这件事交给小张师傅去做，有把握，请放心。"我们之所以对小张师傅放心，就是因为他的内在素质好。

（4）整体性。一个从业人员的职业素质是和他整个素质有关的。我们说某某同志职业素质好，不仅指他的思想政治素质、职业道德素质好，而且包括他的科学文化素质、专业技能素质好，甚至包括身体心理素质好。一个从业人员，虽然思想道德素质好，但科学文化素质、专业技能素质差，就不能说这个人整体素质好；相反，一个从业人员科学文化素质、专业技能素质都不错，但思想道德素质比较差，我们也不能说这个人整体素质好。所以，职业素质一个很重要的特点就是整体性。

（5）发展性。一个人的素质是通过教育、自身社会实践和社会影响逐步形成的，它具有相对性和稳定性。但是，随着社会发展对人们不断提出的要求，人们为了更好地适应、满足、促进社会发展的需要，总是不断地提高自己的素质，所以，素质具有发展性。

（二）职业素质的分类

职业素质可分为以下几类。

（1）身体素质。这是指体质和健康（主要指生理）方面的素质。

（2）心理素质。这是指认知、感知、记忆、想象、情感、意志、态度、个性特征（兴趣、能力、气质、性格、习惯）等方面的素质。很多知名企业都通过拓展训练来提高员工的心理素质以及团队信任关系。

（3）政治素质。这是指政治立场、政治观点、政治信念与信仰等方面的素质。

（4）思想素质。这是指思想认识、思想觉悟、思想方法、价值观念等方面的素质。思想素质受客观环境等因素影响，例如家庭、社会、环境等。

（5）道德素质。这是指道德认识、道德情感、道德意志、道德行为、道德修养、组织纪律观念方面的素质。

（6）科技文化素质。这是指科学知识、技术知识、文化知识、文化修养方面的素质。

（7）审美素质。这是指美感、审美意识、审美观、审美情趣、审美能力方面的素质。

（8）专业素质。这是指专业知识、专业理论、专业技能、必要的组织管理能力等方面的素质。

（9）社会交往和适应素质。这主要是指语言表达能力、社交活动能力、社会适应能力等方面的素质。

（10）学习和创新方面的素质。这主要是指学习能力、收集信息能力、创新意识、创新精神、创新能力、创业意识与创业能力等。学习和创新是个人价值的另一种形式，能体现个人的发展潜力以及对企业的价值。

二、加强大学生的职业素质培养

（一）大学生职业素质培养的必要性

人的职业素质越高，获得就业和成功的机会就越多。但是职业素质并非与生俱来，也难以一蹴而就，而是需要在大学期间不断地进行系统的学习和培养，经过长期的积累才能形成。

每种职业根据自己不同的特点，对从业人员的素质也有不同的要求。因此，在校大学生要根据自己的专业和职业规划，有重点地培养自己的职业素质。总体而言，职业素质可以分为职业意识素质、职业道德素质、理论知识与技能素质、心理素质、适应社会的能力等。

随着各行各业竞争的逐渐加剧，各单位、企业对从业人员的职业素质要求也越来越高。所以在步入社会之前，加强对职业素质的认识及培养是十分必要的。

（二）怎样加强大学生的职业素质培养

1. 加强大学生职业意识的培养

职业意识是指人们对职业岗位的认同、评价、情感和态度等心理成分的总和，其核心是爱岗敬业精神，在本职岗位上能够踏踏实实地做好工作。

职业意识包含以下内容。

（1）团队意识。团队意识是具有集体意识和协调合作能力的一种综合表现，是为了一个统一的目标，大家自觉地认同必须负担的责任并愿意为此而共同奉献。现代社会越来越需要依靠集体的智慧和力量，越来越需要发挥团队精神。许多单位普遍欢迎大学生干部，认为这些大学生受过训练，组织管理能力和活动能力比较强，能够较好地适应错综复杂的社会环境，就是这个道理。

（2）奉献精神和责任心。未来社会的公民应具有为国家强盛、人民富裕而献身的精神，应将"敬业奉献"作为自己的座右铭，把职业当成自己的事业。责任心是指自觉地履行岗位职责，按照岗位要求认真落实各项任务的意识。责任意识是一个人成就事业的基本保证，也是其造福社会的一项基本前提。要做一个有责任意识的从业人员至少要做到：认真地履行诺言；坚持高效率地完成工作；做事主动积极；严格遵守道德规范；从新的责任和事物中获得动力。

（3）创新意识。创新意识是指人们根据社会和个体生活发展的需要，引起创造前所未有的事物或观念的动机，并在创造活动中表现出的意向、愿望和设想。它是人类意识活动中的一种积极的、富有成果性的表现形式，是人们进行创造活动的出发点和内在动力，是创造性思维和创造力的前提。在创新的时代，大学生的职业意识的培养必须将创新意识的培养视为重要的方面。

2. 加强大学生职业道德素质的培养

职业道德素质就是职业道德规范在从业人员思想及行为中的体现，是从业人员在一系列道德行为中所表现出来的比较稳定的特征和倾向，是职业道德行为的综合表现，是在从业人员行为整体中表现出的稳定特征和倾向。

良好的职业道德要建立在科学的世界观、正确的政治方向和立场之上，要求每个职业人员都有爱心，有集体荣誉感，有谦虚谨慎的态度，要讲文明，做到诚实守信，有良好的修养和宽大的胸怀。大学生必须注意加强这些职业道德素质的培养。

3. 加强大学生心理素质的培养

竞争已越来越显示出心理素质的重要性。良好的心理教育、疏导和训练，能够增强员工的意志力、自信心、抗挫折能力和自控能力，还能提高员工的创新意识、贡献意识、集体意识和团队精神。

（1）建立自信心。自信是求职成功的心理基础，缺乏自信，常常是性格软弱和事业不能成功的主要原因，也是推荐自我的最大心理障碍。"天生我材必有用"，要敢于对自己说"我能行！"对自己充满信心，就会在机遇面前，紧紧抓住不放，去努力、去争取。但自信也要有个限度，不能盲目地自信，不考虑实际情况的自信就成为自负而盛气凌人，使别人避而远之。

（2）克服焦虑、紧张情绪。焦虑、紧张心理，即毕业生在择业竞争的压力下产生的一种危机感，它是由心理冲突引起的一种复杂的情绪反映，往往表现为焦躁、烦恼、忧虑、恐慌和紧张。许多求职者失败，并不是因为他们缺乏适应工作的能力，而是因为过度紧张，使招聘者对其稳定性产生怀疑而造成的，所以应克服焦虑、紧张情绪。

（3）敢于面对挫折。在求职择业的竞争中，遇到挫折和失败在所难免。对此，应有充分的心理准备，不断提高竞争失败的心理承受力。当前毕业生求职择业越来越多元化，毕业生不仅要承受"治国平天下"的重任，更要能够忍受挫折和失败的痛苦，增加自己应对挫折的意志。

（4）勇于参与竞争。大学生毕业后，通过人才市场"双向选择"实现就业，是适应就业制度改革的必然方式。竞争的规律是"适者生存、优胜劣汰"。大学生应破除计划经济条件下"等、靠、要"的思维方式，要根据自己的实际，主动参与竞争，通过适当的途径和渠道充分展示自己、推销自己。

（5）放眼长远发展。毕业生求职择业要有未来意识，把握未来职业的发展方向，做好长远发展的心理准备。长远发展的心理表现为对社会形势的理性认识，只有了解社会，才能放眼未来，也只有了解形势，才能不骄不躁。

4. 强化大学生专业知识教育和职业技能训练

（1）基础理论知识强化。基础知识是知识大树的躯干，是知识结构的根基，毕业生无论选择何种职业，也不管朝哪个方向发展，都少不了宽厚扎实的基础知识。基础理论是人类认识世界和改造世界的经验总结，掌握厚实的基础理论就能融会贯通、触类旁通，积极汲取各种新理论、新知识，建立起相应的科学知识结构。

（2）专业知识和技能强化。专业知识在人才知识结构中占有重要地位，是知识结构的核心部分。专业知识是指适应职业岗位（群）所必需的专业技术知识和最新科技信息。专业知识不仅是基础理论知识的继续，也是培养学生运用所学理论解决实际问题和把实际问题抽象成理论的桥梁。

大学毕业生向往与自己所学专业"对口"的职业，以此作为立足点，以自己的知识和能力服务社会，实现自己的人生价值。因此，对于大学生而言，发挥专业优势，则是选择好职业的关键一步。

技能是大学生进入职业领域的资本，不同的职业会对人们有不同的技能要求。学生们对技能的理解往往存在一些模糊的认识，认为经过了专业学习，就有了相应的技能。其实知识教育是学习技能的基础，要把知识转化为技能，一定要经过反复实践或者体验。

动手能力是知识转化为物质力量的重要保证，是实践性人才所必备的一种特殊技能。对毕业生而言，无论今后是从事教学、科研还是在生产第一线，动手能力的强弱都将直接影响能量的发挥程度。

一个人的能力不是天生的，是在后天的学习、工作、生活中逐渐锻炼、培养起来的，要提高自己的操作能力，关键在于多看、多练，熟能生巧，这样才能真正提高自己的动手技巧和实际操作能力。

案例导入

高职生喜获欧盟上岗证，未出校门即被单位抢完

刚毕业的学生就可以获得欧盟认可的"IHK 德国手工业资格证书"，如果外语水平合格，还可以直接到德国就业。记者日前从南京职业教育中心获悉，该校首批与德国合作教学的管道班和两个电工实验班的学生未出校门就被外企以及电力企业抢购一空。

据悉，这些学生在校期间 70%的时间用在训练动手能力上。与其他高职院校不同的是他们采用"双元制的教育模式"，采用学校学习与工厂实践相结合，教师讲授和师傅带徒弟相结合，政府教育经费投入与企业资金资助相结合；工厂培训时间大于教室授课时间；班上两位教师，一位负责理论，一位负责技能培训。这种模式在国内还不多见。

班上学生将通过认证考试，获得德国手工业协会颁发的资格证书。拥有这一证书，在国外企业找工作无疑有了一块敲门砖。

据了解，一些外企还派了大批刚刚毕业的大学生到这一职业中心培训，增强动手能力，增强社会应变能力，增强社会竞争力。据悉，该中心建筑工程、机械制造、模具、电子、通信等专业的学生在二年级时就被预订一空。

资料来源：姚凤云. 大学生就业与创业[M]. 北京：清华大学出版社，2017.

（3）职业工作能力强化。工作与学习不同，它需要有一定的能力才能完成。一般对大学生的工作能力要求有：语言表达能力、人际交往能力、组织管理能力、创新能力等。

①语言表达能力。语言表达能力包括两个方面，即口语表达能力和书面表达能力。口语表达能力是指人们运用有声语言和手势语言表达自己的思想、情感的一种本领。口语表达是人们应用最广泛、最经济、最简便的交流手段；口语表达能力体现一个人的素质和综合能力，是衡量一个人学识水平的重要尺度。

大学生提高口语表达能力对求职择业，对今后从事政治、经济和文化各项事业及日常生活都有重要意义。要想成为人才，必须练就口才。今天的时代更需要口才出众、胆识过人、德才兼备的优秀人才。

书面表达能力在工作中尤为重要，例如求职信、简历的撰写，个人材料的准备，汇报工作的报告，与人交往的信函等都需要良好的书面表达能力。

②人际交往能力。所谓人际交往能力，就是在社会生活领域与他人相处的能力。在现代社会，培养良好的社交能力是一个人事业成功的重要条件。在社会上从事各项工作都要有一定的交际能力，许多成功人士之所以事业成功，就是借助于良好的人际关系。要培养自己的人际交往能力，就要做到积极大胆地参与人事活动，在交往中要诚实守信，对待他人要以诚相待、以诚取信，并尊重、理解、关心他人，营造良好的人际环境。

③组织管理能力。尽管不是每个大学生毕业后都会从事管理工作，但是却可以说，每个人在未来的工作中都不同程度地需要组织管理才能，这是现代社会对人才提出的要求。组织管理能力不仅领导干部、管理人员应当具备，也是其他专业人员应具备的能力。

在大学期间大学生应注意培养自己的组织管理能力。大学生活中，锻炼的机会随处可见，从学生干部到社团的组织者，从寝室长到班长，任何一个职位都可以使组织管理能力得到锻炼。

④创新能力。创新并不是科学家、工程师的专利，每个劳动者都可以迸发出创新的火花。想创新、敢创新、会创新、善创新、能创新是现代劳动者应有的素质。所以大学生应培养其创新能力，才能更好地立足于社会，成为推动社会生产力发展的有用之才。

5. 促进大学生步入社会角色转变的准备

毕业生告别学校，走向社会，是人生一大飞跃，即结束学生时代，开始职业生涯，从学生转化为社会角色。每个毕业生都应利用在校期间，为实现人生道路上的重大角色转变做好准备。

适应工作、适应社会，最主要的是树立角色意识，一般包括三个方面：

（1）贡献意识。大学生在毕业走上社会之后，就开始通过自己的职业活动，在自己获得报酬的同时，为他人服务，为社会做贡献。所以，走上社会的学生要积极树立为社会做贡献的意识。

（2）独立意识。大学生在校期间，长期依靠教师，再加上生活靠家人供给，助长了依赖心理。工作后，学生要承担一定的社会责任，要在工作中独当一面，也开始作为一个独立的社会人而存在。这就要求大学生具有独立意识。

（3）角色转换意识。社会角色之间的人际关系复杂、任务多样，社会角色以完成职业任务为主。大学生要积极争取参加社会实践的机会，重视在实验、实训中学习知识、训练技能的同时，有意识地去感悟学生角色和社会角色的区别和转换的滋味，主动为集体、为他人服务。

本 章 小 结

本章共分四节。第一节，首先论述职业的概念和特征，而后叙述了职业的形成与演变，最后阐释了职业的功能。第二节，首先阐释了职业分类的含义与体现，而后论述了职业分类的意义，最后阐释了产业、行业与职业的关系。第三节，首先论述了职业理想的含义和特点，而后论述了职业理想与人生发展问题，最后阐释了如何树立职业理想。第四节，首先阐释了职业素质的含义和分类，而后论述了加强大学生的职业素质培养问题。通过本章学习，能使大学生知晓职业、产业、行业、职业素质的基础知识，为其就业的职业选择奠定基础。

名词解释

职业　　职业分类　　职业素质

思考训练题

1. 职业有哪些特征？
2. 简述职业对个人的功能。
3. 简述职业对社会的功能。
4. 简述产业与职业、行业与职业的区别和联系。
5. 如何树立职业理想？
6. 简述职业素质的分类。
7. 联系思想实际谈谈应怎样加强大学生的职业素质培养。

案例分析

用成果证明能力

小刘是市场营销专业大专生，毕业时她选择了某家电销售公司的销售岗位作为自己求职的目标。为了顺利应聘，她决定利用招聘会前的一周时间，为那家公司拿出一份市场调研报告。在接下来的几天里，她对该公司所有的产品做了细致的市场调查，从市场份额、产品到竞争对手等各方面的情况都了解得清清楚楚，拿出了一份有分量的市场调研报告，最后在招聘会上击败了众多学历高于她的竞聘者，被公司录用。

资料来源：学习啦网 https://www.xuexila.com/success/chenggonganli/498182.html

问题：

1. 小刘应聘时给应聘单位提供了哪种知识型成果？由此可见专业知识素质及灵活应用能力在应聘过程中是否重要？

2. 用人单位最希望招聘到的人是能解决实际问题的人。小刘的成功应聘对你有何启示？

第 三 章

职业生涯规划

学习要点及目标

通过本章的学习，明确职业生涯规划的含义和特点；认清职业生涯规划的意义；了解影响职业生涯规划的因素；明确职业生涯规划的原则；清楚职业生涯规划的步骤；熟悉大学生职业生涯规划书格式；学会制订大学生职业生涯规划书。

引导案例

各高校重视"职业规划课"

北大新生报到第一课上的是职业规划；东华大学 3700 名新生在军训前就先上职业规划课；复旦大学更是把生涯规划纳入思政教育体系，成为全校必修课。天津、浙江、武汉等一些高校也竞相效仿……2006 年以后，更多的大学开始把职业规划作为大学教育的第一课。

高校对职业规划大开绿灯，让大学生从大一开始就合理科学地利用宝贵的大学生涯，为以后职业发展服务，从而从源头上解决就业问题。名牌大学的这种举动也带来极大的示范作用，将对高校教育改革产生不小的影响。

资料来源：姚凤云. 大学生就业与创业[M]. 北京：清华大学出版社，2017.

第一节　职业生涯规划概述

一、职业生涯规划的含义和特点

（一）职业生涯规划的含义

职业生涯规划源于 20 世纪 60 年代的西方发达国家，90 年代职业生涯规划开始传入中国。在西方发达国家，人们从幼儿园开始就接受职业生涯规划教育；在我国，系统的职业生涯规划教育和辅导体系尚处于探索阶段。

1. 什么是职业生涯规划？

职业生涯规划是指个人和组织相结合，在对一个人职业生涯的主客观条件进行测定、分析、总结、研究的基础上，对自己的兴趣、爱好、能力、特长、经历及不足等各方面进行综合分析与权衡，结合时代特点，根据自己的职业倾向，确定最佳的职业奋斗目标，选择职业道路，制订相应的培训、教育和工作计划，并按照职业生涯发展的阶段实施具体行动以实现目标的过程。由于职业生涯贯穿人的一生，因此，对职业生涯的规划，就是为自己的未来人生绘制理想的蓝图。

2. 什么是大学生职业生涯规划？

据上所述，大学生职业生涯规划是指学生在大学期间进行系统的职业生涯规划的过程，它包括大学期间的学习规划、职业规划。职业生涯规划的有无及好坏直接影响大学期间的学习生活质量，更直接影响到求职就业甚至未来职业生涯的成败。从狭义职业生涯规划的角度来看，此阶段主要是职业的准备期，主要目的是为未来的就业和事业发展做好准备。客观而言，进行系统的学习和实践至关重要，而能够担此教育重任的人应该具备丰富的职场经验并接受过系统的职业生涯辅导训练。

（二）职业生涯规划的特点

一般来说，职业生涯规划具有以下特点。

（1）可行性。职业生涯规划必须依据个人及其所处环境的现实来制订，才能成为能够实现和落实的计划方案，而不是没有依据或不着边际的幻想。也就是大学生的职业生涯规划应具有可行性。

（2）适时性。职业生涯规划是对未来的职业生涯目标和未来职业行动的预测。因此，各项活动的实施及完成时间，都应该有时间和顺序上的安排，以便作为检查行动的依据。

（3）灵活性。规划未来的职业生涯目标与行动，涉及很多不确定因素，因此，规划应有弹性。随着外界环境和自身条件的变化，个人应及时调整自己的职业生涯规划方案，以增加其适应性。

（4）持续性。职业生涯目标是人生追求的重要目标，职业生涯规划应贯穿人生发展的每个阶段，通过不断地调整和持续的职业活动安排，最终实现自己的职业生涯目标。

二、大学生职业生涯规划的意义

大学生职业生涯规划具有以下意义。

（一）有利于大学生树立科学的择业观

职业生涯在人的一生中占有极为重要的地位，职业生涯成功与否直接影响人生价值能否得到充分实现。面对日趋加大的就业压力，大学生毕业时很容易走向两个极端：一是盲目自信，只考虑自身的需要，对求职单位和职业有盲目的要求；另一种是纯粹的现实主义心态，"只要社会需要的就是我们要选择和考虑的。"这些都是有偏差的择业观。大学期间进行职业生涯规划，进行自我分析、环境分析、行业分析和职业定位，可以使大学生合理地确定自己的职业期望值，用长远的战略眼光审时度势，选择适合自己发展的职业，从而避免盲目择业、频繁跳槽。所以科学合理的职业生涯规划是每个大学生就业前的必要工作，它能使大学生尽早认识自我、确立目标、增强动力、发掘潜能、提高核心竞争力，迈好人生职业道路的第一步。可以认为，系统的职业生涯规划有利于树立科学的择业观。

（二）有利于大学生提高其职业素养

随着各种竞争机制日趋完善及行业竞争急剧升温，社会对职业素养的要求更为严格甚至苛刻，大学生在毕业走上社会岗位前所形成的职业素养，往往成为决定求职成败的关键，也直接决定着大学生能否胜任甚至出色地完成今后的工作任务。职业问题解决的前提是劳动者应具备合格的职业素质基础、职业心态和职业技能。大学生就业问题解决的前提，同样也是大学生本人应具备合格的职业素质基础、职业心态和职业技能。因此，大学生及早进行职业生涯的规划和设计，设计出合理、可行的职业生涯发展方向，而后就能有意识地培养自己的职业素养，只有这样，才能在就业大军中立于不败之地，从而发挥自己的潜能，实现自己预期的目标。

（三）有利于提高就业市场的成功率

在双向选择、自主择业的背景下，大学毕业生很看重各种形式的人才交流会，这也是他们走向社会，选择职业的主要渠道之一。根据国内各大城市举办大型人才交流会的统计，多数学生参加人才交流会都有一种"赶集"的感觉，没目标、没准备，全凭碰运气，结果造成了有意向的没信心，有信心的准备不足，人才交流会对接成功率一般在30%。产生这种现象的原因之一就是大学生职业规划的缺失，即大学生职业目标相对模糊，对自我缺乏认知。而大学生有了职业生涯规划，企业在招聘时就能更全面地了解大学生应聘者的价值观、个性、能力以及员工的职业发展目标和职业发展道路计划，这样企业就可以根据这些信息，把适合特定职位的人员匹配到位，做到人尽其才、才尽其用，最大限度地发挥人力资源的效能，提高应聘者的工作效率。

三、职业生涯规划的影响因素

每个人都生活在一定的社会环境中，个人的职业行为必然会受到社会宏观环境和微观环境的影响。合理设计自己的职业生涯规划，也要考虑各种影响因素，充分地认识自己，正确选择职业，从而实现自己的理想。

（一）教育背景

教育是赋予个人才能、塑造个人个性、促进个人发展的社会活动。它对人的生涯有巨大的影响，它奠定了一个人的基本素质。

首先，一个人所接受的教育水平越高，其劳动生产率越高，其职业生涯就越成功。有较高学历的人，在就业以后一般都有较大发展；即使他们对工作不满意，但他们的调整能力比较强，能够根据个人及环境的变化适时调整，以求更好地发展。

其次，人们的专业、职业种类对于其生涯有决定性的影响。即使转换职业，也通常与专业相关；或者以所学专业理论、知识、技能等为基础，流动到相关岗位或行业。例如，从事计算机专业的技术人员，晋升为公司技术主管，再成为该公司总经理。因此，以某一专业为基础，又具备其他能力，如外语、管理、人际交往等，往往能得到更多的发展机会。

最后，不同程度的教育、不同门类的学科、不同的学校环境，会给受教育者带来不同的思维模式与意识形态，从而使人们以不同的态度对待自己、社会和职业的选择与发展。

（二）家庭影响

"家长是孩子做人的第一任老师，家庭是孩子生活的第一所学校。"每个人的性格都来源于遗传和生长环境。家庭是人生活的重要场所，更是一个人形成价值观和行为模式的重要环境。很多人是在家人的教诲和各种影响中，自觉或不自觉地习得某种职业知识和技能的。价值观、行为模式、职业知识、职业技能，从根本上决定了一个人的职业理想和职业目标，影响着其职业选择的方向和种类、选择中的冒险与妥协程度、对岗位和职业的态度。

（三）人生阶段

人们由于主观和客观条件的不同，在不同的年龄阶段、不同的生活环境下，对职业的看法也不同，随之而来的是不同的心理需求和动机。这种变化有些来自年龄的增长，有些来自发展的机会和状态。

从职业生涯发展过程来看，职业生涯发展经历了不同时期。一种观点认为职业生涯主要可分为以下几个阶段。

（1）职业准备期：职业准备期是形成了较为明确的职业意向后，从事职业的心理、知识、技能的准备以及等待就业的机会。每个择业者都有选择一份理想职业的愿望与要求，准备充分的就能够很快地找到自己理想的职业，顺利地进入职业角色。一个人到达这一阶段的典型年龄在10~20岁。该阶段中，个人探索职业的选择并开始进入成人世界。

（2）职业选择期：这是实际选择职业的时期，也是由潜在的劳动者变为现实劳动者的关键时期。职业选择不仅仅是个人挑选职业的过程，也是社会挑选劳动者的过程，只有个人与社会成功结合、相互认可，职业选择才会成功。

（3）职业适应期：择业者刚刚踏上工作岗位，存在一个适应过程，要完成从一个择业者到一个职业工作者的角色转换，必须尽快适应新的角色、工作环境、工作方式、人际关系等。这一阶段往往从20岁持续到40岁。在这一阶段，一个人选择了一种职业并建立起一条职业道路。

（4）职业稳定期：这一时期，个人的职业活动能力处于最旺盛时期，是创造业绩、成就事业的黄金时期。当然职业稳定是相对的，在科学技术发展迅速、人才流动加快的今天，就业单位与职业岗位发生变化是很正常的。这一阶段也是自我维持和自我调节阶段，一般能持续到50岁或更老。在这一阶段，一个人要么接受现实生活，要么进行调整。

（5）职业结束期：由于年龄或身体状况原因，逐渐减弱职业活动能力与职业兴趣，从而结束职业生涯。

（四）兴趣与意志

"兴趣是最好的老师"，兴趣更是职业生涯选择的重要依据，当一个人对某种职业产生兴趣时，他就能发挥整个身心的积极性，就能积极地感知和关注该职业的动态。兴趣可以调动人的全部精力，使人以敏锐的观察力、高度的注意力、深刻的思维和丰富的想象力投入工作，进而大大提高工作效率。在其他条件相似的情况下，从事自己感兴趣的职业不但能让你感到满意，而且能够让你的工作单位感到满意，并由此创造工作的长期性和稳定性。所以，只有将能力和兴趣结合起来考虑，才能规划好职业生涯并取得职业生涯的成功。

意志是一个人自觉地确定目标，支配与调节自己的行动，克服各种困难，从而达到预期目标的心理状态。一个人对自己行动的目的有着正确、充分的认识，善于明辨是非，能当机立断做出决定并予以执行，有坚韧的毅力、百折不挠的精神，在行动中善于控制自己的情绪，约束自己的言行，干事情有刻苦执着的精神等，有助于职业生涯获得成功。可以认为，意志对于一个人的职业生涯规划有着重大的影响。

（五）社会因素

社会是人才得以活动及发挥才干的舞台，也是影响人们成长与成功的重要条件和因素。社会的政治经济形势、涉及人们职业权利方面的管理体制、社会文化与习俗、职业的社会体系等社会因素决定着社会职业岗位的数量与结构，决定着社会职业岗位出现的随机性与波动性，从而决定了人们对不同职业的认定和步入职业生涯、调整职业生涯的决策。

四、职业生涯规划的原则

大学生应当从跨入校门开始就确立自己未来职业生涯的目标。在确立职业生涯规划时，应遵循以下基本原则。

（一）与社会需求相结合的原则

大学生学习的现实目标就是就业。就业作为一种社会活动必定受到一定的社会需求制约，如果自身的知识与个人的观念、能力脱离社会需要，将很难被社会接纳，所以任何人的择业自由都是相对的、有条件的。因此，大学生在职业生涯规划时，要看清社会现实及未来发展趋势，同时关注人才需求的动向及用人单位对人才的能力素质要求。这样的职业生涯规划才有现实性和可行性。

（二）与所学专业相结合的原则

实现专业的匹配，是我们进行职业生涯规划的目标之一。大学阶段每个大学生都有自己的专业，每个专业都有一定的培养目标、就业方向与就业领域，这就是大学生进行职业生涯规划的基本依据，也是用人单位在招聘过程中首先要考虑的因素。因此，大学生在进行职业生涯规划时，先要以所学专业为依据。在进行职业生涯规划时一定要结合自己的专业，了解专业，分析专业，强化专业知识与技能的掌握，以专业特色和能力要求为导向，规划自己的学习与生活，力争实现专业与职业的匹配。

（三）坚持个性化的原则

每位大学生都是不同的个体，他们的气质、性格、兴趣、能力、价值观、家庭环境和成长经历都是不一样的，在进行职业生涯规划时要尊重个性化特点，结合自己的条件和优势做出最优的决策。例如，一个内向的不爱说话的人如果去从事销售工作将会感到非常痛苦；一个崇尚自由、不受约束的人将很难适应循规蹈矩、一成不变的生活。

（四）坚持连续性原则

大学阶段是从学生转向职业人的过渡阶段，所以大学生的职业生涯规划既要保持大学阶段目标的连续性，又要保持大学期间与走向社会后职业生涯目标的承接性，并使之贯穿始终。随着内外环境的变化，可能会对目标进行一些调整，但也只是些微调，切不可频繁修正，走向社会后的工作与大学期间的目标也应保持一致性。也就是说大学生的学习生活将紧紧围绕职业生涯规划的目标，为今后的工作做好准备。

（五）具有可操作性原则

一旦确定自己的职业理想，大学生就要在大学期间把自己的目标体系量化、具体化，使职业生涯规划具有可操作性，明确自己的知识、专业能力和综合素养在大学期间的每个阶段有哪些收获和提高，这样才便于落实和定期检查落实的情况。

第二节　制订职业生涯规划

一、个人职业生涯规划的步骤

职业生涯规划通常包括自我认知、职业认知、确定职业目标、行动和调整五个步骤。

（一）客观认识自我，找准职业定位（自我认知）

职业生涯规划最基础的工作首先是要知己，即要客观全面地认清自我，充分了解自己的职业兴趣、能力结构、职业价值观、行为风格、优势与劣势等。人才素质测评是全面、科学地认识自我的有效手段和工具。只有正确地认识自己，才能进行准确的职业定位并对自己的职业发展目标做出正确的选择，才能选定适合自己发展的职业生涯路线，才能对自己的职业生涯目标做出最佳选择。

在客观认识自我方面，我们至少需要了解以下四个方面：

（1）喜欢干什么——职业兴趣；

（2）能够干什么——职业技能；

（3）最看重什么——职业价值观；

（4）适合干什么——个人特质。

正确认识自我越来越受到社会各界的关注。哈佛大学的入学申请要求必须剖析自己的优缺点，列举个人兴趣爱好，还要列出三项成就并作说明，从中可见一斑。

（二）评估职业机会，知己知彼（职业认知）

每个人都处在一定的社会环境之中，离开了这个环境，便无法生存与成长。只有对这些环境因素充分了解，才能做到在复杂的环境中避害趋利，使职业生涯规划具有实际意义。

除了要正确客观地认识自我，还必须更多地了解各种职业机会，尤其是一些热门行业、热门职位对人才素质与能力的要求。深入地了解这些行业与职位的需求状况，结合自身特点评估外部事业机会，才能选择可以终身从事的理想职业。

要对职业机会进行理性评估，真正做到知己知彼。切忌想当然，对不熟悉的行业和职位产生不切实际的向往，以免费了九牛二虎之力进入城中，一入围城马上受到现实冲击，迫不急待又要出城，兜兜转转之间，年已蹉跎，空自消磨。

（三）择优选择职业目标（确定职业目标）

职业生涯规划的核心是制定自己的职业目标和选择职业发展路径。通过前面两个步骤，对自己的优势劣势有了清晰的判断，对外部环境和各行各业的发展趋势和人才素质要求有了客观的了解，在此基础上制订符合实际的短期目标、中期目标与长期目标。

职业目标的选择正确与否，直接关系到人生事业的成功与失败。据统计，在选错职业目标的人当中，超过80%的人在事业上是失败者。正如俗语所说的"女怕嫁错郎，男怕选错行"。由此可见，职业目标选择对人生事业发展是何等重要。正确的职业选择至少应考虑以下几点：

（1）兴趣与职业的匹配；

（2）性格与职业的匹配；

（3）特长与职业的匹配；

（4）价值观与职业的匹配；

（5）内外环境与职业相适应。

职业目标确定后，向哪一条路线发展，此时要做出选择。是向行政管理路线发展，还是向专业技术路线发展；是先走技术路线，还是直接走行政主管路线。在具体的岗位方面也需要作出选择：行政管理？市场营销？技术研发？服务支持？……由于发展路线不同，对职业发展的要求也不相同。因此，在职业生涯规划中，必须做出最适合自己的抉择，以便使学习、工作以及各种行动措施沿着自己的职业生涯路线或预定的方向前进。

（四）终身学习，高效行动（行动）

在确定职业生涯目标后，行动便成了关键的环节。没有达成目标的行动，目标就难以实现，也就谈不上事业的成功。这里所指的行动，是指落实实现目标的具体措施，主要包括工作、训练、教育、轮岗等方面的措施。例如，为达成职业目标，在工作方面计划采取什么措施，以提高工作效率？在业务素质方面计划学习哪些知识，掌握哪些技能，以提高业务能力？在潜能开发方面，采取什么措施开发潜能？等等，都要有具体的计划与明确的措施；并且这些计划要特别具体，以便于定时检查。

彼得·圣吉在第五项修炼中说，企业未来唯一持久的竞争优势是比竞争对手学习得更快和更好，个人也是一样。现在的时代是终生学习的时代，要取得事业上的成功，重要的是要不断更新知识、提升能力，才能保持自己的职业竞争力，逐步实现自己设定的职业目标。

（五）与时俱进，灵活调整（调整）

俗话说："计划赶不上变化。"影响职业生涯规划与发展的因素很多，有的变化因素是可以预测的，而有的变化因素难以预测。要使职业生涯规划行之有效，就必须不断地对职业生涯规划进行评估与调整。职业生涯规划专题调整涉及的内容包括：职业的重新选择、职业生涯路线的选择、人生目标的修正、实施措施与计划的变更，等等。

二、职业生涯规划的调整

职业生涯规划不会一次完成。人力资源专家认为，职业规划是人才与职业进行配对的规划，它不但是人们对职业的选择，也是对企业的选择。在人的一生中，职业规划并非一次就能完成，它可能会随着人的成长与变化而不断出现，是人们经营自己未来的一项长期的战略工作。

（一）为什么要进行职业规划调整

由于影响职业生涯规划的因素很多，再好的职业生涯规划也会有不完善之处，加之社会的发展变化对人才市场的影响很大，行业需求和职位、岗位的变数都很大。因此，职业生涯规划的反馈评估与调整修订就显得很正常也很必要。

当今社会，科技发展突飞猛进，每一次科技的进步，都会引起社会的变革，也相应地出现一些新的岗位和职业，对已有职业也会提出一些新要求。每一次变化，都会引起一些人不适应正在从事的职业而流动。而他们对新职业也要有一个适应的过程，如果适应不了就还会继续改变职业方向。

面对多变的社会环境，我们只能积极地去适应，对职业规划进行积极的调整，才能使自己的事业不断走向成功。

（二）如何进行职业生涯规划调整

进行职业生涯规划调整要把握调整的时机。对于即将步入社会的学生而言，职业规划调整的最佳时期有两个：一是毕业前夕，有了求职的实践，根据新的就职信息和供需实际，在求职过程中进行调整；二是工作3年左右时，有了从业的实践，根据从业过程对自身条件的检验，根据周围环境和自身素质的变化，及时予以调整。两次调整，既可以是近期目标即具体职业岗位的调整，也可以是远期目标即职业生涯发展路线的调整。

就具体的调整过程而言，要注意以下几点。

首先，要重新认识自己。在进入社会后，在有了一定的社会实践经验后，自己各方面的能力可能会有所提高，同时也会暴露出一些以前隐藏的缺点，所以这时要重新、进一步地认识、剖析自我，重新审视"我能干什么"，寻找自己新的职业兴趣和目标，选择更适合自己的方向，调整自己的职业规划。

其次，要重新进行职业评估和环境分析。在从业过程中，不断变化的内外环境会给自己的职业生涯带来机遇和挑战。对此，自己要认真地进行重新评估。如分析当前经济社会发展趋势会是什么样子，所从事的职业在目前与未来社会中的地位将如何，社会发展对自身发展的影响有多大，自己所在企业所处的内外环境和个人的人际关系怎么样，等等。对这一系列问题，都要进行客观分析，再与以前做职业规划时的社会环境进行对比，得出新的有利条件和不利条件。

再次，要修正职业生涯目标，或制定新的职业生涯目标。在进行了前两步之后，就要根据对自身、对内外环境重新分析后得出的结论，对职业生涯目标进行修正，使自己的兴趣、性格、专业特长、价值观念以及所处的环境与新的职业生涯目标真正地相互适应。

最后，要对新的职业生涯目标进行落实。在确定了新的职业发展目标后，要通过一系列发展规划来确保目标实现。

本 章 小 结

本章共分两节。第一节，首先阐释了职业生涯规划的含义和特点，而后论述了职业生涯规划的意义，接下来阐释了职业生涯规划的影响因素，最后论述了职业生涯规划的原则。第二节，首先阐释了个人职业生涯规划的步骤，而后说明了职业生涯规划的调整问题。通过本章学习，能使大学生认识职业生涯规划的相关知识，为其制订职业生涯规划奠定知识基础。

名词解释

职业生涯规划

思考训练题

1. 职业生涯规划有哪些特点？
2. 职业生涯规划具有哪些意义？
3. 制订职业生涯规划应遵循哪些原则？
4. 简述个人职业生涯规划的步骤。
5. 为什么要进行职业规划调整？
6. 撰写一份大学生职业生涯规划书。

案例分析

职业规划专家姜博仁

职业规划专家姜博仁把握职场运势，历经四次转折，终于找到了自己的职场最爱。

第一次职场转折是 1989 年，作为研究生毕业的姜博仁办理了在航空航天部第二研究院第十七研究所停薪留职的手续，加入了北京天航石油化工技术开发有限公司，任智能仪器部经理。

1994 年，经历生活磨炼的姜博仁毅然砸掉了铁饭碗，来到了英特尔中国公司，作技术支持工程师，后被提升为中国北区分销渠道主管。

1996 年，姜博仁深感自己的兴趣不是专业领域，而是企业的经营管理，便又来到世界最大电子器件代理商 ARROW 的中国区任销售总监，历任首席代表、销售市场总监等职，成为金领经理人。

"我想做什么？""我需要做什么？""我真正想得到什么？""我要成为谁？"，经过一番思考之后，2003 年，凭着自己扎实的理论基础、全面的素质、个人的特长，姜博仁毅然投资 20 万元人民币加盟 ACTION 国际企业教练机构，成为该企业授权的中国首位创业企业家教练，成为中国商道教练的缔造者。姜博仁终于找到了自己的职场最爱，实现了自己的职业规划，最大限度地满足了自己的职业兴趣。

资料来源：姚凤云. 大学生就业与创业[M]. 北京：清华大学出版社，2017.

问题： 职业规划专家姜博仁是怎样把握职场运势的？他的经历对你有何启示？

第四章

求职的准备

学习要点及目标

通过本章的学习，掌握减轻大学生择业负性心态的方略，加强大学生就业心理调适实训；了解就业信息的搜集渠道，掌握就业信息的整理和运用方法；了解求职材料的构成、制作和准备；提高大学毕业生求职形象设计的能力。

引导案例

面试成功源于有备而来

L 先生，40 岁，南方某重点大学毕业。12 年酒店餐饮高级管理经验，尤其是酒店管理公司的整体战略规划和实际运营管理经验丰富，知识全面、为人正直，善于引领一个乃至多个团队共同完成既定目标。现欲应聘天津某民营集团餐饮总经理一职。

面试官：您好，听说您昨天特意从上海飞回来参加这次面谈，先感谢您对我们这次面谈的重视。

应聘者：您客气了，既然我有意向和贵公司合作，就应该表现出应有的诚意。

面试官：好的，能聊一下您最近一次的工作情况吗？

应聘者：从 2010 年开始我任 A 集团酒店公司总经理一职，以餐饮连锁和酒店连锁为主营业务，调配人力、财力、物力等资源，建立和指导全国和下属酒店规范运作，完成董事会既定经营管理目标。

面试官：您在这家餐饮酒店公司的 GOP（营业毛利）是多少？

应聘者：基本居于中国酒店餐饮行业的中上游水平。

面试官：您觉得作为我公司餐饮总经理，应该从哪些方面着手经营管理呢？

应聘者：自从了解这个职位后，我开始搜集贵公司的一些材料，对公司目前面临的一些表面问题，我总结出了四点措施。首先是理顺人事关系，形成良好的工作风气；其次是加强财务管控，规范财务制度；再次，推出营销方案，提升品牌形象；最后，对老店分批进行更新改造，并拓展新的酒店投资项目。只是一些不成熟的想法而已。

面试官：哪里，L 先生，您不必谦虚，您说的问题都是很关键的，能具体谈谈吗？

应聘者：昨天特意转了几家贵公司的店面，新装的店面相对于老店来说显得比较冷清。就拿 C 门店来说，店面地点很好，但客人并不多，总结起来有这么几点：首先，店面装修已经破旧了，现在的消费者吃的就是环境，我们的定位为中上等，定位一定要与就餐环境匹配；其次，菜品的味道很好，但做工不精细，要想"色香味"全，餐具和装盘技巧要考究；最后，服务要到位，对员工的培训要加强。

面试官：真没想到您已经实际考察我们的门店了，看来您真的是有备而来，相信有您这样用心的管理，我们明年的 GOP 一定会有更高的突破！

应聘者：谢谢您的信任，我将会给您一份圆满的答卷。

点评：现在的酒店餐饮行业有两种类型的总经理，一种是有很强的执行力，能贯彻执行董事会的决策；另一种是很有战略想法，有一定的营销策划能力。前一种显得比较低调，后一种略显高调。上述 L 先生正好具备了这两种能力，既有战略思路又具备良好的执行力。

L 先生为面试做好了充分的准备，不仅搜集资料而且亲自到门店考察，发现其中的一些细节问题。机会只留给有准备的人，由于前期的积累，L 先生面对面试官的问题将餐饮酒店行业整体经营管理、管理体系模式及市场行业都分析得条理清晰、透彻有余，最终赢得了面试官的肯定。L 先生成功源于他的"有备而来"！

资料来源：姚凤云. 大学生就业与创业[M]. 北京：清华大学出版社，2017.

第一节　求职的心理准备

一、大学生择业的负性心态及减轻方略

（一）大学生择业的负性心态表现

大学生择业的负性心态主要表现在以下几方面。

1. 功利心理

这种求职心理在受过高等教育的大学生或其他知识分子身上常常可以看到。他们求职或择业的动机既有为国家、为社会、为人民做贡献的强烈愿望，也有获取高收入、高地位的渴求。许多大学本科生、硕士生、博士生涌向经济特区，涌向三资企业，或者是开创民办科、工、贸一体的公司，往往出于这种功利心理。

2. 安全心理

所谓安全心理就是指在选择职业时有些人往往从职业的稳定性出发而选择那些全民所有制的企业单位。这种心理在受传统文化影响较大的求职者身上常常遇到。例如许多干部、知识分子家庭出身的大学生往往选择高校、科研单位，认为这些地方虽然收入不高，但安全稳定；一些工人家庭出身的大学生往往选择国营大、中型企业，也是出于安全稳定的考虑。

3. 求"名"心理

在消费者中，有一种求名心理，即追求名牌商品，以显示自己的社会地位。在求职择业者当中也有这种求名心理，不了解职业的内在要求或不知道自己能否胜任某些工作，单纯追求"名望高、名誉好"的单位。

4. 竞争心理

竞争心理在求职择业过程中表现得十分明显。据一位已被上海希尔顿大酒店录用的大学生说："我愿意参与各种竞争，情愿快节奏、高效率地干，并希望工作之余能自由自在地享受，这多痛快！"这位大学生的直言不讳代表了许多人的求职心态。

5. 求闲心理

求闲心理是指在求职择业中追求舒适、清闲的心态。在一些大城市里常有这样一种怪现象，即有些工作无人愿意干，而有些人无工作干，使大批农村打工仔填补了空白。在一些招工见面会现场，常常看到许多手持求职证的人在"挑肥拣瘦"地寻求职业。求闲心理在大学生的求职队伍里可能只占少数。

6. 求便心理

求便心理是指那些为了离家近或追求生活便利的人的一种求职心态。事业与家庭、工作与生活常常有许多矛盾，造成许多不便，从而在择业时产生了求便心理。一位家在大城市而身在外地工作的大学讲师，为了全家团聚，竟然屈就去当一名门卫。在大学生择业倾向上，也可以看到这种求便心理。

7. 从众心理

从众心理在求职择业时也会常常遇到。一些大学生在求职现场寻找热门职业，报考的人数越多，他们对那些职业的渴求越大。于是人们在求职时纷纷拥挤在"三资"企业、大饭店及外贸部门等狭窄的小路上，"跟着感觉走"，盲目从众。

8. 依赖心理

很多大学生在临近毕业时，把就业的希望寄托在学校、老师和家长身上，他们一方面也希望找到称心的工作；另一方面又不愿意自己到处奔波，有各种依赖心理。

9. 高估心理

某些大学生自恃学有所长，认为"天生我材必有用"，过高地估价自己，在择业时往往以个人的主观择业标准去衡量社会需要，结果常常是高不成、低不就。

10. 畏惧心理

当大学生真正面对激烈的竞争环境时，也有许多人表现出缺乏信心、缺乏勇气，求职时战战兢兢、顾虑重重、畏首畏尾，不敢大胆自荐。特别是一些冷门专业或学习成绩不佳的同学及没有"关系"的同学就更容易出现不敢竞争、不敢尝试的问题。

另外，不少大学生在求职时只想成功，一旦遭受挫折就会一蹶不振，陷入苦闷之中不能自拔。他们对求职中的挫折既缺乏估计也缺乏承受能力，不能很好地调节自己的心态。

（二）减轻大学生择业负性心态的方略

1. 接受客观现实，调整就业期望值

在就业难的新形势下，要顺利就业就必须首先根据自己的实际情况和就业形势，调整就业期望值。调整就业期望值不是对单位没有选择，只要有单位就去，而是要在职业生涯规划和职业发展观念的基础上重新确定自己的人生轨迹。这就是说要树立长远的职业发展观念，放弃过去那种择业就是"一次到位"，要求绝对安稳的观念。在当前获得一个理想职业的时机还不成熟时，应采取"先就业，后择业，再创业"的办法，然后再凭借自己的努力，通过正当的职业流动，来逐步实现自我价值。

2. 充分认识职业价值，树立合理的职业价值观

对于现代社会的人来说，职业可以满足人们从低层次到高层次的多方面需要。在择业时不能只考虑工作的经济收入、工作条件、地点等因素，更要考虑职业对自我一生发展的影响与作用，应看重职业能否帮助实现自我价值。因此，要在考察社会需要的基础上，树立重自我职业发展、才能发挥、事业成功的职业价值观。

3. 认识与接受自我，主动捕捉机遇

大学生就业中的许多心理困扰都与大学生不能正确认识和接受自我有关，因此正确地认识自我的职业心理特点并接受自我，是调节就业心理的重要途径。要知道自己的择业标准以及依自己目前的能力能干什么样的工作，这样才能知道什么样的工作更适合自己。应该用发展的观点来看待自己，可以先就业然后在工作岗位上不断发展自己。

大学生就业中的机遇因素也是非常重要的，因此了解并接受了自我特点以后，还要学会抓住属于自己的机遇，这样才能保证以后的求职顺利。要抓住机遇首先必须多收集有关的职业信息，多参加招聘会，并根据已定的择业标准进行选择。要注意机遇的时效性，在发现就业机会时要主动出击，不能犹豫，应有敢试敢闯的精神。

4. 坦然面对就业挫折，提高心理承受力

面对市场竞争、就业压力，大学生的求职总会遇到许多困难、挫折甚至是委屈，如一些专业"热门"，有些则"冷门"；又如女大学生找工作容易受到歧视等。面对这些问题抱怨是没有用的，重要的是提高自己对各种突发事件的心理承受能力。如果能通过求职而增强自我心理调节与承受能力，对大学生今后的职业生活都是非常有用的。在求职中遇到挫折时，应客观地分析自己失败的原因，调整自己的求职策略，学会安慰自己，以便在下次的求职中获得成功。

5. 调整就业心态，促进人格完善

在求职时，自己或身边的同学出现一些不健康的心态是正常的。对于这些不良心态也要学会主动调适，必要时还可以寻求有关心理专家的帮助。进行自我心理调适的方法有很多，首先，可以进行积极的自我心理暗示，鼓励自己、相信自己，帮助自己渡过难关。其次，可以向朋友、老师倾诉，寻求他们的安慰与支持。最后，还可以通过体育锻炼、听音乐、郊游等方式转移自己的注意力，排解心中的烦闷，放松自己的心情。

6. 开拓进取，勇于创业

大学生是有理想、有抱负、有创新精神、敢作敢为的青年先锋。因此大学生要有自主创业的打算，这既可以在毕业后马上去做，也可以通过一定的社会积累后再去做。大学生们一定要有开拓自己事业的信心与勇气。当前的一些大学生创业公司虽然遇到了一些困难，但也有相当成功的案例，为大学生开拓进取，勇于创业树立了榜样。

二、大学生就业心理调适实训

（一）自我调适，释放心理压力

毕业生由于现实和理想的落差、求职过程中的冷遇，都可能增加他们的心理压力。了解和掌握一定的心理调适方法，对于毕业生释放心理压力，走出情绪低谷是很有帮助的。下面介绍几种方法，大学生可以根据自己的实际情况，有选择地使用。

1. 宣泄法

宣泄法也叫倾诉法，即在就业中碰到挫折，将自己内心的痛苦倾诉、表达出来，以达到缓解心理压力的一种方法。求职过程中碰壁，情绪恶劣时，过分地压抑自己的情感反而不妥，不妨把心中的委屈和不平尽情倾诉出来。

采用的具体方式有以下几种。

（1）向家长、老师或朋友及时说出心中的感受。第三者的倾听、劝慰、分析、忠告对当事人情绪的改善能起到立竿见影的效果，并能获得求职择业的新认识、新办法。

（2）可以采取记日记的方式把积压在心头的苦恼写出来，也可以通过写信的方式向好友谈谈自己的压力。

（3）找一个没有他人的场所，通过自言自语的方式说出心中一直压抑的想法。

2. 转移法

求职碰壁，暂时的失利是很痛苦的，此时减轻痛苦的有效方法是转移注意力，尽量把注意力放到自己感兴趣、较自信的其他活动中。如果长时间沉浸在择业失败的消极情绪中，对身心健康不利。此时，你可以选择下面几种方式。

（1）参加体育活动，跑步、游泳或是约几个同学一起打篮球、踢足球，让人产生一种轻松的心理感觉，将烦恼抛到脑后。

（2）听音乐。轻松舒缓的音乐可以消除疲劳、调节情绪。

（3）看书、看电影、睡觉，以达到放松身心的目的。

3. 补偿法

当大学生在就业过程中不能实现确定目标而受到挫折时，可以通过其他一些活动来弥补心里的创伤，驱散内心的忧愁和痛苦，增强前进的信心和勇气。具体做法如下。

（1）当求职失败后，迅速以另一目标来代替原来尝试失败的目标。在职业选择时，确定的具体职位目标千万不要太狭窄，要像填志愿一样，有第一、第二、第三志愿，这样在碰壁后马上能投身于下一步的应聘计划。

（2）发掘自己的潜能，克服自身的薄弱点，实现自己的目标。求职者对自己的不足，应当及时弥补，以提高就业竞争力，早日实现就业目标。

4. 松弛练习法

求职面试前出现焦虑反应的大学生要学会放松身心、对抗紧张情绪。松弛的方法很多，主要有以下两种。

（1）呼吸放松法。呼吸放松法又叫调息放松法，它简单易学，也非常有效。关键是将"胸呼吸"变成"腹式慢呼吸"。具体方法是：在座位上舒服地坐好，身体后靠并伸直。将右掌轻轻置于肚脐上，掌心向下，五指并拢。然后开始长长地、慢慢地吸气。吸气时要胀腹，气沉丹田时，保持两秒钟，再轻轻地、慢慢地将气呼出。每天2次，每次4～10分钟。

（2）想象放松法。想象放松法是通过想象一些安宁、舒缓、愉悦的情景达到身心放松的目的，你要尽量运用各种感官，观其形、听其声、嗅其味、触其质……身临其境。如，你可以想象独自在森林中漫步，踩在柔软的草地上，阵阵花香扑面而来，你舒展全身、慢慢地做深呼吸，感到无比的轻松舒坦。每天可用 5～10 分钟进行练习。

（二）锲而不舍，勇敢面对求职挫折

多次应聘遭拒绝，是毕业生找工作中常常会遇到的事情。失败并不可怕，可怕的是从此一蹶不振。有些毕业生虽有明确的择业意向，但应聘时见招聘单位条件那样苛刻，便另觅他处；一旦面试被淘汰，自信心便大受伤害，埋怨自己不如他人。其实，用人单位招聘时看重的不仅是一个人的才干，意志品质也是考察的范围。很多时候，只要毕业生再坚持一下，也许就能赢得招聘单位的青睐。

（三）敞开心扉，求助学校心理咨询

大学生求职碰壁，心里有了难以克服的挫折感，或持久的情绪失调，都需要及时加以疏导，在这种情况下应主动求助于心理咨询机构的老师。咨询老师会与你一起分析求职受挫的原因，帮助你消除紧张情绪，平衡心理。

职业咨询属于心理咨询范围，是一种发展性的咨询，在大学生的潜能开发、职业规划等方面能起到一定的积极作用。

第二节　就业信息的搜集和运用

就业信息是指求职者利用各种渠道获悉在一定时空和条件限制下招聘单位的人才需求信息以及与此相关的情况，是经求职者理解、加工处理后用以作为择业参考的消息、知识、资料与情报。主要包括就业政策与形势、就业法规、就业途径、行业信息、用人信息等。

一、就业信息的搜集渠道

信息必须依赖一定的载体才得以传播，让人感知。搜集就业信息，关键要掌握信息渠道。当前，搜集就业信息的渠道主要有以下几种。

（一）通过学校就业主管部门获得信息

学校的毕业生就业办公室或毕业生就业指导中心，是高校学生毕业就业工作的行政管理部门，学校就业主管部门在长期的工作交往中与各部委和省市的毕业生就业主管部门及用人单位有着密切的联系，社会需求信息往往汇集到这里。而且，在毕业生就业过程中，他们会及时向毕业生发布有关需求信息，进行就业指导，让毕业生大致了解当年社会对大学生需求的状况及有关就业的政策规定，学生本人也可以就有关问题进行咨询。学校毕业生就业办公室或毕业生就业指导中心是获取用人单位信息的主渠道，他们提供的信息无论是数量还是质量，都有明显的优势。

（二）通过各级毕业生就业指导机构获得信息

国家教育部成立了全国高校毕业生就业指导中心，各地也陆续建立了毕业生就业指导机构。这些机构的一项重要任务，就是与毕业生和用人单位交流信息，提供咨询服务。

（三）通过社会各级人才市场获得信息

随着社会主义市场经济建设的发展，我国人才市场中介机构也应运而生，在那里不仅可以了解到许多不同的机构和职位，而且还为毕业生提供了极好的锻炼面试技能和增强面试自信心的机会。

（四）通过新闻媒体获得信息

广播、电视、报纸、杂志等各种媒体都可以提供人才招聘信息。这些现代社会传播媒介不仅传播速度快、信息及时，而且涉及的面也很广。任何单位、组织、个人都可以通过传播媒体获得招聘和求职等方面的信息，大学毕业生也可对其加以利用。

（五）通过社会关系网获得信息

在寻找就业信息的时候千万不要忘记了你的亲戚、朋友以及朋友的朋友，也许他们会给你提供一些机会。一般可以为你提供信息的有以下几类人：一是家长亲友；二是学校的教师或导师；三是自己的校友。

（六）通过社会实践（或实习）过程获得信息

社会实践是大学生获取职业信息的重要途径。在社会实践的过程中，通过自己的努力赢得用人单位的好感、信任，取得职业信息甚至直接谋得职业的大学生不乏其人。因此，大学生在各种社会实践活动中，要做一个收集职业信息的有心人。另外，还有一个很重要的实践环节是毕业实习，实习单位一般比较对口，通过实习可以直接掌握就业信息，如果在实习过程中与用人单位达成就业协议也是一个很好的就业途径。

（七）通过计算机网络获得信息

随着信息时代的到来，计算机网络的应用已经越来越普遍。通过网络求职是近年来才兴起的人才交流方式，对许多求职者特别是高校应届生来说不再陌生。网络人才交流是通过先进的高科技手段，将求职信息及招聘信息上网公开，用人单位和求职者可以通过网络互相选择、直接交流。

（八）通过各种类型的"人才交流会""供需见面会"获得信息

"人才交流会""供需见面会"等活动有的是学校主办的，有的是当地毕业生就业主管部门组织的。因为是供需双方之间见面，不仅可以掌握许多用人信息，而且可以当场拍板，签订协议，比较简捷有效。

二、就业信息的整理

就业信息的整理就是对搜集到的就业信息进行加工、分析、综合、归类、过滤，从中筛选出适合自身需求的有用信息，作为求职的重要依据和基本前提，更好地为自己求职择业决策服务。就业信息的整理一般有三个步骤。

（一）真伪辨析

利用各种渠道获悉大量的就业信息后，不要急于联系发简历或打电话。由于就业信息的来源、传播渠道比较复杂，形式多样，搜集到的就业信息有的带有一定的模糊度、多余度、滞后度，有的甚至是虚假信息或骗人的广告。建议求职者首先判断信息的真伪，避免走弯路，对难以把握的就业信息进行认真分析，可通过网络搜索或追电查询，甚至现场调查等办法来确认其真实性和准确性。比如当你觉得用人信息可疑时，利用百度搜索引擎输入用人单位名称或地址，通常有不少提示。

（二）筛选

在真伪辨析，删掉无效、内容残缺不全的信息的基础上，毕业生要根据自己的实际情况、专业和特长等设置一套标准，对信息进行进一步筛选，把力量真正用在刀刃上，记住适合自己的才是最好的。因此，首先要对自己进行分析，可以通过以下问题进行分析：

（1）我的核心竞争力是什么？

（2）我具备哪些专业理论知识和技术能力？

（3）我的兴趣爱好是什么？

（4）我的性格特征适合从事哪些职业？

（5）这份职业是否可以挖掘和提升我的能力？

（6）什么是别人做不到而我做得到的？

其次，比较排列出质量较高、较完整的就业信息。一般就业信息应该包括以下八个要素：

（1）用人单位的名称及其所有制；

（2）用人单位的主管部门及其发展趋势；

（3）用人单位所属行业及其发展趋势；

（4）意向的职业岗位在用人单位中的地位和作用；

（5）用人单位及意向岗位的工作环境和福利待遇；

（6）用人单位的地理位置和发展前景；

（7）用人单位对求职者的具体要求；

（8）招聘数量和报名办法。

求职者可按照这八个基本要素对搜集到的就业信息进行甄别，经过初步分析和研究，淘汰过时、用处不大、不符合自身实际情况的信息。

（三）加工分类与储存

加工分类与储存是就业信息整理的最后阶段，其意义在于理清事实、便于记忆、便于实践。如果没有有效的分类方法，大量的就业信息就会陷入杂乱无章的境地。建议求职者准备一本专用笔记本，根据本人实际情况与择业理想有针对性地分类整理，然后保存下来，以便于查询。

1. 就业政策信息整理

就业政策信息可以分成国家就业政策信息与各地方政府就业政策信息两类。国家就业政策信息较为稳定，对其主要内容要了解掌握，并注意最新的动态。地方政府就业政策是各不相同的，发达地区、欠发达地区、沿海地区或者西部地区所实施的就业政策通常也是因地制宜。因此，求职者一旦确定求职地域后，应关心当地的人事政策，如就业优惠政策、晋升待遇、户口迁移、养老保险、社会保障、公积金、应届大中专毕业生准入条件等相关内容。此外对于就业法规信息，如《中华人民共和国劳动法》《劳动合同法》等也要有相当了解，这样在求职就业过程中才能知道如何维护自己的权益。

2. 单位分布区域整理

单位分布区域整理方便求职者查阅，省时省力。求职者可以按就近原则和可行性适当安排自己的行程。

3. 企业品牌知名度分类整理

企业品牌知名度分类整理是指在调查研究的基础上，对企业的所有制、知名度、资产规模、产品的市场占有率、发展潜力等进行综合排序，适度归类整理。如世界 500 强企业、国内 500 强企业；行业分类如国内房地产前 50 强等。

4. 职位信息分类整理

职位大概可分为 38 大类，分别为：市场营销类、技工类、文教法律类、餐饮娱乐类、医学类、地矿冶金类、园林类、服装纺织与皮革制作类、物流类、计算机类、金融保险类、机械与设备维修类、广告与设计类、交通运输类、理科类、测绘技术类、农林渔牧类、旅游类、汽车类、电子信息技术类、财务类、动力电气类、行政与人事类、化学工程类、能源水利类、金属材料类、客户服务类、公关与媒介类、经营管理类、工厂类、外语类、房地产建筑类、轻工类、生物工程类、环境保护类、贸易类、零售类、其他类。求职者不用每个类别都涉及，应重点突出，找准自己的职位类别。

就业信息分类和储存后要根据信息变动性和时效性的特点，及时进行更新，否则信息变成"档案"还蒙在鼓里。

三、就业信息的运用

就业信息的运用是指对经过求职者理解并加工处理后的信息的转换过程，即依据信息进行择业的过程。毕业生要学会合理、充分地利用这些有效信息。就业信息的使用必须做到以下几点。

（一）确定职业目标

求职者使用就业信息进行择业时，首先是分析自身条件和实际状况，然后确定职业目标。职业目标的确定是求职者的专长、兴趣、能力、性格、气质、期望值、价值观与社会职业需求之间不断协调的结果。确定职业目标还应把行业目标、收入目标、岗位目标、地区目标等考虑进去。最终确定最适合自己的职业发展目标，必要时可征求专业人士或亲友团的意见。

（二）了解信息背后的启示

招聘信息往往反映了用人单位的发展需求和目标，求职者必须深入分析思考，转换角度，了解招聘信息背后的动机和启示。因此必须站在用人单位的角度考虑问题，记住不要以自我为中心。

（三）选定信息及时联系

就业信息有很强的时效性，又为众多求职者所共有，因此需求信息一旦选定，就要及时主动与用人单位主管人员联系，否则"机不可失，时不再来"。应记住犹豫不决会痛失良机。

（四）共享信息资源

有些信息对自己不一定有用，可是对他人十分有用，遇到这种情况，要及时输出对他人有用的信息，因为帮助别人就等于帮助自己，说不定你也会从别人手中获得对自己十分有益的信息。

第三节　　求职材料的构成和准备

求职材料是毕业生在求职过程中，为了择业成功而准备和使用的各种书面材料。毕业生准备求职材料的直接目的，是引起用人单位对自己的兴趣，使自己能够最终被录用。

一、求职材料的构成

（一）求职信

求职信，也称自荐信，是毕业生在收集需要的信息后有目的地向用人单位做的自我介绍。它是针对特定单位（岗位）的特定人写的，主要表述求职者的主观愿望和特长，以求吸引招聘者的注意力，获得面试机会。求职信在求职过程中作用重大，是学生自我推销、展示自己公关能力的重要一环，因此，求职信从形式到内容都应给人以美感。

（二）个人简历

顾名思义，简历反映了求职者个人的简要经历，是一个人生活、学习、工作的经历与成绩的概括和总结。它提供给阅读者的信息量应该是全面而直接的。用人单位从求职者的简历中，能够看出该求职者在业绩、能力、性格、经验方面的综合表现，在通常情况下，用人单位都是通过简历来了解求职者的经历，如受教育程度、兴趣、特长等，留下一个初步的印象，从而决定求职者能否参加下一轮的面试。从某种意义上说简历决定着求职者的前程。

（三）毕业生推荐表

《毕业生推荐表》是学校毕业生就业指导中心发给每位毕业生填写的并附有学校意见（鉴定、评价等）的书面推荐表格。该表一般由三部分组成，一是毕业生本人的情况介绍；二是毕业生所在院系的推荐意见；三是毕业生所在学校就业主管部门的推荐意见。一般来讲，这个表格是学校正式向用人单位推荐毕业生的书面材料，因此具有较大的权威性和可靠性。用人单位往往对该表比较重视，因此，要求毕业生认真填写，妥善保管。

（四）其他求职材料

其他求职材料作为副件，是求职信、个人简历、毕业生推荐表的补充和证明，主要包括学校教务部门出具的成绩单，相关证书复印件（外语等级证书、计算机等级证书、各类奖学金及其他获奖证书、各种技能证书、各种职业证书等），社会实践（实习）鉴定，院系教师的推荐信，公开发表的论文、文章及其他成果复印件或证明等。

二、求职材料的制作和准备

求职的过程也是自我推荐的过程。让用人单位尽快了解自己、录用自己，是求职者的真正目的。用人单位的招聘目的是录用到自己满意的人才，但面对众多求职者，谁才是自己满意的呢?求职者的自荐材料为用人单位提供了了解人才的捷径和根据。从心理学的角度讲，第一印象十分重要。求职者提供的自荐材料，其实就给用人单位留下了非常重要的第一印象。所以，求职材料的精心准备十分重要。

（一）个人简历及制作

案例导入

女生一页简历 768 个字　　多家名企被打动

一份只有一页的简历，如何通过华为、腾讯等知名公司的简历关? 重庆大学大四学生吴芳芳就做到了，她投出去的 20 多份简历全部有回应。还在找工作的大学生们，来看一看吴芳芳的简历，或许能受到启发。

没有塑料封皮包装，也没有精美花哨的设计，重庆大学自动化专业大四学生吴芳芳的简历显得很单薄，只有一页，总共 768 个字。吴芳芳不喜欢条条框框，更不喜欢啰啰唆唆，所以坚持只用一页。"简历不用篇幅太长，语言逻辑不能有问题，条理清晰即可。"

内容很全面：七大板块，描述言简意赅

这份简历共分七块：个人概况、教育背景、个人技能、所获证书、在校工作经历、社会工作经历和自我评价。每块之间，都有红色直线作为分割线。除了个人概况和教育背景，每一部分的说明都只有 3～4 条。

"别尽想着忽悠面试官，有什么写什么。我的在校工作经历和社会工作经历，每一点都是一句话概括，写我的职位是什么，锻炼了什么，一目了然。""一些公司的 HR，特别是知名公司的，每天要浏览那么多份简历，怎么可能有时间把每份简历都仔细看完，如果你写得太多，反而会使你的亮点被忽视。"吴芳芳说。

一投一个准：12 天 10 场笔试 10 多场面试

就是这样一份只有一页的简历，让她通过了华为、腾讯、联想、中国移动、三星、TCL 等全国著名公司的简历关。

吴芳芳从 9 月就开始制作简历，"如果等到 10 月、11 月招聘会高峰期到来时才去制作简历，你就比别人晚了一步。提前做好就有充足的时间修改完善。"吴芳芳的第一份简历是一张表格，她感觉一些多余的线条会让简历显得不够简洁，于是就调整为使用红色的分割线。

每投出一份简历之前，吴芳芳都要仔细对照所投公司和岗位的要求，对小部分内容做出修改。"要突出自己的能力，有侧重点。如果你投的是技术岗，肯定专业课成绩和软件操作更重要一些；如果是管理岗，你要突出相关的实习经历。千篇一律肯定不行，最好对症下药。"

"我一共投了 20 多份简历，全部都有回应。"上个月，吴芳芳在 12 天的时间里参加了近 10 场笔试和 10 多场面试，共收到了 3 个 offer。最后，她选择了个人发展前景好、离家近的广西柳州五菱汽车。

"简历只是最终的一个呈现形式，关键还在于你的大学是怎么过的。"吴芳芳说，无论简历形式怎么变，都离不开大学经历这个"本"。

她告诉学弟学妹，如果要读研，就去图书馆当一名"学霸"，适当参加一些社会活动；如果要找工作，就要平衡自己花在学习与参加校内校外活动的时间。

吴芳芳的成绩并不是年级里最好的，她的一个朋友成绩比她好，但简历的通过率不如她，其中一个原因就是社会活动经历太少。吴芳芳还有个同学大学期间曾赴日做项目，活动也参加很多，无奈专业课成绩不够优秀。吴芳芳与他一同投三星，但他的简历没通过。吴芳芳说："他的简历写的东西比我多，但是不少都跟岗位没有什么关系。"

人力资源专家说

曾在多家知名企业担任招聘顾问的重庆大学人力资源管理博士后冯明介绍，本科毕业生的应聘简历一般 1～2 页就足够，以 1 页为宜；研究生的简历在 2～3 页为宜。

他建议，应届毕业生可以在自己的简历上加上一份大学时阅读过的书单，但是前提是你必须仔细看过那些书。

他还提醒，制作简历要注意细节，比如照片，一定要显得整洁，不要自己用电脑的摄像头在寝室就拍了。简历文档的命名一定不要用"个人简历""简历"这些极容易同名的标题，"用人单位下载一个同名文档，你要是运气不好，简历可能就被替换了，对方连看都看不到，你说冤不冤？"

资料来源：姚凤云. 大学生就业与创业[M]. 北京：清华大学出版社，2017.

个人简历在求职场上是谋求称心职位的一块敲门砖。实际上，简历写得精美，未必就一定能获得理想的工作，但它却是求职的第一道门槛。因为好的简历可能会吸引招聘者的眼球，从而让你获得一次面试的机会；不好的简历可能会让你当下就被淘汰出局。所以求职者要认真用心撰写个人简历。

1. 简历的内容

一份正规的简历，通常包括以下内容。

（1）个人基本情况。个人基本情况包括姓名、年龄、性别、学历、籍贯、通信地址和联络方式。

（2）受教育情况。受教育情况包括毕业院校的学校名称、所学专业、最高学历等；个人进修、特殊培训的学校或单位名称、所学专业、学习时间等。

（3）工作和实践经历。工作和实践经历十分重要，一般人事部门负责人最感兴趣的是应聘者的工作经验。在撰写简历时，工作经验一栏，一定要用心填写，它是用人单位了解你和看重你的关键所在。因此，在介绍工作经验时，要尽量详细描述工作实践的工作内容、职责范围等。如果你的工作经验与所求职业相匹配，可重点突出介绍相关工作经验；如果不相匹配，可介绍相关工作成绩、对待工作的态度及工作风格等。

（4）个人专长。个人专长必须主要列明个人所学专业或者由个人兴趣发展而来的专长，主要是与应聘工作相关的专长。当今时代，外语和计算机方面的专长应该强调。个人专长有助于用人单位全面了解求职者的情况，可增加求职者被录用的机会。

（5）自我评价。自我评价是人事部门比较看重的内容。在自我评价中，要简明扼要地说明自己的最大优势是什么，要反映出自己的能力和实力。自我评价要务实，切忌空话、套话。

2. 写简历需注意的事项

简历重"简"，同时也要讲究条理性和针对性。具体来说，必须注意以下几个方面。

（1）内容简洁。要有条理地说清自己的专业特长、所具备的业务能力、参加过的相应工作实践和社会活动。不要长篇累牍，一两页纸为宜。

（2）注意版面安排，突出重点内容，内容介绍先后次序要讲究。

（3）介绍自己的优势，要让人感到符合实际、务实、可信。切忌掺假、造假，一旦被戳穿，全盘皆输。

（4）提及自己的弱项时，应坦诚、不伪饰，避免让人产生不信任感。当然，对于自己的弱项能不提则不提，当模糊则模糊。

（5）可根据应聘的职位和要求来量身定做简历，就是说简历必须写明求职者的技能与招聘单位的需要相吻合。应聘不同的职位，应备有不同的简历。

（6）联系方式一定要放到显眼易找的位置。

（7）求职目标要清晰明确，简历内容要有利于求职岗位的应聘，无关内容尽量不去叙述。

（8）投递出的简历应备副本，以备面试时参考。

3. 电子简历的特殊要求

电子简历的特殊要求具体如下。

（1）纯文本的电子简历，注意设定页边距，使文本的宽度在16厘米左右，这样你的简历在多数情况下看起来都不会错误换行；尽量用大字号的字体；如果你一定要使自己的简历看起来与众不同，可以用一些星号、特殊字母、加号等分隔简历内容。

（2）有一些求职者在简历上写了自己的网上主页，在主页上，你需要保证不能让人事主任看见他不愿意看见的东西。

（3）在电子简历中一般不要附有发表作品或论文，因为借由电子邮件附件传播病毒的可能性是一直存在的。另外，用人单位一般不会仔细阅读附带的作品。

（4）发送求职简历不要用附件的形式。另外，求职者发送简历的同时，应该发送一封求职信。

（5）在申请同一公司的不同职位时，最好能发两封不同的电子简历，因为有些求职网站的数据库软件能自动过滤掉第二封信件，以免造成冗余。

（6）发出求职资料后，要主动与用人单位联系。如果他不能到收电子简历，你可以重发或立即给他发个印刷本。

（二）求职信的制作

1. 求职信的格式

（1）标题

在信的第一行正中央写上"自荐信"的标题。

（2）称呼

写称呼时要用正规的语气，要用具体的称呼（例如，不要写"给有关负责人"）。称呼的后面要用冒号而不要用逗号。设法知道谁将收到你的信，如果你还是不能确定具体的名字，就称呼"尊敬的招聘经理先生或女士""尊敬的人事部经理先生或女士"，或者就称"尊敬的先生或女士"。

（3）正文

正文在格式中要注意的问题是在文章的结尾处要写上祝福的话，如"此致敬礼"或"祝愿贵公司事业蒸蒸日上"等。

（4）落款

落款要写上"自荐人：×××"，注意落款的名字一定要是全名，不能用昵称，否则会显得不正规，然后再写上日期。

2. 求职信的内容

一封全面的自荐信一般包括五方面的内容：简介、自荐目的、条件展示、胜任条件、愿望与决心。

（1）简介

简介部分简要介绍个人的基本情况，如姓名、性别、年龄、政治面貌、就读专业、学校等。这部分详细情况可在个人简历中说明。如是书面求职，最好附有近期照片。

（2）自荐目的

自荐目的要写清信息来源、求职意向、承担工作目标等项目，要写得明确具体，但要把握分寸，简明扼要，既不能要求过高又不能模棱两可，以免给人以自负或自卑的不良印象。关于招聘信息来源应尽量写清楚，这样用人单位看了会很高兴，同时也可以说明你对该单位的印象。

（3）条件展示

这一部分要写清楚自己所具备的基本知识和能力。可以写明自己的学习经历、政治表现和社会实践方面的成果，必要时可附上获奖和资格证书。有特殊技能也可加以说明，如文体、书画、写作、口才等特长，还可以介绍本校或本专业的特色及自己在其中的作用发挥情况。

（4）胜任条件

这可以说是自荐信的核心部分，它一般可以与第三部分相结合。就是说明自己胜任某项工作的条件。主要向对方说明你有知识，有经验，有专业技能，有与工作相符的特长、性格和能力。要突出重点，针对性强。如向图书馆或档案馆求职，这是"好静"的工作，介绍自己就不能过多地说自己性格开朗活泼、爱好文艺获得大赛一等奖……而应多介绍自己细心、耐心、工作认真，等等。

也可以介绍自己的潜力，进一步给对方增加印象，比如介绍自己曾经做过的各种社会工作及取得的成绩，预示自己有管理方面的才能，有发展、培养的前途，等等，可以使用人单位对你能否胜任该工作做进一步了解。

（5）愿望与决心

这一部分要表达加盟对方的强烈愿望，展望单位的美好前景，期望得到认可和接纳，希望能给予考虑，给予明确答复；或者请求同意前往面试；或希望试用，以供单位进一步考查等。无论如何表述，用语上都要尊重对方，要注意恰当、得体，掌握分寸，自然恳切，不卑不亢，以免造成不良印象。

3. 写求职信的注意事项

求职信被称为毕业生谋职的"敲门砖"。应该说，求职信是你与用人单位进行联系的最简便、最直接的方式，因为它可以跃过许多环节，直接到达决策者的手中。想用这块"敲门砖"敲开门，要注意以下几个问题。

（1）字迹清晰工整。求职信是提供给对方认识求职者形象的工具，是你给对方的第一个印象。这个第一印象，对争取面试以及面试成功与否无疑是重要的。看信人最先看到的不是信的内容，而是信的外观形式。因此，求职信的工整、清洁、美观，让人感到愉快和舒服是给人以良好印象的第一步。如果求职信潦草得让人一个字一个字地去猜，恐怕还未等对方读完这封信你就被淘汰了。

（2）针对性强。调查显示，针对性越强的自荐信，所发挥的"敲门"作用就越好。这种针对性，不仅仅是建立在对自己了解的基础上，而且要建立在对招聘单位了解的基础上。这就必须要深入了解招聘单位以及所要应聘工作的情况，针对所应聘工作的性质、需要和特点，有针对性地介绍自己的能力和特长。有时甚至要了解招聘者的兴趣、爱好和个性特点，使对方感觉到你的信有一种亲切感，以提高自己成功的概率。

（3）重点要突出。自荐信是要推荐自己，让用人单位对自己感兴趣，所以就要了解用人单位的兴趣所在以及怎样介绍自己的知识结构和才能特长。用人单位更重视的是经验和实际能力，所以要一般地写知识和学历，重点写工作经验和能力。

介绍经验不能太空泛，而应写得具体、真实、可信、有说服力，要始终围绕着能胜任工作这个中心来介绍自己的经历和经验。

在陈述自己的特长时，需要态度谦恭，最好让事实来说话，如搞过什么设计、有何发明、获过什么奖或开发过什么新产品；附上一些具体材料，会大大增加可信度和说服力。

（4）篇幅要简短。好的用人单位可能会同时收到很多自荐信，所以从用人单位考虑，自荐信不宜过长，否则会使对方反感。自荐信的篇幅一般要控制在一页之内。这就要求求职者在写自荐信时语言要简练，重点要突出。

案例导入

求职信（范例）

尊敬的经理：您好!

我是一名即将从×××大学国际贸易专业毕业的大学生。我很高兴地在招聘网站得知您的招聘信息，并一直期望能有机会加盟贵公司，我写此信是应聘贵公司招聘的经理助理职位。

作为一名国际贸易专业的学生，我热爱我的专业并为其投入了巨大的精力和热情，在校期间学到了许多专业知识，如国际贸易、国际贸易实务、国际商务谈判、国际贸易法、外经贸英语等课程。经过四年的刻苦学习，我掌握了国际贸易专业的基本知识，特别是在英语听、说、读、写、译等方面有了长足的进步，并通过了英语专业八级考试。我还选修了德语作为第二外语，可用德语进行日常会话。

在校期间我多次获得校级奖学金。我担任过班长、团支书等学生干部职位，这些经历增强了我的组织领导能力。我还有过社会实践和毕业实习的锻炼。曾兼职于一家外贸公司，从事市场助理工作，主要协助经理制订工作计划，做外联工作及文件、档案的管理工作，这些经历增强了我的组织协调能力。本人具备一定的管理和策划能力，熟练掌握各种办公软件的操作，我深信我可以胜任贵公司经理助理之职。

随信附上个人简历及相关材料，希望您能感到我是该职位的有力竞争者，并希望尽快收到面试通知。如有机会与您面谈，我将十分感谢。我的联系电话××××××××××。

感谢您阅读此信，并祝您愉快！

此致

敬礼

×××

2015 年 1 月 20 日

资料来源：王佳，姚圆鑫. 大学生职业生涯规划与就业指导[M]. 北京：国家行政学院出版社，2016.

（三）就业推荐材料的填写和写作

1. 学校的《毕业生就业推荐表》的填写

《毕业生就业推荐表》只能人手一份，一般制作应聘材料时使用复印件，只有在与用人单位签订正式协议时才使用原件。

填写《毕业生就业推荐表》时要注意以下事项：

（1）专业名称要与招生计划的专业名称一致。

（2）姓名要与户口、身份证姓名一致。

（3）学校评语要由系（院）根据学生的情况填写，并加盖公章。

（4）推荐表的内容要属实。

（5）按推荐表要求填写的其他内容要认真填写。

（6）推荐表是学校发给学生"双选"的依据，如果签订协议后，用人单位因发现毕业生弄虚作假而解除、撤回或撤销就业协议，其后果由毕业生个人负责。

2. 他人推荐信的写作

在条件大致相等或相差无几的情况下，如果其中有推荐人为你推荐，谋职往往会占优势。因为在条件、素质、学历、背景都大致相同，取舍难以定夺的情况下，如推荐人是值得信赖的专家学者或本单位熟悉的人，其意见易于受到重视。

写推荐信的步骤如下：

（1）找准推荐人。推荐人一定要找准，应该是本行业（最好是与你谋职目标有关的）有一定地位和影响的人，那他的推荐才具有权威性，起到的作用才会明显。例如，要去工厂搞技术工作，推荐人最好是厂长、经理或有权威的工程师、技术人员；若想去政府部门当公务员，推荐人当然要请政界要人担当。如果这些人乐意充当推荐人，那么，谋职也就增添了几分成功的把握。

（2）与推荐人谈话。推荐人应该对你有一个全面的了解，最好与推荐人作一次谈话，讲述自己求职的目标和应聘实力。

（3）提供相关材料。求职者要为推荐人准备好相关材料，如成绩表、所学课程、撰写过什么论文、发表过什么作品、当过什么学生干部、获过什么奖等，最好带上复印件；与谋职有关的特长，如英语水平、普通话和计算机能力等方面的证明材料也应附上。材料越具体越好，这样，推荐人写起推荐信来也就越顺手。

（4）致谢。在最后，要向推荐人致谢，感谢他对你的大力推荐，并在百忙之中为你撰写推荐信。

案例导入

推　荐　信

王经理：您好!

　　我是××学院的×××教授，长期以来一直担任我校××专业的主任。在专业教学中，××同学在各方面一直表现得很优秀。该同学热爱学习，学习成绩优异，有很强的钻研能力；在学生会和班里一直担任干部，有很强的领导能力和沟通能力；组织策划过一些大型活动，组织能力、团队工作能力较强；该同学品行端正、为人正派。我想，该同学符合贵单位招聘要求，特此推荐。

　　此致

敬礼

推荐人：×××
××××年××月××日

资料来源：曹敏. 大学生就业指导[M]. 武汉：武汉大学出版社，2010.

（四）各种证书的准备

随着人才机制的完善，人才评价逐步向社会化、客观化、公平化、国际化过渡。国家有关部门已开始在全国范围内陆续开展专业技术资格考试，并作为专业技术人员评聘职务和执业的资格条件。拥有相关专业技术资格，已成为求职择业的有利条件之一。

大学生择业就业时，应把已获得的各类证书备好供用人单位参考，包括各类专业证书、先进模范奖励证书等，具体如下。

（1）计算机软件专业技术资格和水平考试证书。

（2）会计专业技术资格考试证书。

（3）经济专业技术资格考试证书。

（4）法律资格考试证书。

（5）建筑、设计、会计、监理、工程等注册类资格考试证书。

（6）其他专业技术资格考试证书。

除此之外，还有国家新公布的全国统一考试的专业技术资格证书。

第四节　求职形象的设计

在当今激烈竞争的社会环境下，个人职业形象已经日益成为一种核心竞争力，它不仅能够彰显个人的专业实力和职业素养，更能够整体影响所在组织的公众形象和综合实力。因此，求职形象设计已经成为大学毕业生在求职活动中继学历、证书、社会实践经验等硬件条件准备之外的又一个不可或缺的必备要素。

一、提高大学生求职形象设计的能力

（一）全面了解求职形象设计的内涵与外延

（1）对个人形象的定义进行概念的澄清。例如，对个人形象设计的定义，不能片面地认为就是解决个人外表的"主观设计"，局限于适合个人特点的发型、化妆和服饰，还应该包括内在性格的外在表现，如气质、举止、谈吐、生活习惯等内在表现的"客观诊断"。

（2）将求职形象设计的评价对象由"自评"转为"他评"。心理学认为，形象是人们通过视觉、听觉、触觉、味觉等各种感觉器官在大脑中形成的关于某种事物的整体印象，即各种感觉的再现。在进行求职形象设计的过程中有一点认识非常重要，即个人求职形象设计是否得体不在于自己觉得是否合适，而是职业的普遍要求甚至直接是面试单位的面试官觉得是否合适。

（3）将求职形象设计与应聘职业进行相关度连接。例如，在对自身职业装的设计过程中，第一要素为服装的整体效果，要能体现拟应聘的岗位的行业特征；第二要素为服装的款式，要尊重社会规范，符合大众的审美观，关键是整洁、大方、朴素；第三要素是根据自身的身高、体型、肤色、心理、文化修养等因素进行设计。

（二）深入调查与分析面试相关职业群的岗位

大学毕业生在明确设计思路与了解自身体貌特征的基础上，必须对拟从业的职业领域相关职业群进行调查与岗位分析，这是一个大学毕业生找工作前必须要学习的重要课程。重点应关注以下三个方面的内容。

1. 相关职业领域的职业群的名称和工作内容

通过此项调查能够全面感性认知该职业从业人员的基本工作情况以及涉及职业装、职业行为的一般性特征。例如，网站推广人员和网站架构设计人员虽然都属于电子商务领域职业群，但由于工作的环境和内容不同，因此在职业装的选择、工作内容的处理方式等方面的要求是有明显区分的。对此，应针对性地对职业装、仪容仪表及面试语言等进行对照设计。

2. 岗位的工作职责与工作内容

通过此项调查能够深入了解该职业从业人员的工作习惯、工作态度和职业素养。例如，准备面试营销人员岗位，在工作方法上基本一致，但由于营销的产品和营销的对象的不同，在个人职业素养方面一定有不同的要求。对此，应重点对职业装的款式、表达能力及肢体语言进行设计。

3. 企业的核心价值观及文化内涵

通过该项调查能够理性分析从业人员的行为习惯和做事风格。例如，国企要求职员踏实工作，职业装的搭配要求简洁大方；日资企业较严谨，职业套装是必不可少的服装搭配，在肢体语言上应以规范为主；美资企业比较随意，求职形象可进行休闲化、时尚感的设计。

（三）积极进行职业形象设计相关能力的养成型训练

人的印象是这样分的：55%取决于外表，包括服饰、个人面貌、体形、发色等；38%是如何自我表现，包括语气、语调、手势、站姿、动作，坐姿等；只有7%才是所讲的真正内容。因此，应针对性地进行相关能力的训练与提升。应重点关注以下五个方面的训练与提升。

1. 培养职业形象的感官鉴别能力

可通过企业实地调查、网络资讯信息、报纸杂志、影视作品、品牌服装专卖店等途径获得对职业形象的"静态"鉴别能力。

2. 提高对自身形象正确认识的能力

应整合知识系统和信息系统的相关资料，对个人的体型特点、发型特点、化妆特点、服装款式要求、饰品配件要求、个性要求、心理要求、文化修养要求进行重新的认识和调整。

3. 训练面试中的社交礼仪

重点对面试中走、站、坐的姿势以及握手技巧、微笑技巧、眼光技巧等肢体语言进行训练。

4. 提升语言沟通技巧

重点对音调、音量、语气的使用技巧以及强调、停顿等使用技巧进行训练。

口才不太好的人必须做语言沟通时，可以参考以下准备方法。

（1）每日多做口才演讲之类的练习，参加普通话学习班并争取通过考试，面试前应尽量与不同的人谈论自己的抱负，或与他们辩论热门的时事问题。从来就没有什么救世主，要改变个人的命运，只有靠自己。

（2）用视听工具如录音机和录像机，将自己说话时的情形录下来重播找出缺点，设法改善。

（3）多找机会高声朗读或背诵一些文章或讲稿，多练习"口腔体操"或在众人面前发表自己的意见，尽量完整系统地表达自己的观点，有助于增强自信心。

5. 掌握面试问题回答技巧

重点分析面试问题的类型以及问题设计的目的，进行针对性的立体训练。

综上所述，对应届毕业生职业形象进行针对性的、系统的设计，并进行养成性训练，从而让大学毕业生在求职的过程中抓住机遇，赢得面试官的好感，实现顺利就业与提升个人职业发展空间。

二、大学生求职形象的具体设计

在求职之前，必须从细微之处精心设计形象，准备好迈出求职道路的第一步。

良好的形象包括很多方面，要求着装整洁、大方，化妆得体，举止文雅、有礼貌等。它能够反映出一个人的文化水平、修养和气质，是一种重要的体态语言。而且，当一个人外表形象良好时，内心感觉也是良好的，这样就无形中充满了自信。所以，应设计一个令自己满意的形象来增加求职的自信心。

（一）注重仪容

仪容是指一个人的容貌，保持良好的仪容是个人形象的关键，因为在与人交往中，容貌是最容易给人留下印象的部分。在求职时，要有一个良好的仪容就要注意搞好个人卫生，注重美容化妆。

1. 卫生

首先，要保持全身整洁干净，保持口腔清洁，避免身体出现异味。在出门求职前，不要吃蒜、葱、韭菜等有强烈刺激性气味的食品，以免在与人交谈时，造成别人的反感。

其次，要保持颜面的整洁。男士在出门前一定要彻底修面，不宜留须；女士应当适度美容化妆，以保持皮肤细润，使自己显得年轻活泼，富有青春朝气。不过务必切记，此类活动应"幕后"操作，不可当众"演出"，尤其是女士一定不能当众补妆。

最后，要注意手和指甲。手是人体中活动最多的部分之一，也常常是人们目光的焦点，所以请把你的双手洗得干干净净，指甲修剪得整整齐齐。外出求职的女士千万不要留长长的指甲，另外不要涂艳丽的指甲油，否则，会给招聘者留下不好的印象。

2. 美容美发

（1）美容

美容当然是指对面部皮肤的保养，这是一个长期的过程和习惯，对于求职者来说，修饰仪容要达到最快最好的效果，就是通过化妆。在求职中，求职者适当地化妆是很必要的，这既是对自己的尊重，也是对招聘者的尊重。女士一般对化妆更为重视，但在求职中，化妆要注意以下几点：

①勿浓妆艳抹，妆化得过浓会给人一种不庄重的感觉。女性如果应聘公务员、国企，面试时可不化妆，但如果去外企，适宜化淡妆。

②不要当众化妆。化妆，应事先搞好，或是在专用的化妆间进行。若当众化妆，则有卖弄表演或吸引异性之嫌，弄不好还会令人觉得身份可疑。

③要随身携带适量的化妆品，作为在路上或等待面试中妆容出现问题时的补妆之用，但补妆也要在洗手间或化妆间进行。

（2）美发

对于求职者而言，发型不仅要美观大方，而且要自然，不宜雕琢痕迹过重，或是不合时宜。

男性可选择的发型不多，相对来说比较好打理，只要保持头发的整齐干净就可以了。男士的头发不易过长，头发的长度最好前发不附额、侧发不掩耳、后发不及领，这样可以显得精明强干。

女性需注意不要选择太夸张和复杂的发型。除了基本的干净整洁之外，不要有太多的头饰和过分的装束；不要染发，太标新立异的发型不宜出现在面试场合，一头染过的头发会显得时尚青春，但参加一些严肃、庄重的单位或职位的面试时，就显得轻浮了。一般情况下，面试时以自然大方、清爽流利的发型为宜。

（二）注重服饰

求职者选择服饰的原则是协调、严谨、整洁、大方，充分体现出自己的优雅风度。

1. 服装

（1）谨慎着装

面试是比较严肃的场合，着装一定要谨慎。应聘者的服饰打扮应根据应聘的工作来选择，要体现个人的内在气质、修养。要想面试成功，有经验的应试者会根据不同的情况精心打扮，同时也会增长信心。

为了表现求职的诚意，较保守、较传统的装扮始终是上策。面试的最终目标是获得主考官的认可，他们往往年纪较大，工作时间较长，也比较认同"传统"的标准，不大愿意录用摆出反传统姿态的人。

至于装扮保守到什么程度，自由表现个性、追求时尚到什么程度，应该视应聘的职位以及用人单位的性质而定。应聘者可以通过观察用人单位员工的装束（例如接待人员服装的格调）、广告和年报的视觉形象等，来决定自己的服饰。一般可参考以下方面。

★男生的着装

①气温合适，最好穿西装应试；颜色以素净为佳，应熨烫笔挺，这样最具有职业风貌；衬衫以白色较好，不能穿得太花哨；打好领带，颜色以明亮为佳，但不应太鲜艳，以能带给他人明朗良好的印象为宜；别上领带夹，领带要平整，不要给人一种衣冠不整的观感。

②擦亮皮鞋，扣好西服和衬衣扣子。

③戴眼镜的同学，镜框的配戴最好能使人感觉稳重、协调。

★女生的着装

①穿着应有上班族的气息，裙装、套装是最合宜的装扮，裙装长度应在膝盖左右或以下，太短有失庄重。

②面试时应穿高跟鞋，最好不穿平底鞋。

③服装颜色以淡雅或同色系的搭配为宜。

④头发梳理整齐，不要顶着一头蓬松乱发应试。

⑤应略施脂粉，但勿浓妆艳抹，不要染指甲。

⑥不宜戴金银首饰，有许多单位明确规定不许戴首饰。

总之，参加面试，男女同学穿着打扮要给人"信得过"的印象，应符合着装大方、精神饱满、有青年人朝气的特点；同时还要注意，根据季节的不同、应聘职业性质的不同，在着装上也应有所区别。

（2）着装要与职业协调

根据所应聘的工作性质和类型，确定自己的穿着，这是一个较稳妥的做法。在应聘不同岗位时，衣着应与之适合。不同的职业对人的穿着也有不同的要求，尽管没有成文的规定来划定对某种职业的穿着标准，但人们在心理上确实存在着各种各样的模式化思维。观察一下就可发现，从事不同职业的人一般有着不同的穿着特点。例如，应聘车间里搞安装之类的具体操作岗位，应穿朴素一点；去广告公司应聘，则不应穿古板落俗的衣服；若从事比较活泼的行业，如营销，则上衣与搭配的裙子或长裤未必要纯色，也可以有些图案。因此，求职者的穿着最好是与所求工作的性质和环境相一致。

2. 饰物

对求职者来说，身上的饰物不要太多，男士最好不要戴任何饰物。女士则可以适当地佩戴，但也要注意以下几点。

（1）饰物要简单、朴实。女士可佩戴的饰物很多，但在面试时，所戴饰品越少越好，而且总数最好不要超过三件。

（2）所佩饰物要注意与服装的搭配。选择饰品最关键的是要与衣服搭配好，最好是选择与衣服同色系或相互呼应的饰品。以胸针、胸花为例，求职着装时，所配胸针、胸花不要太大，也不要闪闪发亮。若服装面料很亮，则适宜选配骨质和乌钢等制成的胸针、胸花。花衣服上不必点缀胸饰。

（3）除了首饰以外，眼镜和帽子也可以说是两种常见的饰物。

眼镜会使一些人外表增色，也可能会显得不协调。应尽量选择适合自己的镜框，式样宜新。另外，千万不可戴太阳镜（护目镜）去面试。假如你非戴眼镜不可，但又不适合戴有框眼镜，可选择隐形眼镜。

帽子的戴法也应当合乎规范，正戴的帽子不可歪着戴，应当歪着戴的帽子就不要正戴，应该向后戴的帽子就不要向前，否则会给人留下"衣冠不整"的印象。求职者进入室内，男士应当脱帽以示尊重，女士则可以不脱帽。

（三）注重举止

从言谈举止不仅可以看出一个人的个性、修养，也可以看出其成长环境及家教状况。大学生在求职面试过程中言谈举止文明有礼，对顺利通过面试具有重要作用。

1. 面部表情

表情是举止中很重要的部分，主要通过人的眼、眉、嘴、鼻等部位和面部肌肉综合运动而表现出来。在众多的表情中，眼神和微笑在求职中最具有效力。

"眼睛是心灵的窗户"，在体态语言中，眼神最能倾诉感情、沟通思想，还可以展现一个人的精神面貌。

在求职面试时，我们经常会遇到这样的问题：眼光不知要投向哪里，要停留多少时间。

一般关系的人之间，目光投注的时间不要超过 3～5 秒，否则会让对方感到不自在。盯视陌生异性更是不礼貌的行为。

在求职中，目光可投向招聘者的两眼与额之间；也可把目光投向对方眼到嘴之间的区域；而若长时间听对方谈话，则应把目光投向对方的嘴与脖子所在的区域。但不时地要与交谈者的眼睛进行交流，表明在认真地听对方讲话，或认真地表达自己的想法。

面带微笑进入面试场所能让人消除紧张情绪，同时也能让考官心情愉悦。面试官们通常会认为，一个懂得微笑的人，是一个热情有礼、有魅力、有修养的人，这样的人在工作中更容易得到他人的信任和尊重。

2. 站姿

站姿是仪态美的起点，又是发展不同动态美的基础。良好的站姿能衬托出求职者良好的气质和风度。

站姿的基本要求是挺直、舒展，站得直，立得正，线条优美，精神焕发。其具体表现是：

头要正，头顶要平，双目平视，微收下颏，面带微笑，动作要平和自然；脖颈挺拔，双肩舒展，保持水平并稍微下沉；两臂自然下垂，手指自然弯曲；身躯直立，身体重心在两脚之间；挺胸、收腹、直腰，臀部肌肉收紧，重心有向上升的感觉；双腿直立，女士双膝和双脚要靠紧，男士两脚间可分开点儿距离，但不宜超过肩宽。

3. 坐姿

坐姿是仪态的重要内容。良好的坐姿能够传递出求职者自信练达、积极热情的信息，同时也能够展示出求职者高雅庄重、尊重他人的良好风范。

求职者坐姿的基本要求是端庄、文雅、得体、大方。具体要求如下：

入座时要稳要轻，不可猛起猛坐使椅子发出声响。女士入座时，若着裙装，应用手将裙子稍向前拢一下。

坐定后，身体重心垂直向下，腰部挺起，上体保持正直，两眼平视，目光柔和。男子双手掌心向下，自然放在膝上，两膝距离以一拳左右为宜。女士可将右手搭在左手上，轻放在腿面上。

坐时不要将双手夹在两腿之间或放在臀下，不要将双臂端在胸前或抱在脑后，也不要将双腿分开过大或将脚伸得过远。坐于桌前应将手放于桌上，或十指交叉后以肘支在桌面上。

入座后，要尽可能地保持正确的坐姿，如果坐的时间长，可适当调整姿态以不影响坐姿的优美为宜。

以上几种坐姿，都能够体现出求职者的自信及练达，可以给招聘者留下好感。因此，不能把正确的坐姿只看成是一种简单的技能训练，而应将其与自身综合素质的培养与锻炼联系起来，认真对待。

4. 走姿

走姿是站姿的延续动作，是在站姿的基础上展示人的动态美。无论是在日常生活中，还是在社交场合，走路往往是最引人注目的体态语言，最能表现一个人的风度和魅力。

求职者走姿的具体要求是：

行走时，头部要抬起，目光平视前方，双臂自然下垂，手掌心向内，并以身体为中心前后摆动。上身挺拔，腿部伸直，腰部放松，脚幅适度，脚步宜轻且富有弹性和节奏感。

男士应抬头挺胸，收腹直腰，上体平稳，双肩平齐，目光直视前方，步履稳健大方，显示出男性刚强稳健的阳刚之美。

女士应头部端正，目光柔和，平视前方，上体自然挺直，收腹挺腰，两腿靠拢而行，步履匀称自如、轻盈，端庄文雅，含蓄恬静，显示女性庄重文雅的温柔之美。

本 章 小 结

本章共分四节。第一节，首先阐释了大学生择业的负性心态及减轻方略，而后提示了大学生就业心理调适实训。第二节，首先介绍了就业信息的搜集渠道，而后强调了就业信息的整理，最后阐释了就业信息的运用。第三节，首先介绍了求职材料的构成，而后介绍了求职材料的制作和准备。第四节，首先论述了提高大学生求职形象设计的能力问题，而后阐释了大学生求职形象的具体设计问题。通过本章学习，能使大学生了解求职的各项必要准备，进而促其"未雨绸缪"，早做准备。

名词解释

就业信息　　求职信　　简历

思考训练题

1. 大学生择业有哪些负性心态表现？
2. 简述减轻大学生择业负性心态的方略？
3. 怎样进行大学生就业心理调适实训？
4. 简述就业信息的搜集渠道。
5. 简述应怎样运用就业信息。
6. 求职材料包括哪些？
7. 请制作个人简历和求职信。
8. 怎样提高大学生求职形象设计的能力？

案例分析

小张的应聘

一次某公司招聘文秘人员，由于待遇优厚，应聘者很多。中文系毕业的小张同学前往面试，她的背景材料可能是最棒的：大学四年，在各类刊物上发表了3万字的作品，内容有小说、诗歌、散文、评论、政论等，还为六家公司策划过周年庆典，一口英语表达极为流利，书法也堪称佳作。小张五官端正，身材高挑、匀称。面试时，招聘者拿着她的材料等她进来。小张穿着迷你裙，露出藕段似的大腿，上身是露脐装，涂着鲜红的唇膏，轻盈地走到一位考官面前，不请自坐，随后跷起了二郎腿，笑眯眯地等着问话。孰料，三位招聘者互相交换了一下眼色，主考官说："张小姐，请回去等通知吧。"她喜形于色："好!"挎起小包飞跑出门。

资料来源：姚凤云. 大学生就业与创业[M]. 北京：清华大学出版社，2017.

问题： 小张应聘的仪容、姿态和服饰符合求职形象的要求吗？她能否等到录用通知？假如你是小张你打算怎样设计这次面试的形象？

第五章

求职的方式技巧

学习要点及目标

通过本章的学习，了解面试的形式，熟悉面试前的准备工作，清楚面试过程中的礼仪；明晰笔试的种类、准备和答题技巧及应注意的细节问题；了解招聘会的分类，明晰校园招聘的程序和形式，知晓招聘会自荐技巧和注意事项；通晓网络应聘的相关知识、事项及策略。

引导案例

别具一格的面试：让人才看见人才

某广告公司以高效率、高效益著称业内，据说其选拔人才的方法苛刻而奇特，但至今没有人知道细则，即使那些应聘落选者，对考试经历也是守口如瓶。

刚毕业的我，决定去试一次。不料面试选拔过程很简单：第一轮集合所有应聘人员来公司大会议室，指定一个题目，在规定时间内设计一件作品，然后由专家组评审，当天下午公布入围者名单。第二轮考试与昨天一样，也是指定一个题目，在规定时间内设计一件作品，不过应考者少了许多。时间一到，收了卷子，全部送到另一间屋子，请专家组评审。不同的是，公司主考官要求我们等待，并送来午餐。

不足两小时，10 份作品皆评审完毕。主考官笑眯眯地进来了，说："我公司向来重视专家的意见，但作为一种艺术品，你们也为广告设计倾注了自己的灵感与心血，因此，专家的评分只占此轮考试的 50%，另一半分数由你们相互评审。"

大家都有些吃惊，然后便按主考官的要求，各自带作品上前台展示一次，另外 9 人则在下边评分，并写出简略评语。另外 9 人中，至少有 3 人的作品令我叹服，我不得不怀着复杂的心情给了他们高分和好的评语，因为我相信：专家的眼光不会比我差，我不能刻意去贬低别人。

最终，我入选了，这有点意外；更意外的是，令我叹服的那三个人中，只有一名入选。我简直怀疑专家组以及公司的眼光，但随后总裁与我们的首次谈话令我释然：最后 10 位考生，都是专家组眼中的佼佼者；而你们之间的相互评审，更能证明自身的能力与素质。庸才看不见别人的才华，情有可原；人才看不见人才，就太狭隘了！我们不仅需要本身具备高素质的人才，更需要那些能彼此欣赏、相互协作、团结共进的人才！

资料来源：姚凤云. 大学生就业与创业[M]. 北京：清华大学出版社，2017.

第一节　面试方式与礼仪技巧

面试是用人单位在规定的时间和空间内通过当面交流来考核应试者的一种招聘测试；面试是公司挑选职工的一种重要方法；面试给公司和应聘者提供了进行双向交流的机会，能使公司和应聘者之间相互了解，从而双方都可更准确地做出聘用与否、受聘与否的决定。

面试虽然是一个双向选择过程，但由于应聘者在整个面试中，一般是处于被动地位，因此要想在众多的竞争对手中脱颖而出，就必须了解面试的基本知识，讲究面试的方法和技巧。

一、面试的形式

（一）单独面试

单独面试即用人单位负责人逐个地接见应试者，这是最常见的面试的方式。这种面试一般适用于规模较小的机构或有较少的应聘者。有时候会出现多对一的面试，即由几个人组成的面试小组会见每个面试者。较大的机构中重要的岗位也常采用这种面试方式。

（二）小组面试

一个职位有较多应聘者，主考官为了节省时间，可以让多个应聘者共聚一堂，进行小组讨论，或是集体解决问题。应聘时应聘者要轮流担任小组领导，主考官通过集体面试活动过程来评审应试者的领导才能和团队合作能力，根据每个人的表现决定录取人选。

（三）测试面试

测试面试是指用人单位要求应聘者参加现场技能测试和试验，如速记、表演、推销商品、体能测验等。这类面试适用于较低的职位或部门和行业，可以独立进行，也可与前面所述的方式并用。

（四）组合面试

组合面试是上述三种面试方式的组合。如规模庞大的公司或机构聘请高级职务人员时，面试程序可能需要一整天的时间。面试日的上午，应聘者要与该机构的人事部门职员初步进行个人交谈，其后可能由他们带领参观整个机构的设备和运作。中午，一般要同该部门的主管共进午餐，其间大家对某些问题要交换意见，最后是与机构的最高负责人见面。

（五）筛选式面试

应聘者人数太多时，初次面试往往采取按比例选拔的方式，称为筛选式面试。采用筛选式面试主要是为了提高面试的效率。

（六）渐进式面试

初步面试合格后用人单位根据需要会安排第二次或更多次面试。这时由用人部门领导参与，借此评估应聘者对该工作是否合适，讨论的问题也会较深入。规模较大的公司，也许有三四次面试。面试次数的多少，视该单位的规模和申请职位的高低而定。

二、面试前的准备工作

其实真正的面试从面试前就开始了，而不只是与招聘者交谈的十几分钟而已。面试前的准备工作作为面试的前奏往往也会决定面试的成败。那么，面试前应该做哪些准备呢？

（一）深入了解招聘单位

接到面试通知后首先要迅速查找该企业的原始招聘广告。由于每个求职者都可能投寄出数十上百封求职信，因此在寄出求职信的同时，应该把每个企业的求才广告剪辑记录下来，以便在收到企业的面试通知时进行查阅，避免张冠李戴。

同时，要深入了解用人单位招聘职位的性质、工作内容、所需知识和技能，还要对招聘单位的背景和发展潜力深入了解。还要了解用人单位对员工的工作要求、职责以及给予员工的报酬、培训等情况。

（二）准备面试物件和材料

面试前的物件材料准备，包括公文包、求职记录笔记本、多份打印好的自荐信、简历、个人身份证、登记照等。所有准备好的文件都应该平整地放在一个牛皮纸的档案袋里。

（1）公文包。求职时带上公文包会给人以专业人员的印象。公文包不要求买很贵重的真皮包，但应看上去大方典雅，大小应可以平整地放下 A4 纸大小的文件。

（2）笔记本。里面应记录有参加过求职面试的时间、各公司名字、地址、联系人和联系方法，面试过程的简单记录、跟进记录等。求职记录本应该随时带在身边，以便记录最新情况或供随时查询。

（3）其他重要物件材料。还应准备好笔、自荐信、简历、身份证、个人登记照，学历证书、所获奖励证书等备查文件的正本和复印件、推荐信等材料。

如果应聘外资企业，最好将自荐信、个人简历等材料准备为中英文对照格式。即使曾经发过求职信和个人简历，也应该再带上一份材料，以备用人单位查看。

（三）收集主试人的有关信息

首先要打听到主试人的姓名，并且要会正确地说出他们的姓氏。若有可能的话，要尽可能了解到主试人的性格、为人方式、兴趣、爱好、背景，以及你和主试人有何共同之处。只有对主试人的情况了如指掌，才能在面试时攻守自如，自始至终立于不败之地。

（四）查找交通路线

接到面试通知后，查找交通路线，以免面试迟到。一般通知上会标有交通路线，要搞清楚究竟在何处上下车、转换车。要留出充裕的时间去搭乘或转乘车辆，包括一些意外情况都应考虑在内。如果对交通不熟悉的话，最好把路线图带在身上，或提前手机查询好线路，准备充分。

（五）做好着装准备

求职时的着装和个人形象，在上一章中已经讲得很详细了，简单地总结一下就是：参加面试，在衣着方面要注意整洁大方。男士衬衫要换洗干净，皮鞋要擦亮；女士不能穿过分前卫新潮的服装。着装要协调统一，同所申请的职位相符。头发要梳齐，男士要把胡须刮干净。女士若感觉脸色不佳则可化淡妆，不可修饰过度。

（六）做好身心准备

求职时，要加强锻炼身体，保证睡眠，保持充沛的体力。应聘前的几周内不做过于劳累辛苦的事情，也不从事过于紧张、刺激的活动，保持心理稳定与愉悦。因为，要成功面试，非常需要充满信心，保持良好的心态和乐观的心情。

三、面试过程中的礼仪

（一）面试的时间礼仪

提前一点时间到达面试地点是非常必要的。无论在什么情况下，都不要让考官等你。去面试时至少要给自己留出 20 分钟的富余时间，这样即使迷路或塞车也能按时到达，同时也利于调整自己的心理，做一些简单的准备，避免仓促上阵，手忙脚乱。

成功的面试应有适当的时间限制。一般来说，在高潮话题结束之后或者是在主试人暗示之后就应该主动告辞，不要盲目拖延时间。但过早地想离场会使主试人认为你应聘没有诚意。

（二）面试的应答礼仪

面试主考官一般较欣赏谈吐优雅、表达清晰、逻辑性强的职位应聘者。在整个面试过程中，注意不要紧张，表述要简洁、清晰、自信、幽默等，同时注意观察主考官的表情变化，也就是做到察言观色，尽快掌握主考官感兴趣的在哪些方面，再根据事先的准备做着重表达。在应答过程中，要注意相应的原则和礼节规范，务必要使自己的谈吐表现得文明礼貌。

面试应答时应注意以下礼仪禁忌。

（1）忌张口问钱。很多求职者一开口就先问多少钱，殊不知这是求职的大忌，一下子就降低了自己的档次。谈钱是最后环节，企业要是觉得你合适，一定会与你谈待遇。不合适的话，你就是问了也没用。

（2）忌通信不畅。很多人投了简历，结果不是电话欠费，就是不接，而且在事后也不回，这除了说明求职者做事粗心，还体现了职业素养差。

（3）忌短信不回。很多招聘单位都会短信邀约面试，或者发送地址交通等信息。但是，大约90%的应聘者都会不予理睬。这说明求职者连最基本的礼仪礼貌都不懂。

（4）忌陪同面试。这年头，家人朋友陪同面试的还真不少，这除了说明求职者还未"断奶"之外，还真不知有何作用。

（5）忌简历作假。相信这一忌也是大忌，除了体现诚信度不够之外，还为今后的职场发展埋下隐患。

（6）忌挑三拣四。很多人面试时喜欢对面试单位上下打量，素质差一点的甚至还溢于言表，其实，即使你有资格挑，也别让人当面感觉到，以免让人觉得你很肤浅、不成熟。

（7）忌言而无信。很多人与企业预约了面试时间，然后却不去面试，而且也不做任何说明，这种人即使找到工作，也是祸害。一个优秀的人，答应的事一定要做到。

（8）忌面试迟到。面试准时体现的既是一种职业态度，也是一种基本的职业素养，更是诚信的表现，所以，最好提前一点；万一赶不上，要打个电话说明。

（9）忌准备不足。面试是一种斗智斗力的活动，仓促上阵，肯定会无功而返，准备工作一定要做，但是，心理准备最重要。

（10）忌信口雌黄。很多求职者在面试过程中喜欢信口雌黄，殊不知这是自欺欺人。其实，经验都是职场积累的，不懂就说不知道，年轻人没经验毫不奇怪，没人会笑你，反而会说你实在。

（三）面试结束时的礼仪

当求职者和招聘者双方的意愿都表达得差不多时，求职者可以主动告辞，告辞时要注意礼貌。

（1）如果被录用也不用过分惊喜，应向主考官表示感谢，希望今后合作愉快。

（2）若结果未知，则应再次强调自己对应聘工作的热情，并感谢主考官抽时间与自己交谈。

（3）求职者应表示与主考官的交谈获益匪浅，并希望今后有机会再次得到对方进一步的指导，有可能的话，可约定下次见面的时间。

（4）即使在求职失败的情况下，也应及时结束谈话，而不应申辩理由，强行"推销"自己。

（四）面试后必备礼仪

1. 感谢对方

求职者为了加深主考官对自己的印象，增加求职成功的可能性，面试后两天内，最好给主考官打个电话表示谢意。感谢电话要简短，最好不要超过2分钟。

面试后表示感谢是十分重要的，因为这不仅是礼貌之举，也会使主考官在做决定之时对求职者有印象。

2. 不打听结果

在一般情况下，主考官每天面试结束后，都要送人事部门汇总，最后确定录用人选，可能要等3～5天。求职者在这段时间一定要耐心等候消息，不要过早打听面试结果。

3. 调整心态

面试回来后，你已经完成一次面试，但这只是完成一个阶段。如果你同时向几家公司求职，则必须调整心态，总结经验教训，并针对不足重新做准备，"吃一堑，长一智"，全身心地投入第二家的面试。在未有最终结果之前，仍不算成功，你都不应放弃其他机会。

第二节　笔试的类型和技巧

笔试是用人单位对应试人员的一种考核办法，目的是考核应聘人员的文字能力、知识面和综合分析问题的能力，通常用于一些专业技术要求很强和对录用人员素质要求很高的大型企事业单位和国家机关。

和面试相比，笔试是一种相对初级的甄选方式。有的公司将笔试作为面试之前的第一轮甄选，有的公司则将笔试作为面试的一种辅助手段，侧重于考查那些在面试中考查不出来的素质，如书面表达能力等。对于一些技术性很强的职位，笔试则可能是主要的甄选方式。

一、笔试的种类

笔试根据内容来分，主要有以下三类。

（一）技术性笔试

技术性笔试主要针对研发型和技术类职位的应聘者，这些职位的特点是：对于相关专业知识的掌握要求比较高，题目主要涉及工作需要的技术性问题，专业性比较强。这类考试的试题，和大学四年的学习成绩密不可分。所以，要成功应对这类考试，需要坚实的专业基础。

1. 专业考试

专业考试主要是检验应聘者担任某一职务时是否能达到所要求的专业知识水平和是否具备相关的实际能力。

专业能力测试的题目往往具有很强的专业性。比如，国家机关招聘公务员要考查行政管理方面的知识；外企招聘时要测试外语能力；科研机构招聘人员时要考查求职者的实际动手能力；IT企业招聘编程技术人员时会考查求职者运用特定语言编程的能力。

一般用人单位在招收毕业生时，主要是看学校提供的推荐表及成绩单，同时辅之以自荐材料就可以了解其基本的知识能力等情况。但也有一些特殊的用人单位，需要通过笔试的方式对求职者进行文化专业知识考核。

2. 技能测试

技能测试主要测试应聘人员处理问题的速度和效果，检验其对知识和智力运用的程度和能力，以检验求职者的实际业务能力或技术能力，尤其更侧重于实际操作方面。比如用人单位要招聘一名秘书，为了考查应聘者是否具有这方面的技能，会通过下面的题目来测试：阅读一篇文章，写读后感；自编一份请示报告和会议通知等。

对本科生而言，专业笔试主要考查基础知识、基本技能，而不是很高深的学问，一般都是专业基础课上所学知识，比如电路分析、模拟电路、会计学、财政学等。

值得一提的是，大公司和小公司笔试内容的侧重点有着很大的区别。小公司一般注重实用性，考得比较细，主要是技术能力的测试，目的是一招进来就可以马上上手工作；

而大公司则强调基础和潜力，所以考的范围比较广泛。

（二）非技术性笔试

非技术性笔试一般来说更常见，对于应试者的专业背景要求也相对宽松。非技术性笔试的考查内容相当广泛。

1. 英文笔试

英文笔试是在所有的笔试中占的比例最大的一类非技术性笔试，其考查的重点主要是阅读理解能力和写作能力，即表达能力。

对于英文笔试，有一个非常重要的考查点就是速度。也许这样的试题，给你一天的时间，大部分人都能够做得八九不离十，但问题是只有一个小时。

英文笔试还有一种非常重要的形式，就是对英文写作的考查。有些公司的笔试，是结合了前面所述的英文阅读测试和写作测试的，有些则是专门考查英文写作能力的。

2. 智商测试

智商测试一般是考查应试者的反应速度和敏捷性，考查他们在任务压力面前的承受能力。有时，一些巧妙的问题要转换角度来思考解决。

3. 心理测试

心理测试是用事先编制好的标准化问卷要求被试者完成，根据完成的数量和质量来判定其心理水平或个性差异的方法。一些特殊的用人单位常常以此来测试应试者的态度、兴趣、动机、智力、个性等心理素质。

（三）综合性笔试

1. 论文笔试

论文笔试是检验求职者分析、综合、比较、归纳、推理等思维能力的方法，其形式采用论述题或自由应答型试题。该笔试的最大长处，是有利于考查求职者的思考能力，从而能够检查求职者思想认识的深刻程度。这种测试往往会导致种种不同的答案，易于发现人才，促进智力发展，远比简单的测验题更能判断一个人的水平。论文笔试要求毕业生讨论问题要深刻、有见地。

2. 综合能力笔试

综合能力笔试主要是考查应试者解决问题的能力，其实兼有智商测试的性质，但程度更高。如应试者要在规定的时间内对一组数据、一组资料进行分析，找出合理的地方和存在的问题，并设计出解决问题的方案。这是对应聘者的阅读理解能力，发现问题、分析和解决问题的能力，知识面等素质的全方位测试，有时问答是用英语进行，相对来说难度更大一些。

二、笔试的准备和答题技巧

（一）身心准备

要保持良好的身心状态，适当减轻思想负担，不可给自己施加过大的压力，否则会适得其反。要适当参加一些文体活动，从而使高度紧张的大脑得到放松休息，以充沛的精力去参加考试。

（二）笔试的准备

在笔试前一定要对考试涉及的内容进行复习，复习时要注意以下几个方面。

（1）复习知识。对大学专业知识进行必要复习是笔试准备的重要方式。一般说来笔试都有大体的范围，可围绕这个范围翻阅一些有关图书资料，巩固所学过的课程内容。

（2）注重与实际联系。现在的求职考试很多是考查学生运用所学知识解决实际问题的应用能力。因此，应试者平时应注意培养运用所学的知识分析、解决问题的能力和实际动手能力。例如，用数学求解交通拥堵问题：十字路口的红绿灯多长时间变颜色最合理等。

（3）提纲挈领，系统掌握。应聘笔试往往范围大、内容广，使复习无从着手。掌握知识的一个有效方法就是把零散的知识集为系统，因此，在应聘复习时，应首先打破各学科的界限，认真梳理各科要点，整理成一个条理化、系统化的复习总纲目，然后按照这个总纲目有计划、有步骤地进行复习。对这些知识的掌握要以基础性为主。复习要把所学知识作为实践的例子，精心设计、深入分析、积极思考、举一反三，使自己在学习中有所悟，有所得，绝不要照搬参考资料，也不要机械地记忆。

（4）多做模拟练习。现在市面上流通着很多求职应聘题，特别是著名外企公司的应聘题。可选择一部分题作训练用。每练一道题，应思考该题的出题思路和解题关键，争取举一反三，归纳出类型，以后再遇见同类型题目就会做。不能指望看答案，否则，做再多的练习也达不到提高的目的。

（5）提高思考和答题速度。招聘考试中的题量较大，它不仅考查应试者知识的储备，更要求答题的速度，所以应试者还应该培养自己快速阅读、快速思维、快速答题的能力。

（6）临场准备。提前熟悉考场环境，有利于消除应试时的紧张心理。了解考场注意事项，按要求去做。除携带必备的证件外，一些考试必备的文具（钢笔、橡皮等）也要准备齐全。

（三）笔试答题技巧

（1）增强信心。笔试怯场，大多是缺乏信心所致。应客观冷静地对自己进行正确评估，克服自卑心理，增强信心。只有适度紧张，情绪稳定，认真审题，努力回忆学过的知识，先易后难，迅速答题，才能考出最佳成绩。

（2）科学答卷。拿到试卷后，首先应浏览一遍，了解题目的多少和难易程度；其次，要按照先易后难的原则排出答题顺序，答题时要掌握好主次之分；最后，遇到难题，一时做不出来，可以先做会的。

三、参加笔试应注意的问题

参加笔试时，还应注意以下一些细节问题。

（一）听从安排

应当在监考人员的安排下就座，而不要选择座位，更不要抢座位。如果因特殊情况，座位确实有碍自己考试需要调整时，一定要有礼貌地向监考人员讲清楚并求得其谅解；若实在不能调换，也应理解其工作上的难处。

（二）遵守规则

在落笔之前，一定要听清楚监考人员对试卷的说明，不要仓促作答，不要跑题、漏题或文不对题；更不能有不顾考场纪律，我行我素的行为，比如未经许可携带手机等通信工具，擅自翻阅字典、使用文曲星等。

（三）写好姓名

做题前一定要先将自己的姓名等被要求填写的个人情况写清楚，以免百密一疏，白白地做了一回"无名英雄"。

（四）卷面整洁

答卷时应注意卷面整洁、字迹清晰、行距有序、段落齐整、版面适度。因为求职过程中的笔试不同于在校时的考试，"醉翁之意不在酒"，有时用人单位并不特别在意应聘者考分的稍许高低，而是从中观察考生是否具有认真的态度、细致的作风，从而决定录用意向。

（五）光明磊落

防止一些可能被视作舞弊的行为或干扰考试的现象出现。诸如瞄别人的试卷，藏匿被考试单位禁止的参考材料，与旁人嘀咕，等等。

（六）手机等通信工具主动上交

毕业生参加笔试，一定要注意手机等通信工具的处理，按照监考人员的要求，关掉手机放在包里或直接交给监考人员保管。

第三节　招聘会及自荐技巧

案例导入

参加招聘会　成功择业

某校毕业生白某，党员，学习成绩良好，综合素质较高。择业时，他原本想回到女朋友工作的河南郑州就业，可在当年毕业生招聘会上北京一家集团公司要招聘一名比较优秀的毕业生，但条件是先到辽宁鞍山的分公司锻炼工作。由于该生的条件比较适合，于是在系里老师的指导下，他应聘去了这个公司。在后来的工作中，由于他就就业业、努力拼搏，短短几年就成为该单位鞍山分公司的经理，并于2000年被调到北京的总公司担任副总经理，成为同届工作最出色的毕业生之一。后来他将女朋友也调到北京工作，最终花好月圆，做到了事业、家庭双丰收。此实例说明，在求职择业时眼光要长远，志向要远大，不能紧盯着局部利益不放。

资料来源：姚凤云. 大学生就业与创业[M]. 北京：清华大学出版社，2017.

人才招聘会作为人才服务中较为基础的传统业务之一，在促进人才资源优化配置的过程中发挥了重要作用，是目前人才交流最普遍的一种途径，是高校毕业生等人才求职择业的主要形式之一。

一、招聘会的分类

招聘会一般是由政府所辖人才机构及高校就业中心举办，主要服务于待就业群体及用人单位。

（一）应届毕业生专场招聘会

应届毕业生专场招聘会即为校园招聘会，一般由学校就业办或省市毕业生就业指导中心在每年11—12月或3—4月举办，主要面向即将毕业的应届生，这种招聘会通常职位数量有限，参展的学生很多。

（二）大型综合招聘会

大型综合招聘会一般选址在展览中心或广场等集会场所，可以吸引几百家甚至千家各种行业和类型公司前来现场招聘人才，通常这种招聘会参展人数以万计。

（三）行业人才招聘会

特定行业的人才招聘会，如IT类人才招聘会等，前来的求职者也多是以该行业和职业类型为求职目标。

（四）中高级人才招聘会

中高级人才招聘会面向群体通常为有3年以上工作经验的中高级人才。此类招聘会通常也称为邀约式面试，即为企业发布招聘职位，招聘会举办方通过电话、短信、网络等邀约面试人员在指定日期参会。通常此类招聘会上的企业知名度较大，年薪较高，有猎头性质。在现场也会对求职者有所要求。此类招聘会暂不适宜应届毕业生。

（五）政府公益性招聘会

政府公益性招聘会面向当地求职者及外来工求职人员，此类招聘会由政府主办，企业与求职者都是免费参与。此类招聘会参会企业都是当地周边企业，真实与可信度高。

（六）网络招聘会

网络招聘会其实就是现场招聘会的网上展示版本。网络招聘会在表现形式上可以说是多元化的，一般网络招聘会举办时间都在20～30天，其中包括10天左右的宣传时间。每届招聘会举办方都会策划不同的主题和基调，设计不同风格的专题网页。

（七）常设招聘会和非常设招聘会

常设招聘会是指具有人才中介服务资质，并拥有相对固定招聘场所和一定数量专职人员的机构组织的开放式、经常性的人才招聘活动。非常设招聘会是指具有人才中介服务资质的机构，独立或联合有资质的人才中介机构临时租用招聘活动场所组织开展的人才招聘活动。

（八）宣讲会

宣讲会也可以归纳到招聘会之列。宣讲会一般是指企事业单位在校园开设与招聘相关的主题讲座，主要向招聘对象传达企业的情况、文化价值观、人力资源政策、校园招聘的程序和职位介绍等信息。宣讲会的形式也是多种多样的，一般是招聘组织宣讲情况，再对学生的提问进行回答，也有的采用视频播放、非互动宣讲等方式。现在更有一些企业为了减少成本扩大影响而采用网络宣讲的形式，即利用互联网的多媒体技术向全世界直播宣讲过程。网络宣讲有不受地域限制、图文并茂、可保存及无限复制传播等优点，受到越来越多的企业青睐。

二、校园招聘

（一）校园招聘的含义和特点

校园招聘是一种特殊的外部招聘途径。狭义的校园招聘是指招聘组织（企业等）直接从学校招聘各类各层次应届毕业生。广义的校园招聘是指招聘组织（企业等）通过各种方式招聘各类各层次应届毕业生。

校园招聘已成为企业重要的招聘渠道之一，相对于社会招聘来说，它具有如下鲜明特点。

1. 时间集中

校园招聘的时间一般9月中旬就开始启动，主要集中在每年的9—11月和次年的3—4月。虽然国家对招聘毕业生的启动时间有一定的要求，但不属于硬性要求。9月初毕业生的最后一个学年开始后，出于招揽优质人才的考虑，越来越多的用人单位都会越来越早地进入校园，通过校园宣讲会的形式提前介入到校园招聘活动中。10月份则是目前校园招聘最繁忙的旺季，高潮会一直持续到11月底。春节前后则迎来了校园招聘的淡季，节后3—4月份会再现一次小高潮，主要争夺公务员考试和研究生考试失利的一批毕业生。

国家教育部曾于1999年下发有关通知，规定"用人单位到高等学校招聘毕业生的活动应安排在每年11月20日以后的休息日和节假日进行"。由于次年1月份之后，很多学生就要面临研究生入学考试，而5、6月份又是毕业生的论文杀青与答辩时间，因此，对于企业而言进入校园开展招聘活动一般都集中在11月底至12月以及春节过后的3、4月份这两个时间段进行。为了避免撞车，越来越多的企业选择了"曲线救国"的方式，利用"宣讲会""介绍会"等其他形式"潜入"学校，将其校园招聘活动尽早推广开来，抢得获取优秀人才的先机。

2. 范围广大

由于高校扩招等诸多方面的原因，大学毕业生就业压力大已成为不争的事实。为了找到理想工作，毕业生们一般都采取"全面撒网、重点培养"的策略。企业也逐年扩大自己的招聘范围。每逢进入金秋时节，学生们便开始奔波于各大公司宣讲会之间，行色匆匆，有些甚至不远千里跨省参加招聘会。简历更是通过网络从全国四面八方涌来，充斥着企业的招聘邮箱。

3. 对象局限

应届毕业生相对于社会人员有其自身的缺陷。首先，他们缺乏工作经验；其次，他们缺乏明确的职业定位和规划；最后，当代大学生基本都是独生子女，往往存在着责任心不强、承受能力弱、团队意识较差等诸多问题。

以上这些特性促使企业必须有针对性地制订专门的校园招聘策略和笔试面试方法，也对企业的晋升机制和培训体系提出了更高的要求。

（二）校园招聘的程序

校园招聘的程序具体如下。

（1）调查分析，确定目标学校。如，各校专业设置、学生特点等。

（2）前期宣传（根据实际选择）。如，参与、赞助学校活动等。

（3）临近招聘的准备包括以下四点。

①确定具体学校。

②准备宣传材料（宣传海报、音像材料、宣传设备等）。

③确定具体招聘载体。

④成立招聘小组并明确分工。

（4）进入学校或其他招聘地点。

（5）接收报名和简历。

（6）组织实施招聘考试（如果多个院校统一招聘考试，最好请专业考试服务机构实施）。

（7）根据考试成绩进行筛选，实施面试。

（8）根据面试结果录用，签协议。

（三）校园招聘的形式

认识了校园招聘的特点，分析了校园招聘的误区，如果企业想在校园招聘上有所作为的话，还需要了解一下校园招聘的形式。其实校园招聘并不局限于每年一度的校园招聘会，为了吸引优秀的学生人才，各式各样的校园招聘形式已被众多求贤若渴的用人单位开发出来，汇总起来主要有以下几种形式。

1.专场招聘

在每年校园招聘的高峰时节，当地政府以及各高校都会举办一些大型的专场招聘会，来自全国各地的企业在指定的时间和场馆"摆摊设点"，为前来投递简历的学生提供面对面的交流机会，并及时进行选拔测试。这种方式一般适合于招聘对象明确，招聘人数不多的中小型企业。比起大张旗鼓搞巡回校园宣讲来说，可大幅节省招聘成本和时间。但因到场求职的学生来自众多高校的众多专业，其学校及专业的针对性不强，而且由于地域限制，搜集到合格简历的数量也未必尽如人意，所以对于具有大量招聘需求的企业来说，最终的招聘效果可能不会十分理想。

2. 校园宣讲

校园宣讲会是企业在校园招聘伊始针对目标高校组织的专门讲座，通过企业高层、人力资源负责人以及在本公司工作的该校校友的现身说法来传达公司基本概况，介绍企业文化、经营理念，发布职位空缺、招聘条件和招聘流程等，通过情绪的感召与互动引导学生全面地了解企业。这种校园招聘成本固然不菲，但因为学校和专业都定位准确，所以招聘效果是最理想的，而且在整个巡回宣讲过程中对企业形象的宣传力度也比较可观。

3. 实习招募

实习生计划作为校园招聘的一个前奏，一般在应届毕业生正式求职以前，特别是毕业前的那个暑假中，为经过初步挑选的大学生提供一些实习岗位，那些表现优秀的实习生，将会作为下一步正式录用的备选人才。实习生计划至少有三个好处，首先，可以避开校园招聘的人才争夺高峰，将一些优秀毕业生提前纳入人才储备库，在人才争夺战中抢占先机。其次，通过实习，企业能够提前了解应届毕业生的个性特点、人品、价值观及在实际工作中的能力表现，有利于作出准确的录用决定；对于学生来说，也能通过实习充分了解企业，亲身体会自己是否喜欢这个行业，对今后的择业方向做出更客观理智的规划。最后，通过一段时间的实习，这些实习生已经对企业和工作有了较多了解，一旦被正式录用，将来上班后也能够很快上手。应该说实习生计划对于企业和毕业生来说是双赢的，国内外很多企业都在实行，包括 IBM 的蓝色之路实习生计划，广东移动的"领先 100"暑期实习生项目等。

4. 发展俱乐部

一些公司为了和高校常年保持联系，在校园建立了俱乐部，不定期地组织一些活动。活动中，公司的中高层人员以及校友在学校组织专题讲座，通过俱乐部内部组织的郊游和聚餐等活动促进与学生的相互交流，帮助低年级的同学更好地了解企业，在校园内树立雇主品牌，为今后的校园招聘做好准备。比如德勤公司推出了面向北京名校会计、财务管理和法律专业的"德勤俱乐部"，宝洁公司在各个知名高校建立了"宝洁学生职业发展俱乐部"等。

5. 拓展夏令营

有的企业由于地域限制等原因不大适合于大量的学生到企业实习，但又希望吸引优秀的大学毕业生，夏令营或参观计划就是一个不错的选择。通过组织目标院校及特定专业的大学生到企业所在城市参观旅游，并进入企业与员工座谈等活动，展示企业品牌，传递企业文化。有些企业还要求学生在回校后撰写报告，帮助其在学校进行宣传，推动今后校园招聘活动的开展。在这方面做得好的企业包括三星中国公司、中国广东核电集团以及塔里木石油公司等。

6. 选秀竞赛

"选秀大赛"作为近年来悄然兴起的一种校园招聘形式，发展趋势势不可当。企业通过组织一些职业技能或者商业大赛，模拟实际商业项目的运作，吸引大批学生报名参与，让最优秀的人才在竞赛中脱颖而出。获胜者除了能够获得丰厚的奖品，更有机会赢得去企业实习或正式录用的机会。这类校园竞赛活动包括微软公司的"推荐就业之星大赛"、百度公司的"百度之星程序设计大赛"、Google 的"中国编程挑战赛"，飞利浦公司推出的"短信创意大赛"等，其中最为著名的算是欧莱雅同时推出的"在线商业策略竞赛""校园市场策划大赛"和"工业大赛"三大赛事。

三、招聘会自荐技巧和注意事项

（一）参加招聘会的自荐技巧

案例导入

准备充分，成功应聘

某女，党员，某高校 2001 届飞行器设计与工程专业毕业生。该生在校期间品学兼优，综合素质高，获得了多种奖学金。在参加招聘会前，她很好地总结自己，明确了自己的长处，并给自己确立了合适的择业目标。同时她认真准备自荐材料，充分翔实地了解用人单位的情况，抓住学校和用人单位为学生提供的每一次机会，认真准备每一场招聘会，为应聘工作做好了充分准备。该生还有一个最大特点就是不怯场。虽然是女生，专业方向又是飞行器设计与工程，但她敢于竞争，在用人单位招聘人员面前能充分展示自己的才华，最后被深圳华为技术有限公司录用。

资料来源：姚凤云. 大学生就业与创业[M]. 北京：清华大学出版社，2017.

参加招聘会的自荐技巧具体如下。

1. 谦虚谨慎

向用人单位推荐自己时，切忌过高评价自己，勿"我字当头，自视清高"。对用人单位品头论足，也会导致招聘者反感。一个懂得尊重别人的人，才会受到别人的尊重；一个对别人有好感的人，才会得到别人的好感。即使自己有过人之处，也应以谦虚的态度向对方展示；即使自己有好的建议，也应该以委婉的方式提出。

2. 自信大方

极端羞涩、过于自卑的做法也不可取。试想一个用人单位会录用一个对自己都感到信心不足的求职者吗？要让用人单位感到你是一个自信心很强的求职者，自荐时要声音洪亮，举止从容。

3. 文明礼貌

礼多人不怪，礼仪是道德的一种外在表现形式，它在人际关系的调节中具有不可忽视的作用。以礼待人是赢得好感的基本原则之一，而礼貌的言谈举止是其基本的表现形式。

4. 认真细致

无论哪个用人单位都会喜欢一个办事认真细致的职员。自荐材料书写工整，无涂改痕迹，文句通顺，用词恰当，无错别字，标点符号准确无误，都会给人以办事认真细致的印象。

5. 积极主动

求职时的自荐需要的是积极主动的精神，"等、靠、要"的想法是不可取的。由于自荐是求职者的主动行为，自荐信和个人简历等自荐材料的呈交、寄送要尽量及时。为使用人单位更全面地了解自己的情况，事先应做好各种自荐材料的准备，应做到：不等对方索要，主动呈交；不等对方提问，主动介绍；不消极等待回音，主动询问。这样往往给人一种态度积极、求职心切和胸有成竹的感觉。

6. 重点突出

大学毕业生在求职时介绍自己的情况时，要重点突出自己的能力和知识。应该详细介绍自己的专长、经验、能力和兴趣等，本人和家庭情况简单介绍即可。为了取得对方信任，有时还要举例说明，要突出自己的优势。与众不同的东西，才是魅力所在。

7. 有的放矢

针对用人单位的具体要求，强调自己的社会经验和专业所长，这样才能使招聘者感到你就是最理想的应聘者。比如用人单位招聘文秘人员，你介绍自己如何具有公关能力，就不如介绍自己的文、史、哲知识及写作才能。强调针对性的同时，也不能抹杀相关知识才能的作用。专业特长加上广泛的知识面和兴趣爱好往往会更受用人单位的青睐。

（二）参加招聘会的注意事项

参加招聘会应注意以下事项。

1. 事先要充分了解欲去应聘的企业

求职者最好事先了解企业所在行业、行业发展情况、企业规模、产品等，重点研究此次招聘会的招聘职位，根据自身条件选择合适的应聘职位，对号入座，不要到现场"抓瞎"，引起招聘人员不满。

2. 做好简历准备

根据企业对该职位的要求，修改简历内容，将简历中罗列的自身能力、技能等信息，根据职位要求加以修改和突出。

3. 赶早不赶晚

很多招聘会供需比例大大失衡，一些企业透露，现场录取率仅 10%左右，竞争非常激烈。有时企业会贴出"某某职位已满"的告示。因此求职者宜赶早不赶晚。

4. 仔细倾听宣讲会

求职者进入现场，最好能先仔细观看企业的宣传介绍和文化介绍，对企业的用人特点和招聘特点有个把握。根据经验，大多职位面试时都会询问"企业在行业内排名、销售业绩、员工晋升、价值观"等问题。此外，有些企业喜欢有创新力的人才，有些则青睐忠诚的员工，有些强调团队精神，有些看重稳定安分，只有事先了解企业偏好，才能在面试时有的放矢。

5. 注意着装礼仪

参加招聘会应适宜着装，还应多体现面试礼仪。

第四节　网络应聘及策略

在资讯和信息越来越重要的时代，日益普及的网络在悄悄改变着人们的工作和生活方式。网络已经成为我们工作、生活、招聘、求职必不可少的帮手。其中，网络求职是包括大学毕业生在内的广大求职者找工作的一种重要途径。并且，网上应聘已成为人们求职选择的一种趋势。因为，相对于人头攒动、水泄不通、令人窒息的传统招聘会，网上求职以免费浏览申请、大量的职位信息、随时随地进入的方便性，也自然地吸引了大量的求职者和招聘企业。

一、求职网站简介

网络应聘是对网络招聘的响应。网络招聘，也被称为电子招聘，是指通过技术手段的运用，帮助企业人事经理完成招聘的过程。即企业通过公司自己的网站、第三方招聘网站等机构，使用简历数据库或搜索引擎等工具来完成招聘过程。

通常用到的求职网站主要有以下几种。

（一）招聘网站

招聘网站是目前许多企业招聘的主要途径，专业的招聘网站不乏知名企业的招聘信息，另外还会根据情况举办不同类型的网上招聘会。在招聘网站上发布招聘广告既方便企业收集和筛选简历，又利于其丰富自己的人才库。

（二）校园 BBS

对于即将毕业的大学生来说，除了招聘网站外，校园 BBS 也可以成为收集招聘信息的一个重要工具。目前大部分高校的 BBS 都设有招聘专区。特别提示：相对于其他网站信息而言，校园网站 BBS 上的信息相对更加真实，可信度较高，而且更新较快。不过它只针对在校学生，对于社会人群来说，可望而不可即。

（三）企业网站

一般来说，知名企业的网站建设得都比较好，栏目丰富，而且有独立的招聘专区。在招聘专区，会常年公布一些岗位需求信息，对岗位职责以及对求职者的要求都描述得比较详尽。目前正在网上招聘的名企很多，涉及行业也比较广。

（四）大型综合网站或行业网站

许多大型综合网站和行业网站也设有人才频道（也有叫招聘频道、求职频道），求职者在浏览这些网站时不妨多留意里面的招聘信息。

二、网络应聘的特点及优势

网络应聘行为建立在网络高科技的基础上，并依托于互联网的发展，具有鲜明的特点和优势。

（一）广阔的覆盖面，不受空间限制

网络时代，互联网的覆盖面可以轻易地延伸到世界的每一个角落。而网络招聘依托于互联网，发布范围广，受众人群多，所以说，它所传达的地域也是非常广阔的，使网络招聘拥有覆盖面广的特点。网络招聘不仅可足不出户、天南海北、跨地域寻找人才，而且应聘者可以申请所在城市之外的职位，非常方便，效率高，反应快速。

（二）方便、快捷、时效性强

网络应聘的双方在网络上通过登录和查询完成信息交流，这种方式不强求双方时间和空间上的绝对一致，方便了双方的时间选择，相对节省了大量的时间。互联网本身不受时间、地域限制，也不受周期和发行渠道限制，不仅可以迅速、快捷地传递信息，而且可以瞬间更新信息。一些人才招聘网站功能齐全，服务周到，比如网络与报纸相结合、24 小时在线客服等。

（三）节省成本，经济实惠

网络应聘在节约费用上有很大优势。对于大学毕业生来说，网络应聘可以大大节约成本，只需要一点电费，扫描一张照片甚至几元钱就能搞定。网络应聘见不到拥挤不堪的人群，为求职者省去了交通和制作简历的费用，节约了很大的成本。通过轻点鼠标即可完成个人简历的传递，节约了复印、打印费用。同时避免了交通、安全隐患，节省了社会资源，还摆脱了地域和时间的限制。不管是对求职者还是用人单位，其诱惑力都难以抗拒。

（四）针对性强

网络上的招聘信息每天都在更新，大学毕业生可根据选择的公司和职位，对网络简历做快速改动。网络招聘是一个跨时空的互动过程，对供求双方而言都是主动行为。无论是用人单位还是个人都可根据自己具体的条件有针对性地在网上进行选择，这种积极的互动，吸引力强，实效性长久，减少了招聘过程中的盲目行为。

（五）应聘人员素质高

通过网络应聘，招聘单位对应聘者的基本素质可以做一次基本考查，相当于已经进行了一次小型的计算机和英文测试，对应聘者作了一次初步筛选。目前很多企业在"网申"中设定一些心理或性格测验，可以更充分考查毕业生的内在素质。这比传统的口头自我介绍、简历介绍更有参考价值，使用人单位选才更有针对性，这也是"网申"的优势所在。

（六）网络招聘求职成功率高

网络应聘的专业化服务，在一定程度上缓解了用人单位在招聘工作中的压力，大大提高了招聘工作的效率。据统计，求职者通过互联网找到工作的占 40%，而通过现场招聘找到工作的仅占 30%。

（七）提供的就业机会多

网络应聘与常规现场招聘最大的不同是，网络招聘提供的就业选择面要大得多，几乎覆盖了所有行业、所有职位，具有信息量大、时效性强、传播范围广等优点，有较多的与应聘职位相同或相近的职位可供选择，就业机会比较多。

三、网络应聘的注意事项

（一）有的放矢投递简历

求职者必须仔细浏览招聘单位简介、招聘职位介绍、信息发布时间、有效期等，必要时还可登录该公司的主页了解更多相关信息。留意对方的用人计划及招聘要求，在全面详细地了解招聘职位的信息后根据自己的实际情况投递简历。

（二）第一时间投递简历

通常网络招聘会的举办周期在一周或一个月不等，但对于求职者来说，还是要争取在第一时间寻找中意的单位，并投递出简历，以便抢占先机。

（三）直接向用人单位投档

有用人需求的公司，多数会在公司网站的人力资源部中辟出招聘专区。直接向其投档，比在求职网站中投档的命中率高。

（四）忌向一单位申请多职

在网络求职时，向一家单位同时申请多个职位的求职者不在少数。向一个单位同时申请多个职位，并不能表明你的能力超人，相反，用人单位会认为你非常盲目，没有自己的目标，缺乏主见。因此，向一家单位同时申请多个职位的做法不可取。

（五）"另谋高就"时应更新简历

更新简历的目的是要针对不同的公司和职位发出内容针对性不同的简历。简历发出后并非百发百中，当你向另外一家单位投递简历时，你应该确认一点：从简历上看，我是适合这个职位的。因此递出简历之前，对简历进行适当修改便成了必要环节。

（六）按招聘方要求投递简历

目前肆虐的网络病毒多以附件形式传播，招聘企业为安全起见，一般希望求职者以纯文本形式投递简历。如果用人单位对简历的格式、投递方式有特别要求，就要尽量按照对方的要求操作。

四、网络求职陷阱及其防御

（一）常见的网络招聘的骗局

常见的网络招聘的骗局有以下几种。

1. 上岗前先缴费培训

这是最常见的一种骗局，就是在经过多轮面试之后，以岗前培训为借口，收取各种培训费用。例如：一家广告公司招聘档案文员职位，面试中要求应聘者先到某某职校付费参加培训，考核后合格方可录用，但培训结束后却告知条件不符、岗位已满，不予录用。

2. 偷梁换柱的招聘

即打出很诱人的招聘职位或者招聘待遇，吸引求职者去应聘，但是实际工作却不是那么回事。例如：一家广告公司招聘"储备人员"岗位，但在面试中不断询问应聘者营销能力等情况，并介绍保险方面的业务。事实上，这家企业是代理一家保险公司招聘保险业务员，为吸引求职者而发布较为动听的岗位名称。

3. 假借招聘做项目

这是比较高智商的陷阱，假借招聘考试，让人才免费帮他编写程序。例如：一家软件公司以招聘程序员为名，在"笔试"中要求求职者编写程序，8名求职者的试题各不相同，但8段程序恰巧合成了一个项目，考试结果则是无一人被录用。

4. 实习岗位陷阱

这是利用实习的借口，来刻意降低员工的工资。例如：一家公司招聘网络管理员岗位，明确表示月薪为2000元，但招聘后却与员工签订"见习协议"，每月仅支付504元的"见习补贴"。

5. 虚实工资骗局

现在招聘信息中会有无责任底薪和责任底薪的说法。无责任底薪就是只要你参加了日常工作，即可获得工资。责任底薪是需要你按照公司的标准，完成了一定量的销售额或者业务标准，才能获得的薪水。现在很多网络骗局就是把责任底薪写得特别高，让你先对工作产生极大的兴趣，但是你要完成的工作量却十分大，不然工资也会很少。

（二）网络求职陷阱的防御

面对网络求职陷阱，为将受骗上当的风险降到最低，求职者网上求职把好以下几关非常重要。

1. 选择网站关

即选择可靠的招聘网站。对于求职者来说，应尽量选择大型、专业、知名的人才网站进行浏览、注册，因为这些正规的网站对招聘单位都经过审核，信息可信性相对较高。而且正规的人才网站会对个人简历的重要信息如联系方式、E-mail、家庭住址等做一定程度的保密处理，只有向网站提供合法资质证明的招聘单位才能看到，但非正规的网站就不一定是这样了。

2. 简历填写关

网上求职个人应当按照网上提供的简历模板将个人详细情况填写在相应的位置，不要将重要的个人信息留在不该填写的位置。尤其在填写简历时，不要忽略个人简历的公开程度，尽量不要使自己的个人简历处于无条件公开的状态，否则会给一些不法分子提供可乘之机。

3. 信息鉴别关

有些公司不止采用一种招聘方式，会在网站、报纸、人才市场同时进行招聘，一般这类招聘的规模大，比较可信。虚假招聘信息一般有以下特点：招聘单位联系地址不详细或根本不留；联系电话为手机，没有固定电话；招聘条件非常低，工资待遇异常高；以各种理由收取求职者费用；以公司手续正在办理中为由不出具相关资质证明。这些招聘信息，很可能是虚假的，求职者要慎之又慎。

4. 电话联络关

对待陌生的电话（包括通知面试的电话和其他陌生询问电话）不要回答太多个人问题，一有可疑情况应立即报警。对于通知面试的电话，一定要对公司的地址及面试地址进行核实，以辨别是否"皮包公司"。

5. 面试防御关

首先，注意面试场地。正规招聘单位一般都有固定的办公场所，若网上的单位将面试地点选在宾馆等临时租借来的场地，要高度注意，谨防上当受骗。其次，面试时间和地点若安排在晚上，为保证人身安全，可以和单位商量改到白天的工作时间，尽量不要晚上赴约，特别是女学生。若要求到外地或很偏远的地方面试，在对招聘单位没有详细了解的情况下，不要贸然行动。否则，如果在外地受骗，所遭遇的困境会更麻烦。

另外，在面试之前，应多方面、多渠道地了解欲应聘公司的情况及背景，看看其是否正规，业务是否合法，单位是否拥有合法有效的营业执照和经营许可证，是否有不良记录等。

在出门前，一定要给家人或亲朋好友留下要去应聘单位的详细地址和联系电话（包括固定电话），以备查用。

本 章 小 结

本章共分四节。第一节，首先介绍了面试的形式，而后阐释了面试前的准备工作，最后介绍了面试过程中的礼仪。第二节，首先介绍了笔试的种类，而后叙述了笔试的准备和答题技巧，最后提示了参加笔试应注意的细节问题。第三节，首先介绍了招聘会的分类，而后阐释了校园招聘的特点、程序和形式，最后提出了招聘会自荐技巧和注意事项。第四节，首先介绍了各种求职网站，而后阐释了网络应聘的特点及优势，接下来提出了网络应聘的注意事项，最后提示了网络求职陷阱及其防御问题。通过本章学习，能使大学生了解求职的各种方式和技巧，为其更好地求职提供指导。

名词解释

面试　笔试　网络招聘

思考训练题

1. 简答面试的形式。
2. 面试前应做好哪些准备工作？
3. 简述面试过程中的礼仪。
4. 笔试有哪些种类？
5. 笔试答题有哪些技巧？
6. 简述招聘会的分类。
7. 简述参加招聘会的自荐技巧。
8. 参加招聘会应注意哪些事项？
9. 网络应聘有哪些特点及优势？
10. 网络应聘应注意哪些事项？
11. 联系实际谈谈网络求职陷阱的防御。

案例分析

张渊被当场录用

刚刚从大学毕业的张渊，对自己的专业技能有着清醒的认识。为了成功就业，他为自己制订了一个符合实际的应聘方案："先就业再创业，从低职位做起。"在一场人才招聘会上，张渊通过自己对一家民营企业的深入了解，向该企业老板提出了自己对公司未来的设想和自己的职场规划。老板很高兴，一锤定音，当场决定录用张渊。在此后的工作中，张渊吃苦耐劳、扎实肯干、积极上进的工作态度进一步得到了老板的赏识，在短短一年多的时间内，张渊连升数级，当上了总经理助理。

点评：山不在高，有仙则名。求职时，不顾自身的条件，一味地唱高调，意味着人为地为自己设置了求职的障碍。临渊羡鱼，不如退而结网，也可以超前把自己"推销"出去。

资料来源：姚凤云. 大学生就业与创业[M]. 北京：清华大学出版社，2017.

问题：结合本案例谈谈参加招聘会的注意事项。据此你应怎样参加招聘会？

第六章

就业文书和法律保障

学习要点及目标

通过本章的学习，弄清就业协议与劳动合同的异同，清晰就业协议的主要条款、签订就业协议的程序；熟悉就业协议涉及的法律问题，知晓劳动合同的内容、变更与终止、解除与无效等常识，明确违反《劳动法》的法律责任及订立劳动合同时应注意的问题；了解离校报到及人事代理的相关规定；明晰就业的法律保障等若干问题。

引导案例

大学生就业协议不能替代劳动合同

案情简介：

2008年4月，即将大学毕业的赵丽与学校及甲公司签订了一份《毕业生就业协议书》，协议约定：赵丽毕业后必须在甲公司服务5年，否则要赔偿公司1万元。2008年8月赵丽到公司工作后又与该公司签订了3年期限的劳动合同，约定试用期为4个月，在试用期内可以提前书面通知甲公司解除本合同并在工作交接完毕后离开公司。3个月后，赵丽认为自己不适应这份工作，按劳动合同要求向公司提出书面辞职，而甲公司以未缴纳违约金为由不予办理解除劳动合同的有关手续。赵丽向北京市劳动争议仲裁委员会申请仲裁，要求解除与被告签订的劳动合同被驳回。赵丽遂向法院提起诉讼。

审理情况：

法院经审理认为，《劳动法》第十六条规定：劳动合同是劳动者与用人单位确立劳动关系、明确双方权利和义务的协议。建立劳动关系应当订立劳动合同。根据上述规定，毕业生与用人单位在签订就业协议时，双方尚未形成劳动关系，所签订的就业协议不是劳动合同。就业协议的功能在于确保协议一方当事人按照协议到约定地点工作，工作后应该签订劳动合同。就业协议条款没有得到劳动合同的确认，与劳动合同相冲突时，应以劳动合同为准。劳动合同中已对试用期内双方的权利义务作出了明确的约定，该试用期条款合法有效。赵丽的诉讼请求应予以支持。甲公司应该为赵丽办理解除劳动合同的各项手续，赵丽不必交付违约金。

蓝海专家：

认清就业协议和劳动合同的关系，就业协议不是证明劳动关系的凭证，不能替代劳动合同。

很多单位和毕业求职者对就业协议和劳动合同的认知比较模糊，造成双方在签约阶段出现不规范操作，从而引起纠纷。有的用人单位以"签过就业协议就行"为由，逃避签订劳动合同，不明确双方的各种权利义务，侵犯了劳动者的诸多权益；有的毕业生也不提醒用人单位签订劳动合同，其"跳槽"行为将不受用人单位约束，也损害了企业的利益。

根据劳动法规定，就业协议发生在学生毕业之前，由学生、学校、用人单位三方共同签订，以确定就业意向和相关权益，包括报到日期、未来劳动合同的期限、试用期、薪酬、岗位、福利、违约金等。但就业协议的作用仅限于对学生就业过程的约定，本质是平等主体之间的民事合同关系，双方发生纠纷应直接诉请到法院，法院处理的依据是合同法及其他民事法律，不适用劳动法，不受劳动法的特别保护。

对于已经签订过就业协议的毕业生，在其正式报到时，双方应按有关法律法规规定及就业协议约定条款，及时订立劳动合同并办理有关录用手续，一旦劳动合同签订并生效，就业协议也就相应终止。而劳动合同的签订即意味着劳动关系的建立，如发生纠纷，则应先诉至劳动仲裁，劳动仲裁及法院处理的依据是劳动法。

当然，也不是说原来的协议条款都不管用了。就业协议中的有关条款，包括合同期、服务期、试用期、福利待遇、工资、违约金等符合劳动法的内容，应当作为签订劳动合同的依据。

资料来源：姚凤云. 大学生就业与创业[M]. 北京：清华大学出版社，2017.

第一节　就业协议与劳动合同

大学毕业生在正式工作之前，都会与用人单位签订就业协议和劳动合同。这是两份具有法律效力的文书。它们是维护大学毕业生就业权利的有力武器，这一节我们阐释一下这两种法律文书及其签订问题。

一、就业协议与劳动合同的含义

（一）就业协议的含义

就业协议是明确毕业生、用人单位和学校在毕业生就业工作中的权利和义务的书面表现形式。就业协议一般由教育部或各省、市、自治区就业主管部门统一制表，其主要意义在于将毕业生与用人单位双方互相选择的关系确定下来。由于就业协议是毕业生与用人单位签订的初次工作协议，因此一般并没有详细规定双方具体的权利与义务。在毕业生正式毕业之前的求职阶段，是签订就业协议的高峰期。

就业协议书由毕业生、用人单位、学校三方共同签署后生效，对签约三方都有约束力。

应该注意的是，协议虽然不是劳动合同，但也是一个民事合同行为，具有合同的约束力。协议一旦签订，可以说你的第一份工作就确定了。

（二）劳动合同的含义

根据《劳动法》的规定，劳动合同是指劳动者与用人单位确立劳动关系、明确双方权利和义务的协议。签订劳动合同，是为了在法律上将劳动者与用人单位之间的劳动关系确定下来，明确双方的权利、义务，并使之特定化、具体化，从而更好地维护劳动者和用人单位的合法权益。

劳动合同是毕业生与用人单位明确劳动关系中权利和义务关系的协议，学校不是劳动合同的主体，也不是劳动合同的鉴证方。

劳动者通过劳动合同与用人单位确立劳动关系、明确双方权利和义务，劳动争议发生后依劳动合同处理争议。劳动合同一经依法签订即具有法律约束力，当事人必须履行劳动合同中规定的义务。

二、就业协议与劳动合同的异同

大学毕业生在与用人单位签订就业协议和劳动合同之前，也许并不明确这两者有何不同，因此不能完全明确自己的责任与应当享有的权益。所以，在此有必要大致归纳一下就业协议书与劳动合同的区别与联系。

（一）就业协议书与劳动合同的一般区别

就业协议和劳动合同都是具有法律意义的法律文件，两者紧密相联，分别签订于毕业生就业过程的不同阶段。就业协议书与劳动合同都是用人单位录用毕业生时所订立的书面协议，但两者还是有区别的，主要表现在以下方面。

（1）法律依据不同。就业协议的依据是 1983 年 3 月 2 日教育部颁布的《高等学校毕业生分配制度改革方案》和 1997 年国家教委制定的《普通高等学校毕业生就业工作暂行规定》，而劳动合同则依据于 1995 年实施的《劳动法》。前者属于部颁规章，后者属于国家基本法律，部门规章的法律效力低于国家劳动基本法律。

（2）签订内容不同。就业协议书主要是毕业生和单位的工作约定。劳动合同是学生和单位的从事具体工作和享受何种待遇等权利和义务的约定，内容更为具体，劳动权利义务更为明确。

（3）签订时间不同。一般来说就业协议书签订在先，劳动合同签订在后（一般是学生到单位报到后）。如果毕业生与用人单位就工资待遇、住房等有事先约定，亦可在就业协议书备注条款中予以注明，日后订立劳动合同对此内容应予认可。

（4）签订目的不同。就业协议书是对毕业生就业基本情况的认定，是确定学生工作意向，用人单位愿意接收，学校编制就业计划和负责毕业生派遣的依据。劳动合同是劳动者和用人单位明确劳动关系中权利义务关系的协议。

（5）签订主体不同。就业协议书经毕业生和用人单位签字盖章即具有法律效力，学校签证登记后列入就业方案；劳动合同是毕业生与用人单位签订的协议，学校不是劳动合同的主体，也不是劳动合同的鉴证方。

（6）时效性不同。就业协议的效力始于签订之日，终于学生到工作岗位报到之时。就业协议的作用仅限于对学生就业过程的约定，一旦毕业生到用人单位报到，就业协议的使命也就完成了。就业协议不能替代劳动合同，不是确定劳动关系的凭证。

另外的区别还有以下几点。

（1）就业协议书有关服务期、试用期、基本收入、福利、违约金等，在毕业生到单位报到后，可以作为双方订立劳动合同的依据。但这些条款必须要列入劳动合同，在双方都认可后，正式签订劳动合同，才可以继续生效。

（2）毕业生在试用期内辞职，是否要付违约金？在2002年5月1日之后签订的劳动合同，同时劳动合同中没有约定服务期和商业机密的，毕业生在试用期内辞职，是不用支付违约金的。

（3）在试用期结束后，能否再约定一个试用期？在试用期满后，只可能出现两种情况，要么是毕业生在试用期内被证明不符合单位录用条件而被辞退，要么是依据劳动合同享受新的待遇和权利，而不可能接连出现两个试用期。

（4）在试用期内，单位是否要给毕业生缴纳社会保险费？劳动者依法享有社会保险和福利的权利。试用期是包括在劳动合同期限内的，所以劳动者在试用期内所享有的权利义务与试用期满后享受的权利义务应该是一致的，用人单位必须依法为劳动者缴纳社会保险费。

综上可以看出，就业协议是由毕业生、用人单位和学校三方签订的明确毕业生在日后工作中的权利和义务的书面表现形式，是毕业生与用人单位确定劳动关系的依据；劳动合同则是劳动者与用人单位双方签订的，用来确立劳动关系、明确双方权利和义务的协议。一般是签订就业协议在先，签订劳动合同在后。

综上所述，就业协议并不能代替劳动合同，有了就业协议并不等于也签订了劳动合同，可以说两者是相互独立的个体。

（二）就业协议书与劳动合同的相同之处

劳动合同是毕业生就业协议的延伸和法制化，它们具有一致性。具体表现如下所述。

就业协议是高校毕业生与用人单位确立劳动关系的法律依据。就确立劳动关系这一点来说，就业协议与劳动合同是相通的。可以这样认为，就业协议的实质就是准劳动合同，是劳动合同的一种特殊表现形式。它们的相同之处表现在以下方面。

（1）确立劳动关系的一致性。用人单位对大学毕业生这类劳动者，与面向社会公开招聘的劳动者，在培养、使用、待遇等方面可能有所不同，但从确立劳动关系这一点来说，就业协议与劳动合同是一致的。

（2）主客体意思表达的一致性。无论是就业协议，还是劳动合同，均是在双方平等友好协商的基础上签订，各方表示真实意思，诚信地交代自己的真实情况。因此，从表达主观意愿均属真实，前后一致，无强制、胁迫这一点看，两份文书中的各方的主观意思表达所处的状态完全一致。

（3）内容前后的一致性。毕业生与用人单位在签订就业协议时所协商一致的关于服务期限、工资福利等条款也正是劳动合同应该调整的内容。因此，从某种程度上讲，当时双方协商一致的劳动合同的内容只是由于无法订立劳动合同（毕业生还不是劳动者）而以就业协议的形式先期固定下来，劳动合同签订时再将有关内容予以明确约定。

由上述可见，就业协议与劳动合同既有联系，又有区别，二者既不能等同，也不可割裂。

当毕业生拿着就业协议到用人单位报到后，应该及时与用人单位签订劳动合同，因为劳动合同才是明确劳动者与用人单位之间的具体权利义务，确认劳动关系存在的法律依据，签订劳动合同更有利于保护自身的权益。

三、毕业生就业协议

如上所述，就业协议是由毕业生、用人单位、学校三方签订的，用以明确三方在毕业生就业中的权利义务关系的书面形式。高校使用的《全国普通高等学校毕业生就业协议书》是由教育部制订样式，作为示范性文本，地方毕业生就业主管部门或高等学校负责印制。

（一）就业协议主要条款

就业协议主要包括以下条款。

（1）用人单位要如实介绍本单位情况，提供约定的工作岗位，做好各项接收工作。签订就业协议后，凡取得毕业资格的毕业生，用人单位不得以学习成绩为由违约；未取得毕业资格的结业生，本协议无效。

（2）毕业生应按国家规定就业，向用人单位如实介绍自己的情况，了解单位的用人要求，表明自己的就业意见，如果与用人单位签订了就业协议，就应该在规定的时间内到用人单位报到，若遇到特殊情况不能按时报到，需征得用人单位同意。

（3）学校要如实向用人单位介绍毕业生的情况，做好推荐工作。用人单位同意录用后，经学校审核列入建议就业方案，报教育主管部门批准，前期工作完成后，学校有责任办理离校和派遣手续。

（4）学校应在学生毕业前安排体检，不合格者不派遣，本协议自行取消，由学校通知用人单位。如用人单位对毕业生身体条件有特殊要求，原则上应在签订协议前进行单独体检，否则，以学校体检为准。

（5）就业协议书经毕业生、学校及用人单位签字、盖章后生效。三方签字后都应严格履行协议，任何一方若违反协议，应承担相应的违约责任。协议的任何变更均须征得三方同意，由造成损失方承担责任，并在备注栏注明。

（6）备注栏可补充其他约定，签字后视为本协议的一部分。作为合同的特殊条款，其效力应当高于其他格式条款。

另外，有些用人单位或学校在就业协议书上还会附加上有关劳动合同的内容，例如：服务期限、工作岗位和工作内容、劳动保护和工作条件、工资报酬和福利待遇、劳动纪律、协议终止的条件、违反协议的责任等。应该注意的是，在签订劳动合同时，如果未将这类条款明确规定，则视为劳动者放弃这些权利，所以在就业协议中规定的这些内容还应该及时转移到劳动合同中去。

（二）签订就业协议的程序

为了保障毕业生和用人单位的合法权益，国家和各省市教育主管部门都制定了签订就业协议的相关程序。一般来说，应当严格按照以下程序签订就业协议。

（1）学校向毕业生发放就业协议书。每个学生仅能领一式三份，不得多领、冒领。

（2）毕业生和用人单位在供需见面、双向选择的基础上确定用人意向，并在双方在场的情况下填写协议内容，明确就业的具体工作部门或岗位，明确工作条件和生活条件。

（3）毕业生本人在协议书上以文字的形式，签署自己同意到选定单位工作的意见，同时签署本人姓名。

（4）用人单位签字盖章，并签署同意接收该毕业生的意见，并须在协议书上注明可以接收毕业生档案的名称和地址。无人事权的单位，除了用人单位需在协议书上签字盖章，还必须加盖用人单位上级主管部门的公章，以示同意录用。

（5）用人单位或毕业生将协议书传递到学校毕业生就业工作主管部门。

（6）毕业生所在院（系）和学校毕业生就业部门对就业协议签署意见并签字盖章，留存一份。

（7）毕业生自己保留一份并及时将就业协议单位联返还用人单位。

（三）就业协议所涉及的法律问题

就业协议所涉及的法律问题具体如下。

1. 签订协议的主体要合格

签订就业协议的当事人必须具备合法的主体资格。对毕业生来说，必须要取得毕业资格，如果学生在派遣时未取得毕业证书，则单位可不予聘用，且不承担任何法律责任。对于用人单位来讲，不管是机关、事业单位还是企业，都必须具备录用毕业生的自主权。如果其本身不具备用人的自主权，则必须经具有用人权力的上级主管部门批准同意。

2. 认真审查协议书的内容

一是要审查协议内容是否符合国家相关法律和政策；二是要审查双方权利和义务是否合理；三是要审查是否有补充协议，并审查清楚其内容。如无附加条款，应当将协议书中空白部分划去，或注明"以下空白"。值得注意的是补充协议书和主协议书具有同等法律效力。

3. 注意与劳动合同的衔接

由于毕业生就业协议签订在先，为避免在日后订立劳动合同时产生纠纷，应尽可能充分利用"备注"的合法空间，将劳动合同的主要内容体现在就业协议的约定条款中，并明确表示在今后订立劳动合同时应予确认。例如，毕业生在就业过程中应就劳动报酬、试用期、住房、劳动期限等劳动合同的主要条款与用人单位事先协商，体现在就业协议书中，而不应只作口头约定。

4. 解除就业协议的条件应事先约定

就业协议一经签订，就对当事人具有约束力，任何一方不得随意解除，否则应承担违约责任。如果考虑到以后可能会因升学、出国等情况不能履行协议，在签订协议前可与用人单位就解约条件作约定，并写入就业协议。约定条件一旦成立，毕业生可依约解除协议，而无须承担违约责任，避免产生经济损失或其他争议。但不承担违约责任并不等于不赔付违约金。就业协议中可以规定违约金的数额，根据《北京市劳动合同》规定，其上限是不超过12个月的工资总和，其他一些省市也有类似的规定。

5. 无效的就业协议

违反法律规定或欠缺就业协议有效条件的就业协议不具有法律效力，从而是无效协议。具体的内容如下所述。

（1）就业协议未经学校审查同意，即视为无效，学校不列入就业方案，不予派遣。如果经学校审查认为双方的权利与义务相比，明显不利于本校毕业生，或违反公平竞争、公平录用的原则，学校有权拒签。

（2）任何一方采取欺骗等违法手段签订的就业协议无效，例如，用人单位未如实介绍本单位情况，根本无录用计划却与毕业生签订的就业协议无效。无效协议自订立之日起就没有法律约束力，由此产生的法律责任应由责任方承担。

（四）就业协议的解除

就业协议的解除分为单方解除和双方解除。

单方解除，包括单方擅自解除和单方依法或以协议解除。单方擅自解除属违约行为。单方依法或以协议解除，是指一方解除就业协议有法律上或协议上的依据，此类单方解除，解除方无须对另一方承担法律责任。

双方解除是指毕业生、用人单位经协商一致，取消原订立的协议，使协议不发生法律效力。双方均不承担法律责任，但须征得学校同意。

（五）违约责任及毕业生违约的后果

毕业生违约，除本人应承担违约责任支付违约金外，往往还会造成其他不良的后果。

（1）就用人单位而言，用人单位为录用一名毕业生往往做了大量的工作，一旦学生违约，会给用人单位造成被动。

（2）就学校而言，用人单位往往将毕业生违约行为认为是学校的管理不严，从而影响学校和用人单位的长期合作关系。

（3）就其他毕业生而言，违约会影响其他毕业生的就业，造成就业信息的浪费。

四、劳动合同

劳动合同是毕业生与用人单位明确劳动关系中权利和义务关系的协议。与就业协议不同，它是建立劳动关系的凭证，是确立劳动关系的法律形式，是调整劳动关系的手段，也是处理劳动争议的重要依据。只有劳动者与用人单位在平等自愿的基础上，充分表达自己的意愿，就合同的内容、条款等达成一致意见后，劳动合同才能成立。

此外，劳动合同的签订不得违反法律、行政法规的规定。

（一）劳动合同的内容

劳动合同的内容，可以分为法定必备条款和其他协商条款两部分。

必备条款也称法定条款，是指劳动合同必须具备的由法律、法规直接规定的内容。根据《劳动法》的规定，劳动合同的法定条款包括以下七项：①劳动合同期限；②工作内容；③劳动保护和劳动条件；④劳动报酬；⑤劳动纪律；⑥劳动合同终止的条件；⑦违反劳动合同的责任。

《劳动法》第十九条规定，用人单位与劳动者签订劳动合同时，除订立上述七项必备条款外，可以协商约定其他内容。主要有约定试用期和约定保守用人单位商业秘密等条款。

试用期最长不超过6个月。保守商业秘密条款是劳动者与用人单位双方约定劳动者保守用人单位商业秘密的有关事项。

（二）劳动合同的变更与终止

任何一方如果因变更劳动合同的行为给另一方造成经济损失的，一般应承担经济赔偿责任，但不承担违反劳动合同的责任。但是，如果非法或单方面擅自变更劳动合同而给对方造成经济损失的，就必须承担违反劳动合同的责任。

劳动合同的终止是指劳动合同期满或者当事人签订的劳动合同终止条件出现，以及劳动合同一方当事人因某种原因无法继续履行劳动合同时结束劳动关系的法律行为。

终止合同与解除合同有着根本的区别。终止合同是指合同双方按照合同规定的条款履行了全部义务，即平时所说的合同已到期。解除合同则是指在劳动合同履行完毕之前，因某种原因，提前终止劳动合同的法律效力。

（三）劳动合同的解除

劳动合同的解除是指劳动合同当事人在劳动合同期限届满之前终止劳动合同关系的法律行为。可分为协商解除、用人单位单方解除、劳动者单方解除等。

我国《劳动法》第二十四条规定，经劳动合同当事人协商一致，劳动合同可以解除。该条并未规定协议解除劳动合同应具备的条件，只要双方当事人依法达成协议，即可提前终止劳动合同的效力，解除双方的劳动关系。

劳动者单方解除劳动合同的法律规定如下。

《劳动法》规定，劳动者解除劳动合同，应当提前三十日以书面形式通知用人单位。但有下列情形之一的，劳动者可以随时通知用人单位解除劳动合同：第一，在试用期内；第二，用人单位以暴力、威胁或者非法限制人身自由的手段强迫劳动的；第三，用人单位未按照劳动合同约定支付劳动报酬或者提供劳动条件的。

用人单位单方解除劳动合同的法律规定如下。

（1）劳动者有下列情形之一的，用人单位可以随时解除劳动合同：在试用期间被证明不符合录用条件的；严重违反劳动纪律或者用人单位规章制度的；严重失职，营私舞弊，对用人单位利益造成重大损害的；被依法追究刑事责任的；法律、法规规定的其他情形。

（2）在劳动者有下列情形之一时，用人单位有权解除劳动合同，但是应当提前三十日以书面形式通知劳动者本人：第一，劳动者患病或者非因工负伤，医疗期满后，不能从事原工作也不能从事由用人单位另行安排的工作；第二，劳动者经过培训或者调整工作岗位，仍不能胜任工作的；第三，劳动合同订立时所依据的客观情况发生重大变化，致使原劳动合同无法履行，经当事人协商不能就变更劳动合同达成协议的。

（3）因裁员而解除劳动合同。用人单位因法定情况，需裁减人员而引起劳动合同的解除：①濒临破产进行法定整顿期间；②生产经营状况发生严重困难。

值得注意的是，在用人单位因裁员而解除劳动合同时，单位还应承担如下经济补偿的义务，即由用人单位提出解除劳动合同的，单位应根据劳动者在本单位工作年限，每满1年发给相当1个月工资的经济补偿金，最多不超过12个月，工作时间不满1年的按3年的标准发给。用人单位未按规定给予劳动者经济补偿的，除给予经济补偿外，还须按经济补偿金数额的 50%支付额外经济补偿金。

此外，劳动者有下列情形之一的，用人单位不得解除劳动合同：患职业病或者因工负伤并被确认丧失或者部分丧失劳动能力的；患病或者负伤，在规定的医疗期内的；女职工在孕期、产期、哺乳期内的；法律、法规规定的其他情形。

（四）劳动合同的无效

劳动合同无效有两种情况：一是违反法律、行政法规的劳动合同；二是采取欺诈、威胁等手段订立的劳动合同。

有的劳动合同可能部分条款违反法律规定，则属于部分无效，并不影响其他条款的效力。

劳动合同的无效由劳动争议仲裁委员会或人民法院认定，但是，未经仲裁的劳动争议，不可以直接向法院起诉。

（五）违反《劳动法》的法律责任

违反《劳动法》的法律责任是指用人单位、劳动者和劳动行政部门或有关部门的工作人员，因违反《劳动法》及相关法律而依法应当承担的责任。可分为经济责任、行政责任及刑事责任三种形式。

（1）经济责任。是指对违反《劳动法》的责任人，依法给予经济处罚，或强制其给予被侵害人经济赔偿的一种经济制裁。例如，由于用人单位的原因订立的无效合同，对劳动者造成损害的，应当承担赔偿责任；如果用人单位聘用尚未解除劳动合同的劳动者，给原用人单位造成经济损失的，该用人单位应当依法承担连带赔偿责任。

（2）行政责任。对严重违反劳动合同造成事故，使劳动者生命、财产受到损失的，情节较轻，不够刑事制裁的责任人，依法给予行政制裁。

（3）触犯刑律的，由司法机关依法追究其刑事责任。另外，劳动者如果违反了劳动合同或相关法律的规定，也要承担相应的赔偿责任，甚至要受到刑律的制裁。

（六）订立劳动合同时应注意的问题

订立劳动合同时应注意以下问题。

（1）关于社会保险的约定。用人单位和劳动者必须依据法律参加社会保险，这并不是合同所能约定和双方所能协商解决的，但双方可以就医疗、养老和人身意外伤害等补充商业保险进行协商约定。

（2）慎签英文合同。我国宪法赋予公民有使用本民族语言文字的自由，因此要求签订中文本合同完全是正当合理的。如果到外企工作，不要发怵英文水平，可以行使宪法赋予我们的权利要求签订中文合同。

第二节　离校、报到及人事代理

大学生在校学习期满，各科成绩合格达到毕业要求，就要在 6 月份着手办理离校手续，并准备到用人单位报到。大学生应当在即将结束的大学生活的最后阶段，积极主动地配合学校做好各项工作，做到文明离校，顺利就业。

一、离校

毕业生完成学业，离开学校前必须办理必要的离校手续。主要有毕业鉴定、填写普通高等学校毕业生登记表、毕业体检、领取就业报到证和户口迁移证等。

（一）毕业生鉴定工作

毕业生鉴定是毕业生临近毕业时，通过回顾自己在大学期间的德、智、体、能等综合表现，对自己作出准确、客观的评价和总结，以便在今后的学习、工作中取得更大进步。因此，毕业生应高度重视此项工作，要认真、实事求是地做好自我鉴定。鉴定的主要内容如下。

1. 思想道德素质方面

对党的领导和党的路线、方针、政策等方面的认识和理解，参加学校组织的各项思想政治教育活动情况；遵守国家各项法规和制度及校规校纪的情况；参加集体活动，团结同学情况；参与社会实践活动的情况等。

2. 学习情况

学习态度和学习自觉性方面的表现；学习成绩和专业知识的掌握程度；科研活动成果及创新能力方面的表现。

3. 身心素质方面

参加各项体育活动情况；体育达标情况及体育特长；身体健康状况；心理健康状况等。

4. 综合能力方面

自己的专长和特点；交际与沟通能力；对社会的认知和适应能力等。

5. 存在的主要缺点、问题及今后的努力方向

自我鉴定时应当注意的事项：

（1）要认真听取老师和同学们的意见。

（2）要实事求是，不能有虚假内容，也不应是满纸空话、套话，要使人看了鉴定如见其人，依据鉴定判断你的品质、能力、素质、性格等，以便用人单位对你有所了解和合理使用。

（3）态度要端正，字迹要工整。

（4）奖励和处分都要写清楚，尤其对处分切不可隐瞒。主动说明处分原因，自己的认识态度和改正决心，仍然能够取得用人单位的信任，不会影响就业。

（二）普通高等学校毕业生登记表的填写

普通高等学校毕业生登记表是由国家教育部制定的学生毕业材料之一，要计入学籍档案，是毕业生身份的重要标志之一，凡取得毕业资格的毕业生都必须认真填写。内容主要包括：毕业生基本情况、学习经历、社会关系、个人总结、班级鉴定、毕业实习单位和主要内容、毕业论文题目或毕业设计、本人工作志愿、学校意见等。这是毕业生在校综合情况的反映和记载，是学校对毕业生在大学期间的综合评价材料，毕业生要按照每个栏目的具体要求认真填写。学校要认真核实其中的各项内容，要以对国家负责、对毕业生负责的态度严肃对待。

（三）毕业生离校手续的办理

毕业生办理离校手续的时间一般在毕业生离校前的一周，按照学校的有关规定进行。毕业生必须持学校统一发放的离校手续单办理相关手续，主要流程如下。

（1）毕业生到所在院系领取离校手续单。

（2）到校党团部门办理党团组织关系转移手续。

（3）到图书馆办理清交图书及借书证等手续。如若将学校的图书损坏或丢失，应按照学校的有关规定予以赔偿。

（4）到财务部门进行费用核对、清退。

（5）到宿舍管理部门办理退宿手续，交还宿舍钥匙。家具如有损坏，应按照学校的有关规定予以赔偿。

（6）到学生管理部门交还学生证。

（7）到教务部门交还借用的教学仪器和用具。

（8）到校医院交还医疗证。

（9）对于享受国家助学贷款的毕业生，到贷款管理部门办理有关手续。

（10）以上手续办理完毕后，领取毕业证、学位证、就业报到证和户口迁移证。

二、报到

根据《普通高等学校毕业生就业工作暂行规定》，毕业生必须使用由省级毕业生就业主管部门统一审核、打印、签发的由国家教育部统一印制的就业报到证。就业报到证是毕业生就业报到的证明和公安部门办理落户手续的凭证。就业报到证一式两联，正联（毕业生就业报到证）是毕业生到用人单位报到的凭证，报到后由用人单位装入本人档案，作为毕业生参加工作的初始记载凭证；副联（毕业生就业通知书）由学校装入毕业生本人档案，随档案一同转至用人单位，作为学校寄送毕业生档案的凭证。

（一）办理和领取就业报到证的程序

办理和领取就业报到证的程序具体如下。

（1）毕业生就业手续一般由学校到省级毕业生就业工作主管部门办理，采用集中办理和分期分批相结合的方式进行。毕业前联系到就业单位的，由学校集中到省级毕业生就业主管部门办理。在国家规定的择业期内联系到就业单位的，毕业生将签订的就业协议按照学校规定的时间交到学校，由学校定期到省级就业主管部门办理。

（2）从普通高等院校选调到乡（镇）机关工作的应届优秀大中专毕业生的就业手续，凭省委组织部省选调生录用通知办理；考取国家、省直机关公务员的毕业生，凭接收单位国家公务员录用手续办理。

（3）毕业时未落实就业单位的毕业生，可以在国家规定的择业期内继续择业，档案和户口暂时保存在学校，也可以根据本人意愿，由学校将就业报到证办至生源地继续进行自主择业。择业期满仍未落实就业单位的毕业生，学校将就业报到证办至生源地自主择业。

（4）参加"三支一扶"、自愿服务西部的毕业生，如在择业期内落实就业单位，直接到学校就业工作部门办理就业手续；择业期满仍未落实就业单位的，由学校到省级就业主管部门将就业报到证办至生源地；出国的毕业生，择业期满但仍未能落实就业单位的，毕业生应在择业期满前及时与学校联系，以便及时办理相关就业手续。

（5）毕业生领取就业报到证后，凭就业报到证到户口所在地办理户口迁移证。

（二）毕业生报到程序

毕业生在办理完所有离校手续后，即可持就业报到证、毕业证、学位证等有关证件到用人单位报到。对大部分毕业生来说，这一阶段是就业工作的最后阶段，它主要包括报到手续的办理、用人单位接收和安排工作岗位、毕业生户口关系的迁转、毕业生学籍档案的转移等。

1. 用人单位接收毕业生报到的有关规定

根据《普通高等学校毕业生就业工作暂行规定》，国家对毕业生到用人单位报到的规定如下：毕业生持就业报到证到用人单位报到，用人单位凭就业报到证办理接收手续和户籍关系。毕业生报到后，用人单位应根据工作需要和毕业生所学专业及时安排工作岗位。

2. 毕业生到用人单位报到应注意的事项

毕业生到用人单位报到应注意以下事项。

首先，毕业生应在离校前检查离校手续是否已办理完毕。就业报到证、户籍关系、党团关系、毕业证书、学位证书等是否已领取，同时要认真核查这些材料上的信息是否准确无误，如有错误或疏漏的信息，要及时向学校申请更改或补充，以免给自己报到时带来不便。

其次，在前往用人单位报到的途中，一定要妥善保管好自己的所有行李物品，特别是办理报到手续所需的材料，因为一旦丢失，补办这些材料费时费力，还将延误到用人单位报到的期限。

再次，毕业生应在规定的报到期限内前往用人单位报到。确有特殊原因不能按时报到的，应主动与用人单位联系，说明原因并征得用人单位同意。

最后，毕业生一经办理报到手续，无论是否在试用期，都应严格遵守用人单位的各项规章制度，服从工作安排。

（三）几种特殊情况的处理

1. 结业生

这通常是指在校期间未按学校规定完成指定课程学分，不能获得毕业资格，只能由学校发给结业证的学生。按照《普通高等学校毕业生就业工作暂行规定》，结业生可由学校推荐或个人自荐，在择业期内已经落实了工作单位的可以办理就业报到手续，但必须在就业报到证上注明"结业生"字样；在择业期内没有落实就业单位的，由学校将其档案、户籍关系转到家庭所在地政府人事部门的人才交流中心，自谋职业。

2. 肄业生

这是指具有正式学籍的学生未完成教学计划规定的课程而中途退学者（被开除学籍者除外）。肄业生由学校发给肄业证，但不办理就业报到证，其户籍关系转至入校前户籍所在地。

3. 离校前体检不合格者

这是指按照《普通高等学校毕业生就业工作暂行规定》，学校应在派遣前认真负责地对毕业生进行健康检查，不能坚持正常工作的，让其回家休养。一年内治愈的（须经学校指定县级以上医院证明能坚持正常工作的）可以随下一届毕业生就业；一年后仍未治愈或无用人单位接收的，户籍关系和档案材料转至家庭所在地，按社会待业人员办理。

4. 提前修完学分的优秀学生

这是指在实行学分制的学校，少数优秀学生在读完规定学分后，提出申请，经学校有关部门审核准予提前毕业的，报省级毕业生就业主管部门批准，可列入当年毕业生就业计划。

5. 升学的毕业生

这是指毕业生在择业期间若参加了升学考试，在择业时应向用人单位说明情况。若未被录取，毕业生到该单位就业。若毕业生接到录取通知，应将录取结果及时告知用人单位并征得用人单位同意。若已办理了就业手续，还应将就业报到证退还给学校毕业生就业工作部门。

三、人事代理

（一）毕业生人事代理

毕业生人事代理是指政府人事部门所属的人才交流机构，本着充分尊重毕业生自主择业的原则，高效、公正、负责地为各类毕业生解决在择业、就业中遇到的人事方面的有关问题，并提供以档案管理为基础的社会化人事管理与服务。人事代理工作由县（市）以上（含县、市）政府人事部门所属的人才交流服务机构负责。按照有关文件规定，高校毕业生联系到的接收单位是非国有经济单位（外资、合资、民营、民办、个体、乡镇、区街）及实行股份制改造的国有企业以及自费出国留学、择业期满尚未落实就业单位的毕业生需要办理人事代理手续。

（二）毕业生人事代理的服务内容

毕业生人事代理的服务内容具体如下：

（1）向毕业生提供人事法律、法规和政策方面的宣传咨询服务；

（2）为毕业生保管、整理人事档案及提供档案借阅、传递服务；

（3）负责档案工资的核定调整、工龄连续计算；

（4）为毕业生办理见习期满后的转正定级、专业技术职务资格评审；

（5）代办养老保险、失业保险、医疗保险等社会保险业务；

（6）负责管理毕业生的组织关系；

（7）为毕业生挂靠户口关系；

（8）负责接转毕业生的人事关系手续；

（9）为毕业生办理出国（出境）政审呈报手续；

（10）承办与人事管理相关的其他事宜。

（三）毕业生人事代理的作用

毕业生人事代理具有以下作用。

（1）保护毕业生的合法权益。不同体制的单位，其人事劳动政策有显著区别，毕业生在不同体制单位中频繁流动会有许多人事问题需要衔接处理好。而毕业生人事代理业务对毕业生流动中个人的档案保存、工龄的连续计算、社会保险的接续、职称评定等问题都能发挥很好的衔接作用，使毕业生在人才流动中的合法权益得到有效的保护，实现单位人向社会人的转化。

（2）帮助毕业生从烦琐的事务中解脱出来。人事代理机构可以为毕业生迅速办理各项与其息息相关的福利及劳动人事事务，毕业生可以全身心地投入到自己的工作学习当中，免去了后顾之忧。

（3）人事代理制度削弱了毕业生对单位的依附感，在这种用人机制下毕业生增加了工作的危机感和责任感，能够促进毕业生刻苦学习、努力工作，为单位创造更大的效益。

（四）毕业生人事代理的程序

根据毕业生的不同情况，毕业生人事代理手续办理程序也有所不同，具体程序如下。

（1）择业期内已联系到接收单位的毕业生将有接收单位签章的就业协议交到省、市人才交流中心，由省、市人才交流中心审核后签署人事代理意见。毕业生将就业协议送交学校，由学校统一办理就业报到证、户口迁移证，并将毕业生档案送交到省、市人才交流中心。毕业生持就业报到证、户口迁移证等材料到接收单位报到，就业单位无集体户口的，可直接落入省、市人才交流中心集体户口。

（2）择业期内暂未联系到接收单位以及准备升学、出国的毕业生，持就业协议到省、市人才交流中心，由省、市人才交流中心审核签署人事代理意见。毕业生将就业协议交至学校，由学校统一办理就业报到证、户口迁移证，并将其档案送交省、市人才交流中心。毕业生持就业报到证、户口迁移证、身份证等材料到省、市人才交流中心报到，签订人事档案管理合同，户口落入省、市人才交流中心集体户口。

（3）择业期满仍未联系到接收单位的毕业生，由学校将其报到证开具到生源地的人事部门，由人事部门所属的人才交流中心负责接收并管理毕业生的人事关系。

第三节 就业的法律保障

对于初涉职场的毕业生来说，外面的世界五光十色，既充满诱惑又危机四伏，作为一名刚刚毕业的大学生，只有具备足够的法律意识与法律知识，才有可能抵御住对自己权益的侵害。本节具体阐释就业权益的法律保障问题。

一、毕业生在择业中的权利

虽然高校毕业生就业制度改革逐步走向市场化、法制化，但在毕业生择业过程中仍然存在信息独占、不公平录用等侵犯毕业生权利的情况。毕业生在其整个择业过程中应注意增强法律意识，自觉遵守市场规则，并运用法律武器保护自己的合法权益。

（一）平等就业权

平等就业权是指具有劳动能力的人，不因民族、种族、性别、年龄、居住地、家庭出身、政治面貌、宗教信仰等非经济因素的不同而遭受就业歧视，从而获得平等就业机会的权利。

平等就业权是其他劳动权利存在的前提，没有就业权，公民不可能进入劳动力市场，与劳动用人单位形成劳动关系，继而享有其他一系列的劳动权。

除了一些特殊行业必须对性别、身高等条件有硬性规定外，任何单位或个人对毕业生作出的无理的歧视或是严重的不平等对待就是就业歧视，对此，毕业生有权提出异议，必要时还可以诉诸法律。

常见的就业歧视有三种。

（1）相貌歧视。以貌取人，古已有之。一些公司招聘员工好像更看重的是外表，是否有真才实学反而不予重视。2022 年 1 月，某大学法律专业毕业生小丽应聘某银行分行，因身高不符合条件未被录用。

（2）学历歧视。一些公司招聘员工动辄要求研究生学历、本科毕业，其实这完全是一种学历高消费。许多高职求职者在诸如"研究生学历""大学本科以上"的招聘条件前黯然止步。事实上一些公司的老总也承认，有些岗位根本不需要研究生学历甚至本科学历。

（3）性别歧视。我们常会听说这样的情况：某高职院校计算机专业毕业生，连续三年获得学院优秀学生干部称号，还拿到中级电子商务师的资格证书。但她多次求职仍没有找到工作。一些招聘单位一看她是女生，连面谈的机会都不给。有调查显示，在同等条件下，女生签约率比男生低 8 个百分点。实际上这已侵犯了女性与男性的平等就业权，违反《劳动法》中"不得以性别为由拒绝录用妇女"的规定，是就业歧视的一种普遍表现。

（二）自主择业权

大学毕业生在国家就业方针、政策指导下自主择业。只要符合国家的就业方针、政策，学校、其他单位或个人均不得干涉。毕业生在选择职业的过程中，具有自主性，有选择或不选择某一职业的权利，也有选择这一职业或是那一职业的权利。

自主选择职业权有利于毕业生在正确认识自我的基础上，充分发挥个人的特长，促进社会生产力的发展，是社会进步的体现。

国家为保护劳动者选择职业权的实现，主要是通过订立、变更、解除、终止和续订劳动关系要遵守自愿、协商一致的原则加以保护。

（三）知情权

就业信息，是毕业生择业成功的前提和关键，只有在充分占有信息的基础上，方能结合自身情况选择适合自身发展的用人单位。

毕业生的知情权表现在有权了解与就业有关的政策、信息，包括就业工作的程序、时间安排、政府和学校的政策、用人单位的各种人才需求信息、学生自己的各种资料和档案等。

知情权包括两方面的含义。

（1）信息公开，即所有用人信息均应向全体毕业生公开。目前，各省市已建立高校毕业生需求信息登记制度。各高校职能部门应当全面、及时、有效地将信息传递给全体毕业生，任何人不得隐瞒、截留需求信息。

（2）信息准确。毕业生有权获得及时、有效、全面、准确的就业信息。有权向用人单位详细了解用工意图、工作环境、劳动报酬和发展前景等各方面的情况。用人单位应本着对学生负责、对学校负责的态度向毕业生提供真实的招聘信息。

（四）接受就业指导权

我国《高等教育法》中规定，高等学校应当为毕业生、结业生提供就业指导和服务。毕业生有权从学校接受就业指导。学校应成立专门机构，引导毕业生根据国家、社会需要，结合个人实际情况进行择业，从而使毕业生通过接受就业指导，能够对自己准确定位，进行合理择业。

（五）公平待遇权

用人单位录用毕业生的过程中，应公平、公正、一视同仁。

由于各项配套措施滞后，完全开放公平的就业市场尚未真正形成，用人单位录用毕业生还不同程度存在不公平、不公正的现象，学校推荐工作中也存在暗箱操作的情况。因此，公平待遇权是毕业生最为迫切需要得到维护的权益。

（六）被推荐权

推荐是学校的基本责任，也是毕业生享有的基本的权益。学校应在公正、公开的基础上，根据毕业生本人的实际情况向用人单位实事求是地介绍、推荐，保证毕业生的被推荐权。

（七）违约求偿权

就业协议签订后，如果用人单位无故要求解约，毕业生有权要求对方严格履行就业协议，否则用人单位应对毕业生承担违约责任，支付违约金，毕业生有权利要求用人单位进行经济补偿。

二、毕业生在就业中的权利

毕业生到用人单位报到，与用人单位签订劳动合同后，学生身份就转化为劳动者的身份，双方正式产生由《劳动法》所调整的劳动关系。

在就业过程中，一旦遇到企业随意解雇你，强迫加班加点，克扣工资，不提供必要的劳动保障设施时，是否意识到这些劳动关系问题都违反了劳动法律规范的有关规定，是损害劳动者合法权益的违法行为？

（一）试用期内的权益保障

试用期是用人单位和劳动者为相互了解、选择而约定的不超过 6 个月时间的考查期。

试用期适用于初次就业或再次就业时改变劳动岗位或工种的劳动者。试用期满后，不得以任何理由再延长试用期。

试用期不是法定的，而是由用人单位和劳动者约定，但是约定的期间不得违反法律规定。

以《北京市劳动合同规定》为例：劳动合同期限在 6 个月内的，试用期不得超过 15 日；劳动合同期限在 6 个月以上 1 年以内的，试用期不得超过 30 日；劳动合同期限在 1 年以上 2 年以内的，试用期不得超过 60 日；劳动合同期限在 2 年以上的，试用期不得超过 6 个月。

根据《劳动法》的规定，在试用期内，劳动者可随时通知用人单位解除劳动合同，而无须任何理由。相反，用人单位只有证明劳动者不符合其录用条件以后，才可以单方解除劳动合同。

依据相关的法律，劳动者在试用期享有劳动报酬权，享有获得劳动安全卫生保障权，享有获得社会保险的权利；用人单位一方如有违反法律或合同约定的行为并对劳动者造成损害的，劳动者有权依法获得赔偿。

另外，要注意区分试用期与见习期。试用期与见习期是两个不同的概念，设置的目的也不同。根据相关规定，用人单位招收应届毕业生后，原则上都要安排见习，期限为一年。见习期满如果合格，则应为该职工办理转正手续。

用人单位不得用见习期代替试用期，试用期应包含在劳动合同期限之内，是劳动合同期限的一部分。有的企业认为试用期对企业很有利，仅仅与员工订立所谓的试用期合同、临时合同等，这些都是不合法的，该期限应该被推定为正式合同期。

（二）休息权

《劳动法》规定了劳动者每日工作时间不得超过 8 个小时，平均每周工作时间不超过 44 小时，这是国家法律规定的最高工作时间。用人单位由于生产经营需要，可以与工会或劳动者协商延长工作时间，但是一般每日不得超过 1 小时；如果因特殊原因需要延长工作时间的，在保障劳动者身体健康的条件下每日延长工作时间不得超过 3 小时，每月总共不得超过 36 小时。

在法定节日和法律规定的其他休假节日，用人单位应当按照国家规定的休假天数安排劳动者休假，而不能任意组织加班。若用人单位安排劳动者在法定节假日加班，则应加倍支付工资，或安排调休。

（三）获得报酬权

劳动者都有权根据自己的劳动数量和质量及时得到合理的报酬，任何用人单位不得克扣或无故延期支付。

用人单位应当依据法律、法规以及劳动合同的约定支付给劳动者相应的工资、津贴等。

劳动关系双方在约定劳动报酬时，一定要明确数额或计酬方式。

报酬一般包括工资与加班报酬两部分。

1. 工资

用人单位根据本单位的生产经营特点和经济效益，依法自主确定本单位的工资分配方式和工资水平。一般而言，各地区对有关工种都规定了最低工资。最低工资标准应高于当地的社会救济金和失业保险标准，低于平均工资。

最低工资不包括以下四项内容：①加班工资；②特殊工作环境津贴；③个人缴纳的养老、医疗、失业保险费和住房公积金；④伙食补贴（饭补）、上下班交通费补贴、住房补贴。

工资总额由下列六个部分组成：①计时工资；②计件工资；③奖金；④津贴或补贴；⑤加班工资；⑥特殊情况下支付的工资。

2. 加班报酬

用人单位在符合法律规定的条件下，可以延长劳动者的工作时间，但必须向劳动者支付报酬，而且应当支付高于劳动者正常工作时间工资的报酬。

延长劳动者工作时间的，用人单位应支付不低于工资的150%的报酬；安排劳动者休息日工作又不能安排补休的，支付不低于工资的200%的报酬；安排劳动者法定休假日工作的，支付不低于工资的300%的工资报酬。

此外，为保护劳动者身体健康和提高劳动效率，劳动者在法定休假日和婚丧期间以及依法参加社会活动期间，用人单位应当依法支付其工资。

对拒不支付劳动者延长工作时间工资报酬的用人单位，劳动行政部门可责令其支付劳动者工资报酬、经济补偿，并支付赔偿金。

（四）享受社会保险、福利权

我国《劳动法》依据劳动者发生劳动风险的原因和性质把社会保险划分为：养老保险、医疗保险、工伤保险、失业保险、生育保险五大类。

法律规定，劳动者依法享有社会保险和福利的权利，用人单位和劳动者必须依法参加社会保险，缴纳社会保险费，用人单位应当承担社保费用的相当比例。

按《社会保险费征缴暂行条例》的规定，国有企业、城镇集体企业、外商投资企业、城镇私营企业和其他城镇企业及其职工，都是社会保险金的征缴对象，具体分配方法如下。

养老保险金：工资×6%（个人缴纳比例）＋工资×25.5%（单位缴纳比例）

医疗保险金：工资×1%（个人缴纳比例）＋工资×5.5%（单位缴纳比例）

失业保险金：工资×1%（个人缴纳比例）＋工资×1%（单位缴纳比例）

有的地方还要求办理住房公积金以及其他险种。

社会保障金由基本养老保险金、基本医疗保险金、失业保险金三部分组成，再加上住房公积金，就是我们通常所说的"四金"。"四金"是法律、法规强制规定的，不是劳动者和企业能在劳动合同中约定的，因而是不可改变、不可取消的。

（五）劳动安全保障权

劳动保护和劳动条件是为了保障劳动者在劳动过程中，获得适当的劳动条件而采取的各项保护措施。劳动者有权要求改善劳动条件和加强劳动保护，保证在生产过程中的安全和健康。

劳动者对用人单位违章指挥操作，强令冒险作业的命令，有权拒绝执行；对有损身体健康的工作环境，有权提出批评、检举和控告。

用人单位必须为劳动者提供符合国家规定的劳动安全卫生条件和必要的劳动防护用品，对从事有职业危害作业的劳动者应当定期进行健康检查。

此外，国家对女职工和未成年工实行特殊劳动保护。

三、认识义务，正视权利

（一）认识义务

我国劳动者的劳动权利和劳动义务是平等一致的。劳动者平等享受劳动法规定的权利，同时平等地承担劳动法规定的义务。

毕业生应当树立责、权、利统一的思想，形成权利义务一致的观念。在就业阶段应该履行以下义务。

（1）回报国家、社会，服从国家需要的义务。按照"得之于社会、还之于社会、报之于社会"的原则，毕业生理应积极地、有责任地以自己的职业行为，回报国家、社会和家庭，承担起自己应尽的义务。在择业过程中，当个人的兴趣、爱好、特长与国家的需要发生矛盾时，应该从国家的需要出发，自觉服从和服务于国家的需要，到祖国最需要的地方去。

（2）如实介绍自己情况的义务。毕业生在求职择业过程中，如实向用人单位介绍自己的情况，是诚信做人的基本要求，也是自己应尽的义务。

（3）按时到工作单位报到的义务。

（二）正确行使权利

首先，毕业生在择业签约前，需认真全面地掌握国家关于高等学校毕业生就业的政策和规定，以便全面掌握就业动向；其次，毕业生在行使与就业有关的权利时不得滥用权利，不得为了维护自己的利益，而损害用人单位的利益；最后，高等学校毕业生在行使自己的权利之前，应当对自己所享有的权利有一个全面而清醒的认识，以客观理智的心态对待自身所享有的一切权利，不能主观地将自己的就业权利进行盲目的膨胀和扩张。

四、就业权益的法律保护

虽然毕业生享有上述权益，但在就业过程中往往会出现一些侵害毕业生权益的行为，毕业生应学会运用法律手段维护自身的合法权益。

（一）相关的法律政策

毕业生就业工作是一项政策性、时限性、操作性都比较强的工作，毕业生要学会依据国家有关就业法律、政策、规章来对自身的合法权益进行保护。

与毕业生就业相关的法律、法规主要有《中华人民共和国高等教育法》《中华人民共和国合同法》《中华人民共和国劳动法》《劳动保障监察条例》《中华人民共和国公务员法》等。

（二）与就业协议有关的维权途径

大学毕业生就业中存在的一个突出问题，就是在履行就业协议的过程中，毕业生与用人单位产生的纠纷。

当就业过程中出现一些侵害毕业生权益的行为，毕业生可通过以下途径对自身权益实施保护。

（1）双方当事人在自愿、平等的基础上协商解决纠纷。如果毕业生在履行就业协议的过程中，与用人单位产生纠纷，可以通过协商的方式解决。

（2）依靠学校的保护。学校对毕业生权益的保护最为直接。学校通过制订各项措施可以规范毕业生就业指导和推荐，当用人单位在录用毕业生过程中存在不公平、不公正行为时，学校有权以拒绝签署就业协议等手段维护毕业生的就业权益。

（3）依靠行政、权力机关、新闻媒体力量保护自己的合法权益。当毕业生的合法权益受到侵害时，可以及时向当地行政部门（如劳动监察部门）投诉，也可以直接向有权主管用人单位的行政机关（如工商行政管理局）投诉或举报；经有关部门处理后，若其合法权益仍未得到保护，有权依法向各级人民政府和人大机关申诉。此外，毕业生权益受到侵害时，还可以向有关新闻媒体披露真实情况，借此获得社会舆论的监督、关注和支持。

（三）就业后的维权途径

《中华人民共和国企业劳动争议处理条例》第六条规定："劳动争议发生后，当事人应当协商解决；不愿协商或协商不成的，可以向本企业劳动争议调解委员会申请调解；调解不成的，可以向劳动争议仲裁委员会申请仲裁，对仲裁裁决不服的，可以向人民法院起诉。"

可见就业后的维权途径，即劳动纠纷处理途径主要有三点，即调解、仲裁、诉讼。

1. 调解

调解是指在查明事实、分清是非、明确责任的基础上，依照有关法律规定以及劳动合同的约定，推动用人单位和劳动者之间相互谅解，解决争议的方式。

劳动争议发生后，当事人愿意调解的，可以书面或口头形式向劳动争议调解委员会申请调解。劳动争议调解委员会是用人单位根据相关法律规定在本单位内部设立的机构，专门处理与本单位劳动者之间的劳动争议。调解必须遵循自愿原则。

调解委员会应自当事人申请调解之日起30日内结案，逾期未结案的视为调解失败，当事人可以选择其他程序。

2. 仲裁

我国劳动仲裁指由劳动争议仲裁委员会以第三者身份为解决劳动争议而做出裁决的劳动执法活动，因此兼有行政和司法的双重性质。

劳动争议仲裁委员会是处理劳动争议的专门机构。县、市、市辖区人民政府设立仲裁委员会，负责处理本辖区内发生的劳动争议，一般设在辖区的劳动局。

当调解不成，一方当事人要求仲裁的，可以向劳动争议仲裁委员会申请仲裁，也可以不经调解直接向劳动争议仲裁委员会申请仲裁。

劳动争议仲裁委员会依法进行仲裁，不主动介入劳动争议，当事人应在劳动争议发生之日起 60 日内提出仲裁申请，仲裁委员会受理案件后，开庭审理，确定事实。首先调解，如调解不成或双方不愿进行调解，则可以做出仲裁裁决，该裁决具有强制执行力。在裁决书送达之日起 15 日内双方当事人未向法院起诉，则裁决生效，当事人必须履行，一方不履行仲裁裁决时，另一方可以请求强制执行。

3. 诉讼

诉讼程序是处理劳动争议的最后一道程序。

对仲裁裁决不服的，可自收到仲裁裁决书之日起 15 日内向人民法院提起诉讼。但是未经仲裁的劳动争议法院不予受理，也就是说，与调解不同，仲裁是处理劳动争议的必经程序。

劳动争议案件由人民法院民事审判庭审理。期限一般为 6 个月。

此外，值得注意的是，人民法院受理公民之间、法人之间、其他组织之间以及他们相互之间因财产关系和人身关系提起的民事诉讼。所以，与劳动争议不同，毕业生因就业协议发生的纠纷不属于劳动关系中的争议，可以直接向人民法院起诉。

本 章 小 结

本章共分三节。第一节，首先阐释了就业协议与劳动合同的含义和异同，而后论述了毕业生就业协议的主要条款、程序、法律问题，违约责任及毕业生违约的后果，最后论述了劳动合同的内容、变更与终止、违反《劳动法》的法律责任和订立劳动合同时应注意的问题。第二节，先后阐释了离校、报到和人事代理的相关规定。第三节，首先阐释了毕业生在择业中的权利和就业中的权利，而后阐释了认识义务，正视权利的问题，最后论述了就业权益的法律保护问题。通过本章学习，能使大学生明晰就业涉及的各种文书和法律保障问题，为其成功地求职就业提供就业涉及的文书知识和法律保障知识的提示。

名词解释

就业协议　　劳动合同　　毕业生人事代理

思考训练题

1. 简述就业协议书与劳动合同的一般区别和相同之处。
2. 简述就业协议主要条款。
3. 签订就业协议有哪些程序？
4. 就业协议涉及哪些法律问题？

5. 订立劳动合同时应注意哪些问题？

6. 简述毕业生离校报到流程。

7. 简述毕业生人事代理的服务内容。

8. 毕业生人事代理需经哪些程序？

9. 毕业生在择业中享有哪些权利？

10. 毕业生在就业中有哪些权利？

11. 简述毕业生应怎样运用法律手段维护自身的合法权益。

案例分析

公司霸王条款难留实习生

即将毕业的大学生小王为实习与一家软件公司签订了毕业后"卖身"三年的协议，实习期满后小王出于各种考虑拒绝留在公司。该公司遂以违约为由将小王告上法庭，要求其支付违约金 18000 元。日前，上海市浦东新区人民法院对该案作出一审判决，驳回了原告公司的诉讼请求。

为实习签订三年协议

今年 25 岁的小王是大连理工大学软件学院（以下简称大连软件学院）的学生。大四那年，小王被学院安排到上海的一家软件公司进行实习。2015 年 9 月，软件公司拿出了《实习协议书》的格式合同，与小王及大连软件学院签订了三方协议，协议约定小王的实习期自 2015 年 9 月 23 日至 2016 年 6 月 30 日止，实习期间软件公司向小王支付实习补贴费每月 1500 元；小王实习结束后与软件公司签订为期三年的劳动合同，否则将赔偿软件公司违约金 18000 元。

2015 年 11 月，小王、软件公司与大连软件学院又签订了《就业协议书》，备注栏内软件公司写下："小王在实习结束后与软件公司签订为期三年的劳动合同，否则将赔偿违约金 18000 元。"

强留不成告上法庭

鉴于小王良好的实习表现，实习期满后，软件公司提出与小王签订三年的劳动合同，月薪 4000 元。然而，软件公司给出的待遇却大大低于小王的心理价位，并且小王非常不满意软件公司的培训制度。深思熟虑后，小王回绝了软件公司的入职邀请，拒绝签订劳动合同。与小王协商不成后，软件公司遂以违约为由将小王诉至上海市浦东新区人民法院，要求其支付协议书中约定的违约金 18000 元。

法庭上，小王提出，《实习协议书》是原告软件公司提供的格式合同，强行要求被告与之签订劳动合同的内容是霸王条款，剥夺了被告的就业选择权，应属无效条款；《实习协议书》与《就业协议书》中的"被告应与原告签订为期三年的劳动合同"只是概括性语言，其中对劳动报酬、工作时间、工作岗位等内容未作约定，后原、被告因工资待遇与工作岗位产生分歧致使劳动合同未能签订。

霸王条款有损公平

法院经审理后认为，原、被告及大连软件学院签订的《实习协议书》是原告提供的格式文本，其中关于被告应于实习结束后与原告签订为期三年的劳动合同，否则应赔偿原告违约金的内容显然加重了被告的责任、排除了被告自主择业的权利，亦违反了民事活动所应遵循的公平原则，该部分内容应属无效；对于之后三方签订的《就业协议书》的备注栏内有关服务期承诺及违约责任等内容，同样有违公平原则，有损学生自主择业的权利，不能作为追究违约责任的依据。据此，法院作出上述判决。

资料来源：姚凤云. 大学生就业与创业[M]. 北京：清华大学出版社，2017.

问题：这一案例对你有何启示？你能否或怎样依法维护择业就业的权利？

第二篇　大学生创业管理篇

　　"创业"一词,《现代汉语词典》中将其解释为"创办事业"。创业教育是指帮助大学生做好创业的前期理论和实践准备,树立创业观念、创业精神和培养创业能力的教育。创业教育的目的是指充分利用大学生的创业潜质,挖掘大学生的创业潜能,提高大学生的创业能力,培养一流的企业家。可以认为,创业教育是高校素质教育的有机组成部分。

　　本篇特对大学生创业的内涵、特征、要素、过程、类型,创业者的基本素质和能力要求,创业准备,创业团队的组建与发展,创业资源整合,创业融资,创业计划书,创业风险管理,新企业的创立与成长管理等问题分八章进行阐释。

第七章

创业管理绪论

学习要点及目标

通过本章的学习，认识创业的内涵和特征，弄清创业的要素、过程，了解创业的类型和国家对大学生的创业政策，明确创业者的基本素质与能力要求，为大学生创业管理的学习打下理论基础。

引导案例

任正非的创业经历

任正非为华为技术有限公司主要创始人，2003 年任正非荣膺网民评选的"2003 年中国 IT 十大上升人物"。如今华为越做越强，用华为的人也越来越多，今天我们就来说说华为的创始人任正非。

非极致而不为

众所周知，华为已经跻身世界 500 强，2018 年已经位于第 72 位。华为并不只是开发智能手机，华为本来是开发交换机，后来也开发 IT、无线电、微电子、通信、终端路由器等产品。华为的前景不可限量，任正非和华为也真正做到了非极致而不为。

知识的力量

知识分子家庭的背景让小时候的任正非在那个年代也依然接受了良好的教育，并不负众望考上了大学，在大学期间任正非把电子计算机技术、数字技术、自动控制等专业学完，还自学了三门外语。

大学毕业，任正非参加了相关专业的工作，但因为工作不顺利，任正非在中年的时候选择集资 21000 元人民币创立了华为公司。创业初期，华为靠代理香港某公司的程控交换机获得第一桶金。1992 年任正非投入 C&C08 交换机的研发，研发成功的交换机价格比外国同类产品低 2/3。这个时候华为在任正非的带领下刚刚起步。

敌人的敌人就是朋友

2003 年，思科正式起诉华为及华为美国分公司，理由是后者对公司的产品进行了仿制，侵犯了其知识产权。面对思科的打压，任正非一边在美国聘请律师应诉，一边着手结盟思科在美国的死对头 3COM 公司。后来，华为和当时已进入衰退期的 3COM 公司宣布成立合资公司"华为三康"，3COM 公司的 CEO 专程作证华为没有侵犯思科的知识产权。最终，双方达成和解。俗话说"敌人的敌人就是朋友"，从成立到现在，华为机智地化解了很多问题。

轮流的 CEO 制度

任正非设计了华为的 CEO 轮值制度，每人轮值半年。此举可以避免公司成败系于一人，亦可以避免一朝天子一朝臣。同时任正非为了积极调动员工的动力，将公司 99% 的股份给了员工。

中国的华为

华为绝对不输于苹果、三星这些外国的手机牌子。2018 年，华为遭到了美国、澳大利亚、新西兰、英国、日本五个国家的抵制，甚至任正非的女儿也遭到非法扣留。但是华为并没有为此而止步。

任正非靠自己的努力和超高的决策力，还有就是创业最基本的诚信原则，切实地为员工、为华为、为中国着想，不断地创新，才有了今天的成就！

资料来源：学习啦网 https://www.xuexila.com/chuangyee/zhunbei/c427800.html.

第一节　创 业 概 述

创业是人类的一种普遍的活动，更是社会经济发展的重要体现。在人类跨入 21 世纪之后，由于经济全球化、信息网络化、科技社会化和知识资本化而更使创业在世界范围内迅猛发展。近十几年来，我国的创业活动更是如火如荼，已经成为全球创业活动最活跃的地方之一。在国家"大众创业，万众创新"的号召下，一个充满机遇与挑战的创业新时期正展现在国人面前。

一、创业的内涵

"创业"一词的两个字分开为两个单音词的词意，可分别解释为："创"，篆文从刀，仓声，是形声字；"业"，篆文像古代乐器架子横木上的大板，上面刻有锯齿，以便悬挂钟、鼓等乐器，后引申为所从事的学业、事业、职业、行业、就业、产业、创业、工作等。由此可见，"创"和"业"合起来的"创业"这一双音词是创字当头，业为基础。这就意味着任何一项事业都是一个由无到有、由小到大、由简到繁、由旧到新的创造过程。

如何为创业一词下定义呢？这先要了解一下辞书和名家对创业的解释。

我国的《辞海》对"创业"的解释是"开创基业"；《新华字典》对其的解释是"开创事业"。

国内外名家学者分别从不同的角度对创业进行了阐释。

霍华德·H. 斯蒂芬（Howard H. Steven）认为：创业是一种管理方式，即对机会的追踪和捕获的过程，这一过程与其当时控制的资源无关。并且进一步指出：创业可由以下七个方面的企业经营活动来理解：发现机会、战略导向、致力于机会、资源配置过程、资源控制、管理和回报政策。

杰弗里·A. 蒂蒙斯（Jeffry A. Timmons）则认为：创业是一种思考、推理和行为方式，这种行为方式是机会驱动、注重方法和与领导相平衡。创业导致价值的产生、增加、实现和更新，不只是为所有者，也为参与者和利益相关者。

科尔（Cole，1965）把创业定义为：发起、维持和发展以利润为导向的企业的有目的性的行为。

史蒂文森（Stevenson）、罗伯茨（Roberts）和苟斯拜客（Grousbeck）提出：创业是一个人——不管是独立的还是在一个组织内部——追踪和捕捉机会的过程，这一过程与当时控制的资源无关。

赫里斯与彼得斯认为：创业就是通过奉献必要的时间和努力，承担相应的经济、心理和社会风险，并得到最终的货币报酬、个人满足和具有自主性地创造出有价值的东西的过程。

柯兹纳（1973）、莱宾斯坦（1978）等强调：创业就是识别机会的能力，正确地预测下一个不完全市场和不均衡现象在何处发生的套利行为与能力。

维斯珀（1983）、加纳（1985）和麦克米伦（1988）强调的则是：创业即是创建新组织与开展新业务的活动。

我国海尔集团总裁张瑞敏认为：把一种不可能变成一种可能是创业，通过创新获得经济价值和社会价值的过程也是创业。

以上各位著名学者专家对创业内涵的表述可谓仁者见仁、智者见智。其表述的角度和内涵的包容面虽有所不同，但其基本含义是一致的。综合和借鉴以上对创业内涵的表述，笔者认为：

创业是某个人或某个团队，运用个体或组织的力量去寻求机遇，独立地开创并经营一种事业，并由此创造出新颖的产品或服务，实现其潜在价值，满足其愿望和社会需求的复杂的活动过程。

二、创业的特征

（一）创业目的的多样性

每个人做事情都有其目的和动机，创业同样如此，这个目的可能是满足个人基本的生存需要，也可能是追求财富，也可能是追求自身价值和理想，又或许是自由，总之，每个人的创业目的都各不相同，所以，创业目的具有多样性的特征。

（二）创业机会的导向性

创业是基于机会的市场驱动行为，创业活动的显著特点是机会导向。创业往往是从发现、把握、利用某个或某些商业机会开始的；创业活动的机会导向表现为创造价值，即创业意味着要向顾客提供有价值的产品和服务，通过产品和服务使消费者的需求得到实质性的满足。创业活动的机会导向决定了创业活动必须突出速度，所以，需尽快识别机会，并开发和利用机会，实现机会价值。

（三）创业资源的整合性

资源整合是指以最少的投入获得最大的产出。创业活动强调通过各种途径实现对各种资源，如人、财、物、政策等资源的利用。它还包括将过去的资源延伸利用，挖掘被他人忽视的资源用途，利用他人或其他企业的资源实现自身利益，将一种资源补充至其他资源中以创造更高的组合价值，以某种资源换取另一种资源等。所以，创业具有资源的整合性特征。

（四）创业过程的复杂性

创业具有过程的复杂性特征。创业本身是一个复杂的创新过程，即应创造出某种有价值的新事物。这些新事物不仅对创业者与创业团队有价值，而且对社会也是有价值的。这些，都是创业过程应考虑的复杂问题。创业过程的复杂性还体现为它是一个连续不断，寻求平衡的行为组合。企业要保持发展，必须追求一种动态的平衡。创业者必须认真思考，目前的创业团队是否能领导企业未来的成长，企业在发展过程中可能会遇到的陷阱等。这种动态平衡在企业的不同成长阶段会以不同形式出现，它推动着企业健康、可持续发展。可以认为，创业过程具有复杂性特征。

（五）创业效益的获得性

创业具有效益的获得性的特征。创业所带来的回报是创业者进行创业的最初动机。创业者之所以付出努力、承担风险，其目的在于物质或精神回报的获取。这种回报或是尊重需要、自我实现需要的满足，或是利润和财富的收获。可以说，创业具有效益的获得性特征。

（六）创业活动的风险性

创业具有活动的风险性特征。由于创业是以创造有价值的新事物为特征的，因此，创业的失败率注定会很高。因为，任何一次创业活动都存在着来自各方面不确定因素的影响，这导致创业过程充满了风险，这些风险可能来自财务方面、市场方面，也可能是精神方面或者社会方面，它们可能使创业者为创业所作出的努力付之东流。因此，创业者在创业前有必要做好相应的思想准备，既要看到成功的前景，也要想到失败的可能。而创业者也要提醒鼓励自己，失败并不可怕，要有继续奋斗的勇气和信心，调整心态、总结经验、继续奋斗。应该提示创业者，创业具有活动的风险性特征。

三、创业的要素

创业要素主要包括创业主体、创业客体、创业精神、商业机会、创业资源和创业软环境等方面，准确把握创业的基本要素对成功创业意义深远。

（一）创业主体

创业主体是指创业过程中处于核心地位的创业者，即创业的个人或组织（团队）。

创业主体在创业过程中起着关键的推动和领导作用，创业者的素质和能力是创业成功的第一要素。其中，创业组织（团队）是协调创业活动的系统，是创业的载体，是资源整合的平台。创业型组织的显著特征是创业者强有力的领导和缺乏企业正式组织结构和规章制度的创业现状。从广义上来说，创业型组织是以创业者为核心形成的关系网络，不仅包括新设组织内的人，还包括这个组织之外的人或组织，如顾客、供应商和投资人。

（二）创业客体

创业客体是指创业的内容（项目），即所创的产品和服务。创业客体是创业者获取利润，创造个人财富，实现人生价值的直接载体。离开了所创的产品和服务，创业就无从谈起，创业必须从有形或无形的创业产品和创业服务中开始。

（三）创业精神

创业精神是指在创业者的主观世界中，那些具有开创性的思想、观念、个性、意志、作风和品质等。创业精神有三个层面的内涵：哲学层次的创业思想和创业观念，是人们对于创业的理性认识；心理学层次的创业个性和创业意志，是人们创业的心理基础；行为学层次的创业作风和创业品质，是人们创业的行为模式。

创业精神是创业的核心与灵魂。创业精神在心理层面是一种思维方式，其基础是创新，在行为层面是发现和把握机会，并且创造价值的过程。哈佛大学商学院对创业精神的定义是"创业精神就是一个人不以当前有限的资源为基础而追求商机的精神。"从这个角度上来讲，创业精神代表着一种突破资源限制，通过创新来创造机会、创造资源的行为，而不是简单地体现在创造新企业，或体现在创新上。因此，创业精神可以简洁地概括为："没有资源创造资源，没有条件创造条件，用有限资源去创造更大资源。"

（四）商业机会

商业机会是创业的导向性要素，创业首先从发现、识别和利用商业机会开始。商业机会就是创业机会。商业机会的捕捉、选取和利用，有可能会直接影响创业起步的成败。

（五）创业资源

资源是创业中的各种投入，主要包括人、财、物、技术、时间、信息、政策等方面。创业者不可能拥有创业过程中所需要的全部资源，整合资源的能力和资源匮乏下有效成功创业是对创业者素质的极大挑战。

（1）人力资本是创业企业最具活力和创造力的宝贵资源。企业成功的关键主要依托于在创业企业中人力资源积极因素的充分发挥。逐步建立一支高水平、富有战斗力的创业核心团队，设计制订出符合创业企业生命周期特点的组织结构和制度文化，是新创企业人力资源的核心。

（2）资金对于处在不同发展阶段的成长型企业来说都是非常重要的。在企业快速发展时期，资金的缺口将直接限制企业的发展壮大。创业初期，企业的发展资金主要还是靠自己筹措。当然，充分利用国家融资政策，获取必要的企业发展资金也是创业资金的重要来源之一。

（3）技术是企业产品或服务的重要基础。产品与服务当中的技术含量及其所占比例，是企业长期满足社会和市场需求的动力源泉，更是企业核心竞争力的重要体现。

（六）创业软环境

创业软环境就是能对创业者的创业行为产生影响的社会氛围。创业软环境包括创业者所处的社会制度、舆论、风俗、文化传统、行为准则和时代的精神面貌等。它更具体地体现在制度环境、政策环境、市场与法制环境、教育培训环境、情报信息与服务环境、研究与应用环境等方面。创业软环境是创造的外因。虽然内因是决定的因素，外因是促进因素，但它也是极重要的促进因素。

四、创业的过程

一般的创业过程，主要包含以下五个方面。

（一）产生创业动机，确立创业意向

创业动机、创业意向是创业的原动力。产生创业动机，确立创业意愿是一个自我选择、自我探索的过程。对大多数创业者来讲，产生创业动机，做出创业决定是创业的思想准备和构成创业战略的基础，也是创业的过程的基础环节。所以，欲想成为创业者，需培养起创业者的个人特质，形成创业思维，提高创业能力，规划好创业生涯，慎重作出创业决策。另外，高成长性的创业往往通过创业团队来实现，所以，欲成为团队创业者，选择较高素质的创业伙伴对创业成功至关重要。

（二）识别创业机会，把握创业良机

识别创业机会，把握创业良机是对可能成为创业机会的诸事件的分析和对创业预期结果的判断。识别创业机会，把握创业良机是创业过程的核心，也是创业管理的关键环节。对创业者来说，机会意味着可以创造价值和财富的可能性。创业机会识别或感知是创业过程的核心因素。机会具有吸引力强、持久、适时的特征，能满足用户的某种需求，具有商业价值和市场潜力。因此，需要创业者具有独特的机会识别、评价和判断能力。创业者应发挥其创造力，从众多的创意中寻找机会，并评价和作出判断，把握创业良机。这也是实践中创业者和投资者的必备素质之一。

（三）拓展资源渠道，进行有效整合

资源是创业的基础性条件。创业之初，创业者直接可控的资源很少，创业所需的各种资源更多依靠自己的积累，因此创业者应当积极拓展创业资源获取渠道，不仅要广泛地获取创业资源，更要懂得如何使用这些资源。创业活动同其他生产经营活动一样，都需要人、财、物等资源。需要组建优秀的创业团队，创业团队的优劣直接关系到创业是否成功。对于创业团队成员自身，每个人在企业中要做到人尽其位、人尽其职；对创业团队来说，要能够精诚合作、优势互补。创业同样也需要一定的资金支持，如何有效地吸收资金进行创业融资是每个创业者都极为关注的问题。创业融资不同于一般的项目融资，新创企业的价值评估也不同于一般的企业价值评估，因此创业者需要根据自身情况采取适当的融资方式。除此之外，信息资源、管理资源以及政策资源也是创业所需要的。例如，对于新创企业而言，由于企业管理知识的欠缺，管理制度也是新创企业的宝贵资源。在我国的创业环境中，创业活动需要相应政策的引领和鼓励，因此，政策资源也是很重要的。

（四）创立新生企业，促进企业成长

创业者通过资源整合，对创业机会进行开发而创建新企业。创建新企业涉及许多具

体工作，包括公司制度设计、企业注册、经营地址的选择、确定进入市场的途径等。有时甚至要在是创建新企业还是收购现有企业等进入市场的不同途径之间进行选择。新企业创立以后，远远不能说创业已经取得成功。新创企业的发展面临着更多的不确定性，各种风险出现的概率远远高于一般的企业，创业者需要时刻关注企业成长过程中出现的技术和市场风险、财务风险、人力资源风险等。战略问题也是新企业成长管理的重要问题，关系到新企业战略位置的确立和战略资源的获取。创业者应该了解企业成长的一般规律，预见企业不同成长阶段可能产生的问题，采取有效的措施，如提升自身管理能力，激励员工积极进取，对风险加以防范和解决，实现机会价值而促进企业成长等。

（五）体现机会价值，收获创业回报

创业者整合资源、创建新企业的目的是体现机会价值，并通过体现机会价值来实现自己的创业目标。随着时间推移，新生企业经过起步经营，促使"产品、服务、原材料和管理方法"发生巨大革新和效率极大地提高，逐渐步入一个充满商机的市场，并有一定的获利空间，收获创业回报，体现出机会价值，进而实现创业目标。而且，对回报的正当追求更有助于强化创业者对事业的执着。

第二节　创业类型和创业政策

一、创业的类型

（一）机会型创业与生存型创业

这是依据创业动机划分的创业类型。

1. 机会型创业

机会型创业是指创业的动机并非出自谋生或养家糊口，而是为了抓住和利用市场机会，从更大程度上来实现自我的人生价值。以市场机会为目标的机会型创业，能创造出新的市场需要或满足消费者潜在的需求，因而会带动新的产业发展。一个国家机会型创业活动越活跃，反映这个国家的经济发展水平越高。

2. 生存型创业

生存型创业是指创业的动机一开始主要是为了谋生的需要，从而促使创业者自觉或被迫地走上创业之路。这类创业往往是在现有的市场上寻找创业机会，并不一定在市场上创造新的需求。创业模式大多属于追随和模仿型，因而可能会出现小富即安，极难做大做强的创业局面。

（二）创建新企业与企业内创业

这是依据创业起点划分的创业类型。

1. 创建新企业

创建新企业是指创业者个人或团队从无到有地创建出全新的企业组织。其自主创业的过程，充满着挑战和刺激，创业个人或团队的想象力、创造力可得到最大限度的发挥，

但风险和难度往往比较大，创业者有时会陷入缺乏资源、经验和相关方支持的困境。

2. 企业内创业

企业内创业是指一个已经存在的企业，由于产品（服务）、市场营销或企业组织管理体系等方面的原因，需要进行重新改造，比如企业流程再造。企业内创业往往是动态的，正是因为企业内部的二次创业、三次创业乃至连续不断的创业行为，才能使企业的生命周期不断延续。

（三）独立创业与合伙创业

这是依据创业者数量划分的创业类型。

1. 独立创业

独立创业是指创业者独立创办自己的企业。其特点在于产权是创业者个人独有，企业由创业者自由掌控，决策迅速。但它需要创业者独自承担风险，创业资源准备也比较困难，在很大程度上将会受创业者个人才能的制约。

2. 合伙创业

合伙创业是指与他人共同创办企业。其优劣正好与独立创业相反，合伙人的选择、合伙人之间的相互博弈、责权（利）分配将可能直接影响企业的有序经营，甚至存亡。

（四）传统技能型创业、高新技术型创业和知识服务型创业

这是依据创业项目性质划分的创业类型。

1. 传统技能型创业

传统技能型创业是指使用传统技术、工艺的创业项目。传统技能型创业往往具有永恒的生命力，尤其是酿酒、饮料、中药、工艺美术品、服装与食品加工、修理等与人们日常生活紧密相关的行业，独特的传统技能创业项目表现出了经久不衰的市场竞争力。

2. 高新技术型创业

高新技术型创业是指知识密集度高，带有前沿性、研究开发性的新技术和新产品的创业项目。我国目前正构建创新型国家，各类科研机构和高等学校一般都拥有大批高新技术研发人员，他们的科研成果、发明创造和专利技术的市场化运作，必将成为高新技术型创业的孵化园。

3. 知识服务型创业

知识服务型创业是指为人们提供知识、信息的创业项目，诸如律师事务所、会计事务所、管理咨询公司、广告公司等各类知识型咨询服务机构都属这一类型。

（五）依附型创业、尾随型创业、独创型创业和对抗型创业

这是依据创业方向或风险划分的创业类型。

1. 依附型创业

依附型创业可分为两种情况：一是依附于大企业或产业链而生存，为大企业提供配套服务，如专门为某个或某类企业生产零配件或生产、印刷包装材料。二是特许经营权

的使用，如利用麦当劳、肯德基等品牌效应和成熟的经营管理模式，减少经营风险。

2. 尾随型创业

尾随型创业即模仿他人创业。其特点，一是短期内只求能维持下去，随着学习的成熟，再逐步进入强者行列；二是在市场上拾遗补缺，不求独家承揽全部业务，只求在市场上分得一杯羹。

3. 独创型创业

独创型创业是指提供的产品或服务能够填补市场空白。如生产的洗衣粉比市场上已有产品的环保性好且去污力强；改革开放后首家搬家服务公司、婚介公司等。独创型创业也可以是旧内容新形式，比如，产品销售送货上门。

4. 对抗型创业

对抗型创业是指进入其他企业已形成垄断地位的某个市场，并与之对抗较量。这类创业风险最高，必须在知己知彼、科学决策的前提下，抓住市场机遇，乘势而上，把自己的优势发挥到极致。

（六）产品创新创业、市场营销模式创新创业与企业组织管理体系创新创业

这是依据创新内容划分的创业类型。

1. 产品创新创业

基于产品创新而创业是指基于技术创新或工艺创新等创新成果，产生了新的消费者群体，从而导致创业行为的发生。

2. 市场营销模式创新创业

基于市场营销模式创新而创业是指采取了一种有别于其他厂商的市场营销模式，因而有可能给消费者带来更高满足感。如美国联邦快递公司所提供的邮包服务。

3. 企业组织管理体系创新创业

基于企业组织管理体系创新而创业是指采取了一种有别于其他厂商的企业组织管理体系，因而能够更高效地实现产品的商业化和产业化。

（七）初次创业、二次创业、连续创业和衍生创业

这是按创业周期划分的创业类型。

1. 初次创业

初次创业是一个从无到有的过程，需要创业者理性地思考，确定创业的营利模式，要有明确的利润来源，整合一切可以利用的资源，如原辅材料、人才、产品、资金、渠道等要素，有效借助外力或外部资源降低创业成本、加快企业成长速度、提高企业创业成功率。由于在初创阶段企业的死亡率较高，因此对于创业者来说，需要具有一定的素质与能力，能够正确审视和面对不同方面的风险，如政策风险、决策风险、市场风险等，要具备足够的应变能力，以随时应对市场的不确定性变化。

2. 二次创业

二次创业是一次创业的延续，是在企业取得高速增长之后，为了谋求进一步地发展

而进行的内部变革过程。因此，二次创业绝不是一次创业简单的延续，而是在一次创业的基础上搭建企业发展更高的平台和框架，它不仅包含扩大生产规模，提高经济效益，加快技术进步等物质层面，还包括调整结构、创新管理模式、确立新的理念等深层次方面的任务。进行二次创业的企业要想获得成功，就要变革，进行脱胎换骨的改造。

3. 连续创业

连续创业是一种极为重要的经济和社会现象，是从价值发现到价值创造是否成功的一个重要标志。美国有许多的新企业是由连续创业者创办的。在硅谷"生态系统"中，"连续创业者"是不可缺少的一环。对于连续创业者与其他创业者的区别，美国克莱姆森大学教授斯图尔特认为连续创业者更愿意冒险，更具成就导向，更倾向于创新。在连续创业者中，苹果 CEO 乔布斯是其中的佼佼者。在我国，过去由于历史、文化原因，企业家多是"从一而终"，少有"连续创业者"。如今，以季琦为代表的"连续创业者"接连出现。

4. 衍生创业

衍生企业是指从已有组织（企业、大学或科研机构）中产生出来的企业，也指在现有组织中工作的个体或团队，脱离所服务的组织，凭借在过去工作中积累的经验和资源，独立开展创业活动的创业行为。

案例导入

衍 生 创 业

长期以来，衍生创业行为一直经常发生。1955 年，晶体管之父肖克利博士离开贝尔实验室在硅谷创建了"肖克利半导体实验室"，一时吸引众多极具才华的年轻科学家加入。1957 年，肖克利实验室的八位最杰出的精英因不满肖克利的唯我独尊而集体出走，创办了仙童半导体公司。之后仙童公司利用半导体技术优势，在短时间内便成为硅谷成长最快的公司。同时，仙童还成为半导体技术人才的孵化器，一批批人才从仙童跳槽，在硅谷附近创办了众多衍生企业，其中有英特尔、国民半导体公司、AMD 等知名的大公司。一时间，个人创业成为硅谷的潮流。在国内，牛根生离开伊利公司创建蒙牛，李一男离开华为公司创建港湾网络，都已经成为很著名的案例。

资料来源：姚飞. 创业管理[M]. 大连理工大学出版社，2013.

二、国家针对大学生的创业政策

自主创业的高校毕业生，由公共人才服务机构提供人事代理和人才招聘服务，2 年内免收人事代理服务费。享受城市居民最低生活保障的高校毕业生自主创业，前 6 个月实行渐退制享受城市居民最低生活保障待遇。

（一）学生创业政策

关于学生创业的政策具体如下。

1. 放宽注册资本登记条件

从 2009 年起，高校毕业生申办个人独资企业、合伙企业，不受资金数额限制。鼓励高校毕业生依法以知识产权、实物、科技成果等可评估的非货币资产作价出资；允许高校毕业生以股权出资自主创办企业。

2. 放宽经营范围和经营场所限制

法律、法规未禁止的行业和领域全部向高校毕业生开放。按照法律、法规规定的条件、程序允许高校毕业生创业人员以家庭住所（经利害关系人同意）、租借房、临时商业用房、农村住宅等作为创业经营场所，凭有关证明材料进行注册登记。

3. 减免有关行政管理费用

实行高校毕业生创业有关证照免费办理制度。从事个体经营的高校毕业生，符合中央和省有关收费减免政策的，均可享受管理类、登记类和证照类等有关行政事业性收费的优惠政策。

4. 实行优质高效便捷的准入服务

各级工商部门要开通工商注册绿色通道，设立创业注册登记优先窗口，负责高校毕业生创业注册登记事项。

5. 享受税收减免优惠

高校毕业生从事个体经营，销售额（营业额）未达到现行政策规定的增值税、营业税起征点的，不征增值税、营业税；开办其他生产经营服务项目，符合国家规定的，可享受相应税收优惠政策。

6. 实行创业补贴

高校毕业生首次成功地从事非农产业创业，并正常经营 3 个月以上的，经同级就业服务机构核实、劳动保障部门审核、财政部门复核后，给予一次性创业补贴。其中，个人创业的，给予一次性 2000 元创业补贴；个人创业并带动 2 人以上就业的，给予一次性 3000 元创业补贴，具体补贴办法按市财政局、市劳动和社会保障局就业专项资金使用有关规定办理。

7. 实行成功创业奖励

对 2009 年创业的高校毕业生，正常经营在 6 个月以上的，分别按以下办法奖励：

（1）对个人创办的企业，投资额度在 10 万元以内的一次性奖励 3000 元；投资额度在 10 万元以上，每增加 10 万元（含不足 10 万元）另奖励 3000 元，总奖励金额最高不超过 9000 元。

（2）对合伙企业总投资额度不足 10 万元的，按合伙高校毕业生人数每人奖励 3000 元，总奖励金额不超过 1 万元；总投资额度在 10 万元以上的，每增加 10 万元（不足 10 万元的按 10 万元计算），对所有合伙人另奖励 3000 元，但对该企业的高校毕业生奖励金额不能超过人均 9000 元。市、县（市、区）可结合实际开展高校毕业生创业竞赛，对在创业中取得显著成绩的高校毕业生进行表彰奖励，成功创业奖励由同级人事部门核实、财政部门复核后予以奖励。

8. 实行创业吸纳就业岗位补助

高校毕业生创办的企业招用首次就业的高校毕业生，签订 1 年以上期限劳动合同并缴纳社会保险费的，根据招用高校毕业生人数和合同期限，按第一年 1200 元/人、第二年 1800 元/人、第三年 2400 元/人的标准给予企业岗位补助。具体补助办法按市财政局、市劳动和社会保障局就业专项资金使用有关规定办理。

9. 实行小额担保贷款扶持

高校毕业生自主创业自筹资金不足的，可申请不超过 5 万元的小额担保贷款；对合伙经营和组织起来就业的，可根据实际人数和经营项目，按每人 5 万元以内的额度核定；小额担保贷款期限不超过 2 年，到期确需延长的，可展期一年。对个人利用小额担保贷款从事规定微利项目的，由财政全额贴息，展期不贴息。对创办劳动密集型小企业且当年新招用城乡劳动者达到企业现有在职职工总数 30%（超过 100 人的企业达 15%）以上，并与其签订 1 年以上劳动合同的，可给予最高不超过 200 万元、贷款期限不超过 2 年的小额担保贷款，并按照中国人民银行公布的贷款基准利率的 50% 给予贴息。具体办法按国家、省和市政府办《转发〈中国人民银行财政部人力资源和社会保障部关于进一步改进小额担保贷款管理积极推动创业促就业的通知〉的通知》的规定办理。

10. 实行创业培训援助

将有创业愿望和培训需求的高校毕业生纳入创业培训服务范围，按规定落实职业培训补贴，同时免费提供政策咨询、开业指导、融资服务、跟踪扶持等创业服务。鼓励大中专院校、技工学校设置创业课程，开展创业培训和创业实训。

11. 实行人事代理和社会保障服务

自主创业的高校毕业生，由公共人才服务机构提供人事代理和人才招聘服务，2 年内免收人事代理服务费。享受城市居民最低生活保障的高校毕业生自主创业，前 6 个月实行渐退制享受城市居民最低生活保障待遇。

同时还增加了创业的机会，例如徐州市出台《关于鼓励支持到村（社区）任职高校毕业生自主创业实施意见》。实施专项资金扶持，徐州市全民创业贷款担保基金提供 3000 万元的贷款担保额度，专项用于鼓励扶持大学生村官自主创业。各县（市）区要设立不少于 200 万元的"大学生村官创业专项基金"，对大学生村官创业项目提供资金支持。金融机构要完善创业风险担保机制，为大学生村官创业提供小额低息或贴息贷款。大学生村官创业申请小额担保贷款的额度上限可提高到 20 万元，并逐步实现对大学生村官创业实行多渠道、多层次"输血"。

（二）实施有效的政策扶持

大学生村官全面享受就业创业扶持政策。对已出台的鼓励高校毕业生自主创业的税收优惠、小额担保贷款、资金补贴、场地安排等扶持政策，按照职责和管理权限，进行目标任务分解，认真予以落实。对规定免收的登记类、管理类和证照类等有关行政事业性收费，一律不得再向自主创业的大学生村官收取。鼓励大学生村官以知识产权、实物、科技成果等可评估资产作价出资，允许大学生村官自主创办企业以股权出资融资。

第三节　创　业　者

曹德旺——福耀玻璃集团创始人、董事长

曹德旺，1946年5月出生，福建省福州市福清人，福耀玻璃集团创始人、董事长。

1987年成立福耀玻璃集团，是中国第一、世界第二大汽车玻璃供应商。他是不行贿的企业家，自称"没送过一盒月饼"，以人格做事；他是行善的佛教徒，从1983年第一次捐款至2020年，曹德旺累计个人捐款已达110亿元，认为财施不过是"小善"。2009年5月，曹德旺登顶有企业界奥斯卡之称的"安永全球企业家大奖"，是首位华人获得者。

2014年12月，首部自传性著作《心若菩提》正式出版。

2018年9月，曹德旺入选"世界最具影响力十大华商人物"。2018年10月24日，入选中央统战部、全国工商联《改革开放40年百名杰出民营企业家名单》。2020年11月28日，当选2020中国经济新闻人物。2021年2月4日，入选"中国捐赠百杰榜"课题组发布的十年致敬人物。

资料来源：360搜索 https://baike.so.com/doc/2781276-2935662.html.

彼得·德鲁克将创业者定义为那些能"寻找变化，并积极响应，把它当作机会，充分利用起来的人"。我国的学者认为所谓创业者是指某个人发现某种信息、资源、机会或掌握某种技术，利用或借用相应的平台或载体，将其发现的信息、资源、机会或掌握的技术，以一定的方式，转化、创造出更多的财富、价值，并实现某种追求或目标过程的人。

一、创业者的基本素质

任何成功都不是一蹴而就的，理想的实现＝坚定的信念＋不懈的努力。创业成功者是那些追求自我实现的奋斗者。今天，以赫赫业绩出现在世人面前的商业巨擘，大多数都走过了从无到有、从小到大、从初创到成功的奋斗历程。微软的比尔·盖茨（Bill Gates）、苹果的史蒂夫·乔布斯（Steve Jobs）、戴尔电脑的迈克尔·戴尔（Michael Dell）、沃尔玛的山姆·沃尔顿（Sam Walton）、联邦快递的弗雷德·史密斯（Fred Smith）、玫琳凯的玫琳凯·爱施（Mary Kay Ash）、麦当劳的雷·克拉克（Ray Kroc）、西南航空的赫布·凯莱赫（Herb Kelleher）、华为的任正非、福耀的曹德旺、万科的王石等数不胜数的成功人士，作为创业者的典范，在商业活动中所表现出来的冒险精神、进取欲望、创业雄心与创新激情，对整个经济与社会的发展都产生了深远影响。他们的成功成为人们津津乐道的经典案例，广为流传，激励着众多的创业者和创新企业。

（一）具有强烈的创业意识

要想取得创业的成功，创业者必须具备自我实现、追求成功的强烈的创业意识。强

烈的创业意识，能帮助创业者克服创业道路上的各种艰难险阻，将创业目标作为自己的人生奋斗目标。创业的成功是思想上长期准备的结果，事业的成功总是属于有思想准备的人，也属于有创业意识的人。创业意识是创业的原动力，其意识越强烈，动力就越大，其行动就越有力。

另外，要想取得创业的成功，还必须具备强烈的赚钱欲望，这是创业很重要的条件。在创业的道路上，这种成功欲望越强烈，实现财富梦想的概率就越大。

（二）具有良好的创业心理素质

创业之路是充满艰险与曲折的，创业就等于去面对变化莫测的激烈竞争以及随时出现的需要迅速正确解决的问题和矛盾，这需要创业者在创业的历程中保持自信、自强、自主、自立、忍耐等良好的创业心理素质。

自信就是对自己充满信心。自信心能赋予人主动积极的人生态度和进取精神。不依赖、不等待。要成为一名成功的创业者，必须坚持信仰如一，拥有使命感和责任感；信念坚定，顽强拼搏，直到成功。信念是生命的力量，是创立事业之本，信念是创业的原动力。要相信自己有能力、有条件去开创自己未来的事业，相信自己能够主宰自己的命运，成为创业的成功者。

自强就是在自信的基础上，不贪图眼前的利益，不依恋平淡的生活，敢于实践，不断增长自己各方面的能力与才干，勇于使自己成为生活与事业的强者。

自主就是具有独立的人格，具有独立性思维能力，不受传统和世俗偏见的束缚，不受舆论和环境的影响，能自己选择自己的道路，善于设计和规划自己的未来，并采取相应的行动。自主还要有远见、有敢为人先的胆略和实事求是的科学态度，能把握住自己的航向，直至达到成功的彼岸。

自立就是凭自己的头脑和双手，凭借自己的智慧和才能，凭借自己的努力和奋斗，打下自己生活和事业的基础，建起属于自己的生活和事业的大厦。

忍耐就是把痛苦的感觉或某种情绪抑制住，不使其表现出来。亦谓在困苦的环境中坚持下去。成语里有一句"艰难困苦，玉汝于成"，还有一句"筚路蓝缕"，意思都是说创业不易。不易在哪里呢？首先是要忍受肉体上和精神上的折磨。对创业者来说，一次次辛苦累积财富，忍耐却是必须具备的品格。指甲钳大王梁伯强一次次创业，而每一次点滴积累的财富最后总是被各种各样"莫名其妙的原因"剥夺，搁一般人早发疯了，可梁伯强都忍下了。而现在他是一个成功者。老话说"吃得菜根，百事可做"。对创业来说，肉体上的折磨算不得什么，精神上的折磨才是致命的。如果有心自己创业，一定要先在心里问一问自己，面对从肉体到精神上的全面折磨，你有没有那样一种宠辱不惊的"定力"与"精神力"。

创业的成功在很大程度上取决于创业者的心理素质。正因为创业之路不会一帆风顺，所以，如果不具备良好的心理素质、坚韧的意志，一遇挫折就垂头丧气、一蹶不振，那么，在创业的道路上是走不远的。只有具有处变不惊的良好心理素质和愈挫愈强的顽强意志，才能在创业的道路上自强不息、竞争进取、顽强拼搏，才能从小到大，从无到有，闯出属于自己的一番事业。

（三）具有科学的冒险精神特质

具有科学的冒险精神是创业者的一个重要特质。风险是客观存在的，这是客观规律。创业需要胆量，需要冒险。但创业毕竟不是赌博，大胆的决策并不等于蛮干。对于成功的创业者来说，是以科学的冒险精神去冒险的。科学冒险精神是在对事物深刻认识的基础上，了解、分析和研究风险，科学地处置风险，大胆决策，有效执行时所表现出的科学与艺术，是实践的感性认识和分析的理性认识相结合的结果，是不断螺旋提高的过程，更是必须在实践中磨炼的品质。科学的冒险精神绝非盲目冒险、比试胆量而进行无谓的冒险。科学冒险精神的冒险是创业中必须冒的险，值得冒的险。冒险的前提是明确胜算的大小。在决定冒险之前，不要问自己能够赢多少，而应该问自己能输得起多少。一点儿把握都没有就盲目地去冒险，那你的胆量越大，赌注下得越多，损失也就越大，离成功也就越来越远。成功的创业者其久经沙场的经历使他们自觉或不自觉地培养和具备了科学冒险精神特质。在激烈竞争和变幻莫测的市场中，还需要创业者和企业家使科学冒险精神特质进一步升华和完善。

案例导入

"创业就要敢于冒险"——王石的创业故事

王石 50 多岁还去登珠穆朗玛峰，最后成功了，成为中国企业家中登顶世界最高峰的第一人；王石还喜欢飞伞、滑雪、航海……只要是刺激、好玩的项目，王石都喜欢。

可是，王石认为自己做这些事情并没有太多风险，因为他通过严格的专业训练和过硬的专业素质已经把风险降到最低了。

王石做的最冒险的事情还是在开始创业的时候。

那个时候，王石在深圳做玉米生意。那是在 1983 年，王石第一次在深圳尝到生意成功的喜悦，可是没得意几天，媒体就报道说，香港有关部门从鸡饲料中发现了致癌的物质，希望民众在食用鸡肉的时候要特别小心。

大家可以想一下，这条报道出来以后谁还吃鸡肉？

销往香港的鸡销不出去，自然鸡饲料也就不好卖，这就像一条完整的食物链突然一环断了，后面的那些环自然也就散了。

此时的王石还不知道深圳的玉米已经无人问津了，他还在做着发大财的美梦。回到深圳后，王石明白一直畅销的玉米成了滞销货，饲料厂根本就不进玉米了。王石求爷爷告奶奶，才终于销出了这几千吨玉米，可是白白损失了 100 多万元，还欠下了 70 多万元的债务。

王石辗转反侧，不得入眠。他看着那张报道该事件的报纸恨得直咬牙，可是，王石并不甘心。玉米里有致癌物质？这不是瞎扯淡吗！

一想到玉米里面可能没有致癌物质，王石再也躺不住了，一跃而起。他决定冒一次险，再去北方贩玉米。

那些和王石一样做玉米生意的商人一听说王石还要去北方贩玉米，都说王石是不是赔钱赔出精神病来了，这个时候去北方贩玉米到深圳那还不是越赔越多？就连王石一直供货的饲料厂的朋友也劝王石别冒险了，鸡都销不出去，玉米还能销出去？

可是王石谁的话都不听，他只相信自己，他安慰自己说，"我就不相信香港人永远不吃鸡了，要吃鸡就要鸡饲料，要鸡饲料就得要我的玉米。"

王石来到大连，大连的粮油公司一见王石就像见了亲人一样，这个时候大连粮油公司的经理正为销不出玉米发愁。王石一口气把大连粮油公司所有库存玉米都订购了，紧接着王石又来到天津、青岛等地，把这些地方的玉米库存也都给订购了。

首批 7000 吨玉米从北方装船起运，看着这 7000 吨玉米，王石的心也是非常忐忑，他知道运到深圳的时候，香港人如果还没有开始吃鸡，那么自己真的就只能够跳海了。当装载着 7000 吨玉米的货船还有两天就要停靠在蛇口赤湾码头时，香港的那家报纸登出一封致歉信，对错误地报道鸡饲料中存在致癌物质进行道歉。

拿着这张登着新消息的报纸，王石心中的愁云散开了，这个时候只有王石手里有玉米，所有深圳的饲料厂只能向王石订货，就是这一遭生意王石足足赚了 300 多万元，后来他正是凭着这 300 多万元的启动资金成立了万科，才有了今天的成功。

资料来源：姚凤云. 创新与创业管理[M]. 北京：清华大学出版社，2017.

（四）具有灵活的头脑和超前的眼光

市场经济决定一切的时代要求每个人都要有审时度势的灵活头脑与超前眼光。有句话说得好，"你能看多远，你才能走多远"，所以创业必须具有灵活的头脑与超前眼光。具备了这个条件，才能使事业红红火火地发展下去。具有灵活头脑与超前眼光的人，往往能够发现商机，并及时付诸行动。具有这种品质的人了解生活、热爱生活，他们能在生活的各个领域创造属于自己的一片天地。

创业者还通常以灵活头脑和超前眼光，洞察出社会变动中所缺乏的某些事物，对现有商品、服务的缺失能予以改善，甚至洞察出所衍生的新机会，赋予其新的价值和新的功能，产生新的创业构想并付诸创业行动而取得成功。例如，20 世纪 70 年代末，比尔·盖茨发现"个人电脑的触角将深入未来每一个家庭中"，成就了微软商业帝国。而当时的华人企业家王安对这一趋势不够敏感，使王安电脑公司——当时世界上最大的办公软件（WPS）企业很快走向衰败。

案例导入

《福布斯》中国富豪孙广信

《福布斯》中国富豪孙广信在没有发迹前，只是在乌鲁木齐做一些拼缝之类的小生意。这样的小生意人在商业传统悠久的乌鲁木齐多得是。孙广信发家于做酒楼生意。1990年秋季的一天，孙广信听到有一家专做粤菜的广东酒楼老板因为欠债跑掉了。孙广信跑到那里一看，嗯，这个酒楼不错，地理位置好，门面也不赖，行，可以做，是个机会。当时就借了 67 万元把这个广东酒楼盘了下来，又从广东请来好厨子，进了活海鲜，鱼、虾、鳖、蟹，还有活蛇。此前孙广信从来没有做过餐饮业，新疆人又吃惯了牛羊肉，对生猛海鲜不感兴趣，感兴趣的人也不敢轻易下箸。头 4 个月亏了 17 万元，亏得孙广信眼睛发直。他坚持了下来，通过猛打广告猛优惠，将客源提了上来。孙广信从酒店里赚到了钱。中国的酒楼多得是，赚钱的老板都不少，为什么现在只有孙广信出名呢？因为孙广信没事就在酒楼里观察他的顾客，琢磨他的顾客。有一回，一个客人一下定了一桌

5000 元的酒席，把孙广信吓了一跳。在当时 5000 元可不是一个小数。他一琢磨，什么人这样有钱，出手这样阔绰？一打听，原来是做石油的。再一打听，乖乖，了不得，原来做石油生意这么肥，这么来钱呢。孙广信就开始转行做石油。后来孙广信成了《福布斯》中国富豪。孙广信现在做的事是西气东输。连国家都要掂量再三感觉头痛的工程，他都敢做，而且有资本做得起。

资料来源：姚凤云. 创新与创业管理[M]. 北京：清华大学出版社，2017.

（五）具有必备的商业知识

创业在某种程度上也是一种商业活动，所以创业过程中，对相关商业知识的储备也必不可少，其中包括：

（1）开业知识，如有关私营及合伙企业、有限公司的法律法规，怎样进行验资，怎样申请开业登记，哪些行业不允许私营，哪些行业的经营需办理有关行业管理手续，怎样办理税务登记，纳税申报有哪些规定和程序，如何领购和使用发票，银行开户程序和有关结算规定，成为一般纳税人有哪些条件，如何纳税，怎样获得税收免征、减征待遇，怎样进行票证管理，国家对偷漏税等违法行为有哪些制裁措施，增值税率及计征方法，工商管理部门怎样进行经济检查，行业管理部门如何进行行业管理和检查等。

（2）营销知识，如市场预测与调查，消费心理、特点和特征，定价策略，产品促销策略，销售渠道和方式，营销管理等。

（3）资金及财务知识，如货币知识，信用及资金筹措知识，证券、信托及投资知识，财务会计基本知识，外汇知识等。

（六）具有善于经营的理念

创业毕竟是一个系统的经营过程。所以，一个优秀的创业者，必须懂得建立正确的创业理念，也懂得采取有效的经营策略。理念是源头，策略是源头流出来的活水。如果创业者缺乏经营的能力，不懂得在有限的创业资源中把握源头和活水，企业经营就会出现诸多危机。

案例导入

东鹏特饮创始人林木勤：草根逆袭需要"醒着拼"

2003 年，林木勤接手了一家濒临倒闭的国有饮料小厂子，这便是现在拥有东鹏特饮等多种畅销饮料品牌的东鹏饮料集团的前身。在林木勤接手之初，东鹏饮料年营业收入不足 2000 万元，而国内饮料行业早已是一片红海，想要杀出一条路，艰难程度可想而知。好在林木勤并非饮料行业的门外汉，在接手之前，林木勤已经在饮料行业深耕十几年，对于国内饮料市场有着非常深入的了解。

接手东鹏饮料后，林木勤在接下来的七年里靠着一瓶零售价仅一元、利润仅三分钱的茶饮料，带领员工渡过了最困难的时期。而在这期间，林木勤也在不断地探索东鹏饮料的新出路，这种情况一直持续到 2009 年。此时国内市场上功能饮料开始受到欢迎，沉浸于饮料行业多年的林木勤敏锐地觉察到国内功能饮料市场潜力巨大，认定这是东鹏饮料的一次绝佳机遇，便顺势推出了沿用至今、带有防尘盖的瓶装功能饮料东鹏特饮，并一举将其打造成为中国瓶装功能饮料第一品牌。

推出拥有市场竞争力的产品之后，林木勤同样没有忽略营销的重要性，他请来了当时非常受欢迎的演员谢霆锋为东鹏特饮代言，借助其热度快速打开了全国市场，让东鹏特饮正式走到国人眼前。

直到今天，林木勤在营销上依然非常有想法，在其布局下，东鹏特饮不仅赞助了《盗墓笔记重启》《安家》等多部影视热剧，霸屏湖南卫视《天天向上》等卫视综艺，还参与 ICC、世界杯、CEC、无人机等国内国际体育赛事，破圈抖音和 B 站，成为当下最受年轻人欢迎的功能饮料品牌。

从濒临倒闭的国有饮料小厂，到现在的中国瓶装功能饮料第一品牌，东鹏特饮不断发展壮大，在国内功能饮料市场占据了相当大的份额，成为行业前茅。林木勤带着东鹏特饮实现了"草根逆袭"，走出了一条突围之路。

资料来源：中华网　https://henan.china.com/news/roll/2021/0108/012021_139815.html.

二、创业者的能力要求

（一）领导与决策能力

创业者需要具备相当的领导与决策能力，能把企业的人员与业务安排得井井有条，并能及时处理所遇到的一切问题。创办一个企业，不仅需要处理大量的事务性问题，还要为企业建章立制，即便是只有一两个人的小店铺或家庭企业也不能例外。企业虽小，但面临的环境以及经营发展的变化却不小。

（二）团队协作能力

优势互补的团队是自主创业的基础。有了优势互补的创业团队，既能有效进行技术创新与经济管理，又能保证创业团队形成最大的合力，从而在市场竞争中取胜，达到企业所追求的目标，推动企业向前发展，取得创业成功。同时也可制定一套工作章程，确定员工的权利义务，将福利、升迁、分红、奖惩制度等说明清楚，有助于降低员工流动率，并提升公司对客户的服务品质。

（三）学习能力

创业者要想把工作做好，就必须有好学的精神，善于学习。学习经营管理知识，科学技术知识，社会学、心理学、经济学等一系列相关学科。知识经济时代，科学技术突飞猛进，企业环境复杂多变，还要善于从自己及别人的成功和失败中吸取经验教训。这样，才能跟得上时代的步伐，以系统的思路、全新的理念去经营好企业。

（四）经营能力

经营能力是创业成功的关键。要做创业者首先要做一个出色的经营者。其次经营者要有浓厚的经营兴趣。对经营有兴趣不仅是做经营者的先决条件，而且是经营中始终应该具备的素质。兴趣激发工作热忱，而热忱几乎等于成功的一半。有了经营兴趣，即使再累再苦都能轻松应对。经营活动是将创业计划变成现实的手段，创业的成功在于把创新思路及计划付诸实践，最后转化为现实，实施能力是创业者实现创业梦想的手段。

（五）管理能力

创业者需要根据行业发展状况、竞争对手的缺陷、细分市场，找到自己的产品、服务的顾客目标群。创业者需要根据企业的优势、劣势并结合外部环境的机会、挑战，正确地制定企业发展的战略目标；只有确定了正确的战略目标，企业才能走得更远。营销管理能力是指洞察企业提供的产品和服务及其特性，理解它们如何满足顾客的需要和如何使顾客认识其吸引力的能力。创业者必须要有基本的财务知识，懂得如何融资理财，具备资金的时间价值观和机会成本意识。

（六）人际关系能力

人际关系能力包括激励能力、沟通能力及谈判能力等。激励能力是指唤起员工的热情，使他们全身心地投入其正在进行的工作的能力。沟通能力指运用口头和书面等语言表达思想和传递信息的能力。一个创业中的企业需要来自组织内外诸如员工、股东、顾客、政府、供应商和投资者等的支持，有些服务性的行业还需要所在社区的支持。为此，创业者需要在与这些利益相关者打交道中具备处理各种人际关系的能力。

本 章 小 结

本章共三节。第一节，首先论述了创业的内涵和特征，而后阐释了创业的要素和过程。第二节，首先介绍了创业的类型，而后阐释了国家对大学生的创业政策。第三节，先后阐释了创业者的基本素质和创业者的能力要求。通过本章的学习，可为本篇的后续学习打下理论基础。

名词解释

创业　创业者

思考训练题

1. 创业具有哪些特征？
2. 简述创业的要素。
3. 简述创业的过程。
4. 简述创业的类型。
5. 简述创业者的基本素质。
6. 简述对创业者的能力要求。

案例分析

拒继承家业，凭能力赚 150 亿，
今收购父亲公司成教育界最年轻富豪

在 2019 胡润教育企业家富豪榜上有 33 位企业家财富高达 20 亿元以上，其中除了大众熟悉的新东方俞敏洪、好未来张邦鑫等教育界大佬，榜单上还有唯一一位"85 后"

年轻富豪，他就是心里程集团创始人彭国远。

彭国远，广东汕尾市陆河人。他的父亲原本是一名教师，后来下海经商成了富豪，他也摇身一变成妥妥的富二代，高中毕业后就去了英国剑桥留学。

虽然家境富裕，但他一直都很节俭，读书期间坚持半工半读。在一家福特汽车站做业务员，从发宣传单开始，到慢慢洽谈客户，彭国远花了个把月的时间才卖出去第一台车。而后他用了3年的时间做到了销售总监的位置。大学没毕业的时候公司已经为他安排好了房子车子，希望他毕业后能留在英国，但彭国远却毅然，选择回国。按正常轨道，彭国远应该进入父亲的家族企业，从基层做起，为以后接班做准备。但彭国远有自己的理想，他对父亲的传统行业并不感兴趣。拒绝继承父业后，他怀揣自己在英国挣到的25万元，跑到上海和几个朋友一起注册了一家贸易公司，卖的产品是当时国内还不是很流行的GPS导航仪。凭借之前在汽车行业积累的经验和资源，彭国远将产品渗透进各大4S店，最后获得巨大利润。但随着市场竞争越来越激烈，GPS导航仪的利润也慢慢下降，彭国远开始将商业目光转向另一新兴行业。

2009年彭国远注册了"心里程"这个品牌，一开始是做平板电脑的，收入很不错，2010年的时候已经有十几亿的年营业额。不过竞争对手也与日俱增，因为产品同质化严重，最后陷入了价格战，利润也越来越低。

眼看电子硬件产品市场已经变成一片红海，彭国远开始思考突围之路。一次偶然的机会，他在一家做教育的公司发现教育软件很有市场，便萌生了进入的想法。

通过软硬件的整合，最终做出一套综合性教育信息化解决方案，并在教育行业迅速打出自己的名号。2013年彭国远成立心里程集团，也是在这年彭国远将父亲的公司收购，并邀请父亲到心里程集团任CEO。

在父子俩默契配合下，如今心里程已经发展成一家以电子信息产业为龙头的多元化科技集团，旗下拥有4家子集团公司、52家控股参股公司，产业涉及电子数码、精密制造、移动互联网信息化教育等，在2019年中国民营企业500强榜上位居第342位。

在《2020胡润全球少壮派白手起家富豪榜》上彭国远以150亿元人民币财富名列第24位，虽然年纪轻，但彭国远获得的头衔很多，他是广东省的人大代表、政协常委，还被评为广东十大经济风云人物、全国优秀青年企业家、2019中国经济年度人物。此外，彭国远还一直热衷慈善，是胡润慈善榜上的常客。

资料来源：百度 https://baijiahao.baidu.com/s?id=1666376083570042035.

问题：

1. 彭国远的身上体现出了哪些创业者的基本素质和能力？
2. 创业者还应具备哪些基本素质和能力？

第八章

创 业 准 备

通过本章的学习，认识创业环境的概念及特性，弄清创业环境的内容；了解创业机会的概念及特性，认清创业机会的来源及表现形式；明确如何识别和把握创业机会；了解商业模式的概念、特征、类型、要素、模式等；了解企业登记注册与取得营业执照的相关问题。

引导案例

 北京大学毕业生陈生成功创业成为广州知名的"猪肉大王"

陈生毕业于北京大学，十多年前放弃了让人羡慕的公务员职务毅然下海，倒腾过白酒和房地产，打造了"天地壹号"苹果醋。在悄悄进入养猪行业后，在不到两年的时间，在广州开设了近100家猪肉连锁店，营业额达到2亿元，被人称为广州千万富翁级的"猪肉大王"。

不完全统计数字显示，目前我国大学生创业成功率只有2%～3%，有97%～98%的大学生创业失败。专业人士分析，缺乏相关的创业教育和实战经验、缺乏"第一桶金"等都是其中的重要原因之一。然而，对于成功创业的大学生来说极为重要的实战经验及"第一桶金"都是"天上掉下来的"吗？为什么陈生在进入养猪行业不到两年的时间里，就能在广州开设近100家猪肉连锁店，营业额达到2亿元？这个问题的确值得好好追问。

实际上，之所以能很短时间就在养猪行业里取得骄人成绩，成为拥有数千名员工的集团董事长，还在于陈生此前就经历的几次创业的"实战经验"：陈生卖过菜，卖过白酒，卖过房子，卖过饮料，这使得他有着这样的独到见解：很多事情不是具备条件、做好了调查才去做就能做好，而是在条件不充分的时候就要开始做，这样才能抓住机会。

然而，条件不充分时到底怎样才能抓住机会呢？我们来看一下陈生的做法：他卖白酒时根本没有能力投资数千万建立厂房，可是他直接从农户那里收购散装米酒，不需要在固定设施上投入一分钱，便可以通过广大农民帮他生产，产能却可以达到投资5000万元的工厂的数倍。此后，他才开始利用积累起来的资金租用厂房和设施，打造自己的品牌。迅速进入和占领市场，让他在白酒市场上打了个漂亮仗。

当然，资金积累到一定程度时，陈生成功的秘诀更让人难忘：在经济飞速发展的年代，无数企业"挤破脑袋"寻求发展良机。在这样的情况下，只有技高一筹者才能够取得成功。而一些企业运用精细化营销，就是一种技高一筹的做法。于是，从传统的中国猪肉行业里，陈生分析到了其中的巨大商机。因为中国每年的猪肉消费约 500 亿公斤，按每公斤 20 元算，年销售额就高达上万亿元。而与其他行业相比，猪肉这个行业一直没有得到很好的整合，基本上没有形成像样的产业化，竞争不强、档次不高、机会很多。更重要的是，进入这一行业的陈生，机智地率先推出了绿色环保猪肉"壹号土猪"，开始经营自己的品牌猪肉。

虽然走的还是"公司+农户合作"的路子，但针对学生、部队等不同消费人群，却能够选择不同的农户，提出不同的饲养要求。比如，为部队定制的猪可肥一点，学生吃的可瘦一点，为精英人士定制的肉猪，据传每天吃中草药甚至冬虫夏草，使公司的生猪产品质量与普通猪肉"和而不同"。在这样的精细化营销战略下，陈生终于在很短的时间内叫响了"壹号土猪"品牌，成为广州知名的"猪肉大王"。

资料来源: 百度文 https://wenku.baidu.com/view/6e15a062a76e58fafbb0036c.html

第一节　创业环境概述

一、创业环境的概念及特征

（一）创业环境的概念

环境分为一般环境和特殊环境。一般环境是对所有人都存在广泛影响的社会大环境或者说是社会大气候；特殊环境是对某一部分人或组织具有决定意义的小环境或者个别环境。创业环境就是一个特殊环境。

创业环境就是指开展创业活动的范围和领域，是创业者开始起步所处的环境。它是对创业者创业思想的形成和创业活动的展开能够产生影响和发生作用的各种因素和条件的总和。

创业环境是创业活动的基本条件。创业环境对于创业活动的阶段性作用在于它能为人们的创业活动提供各种精神、物质条件，能从各个方面影响创业活动的进程，能决定创业活动的成败。

（二）创业环境的特征

创业环境作为一般环境的外延部分，具有一般环境所具有的客观性、复杂性、变化性的本质特征。同时作为一种特殊的环境，还具有不同于其他环境的个性特征。这些特征是环境的共性特征在创业过程中的具体表现和生动反映。

1. 机遇与挑战并存

创业环境是一个充满无限商机的领域。创业环境是机遇的宝藏，蕴含着各种发展机遇，令创业者跃跃欲试。然而，创业环境所提供给人们的机遇仅仅是一种成功的可能性，具有极强的时效性和确定性。抓住机遇需要才能、智慧、勇气和毅力，也需要及时、迅速、果断，这都是一种挑战。创业环境在提供机遇的同时也对创业者提出了挑战。并且机遇与挑战是并存的，也是紧紧联系在一起的。要抓住机遇，就必须接受挑战；只有接受挑战，才能抓住机遇。这种机遇与挑战并存的现象是创业环境一个最为典型的特征。

2. 利益与风险同在

利益与风险同在是创业环境的基本特征。创业环境具有最为丰富的利益资源，存在着人们追求的各种各样的利益。同时，创业环境也是风险最集中的地方，稍不留神，便会给人们造成巨大的损失和灾难。这种利益和风险是同时存在的，又是始终相伴的，它们之间联系紧密、无法分割。要想得到利益，就必须承担风险。世上没有免费的午餐，创业者任何利益的获得，都是其战胜风险的结果。不敢冒险的人是永远无法获得创业果实的。

3. 适应和创新共求

创业环境作为一种客观存在，又具有适应和创新共求的突出特征。一方面，它的存在为人们的创业活动提供了必要的条件和现实的依据，从而成为人们开展创业活动的出发点。它要求人们的创业活动必须尊重客观规律，适应创业环境的客观实际。另一方面，随着时代的进步而不断发生变化，又要求创业者必须通过一定的开拓和创新活动，改变现状，以适应创业环境新的存在方式。适应与创新是创业环境固有的趋向和内在的要求，创业活动就是在适应和创新这两大动力的相互作用下不断得到推进的。

4. 顺境与逆境俱进

在创业实践中，创业者有时会处于非常有利的局势，但有时也会处于极其困难的境地。在创业环境中既蕴含着对创业有利的因素，也存在着对创业不利的因素，创业者往往在顺境与逆境的交替推动下，一步步走完创业历程。在创业处于顺境的时候，创业者要保持清醒的头脑，不为一时的胜利所骄傲，在创业处于逆境的时候，要不为暂时的挫折所屈服，只有以更加旺盛的斗志和百折不挠的精神投入创业生活，才能战胜各种困难，开创新的创业局面。

二、创业环境分析

（一）创业的一般外部环境分析

创业的一般外部环境主要是指企业所在的国家或地区的政治、经济、人口、社会文化、科技、资源、地理和气候等环境。

1. 政治与政策、法律环境分析

政治与政策、法律环境包括一个国家的社会制度，执政党的性质，政府的方针、政策及法令等。直接影响创业的是各种法律、法规和政策，如税法、专利法、环境保护法和反垄断法、产业政策、投资政策、国防开支及政府补贴政策等。与创业相关的法律与法规大致可以分为三类：

（1）涉及企业主体、调整平等主体之间关系的主体法和程序法。

（2）涉及企业运营和对企业运营进行规范、管理的法律。

（3）涉及税收的法律。对创业者而言，比较重要的税收是流转税（包括增值税、营业税、消费税）和所得税（个人所得税和企业所得税）。

2. 经济环境分析

经济环境指企业经营过程中所面临的各种经济条件、经济特征、经济联系等客观因素。主要的经济发展状况信息有：GDP 及其增长率、贷款的可得性、可支配收入水平、居民消费（储蓄）倾向、利率、通货膨胀率、规模经济、政府预算赤字、消费模式、失业趋势、劳动生产率水平、汇率、证券市场状况、国际经济状况、进出口因素、不同地区和消费群体间的收入差别、价格波动、货币与财政政策等。

3. 社会文化环境分析

社会文化环境包括一个国家或地区的居民受教育程度和文化水平、宗教信仰、风俗习惯、价值观念及审美观点等。文化水平会影响居民的需求层次；宗教信仰和风俗习惯会禁止或抵制某些活动的举办；价值观念会影响居民对组织目标、组织活动及组织存在本身的认可与否；审美观点则会影响居民对组织活动内容、活动方式及活动成果的态度。

4. 科技环境分析

科技环境指一个国家和地区的技术水平、技术政策、新产品开发能力及技术发展动向等。相关信息包括：创业地区的新技术、新材料、新产品、新能源的状况；国内外科技总体发展水平和趋势；本企业所涉及的技术领域的发展情况；专业渗透范围、产品质量检验指标和技术指标等。

5. 地理和气候环境分析

地理和气候环境是指企业所在地域的全部自然资源所组成的环境，包括各种矿藏和地理、气候等自然条件。创业者应对地区条件、气候条件、季节因素和使用条件等方面进行分析。例如，藤制家具在我国南方十分畅销，但在北方则销路不畅，遭到冷落，主要原因是北方气候干燥，这种家具在北方容易断裂，影响了产品的声誉和销路。

（二）创业的社区环境分析

创业企业一般规模小，影响力局限于社区范围；反过来，社区环境的小气候对刚创建的企业来说，影响巨大，所以分析企业所在的社区环境是重点之一。

1. 社区购买力分析

其主要涉及居民货币收入、流动购买力、购买力投向分析等。

2. 社区人口状况分析

研究社区人口状况是为了便于进行市场细分。相关信息包括：社区总人口，社区家庭总数和家庭平均人口数，社区人口的年龄构成、职业构成和受教育程度等。

3. 产品或服务的需求调查与分析

需求通常是指人们对外界事物的欲望和要求，人们的需求是多方面、多层次的。对创业者拟生产的产品、服务进行需求和供给方面的分析主要是分析消费者的购买行为（消费者购买动机在实际购买过程中的具体表现），即通常所讲的"3W1H"分析，也就是了解消费者在何时购买（When）、在何处购买（Where）、有谁购买（Who）和如何购买（How）等。不同的消费者具有不同的购物爱好和习惯，如有的消费者注重品牌，他们愿意支付较多的钱购买自己所钟爱的牌子；而有的消费者注重价格，他们多购买较便宜的商品，对品牌并不在乎或者要求不高。

4. 产品或服务的市场供给分析

其主要信息有：现有竞争对手的产品能否满足顾客的要求，竞争对手产品或服务的不足之处及它们的变化趋势等往往决定着该行业未来的利润和发展前景。

（三）创业的行业环境分析

行业是影响企业生产经营活动最直接的外部因素，一个行业的经济特性和竞争环境以及它们的变化趋势往往决定着该行业未来的利润和发展前景。

1. 行业经济特性分析

其包括以下几方面：市场区域范围及规模大小、规模经济特征、行业进入和退出的壁垒及难易程度、对资源的要求程度及平均投资回收期、市场成熟度、市场增长速度、行业中公司的数量及规模、购买者的数量及规模、分销渠道的种类及特征、技术革新的方向及速度以及行业总体盈利水平等。

2. 行业中的变革驱动因素分析

行业变革驱动因素是指改变整个行业及竞争环境的主要原因及因素，创业时如能敏锐地判断行业驱动因素，是非常有利于企业未来战略制定的。尽管促使某一行业发生变化的因素很多，但一般来说，真正算得上驱动因素的不超过 4 个，创业者应仔细辨别，将行业驱动因素与那些并不重要的因素区别开来，并将关注的重点集中于这些因素上。

3. 行业的关键成功因素分析

一个行业的关键成功因素是指影响行业中各个公司成功的关键因素，包括产品与服务属性、资源要求、竞争能力及特定战略等。同样，对某一特定的行业而言，在某一特定的时候，行业的关键成功因素不会超过这四个，创业者应该从诸多影响成功的因素中找出最为关键的因素，并在日常管理中聚焦于这些因素。

4. 行业竞争力分析

一个行业的竞争状态是各种竞争力量共同作用的结果。这些竞争力量主要包括五个方面：行业内现有公司之间的竞争状况、供应商的议价能力、顾客的议价能力、替代产品或服务的提供商为了争夺顾客所采取的进攻性行动、来自潜在进入者的威胁。

5. 行业中竞争对手分析

要使公司在竞争中获得胜利，就必须确认主要的竞争对手，并理解其战略意图。除此之外，还必须时时跟踪竞争对手的策略，并预测其可能采取的行动。不仅应关注现时的竞争对手，还应估计谁有可能成为未来最主要的竞争对手，并为此采取积极应对之策。

6. 行业的吸引力分析

创业者可以通过对前面五个问题的分析和理解，预测本企业进入该行业的前景，即预测该行业是否具有吸引力。

（四）创业的内部环境分析

创业的内部环境分析包括企业内部资源分析、能力分析及核心竞争力分析。

1. 企业内部资源分析

在创业阶段，创业者应主要分析企业所拥有的财力资源、物力资源、市场资源、环境资源、技术资源及人力资源等。在进行企业资源分析的时候，还需要特别注意企业的无形资源，如技术资源、信誉资源、文化资源和商标等。

2. 企业能力分析

对于尚未建立的企业，创业者可以从以下几方面分析企业的未来能力：

（1）企业从外部获取资源的能力。

（2）生产能力。可从加工工艺和流程、生产设备设施等方面的计划安排、仓储、员工、产品或服务质量等环节进行分析。

（3）营销能力。其主要包括市场定位能力、营销组合的有效性及营销管理能力等。

（4）科研与开发能力。其包括企业科研队伍的现状和变化趋势，高等院校或科研单位合作的基础、条件等。

3. 企业核心竞争力分析

企业核心竞争力是指企业拥有的有价值、稀有、难以模仿及不可替代的能力。它是决定企业生存和发展的最根本因素，是企业持久竞争优势的源泉。企业培育核心竞争力的途径主要有传统途径和现代途径。传统途径是指企业为了实现内部资源的最优配置而采取的一系列管理行为，包括生产作业管理、供应管理、技术创新管理、市场营销管理、财务管理及人力资源管理等。现代途径即资本运营，指企业为了有效整合外部资源而采取的更为复杂的管理行为，包括兼并、收购、分拆、上市、联营及破产等途径。

第二节　创业机会识别与评估

一、创业机会的概念及特性

（一）创业机会的概念

蒂蒙斯认为，创业过程的核心是创业机会，创业过程是由创业机会驱动的。创业机会存在于社会与经济的变革过程之中。环境的变化，会给各行各业带来良机，透过变化，就会发现新的前景。

谢恩和维卡塔拉曼将创业机会定义为能在将来创造目前市场所缺乏的物品或服务的一系列的创意、信念和行动。

德鲁克认为，在产品市场的创业活动有三大类机会：第一，由于新技术的产生，创造新信息；第二，由于时间和空间的原因导致信息不对称而引起市场失灵；第三，当政治、管制、人口发生了变化，与资源利用相关的成本和利益便会发生转变。这些转变可能创造机会。

也有学者认为机会是指未精确定义的市场需求或未得到充分利用的资源和能力，包括基本的技术、未找准市场的发明创造，或新产品复位的创意等。

所谓创业机会，是指客观存在于市场交易过程中，并能够给创业者提供服务对象、带来盈利可能性的市场需求。创业机会能为创业者带来回报或实现创业目的，是具有吸引力的、较为持久的和适时的一种商务互动的空间，从创业实践来看，创业机会是产生创业活动的关键因素。

总之，创业机会是客观存在的，创业者要能够及时发现这些创业机会，并开发利用创业机会。

（二）创业机会的特性

创业机会具有以下特性。

1. 客观性

创业机会在一定时期内是客观存在的，并能够被人把握住。无论人们是否意识到，有盈利可能的市场需求都会在客观上存在于一定的市场环境之中，依附于为购买者或终端用户创造或增加价值的产品、服务或业务。很多创业机会就在我们身边，生活中很多平凡的现象在有心人眼里就是创业机会，所谓"处处留心皆机会"。

2. 时效性

机不可失，失不再来。机会并非永久存在，需要及时把握。创业机会具有很强的时效性，稍纵即逝，不可复得。未满足的市场需求或者未被充分利用的市场资源是一个动态概念，创业者如果不能及时捕捉，就会丧失机会。机会总是青睐第一个吃螃蟹的人，对于机会的捕捉，创业者宜早不宜迟。

3. 相对性

一些学者曾经试图研究创业成功的标志，结果发现不同国家、不同民族、不同行业、不同企业甚至不同创业者对成功的界定都不同。其实，事物的存在本身就是相对的，并没有绝对统一的得失标准。但有一点可以肯定，如果你超越了你的竞争者，你就获得了成功，这个竞争者包括对手，也包括自己。机会也是一样的，如果你超越竞争者，你就赢得了机会。机会存在于与竞争者相比较的相对之中。

4. 均衡性与差异性

市场机会在特定范围内对某一类人或同一类企业是均等的，此所谓"机会面前人人平等"。机会虽然是均等的，但不同个人对同一市场机会的认识会产生差别。而且，由于个体和企业的素质和能力不同，利用同一市场机会活力的可能性与大小也难免产生差异。不同的人对机会的态度不一样，结果就不一样。

5. 必然性和偶然性

时势造英雄。市场总是在不断地发展变化，每一个新兴行业的诞生，都会涌现出一批时代的弄潮儿，比如19世纪的"铁路大王"哈里曼、20世纪的比尔·盖茨等。他们是站在风口浪尖的成功创业者，铸就他们事业成功的主要原因并不全是他们勤奋，而是因为他们选择了迎接新兴行业的诞生。因此，创业机会具有时代的必然性。创业机会在社会层面上是必然会被一些创业者捕捉到的。然而，对潜在创业者来说，机会并不是每时每刻都会显露，机会的发现具有一定的偶然性，关键是要努力寻找，从市场环境变化的必然规律中预测和寻找。这就是通常所说的，要对创业机会保持警觉，时刻做一个有心人。

二、如何识别和把握创业机会

（一）着眼于问题把握机会

机会并不意味着无须付出代价就能获得，许多成功的企业都是从解决问题起步的。所谓问题，就是现实与理想的差距。比如，顾客需求在没有满足之前就是问题，而设法满足这一需求，就抓住了市场机会。

（二）利用变化把握机会

变化中常常蕴藏着无限商机，许多创业机会产生于不断变化的市场环境。环境变化将带来产业结构的调整、消费结构的升级、思想观念的转变、政府政策的变化、居民收入水平的提高等；人们透过这些变化，就会发现新的机会。许多很好的商业机会并不是突然出现的，而是对"先知先觉者"的一种回报。聪明的创业者往往选择在最佳时机进入市场，当市场需求爆发时，他已经做好准备等着接单。

（三）跟踪技术创新把握机会

世界产业发展的历史告诉我们，几乎每一个新兴产业的形成和发展，都是技术创新的结果。产业的变更或产品的替代，既满足了顾客需求，同时也带来了前所未有的创业机会。任何产品的市场都有其生命周期，产品会不断趋于饱和达到成熟直至走向衰退，最终被新产品所替代，创业者只有跟踪产业发展和产品替代的步伐，通过技术创新才能够不断寻求新的发展机会。

（四）在市场夹缝中把握机会

创业机会存在于为顾客创造价值的产品或服务之中，而顾客的需求是有差异的。创业者要善于找出顾客的特殊需要，盯住顾客的个性需要并认真研究其需求特征，这样就可能发现和把握商机。时下，创业者热衷于开发所谓的高科技领域等热门课题，但创业机会并不只属于"高科技领域"，在金融、保健、饮食、流通这些所谓的"低科技领域"也有机会。

案例导入

他把诚信放首位，小单子当成大生意做

黄轩毕业于江苏农林职业技术学院，天生具有创业头脑。双休日他会从学校花房批发鲜花售卖，为其日后创业奠定了基础。

毕业后黄轩去了专业对口的园林公司工作，两年后成长为既能干活又会管理的"人才"。由于亲戚开了家防水材料经营部，专卖防止屋面漏水的材料设备，黄轩发现防水市场商机，开始详细考察。有一次，某家大商场的门头屋顶漏雨，他果断以个人名义接下工程，获得了随后创业的启动资金。2009 年，业务逐渐熟练的黄轩注册成立了"南京欣木防水工程公司"。

公司招聘员工与联系施工队包工头并不难，难的是如何把小企业做大做强。经过深入市场分析，黄轩最终定位自己为"跑市场、找业务"。起初客户见他年轻，较为谨慎，往往只是给个小单子。但黄轩并未因此怠慢，把诚信放在首位，小单子当作大生意做。最终，他赢得客户信任，获得大单，接下了德基广场、南京国际广场等标志性建筑的防水工程。

经过专业创业培训的黄轩，深知新技术的重要性。业内有一种新型材料与水泥掺和使用不仅环保效果佳，还能节省施工工序，很多防水公司不愿使用，他却成功使用了该材料。

现在黄轩公司的管理团队共7人，旗下有50多位施工员。他计划今年把公司资质提升到国家二级，以便在未来能够承接像城市隧道这样大型工程的防水施工。

资料来源：姚凤云. 大学生就业与创业[M]. 北京：清华大学出版社，2017.

（五）捕捉政策变化把握机会

中国市场受政策影响很大，新政策出台往往引发新商机，如果创业者善于研究和利用政策，就能抓住商机站在潮头。事实上，从政策中寻找商机并不仅仅表现在政策条文所规定的表面，随着社会分工的不断细化和专业化，政策变化所提供的商机还可以延伸，创业者可以从产业链在上下游的延伸中寻找商机。

（六）弥补对手缺陷把握机会

很多创业机会是缘于竞争对手的失误而"意外"获得的，如果能及时抓住竞争对手策略中的漏洞而大做文章，或者能比竞争对手更快、更可靠、更便宜地提供产品或服务，也许就找到了机会。为此，创业者应追踪、分析和评价竞争对手的产品和服务，找出现有产品存在的缺陷，有针对性地提出改进方法，形成创意，并开发具有潜力的新产品或新功能，就能够出其不意，成功创业。

三、评估创业机会的准则

针对创业机会的市场与效益，我国这方面的研究专家刘常勇教授提出了一套准则，可以作为创业者评估创业机会及项目投入的决策参考。

（一）市场效益

1. 市场定位

其包括定位是否明确、顾客需求分析是否清晰、顾客接触通道是否顺畅及产品线是否可以持续衍生等。

2. 市场结构

其包括进入障碍，上游供应商、顾客及销售商的实力，替代性竞争产品的威胁和市场内部竞争的激烈程度。

3. 市场规模大小与成长速度

市场规模大的行业，虽然进入相对容易，竞争的激烈程度相对较低，但是需要的资金较多，如传统制造业；如果进入一个十分成熟的市场，市场规模虽大，但是利润空间很小，如个人电脑市场；而正在成长中的市场，通常是一个充满商机的市场，如公关行业和娱乐业。

4. 市场渗透力

也就是机会变现的过程。聪明的创业者知道选择适当的时机进入市场，既不成为哺育市场的先行者，又不成为最后赴宴的人，而要做那个一入市就能接到订单的人。

5. 市场占有率

要成为市场的领导者，最少需要拥有 20% 以上的市场占有率。如果市场占有率低于5%，创业的成功率不会太高，尤其是一方独霸的高科技产业。

6. 产品成本

比如，物料与人工成本所占比重的高低、可变成本与固定成本的比重，以及经济规模与产量大小，都可以成为判断自己的利润空间与附加价值的标准。

（二）财务效益

1. 合理的税后净利

一般而言，具有吸引力的创业机会，至少需要创造 15% 以上的税后净利。如果创业预期的税后净利在 15% 以下，那么，这就不是一个好的投资机会。

2. 达到损益平衡所需要的时间

合理的损益平衡时间应该能在两年以内达到，如果三年还达不到，恐怕就不是一个值得投入的创业机会。不过有的创业机会确实需要经过比较长的耕耘时间，此时，可以将前期投入视为一种投资，以坚持较长的损益平衡时间。

3. 投资回报率

考虑到创业可能面临的各项风险，合理的投资回报率应该在 25% 以上。一般而言，15% 以下的投资回报率是不值得考虑的创业机会。

4. 资本需求

创业资本是创业者的一个拦路虎，因此，在创业开始的时候，不要募集太多资金，而且，比较低的资本额也有利于提高每股盈余。

5. 毛利率

毛利率高的创业机会，相对风险较低，也比较容易取得损益平衡；反之，毛利率低的创业机会，风险则较高，遇到决策失误或市场发生较大变化的时候，企业很容易遭受损失。一般而言，理想的毛利率是 40%。当毛利率低于 20% 的时候，这个创业机会就不值得考虑。

6. 策略性价值

一般而言，策略性价值与产业网络规模、利益机制及竞争程度密切相关。而创业机会相对于产业价值链所能创造的价值效果也与它所采取的经营策略及经营模式密切相关。

7. 资本市场活力

一般来说，新创企业在活跃的资本市场比较容易创造增值效益。

8. 退出机制与策略

由于退出的难度普遍高于进入的难度，因此，一个具有吸引力的创业机会应该要为所有投资者考虑退出机制及退出的策略规划。

第三节　商业模式概述

一、商业模式的概念和特征

（一）商业模式的概念

商业模式已经成为挂在创业者和风险投资者嘴边的一个名词。几乎每一个人都确信，有了一个好的商业模式，成功就有了一半的保证。那么，到底什么是商业模式呢？

用最直白的话告诉大家：商业模式就是公司通过什么途径或方式来赚钱。简言之，饮料公司通过卖饮料来赚钱；快递公司通过送快递来赚钱；网络公司通过点击率来赚钱；通信公司通过收话费赚钱；超市通过平台和仓储来赚钱；等等。只要有钱赚的地方，就有商业模式存在。

商业模式是一个比较新的名词。尽管它第一次出现在 20 世纪 50 年代，但直到 20 世纪 90 年代才开始被广泛使用和传播。今天，虽然这一名词出现的频度极高，关于它的定义仍然没有一个权威的版本。目前相对比较贴切的说法是：

商业模式是为实现客户价值最大化，把能使企业运行的内外各要素整合起来，形成一个完整的高效率的具有独特核心竞争力的运行系统，并通过最优实现形式满足客户需求、实现客户价值，同时使系统达成持续赢利目标的整体解决方案。

（二）商业模式的特征

没有一成不变永远适用的商业模式，商业模式自身并没有好与坏的区分。与企业所处环境相适应，并且能够推动企业发展的商业模式就是成功的商业模式。成功的商业模式有几个显著的特征，具体表现在以下几个方面。

1. 适用性

适用性是商业模式的首要前提，也称为个性。商业模式是一个动态的概念，由于市场环境的变幻莫测，也许企业今天适用的商业模式明天就不再适用。商业模式必须具备一定的应对能力，需要适应宏观环境、市场环境和客户需求在一定范围内的变化。商业模式必须保持必要的灵活性和环境适应性，它没有好与坏之分，只有是否适用的区别，能够适用的商业模式保持长久发展就是最好的。

2. 系统性

作为企业创造价值的方式，商业模式首先表现为具有一定的结构，商业模式应该是一个由各个要素组成的有机整体，包括目标客户、伙伴关系、收入模式等一系列的要素，并且要素之间要相互关联、相互影响和相互作用，最终形成一种良性流动循环。所谓系统性,就是构成企业运营的各方面、各层次存在着相互联系、互相依赖的客观逻辑关系。

3. 差异性

商业模式的差异性是指不同于现有的任何商业模式,差异性是企业竞争优势的主要来源,能够获得意想不到的利润。企业要充分挖掘自身优势,打造独特的商业模式,这样才能获得并持续地维持领先地位。同时,差异性还要求企业的商业模式设计要具备一定的前瞻性,并在实践过程中不断地修正和完善。如苹果具有一套其他竞争者无法超越的商业模式,显著的差异性是使得苹果位于同行企业前列的决定性因素。

4. 难复制性

如果一个企业的商业模式不可复制,那么它的前提一定是这个商业模式的差异化做到最好。成功的商业模式要求在短时期内难以被竞争者模仿、复制和超越。竞争对手只能看到企业商业模式的表象,而无法获知其运作的具体细节。以美国西南航空公司为例,尽管美国许多航空公司曾经以西南航空公司为标杆进行模仿学习,但却没有一个获得成功,因为他们无法学到全部。好的商业模式本身具有独特性,这种独特性可对竞争对手形成较高的进入壁垒,为企业赢得更多的顾客,创造更高的利润。

5. 有效性

商业模式的有效性,一方面是指能够较好地识别并满足客户需求,做到使客户满意,不断挖掘并提升客户的价值;另一方面还指通过模式的运行能够提高自身和合作伙伴的价值,创造良好的经济效益。

6. 创新性

创新性是商业模式最重要的特性。德鲁克曾说过:一种商业模式最多只能存活20年。市场、环境和技术变化速度之快,以至于今天的利润难以保障明天的成功,要不遗余力地进行商业模式创新。没有人想处在美国邮政的境地,试图维护原有的商业模式而偏离正轨,所以商业模式也需要与时俱进。

(三)商业模式的类型

1. 运营性商业模式

运营机制指的是一个企业持续实现其主要目标的最本质的内在联系。凡勃伦在《企业论》中指出:企业中凌驾一切的是盈利,企业以盈利为目的,其运营机制能够解释这个企业怎样持续不断地获取利润。组织之间为争取顾客和获得资源会展开竞争,那么一个好的运营机制必然需要突出确保企业成功的独特能力和手段——创造顾客价值、创造员工价值、创造投资者价值,在价值创造的前提下保证销售额和利润的增长。这就牵涉对企业核心优势、能力、关系和知识的创造问题。

2. 战略性商业模式

在运营性商业模式的基础上更进一步,表现一个企业在动态的环境中怎样改变自身以达到持续盈利的目的,这样的运营模式为战略性商业模式。运营性商业模式能够创造企业的价值,创造企业的核心优势、能力、关系和知识。战略性商业模式则对其加以扩展和利用,包括提供给顾客特别的价值,并提供解决所有顾客所有问题的方案等。

所以，战略性商业模式更趋向战略化，而它的核心，则是为客户提供价值和为企业获取经营收入。

由此可见，商业模式是一个有着核心内在联系，由多个相互依存、互为补充的元素所组成的整体结构，企业正是依靠这样的整体结构来实现盈利的。

二、商业模式的构成要素

确定商业模式的构成要素有助于精确描述商业模式，帮助管理者理解和表述公司的商业逻辑，为今后进一步研究商业模式的其他方面打下基础。从企业经营的过程考虑，商业模式包括如下构成要素。

（一）价值主张

价值主张是对客户问题、解决问题的方法以及从客户角度对解决方案价值的描述。一个企业要生存，必须能够向特定的市场客户群提供特定的价值主张。企业为客户提供价值，而客户为价值支付价格，价值主张就是企业为客户提供什么样的价值。企业的所有竞争也都围绕着价值——创造并获取它。

确定价值主张，首先要分析客户购买产品或服务的动机，也就是要寻找客户的需求。这些需求可以从三个方面描述：使用价值、低风险和简单方便。使用价值，即产品或服务满足客户的某种使用需求，如手机满足客户通信的需求，这也是客户需求的主要方面。就低风险而言，客户购买企业的产品或服务常常会承担一些风险，如购买后产品价格下降、产品损坏、产品过时等，企业应该寻找各种方法来降低客户购买产品或服务之后承担的风险，以提高企业的产品或服务对客户的吸引力。简单方便，是指客户非常希望自己能从各种烦琐的事务中尽可能地解脱出来。互联网的发展可以提供给客户更多的方便，如搜索引擎可以使客户简化搜索过程、电子商务方便客户购物，企业可以通过网络给予客户更好的服务支持，以使客户更容易地使用企业的产品或服务。

（二）业务定位

业务定位是指在全面审视企业所处政治、经济、社会及技术环境的基础上，分析企业自身能力和可用资源，在企业构成和运作的内外部各要素之间有机联系，形成企业完整的运营机制和方法。其主要包括外部环境、外部伙伴、内部价值链结构和内部独特竞争力四个子要素。

1. 外部环境

对一个特定的企业来说，外部环境因素往往是通过影响产业环境直接或间接地对企业产生作用。一般来说，外部环境因素包括政治因素、法律因素、经济因素、社会人文因素和技术因素等。

2. 外部伙伴

按照波特的"五力分析模型"，任何企业都必须面对着五种力量的挑战。这五种力量中，既有横向的（既有的竞争者、潜在的竞争者、可能替代该企业业务的产品和服务），也有纵向的（供货商和顾客），它们统称为外部伙伴。波特认为，这五种力量决定了企业的最终营利能力。

3. 内部价值链结构

它主要指企业在一整条价值链中所处的位置和真正创造价值的经营活动，实际上就是企业在整条实体或虚拟价值链中所经营的某一个或几个环节。因为商业模式的价值创造是植根于价值链的价值创造基础之上的，所以，只有构建的商业模式与价值链的价值创造结构相呼应，才能更好地进行价值创造。

4. 内部独特竞争力

它是指企业相对于竞争对手所独有的、引导企业产品差异化或实现持续的低成本结构从而获得竞争优势的力量。独特竞争力来源于两种互补的要素——资源和能力。

（三）收入来源和定价策略

企业的收入来源与定价策略决定着企业如何通过平衡各种关系，包括经营行为与财务目标之间，以及这些行为相互之间的关系，以促使收益最大化。它也决定了商业模式的动态性必须与时俱进，必须随着外界环境和内部资源的变化而不断变化。具体来说，就是明确收入产生的方式（如销售、租赁、订阅费、会员费等）、成本结构和内容以及企业的利润。企业只有明确收入来源、成本和利润等方面的财务规划，才能实现盈利目标。企业提供有价值的产品或服务的根本目的是盈利，只有将这些产品或服务转换成收入，才有可能实现盈利。

三、设计商业模式

一个好的商业模式能使企业经营达到"事半功倍"的效果，更容易在激烈的市场竞争中生存下来；而坏的商业模式则往往让企业"事倍功半"，最后被市场所淘汰。因此设计一个适合企业的商业模式对于企业生存和发展具有非常重要的意义。

（一）商业模式设计原则

企业在设计自身的商业模式时，应始终围绕价值来进行，应该遵从以下指导原则。

1. 以价值创新为灵魂原则

价值创新是商业模式的灵魂。企业必须借助商业模式进行价值创造、价值维护和价值提供，从而使企业创造的价值最大化。企业在增强自身创新能力的时候，应该注重三点，即注重企业软实力、构造企业价值网络和为广义的顾客创造价值。

2. 以占领顾客为中心原则

设计商业模式时必须始终以顾客为中心，由以企业为主转变为以顾客为主，由占领市场转向占领顾客，最终为顾客创造最大的价值。实施以顾客为中心的主张，要注重三个要点，即精心研究顾客的需求、实施顾客的互动管理以及为顾客创造新的附加值。

3. 以伙伴联盟为载体原则

目前企业必须是以联盟为整个载体，发展联盟的经济。通过彼此的合作，使企业能够获得核心竞争力的互补，以创造出更大的价值和形成更强大的群体竞争力。沃尔玛和宝洁在零售连锁和日化用品生产上的"协同商务模式"，降低了彼此的经营成本，提高了双方的盈利能力。

4. 以应变能力为关键原则

如果商业模式决定了企业的成败，那么企业的应变能力则是商业模式能否成功的关键。应变能力是企业面对当前复杂多变的市场的适应能力和应变策略，是企业竞争力的基础。企业应该注重三点以增强自身的应变能力，即注重时间的观念、随需而变和产品／服务的个性化定制。

5. 以信息网络为平台原则

在如今的信息经济时代，新的商业模式必须重视信息网络的力量。企业应该做到以信息网络为平台，加快企业商务电子化、构造虚拟经济的竞争力以及推动流程再造。

（二）商业模式设计步骤

在实际的市场环境中，企业应当结合所处实际，灵活应用上述五个基本原则，设计一套适合企业自身的商业模式。下面介绍企业设计商业模式的主要步骤。

1. 确定业务范围并寻求产品在市场中的最佳定位

企业战略是企业构建一个成功商业模式的起点。企业在设计商业模式时首先需要解决如下问题：企业的业务范围和目标顾客的锁定。很多经营实践表明企业业务范围的确定以及目标市场的定位是设计一套优秀商业模式的第一步。

确定企业的业务范围是成功进行价值定位的最为重要的一步，因为通过业务定义，企业可以对收集到的信息进行过滤，它将告诉企业的决策层哪些机会应该抓住，哪些应该放弃。此外，企业还可以通过确定业务范围来界定自己的顾客和合作伙伴、竞争对手这些利益相关者以及应该掌握的资源和核心竞争力等。

2. 考察、分析和把握顾客需求以锁定目标顾客

企业必须首先明确为哪部分人或哪个地理区域的人服务，要锁定一个相对狭窄的市场，进行相应的市场调研和顾客消费心理研究，把有限的资源用在刀刃上；其次，企业需要研究这部分目标顾客目前存在什么问题和需要哪些产品／服务；最后，企业必须把顾客需求分层，根据不同顾客需求定制不同的产品／服务。

3. 建立企业独特的业务系统，增加竞争对手模仿的难度

业务系统是指企业将一系列业务活动按照一定组合构建的系统和网络，它表示了企业与内外利益相关者（顾客、伙伴和对手）之间的交易关系。构建业务系统是企业在设计商业模式时需要重点考虑的环节，因为业务系统的不同造就了企业商业模式的与众不同和难于模仿。所以企业在构建独特业务系统时可以参考两个选择：确定企业的核心竞争力，将没有竞争优势的企业业务外包；加强伙伴联盟的管理，如苹果公司构建的"苹果生态联盟系统"。业务系统中各利益相关者之间形成了一套复杂的关系网络，深嵌于企业价值链中，因此不易被对手模仿。

4. 发掘企业的关键资源能力以形成核心竞争优势

关键资源能力指企业商业模式运转时所需要的相对重要的资源和能力。要形成核心竞争力，企业必须发掘和运用自身的关键资源能力，从而获得相对于对手的竞争优势，最终才能在激烈的市场竞争中站稳脚跟、有所发展。

确定商业模式中关键资源能力的方法有两种：一种是根据商业模式其他构成要素的要求来确定；另一种是以企业的关键资源能力为核心来构建整个商业模式。常见的办法有两种：以企业某个能力要素为中心，寻找和构造能与该能力要素相结合的其他伙伴；整合企业自身价值链上的各个能力要素，以创造更具有竞争力的价值链产出。

5. 构建独特的盈利模式

盈利模式是企业获得利润的方式。即使是相同行业的企业，由于各自定位和业务系统的不同，企业的盈利模式也不会相同。甚至定位和业务系统相同的企业，盈利模式也可能千姿百态。目前我国的传统盈利模式就是指市场份额的扩大以及企业收入的增加，很多实例已经证明，这种盈利模式已经无法适应当今瞬息万变的市场环境了。由于传统盈利模式特征性不强，导致同行企业相互模仿，盈利模式趋于同质化。市场竞争很多时候都是低端的价格战，往往使企业获取的利润越来越少，甚至很多中小型企业出现亏本。例如，当前家电制造行业经过多次惨烈竞争，只剩下几家规模较大的品牌家电企业，但是这些企业的主业利润率、净资产收益率仍然普遍低下，公司的股票价值低于账面净资产价值。所以说构建一个科学合理独特的盈利模式对企业的长久发展有着重要的战略意义。

6. 根据市场变化不断调整和完善自身商业模式

企业当前面对的是一个不确定性极高的市场，市场瞬息万变而且市场信息也不可能完全获得，因此没有一个商业模式能保证一定能获得利润或者一个商业模式不可能一直获得利润。企业应该不断地关注市场，根据市场需求适时，调整商业模式的结构，使其可以一直在竞争激烈的市场中保持不败。

第四节　企业登记注册与取得营业执照

一、法人、企业法人及法定代表人

法人是指具有民事权利能力和民事行为能力，依法独立享有民事权利和承担民事义务的组织。根据我国《民法通则》的规定，法人必须具备四项条件：①依法成立；②有必要的财产或者经费；③有自己的名称、组织机构和场所；④能够独立承担民事责任。从设立性质上讲，我们日常接触的法人主要包括企业法人、事业法人、机关法人等。

企业法人是具有国家规定的独立资产，有健全的组织机构、组织章程和固定场所，能够独立承担民事责任、享有民事权利和承担民事义务的经济组织。确立企业法人制度的好处是：使具备法人条件的企业取得独立的民事主体资格，真正成为自主经营、自负盈亏的商品生产者和经营者，在法律上拥有独立的人格，像自然人一样有完全的权利能力和行为能力。

1987年1月1日施行的《民法通则》规定："依照法律或者法人组织章程规定，代表法人行使职权的负责人，是法人的法定代表人。"法定代表人必须是法人组织的负责人，能够代表法人行使职权。他可以由厂长、经理担任，也可以由董事长、理事长担任。

二、企业住所、经营场所

（一）企业法人住所和经营场所的概念

企业法人住所指企业法人的主要办事机构所在地，主要办事机构是指首脑机构或主要管理机构。经营场所指企业法人主要业务活动、经营活动的处所。企业法人住所和经营场所的法律意义是不同的，但实际工作中，企业法人住所和经营场所往往是同一地点。

（二）住所和经营场所主要登记事项

住所和经营场所作为企业法人的主要登记事项，是构成企业法人的基本条件，也是企业法人进行民事活动不可缺少的条件，没有住所和经营场所的企业是不允许存在的。企业只有拥有固定住所才能进行经济往来，使业务活动正常进行。企业法人住所是其承担民事责任的前提条件，一旦发生经济和法律责任，如无固定住所，就可能找不到企业，企业也就无法承担经济责任和法律责任。这不但会损害第三者的利益，而且会给经济秩序和监督管理工作造成混乱。企业住所也是确定登记主管机关和司法机关管辖的依据及企业开展诉讼的需要。经营场所是企业进行生产、经营、服务的基本条件，厂房、店堂的大小是确定企业经营规模的依据之一。所以必须把住所和经营场所作为企业法人的主要登记事项。

（三）住所使用证明

住所使用证明包括产权证明、房屋租赁协议等。房屋租赁的期限必须在1年以上。公司住所使用证明是指能够证明公司对其住所享有使用权的文件。

公司住所和经营场所是租赁用房的，需提交房主"房屋产权登记证"的复印件或有关房屋产权归属的证明文件、使用人与房屋产权所有人直接签订的房屋租赁协议书或合同；公司住所是股东作为出资投入使用的，则提交股东的"房屋产权登记证"或有关房屋产权证明的文件及该股东出具的证明文件。

三、注册资本和注册资金

（一）注册资本和注册资金的概念

注册资本是公司的登记注册事项之一，是投资人对企业的永久性投资，是经国家确认的公司独立财产的货币形态，包括流动资金和固定资产以及无形资产，也叫法定资本。注册资金是国家授予企业法人经营管理的财产或者企业法人自有财产的数额体现。

注册资本与注册资金的概念有很大差异。注册资金所反映的是企业经营管理权；注册资本则反映的是公司法人财产权，所有股东投入的资本一律不得抽回，由公司行使财产权。注册资金是企业实有资产的总和，注册资本是出资人实缴的出资额的总和。注册资金随时由资金的增减而增减，即当企业实有资金比注册资金增加或减少20%以上时，要进行变更登记，而注册资本非经法定程序，不得随意增减。

（二）对公司注册资本的具体要求

依照《公司法》（《公司法》于 2006 年 1 月 1 日起开始施行）的规定，公司的注册资本必须经法定的验资机构出具验资证明（表明公司注册资本数额的合法证明）。依照国家有关法律、行政法规的规定，能够出具验资证明的法定验资机构是会计师事务所和审计师事务所。

《公司法》规定，有限责任公司的注册资本为在公司登记机关登记的全体股东认缴的出资额。公司全体股东的首次出资额不得低于注册资本的 20%，也不得低于法定的注册资本最低限额，其余部分由股东自公司成立之日起 2 年内缴足；其中，投资公司可以在 5 年内缴足。

四、经营范围

（一）经营范围的概念

经营范围指国家允许企业法人生产和经营的商品类别、品种和服务项目，反映企业法人业务活动的内容和生产经营方向，是企业法人业务活动范围的法律界限，体现企业法人民事权利能力和行为能力的核心内容。《民法通则》规定："企业法人应当在核准登记的经营范围内从事经营。"这就从法律上规定了企业法人经营活动的范围。经营范围一经核准登记，企业就具有了在这个范围内的权利能力，同时承担不得超越范围经营的义务，一旦超越，不仅不受法律保护，而且要受到处罚。核定的企业经营范围是区分企业合法经营与非法经营的法律界限。

（二）对经营范围的具体要求

《公司法》对公司的经营范围有以下要求：

（1）公司的经营范围由公司的章程规定，公司不能超越章程规定的经营范围申请登记注册；

（2）公司的经营范围必须进行依法登记，也就是说，公司的经营范围以登记注册机关核准的为准，公司应当在登记机关核准的经营范围内从事经营活动；

（3）公司的经营范围中属于法律、行政法规限制的项目，在进行登记之前，必须依法经过批准。

五、验资证明

（一）验资证明的概念

验资证明是会计师事务所或者审计师事务所及其他具有验资资格的机构出具的证明资金真实性的文件。依照《公司法》的规定，验资具体由在会计师事务所工作的注册会计师或在审计师事务所工作的经依法认定为具有注册会计师资格的注册审计师负责。

（二）办理验资证明

委托人委托验资机构验资需按规定办理委托手续，填写委托书，并提交如下文件：

（1）公司章程。

（2）公司名称预先核准通知书。

（3）投资单位上月末资产负债表。

（4）投资人的合法身份证明。

（5）各类资金到位证明。以货币出资的，应提交银行进账单；以非货币出资的，应提交经有法定评估资格的机构评估的报告书和财产转移手续；以新建或新购入的实物作为投资的，也可以不经过评估，但要提供合理作价证明；建筑物以工程决算书为依据，新购物品以发票上的金额为出资额。

（6）验资机构要求提交的其他文件。

验资后，验资机构应出具验资报告，连同验资证明以及其他附件，一并交与委托人，作为申请注册资本的依据。

（三）股东缴纳出资

有限责任公司股东发起人的出资方式有以下几种：

（1）货币。设立公司必然需要一定数量的货币，作为创建公司时的开支和生产经营费用。

（2）实物。实物指有形物，即既能看见又可摸到的东西，一般是以机器设备、原材料、零部件、建筑物、厂房等出资。

（3）工业产权。这是一个内容非常广泛的概念，按照我国已经加入的《保护工业产权巴黎条约》的规定，工业产权的保护对象为：发明专利、实用新型、外观设计、商标服务标记、厂商名称（商号）、货源标记或原产地名称、制止不正当竞争等。抽象地说，凡是可用于工业（更确切地说是各种生产经营行为）领域、能够提高企业市场竞争力并能创造利润的智力创作成果，都属于工业产权。

（4）非专利技术。它是受《技术合同法》保护的一种无形资产，确切地说应当是非专利成果。在广义上，它可以被看作一种特殊的工业产权；但在狭义上，由于未经法定程序授予，也无独占性和明确的时间、地域限制，故被排斥在工业产权之外。

（5）土地使用权。它是一种财产权利，即依照法律规定的程序和方式合法取得使用土地的权利。从财产的分类上讲，应当划为有形财产，但其又不同于土地本身。因为它涉及土地的使用，而不涉及对土地所拥有的其他权利。

六、营业执照

营业执照指工商行政管理机关发给工商企业、个体工商户的准许从事某项生产经营活动的凭证。其格式由国家工商行政管理总局统一制订，主要包括企业名称、企业地址、负责人姓名、筹建或开业日期、经营性质、生产经营范围、生产经营方式等。没有营业执照的工商企业或个体工商户一律不许开业，不得刻制公章、签订合同、注册商标、刊登广告，银行不予开立账户。

根据创办企业不同的法律形态，企业的营业执照分别为"个体工商户营业执照""个人独资企业营业执照""合伙企业营业执照""企业法人营业执照"等。

七、公司章程

（一）公司章程的概念

公司章程是关于公司组织和行为的基本规范，不仅是公司的自治法规，而且是国家管理公司的重要依据。

（二）公司章程的作用

公司章程具有以下作用。

（1）公司章程是公司设立的最主要条件和最重要文件。公司的设立程序以订立公司章程开始，以设立登记结束。我国《公司法》明确规定，订立公司章程是设立公司的条件之一。审批和登记机关要对公司章程进行审查，以决定是否给予批准或者给予登记。公司没有公司章程的，不能获得批准，也不能获得登记。

（2）公司章程是确定公司权利、义务关系的基本法律文件。公司章程一经有关部门批准，并经公司登记机关核准，即对外产生法律效力。公司依公司章程享有各项权利，并承担各项义务，符合公司章程的行为受国家法律的保护；违反章程的行为，有关机关有权对其进行干预和处罚。

（3）公司章程是公司对外进行经营、交往的基本法律依据。公司章程规定了公司的组织和活动原则及其细则，包括经营目的、财产状况、权利与义务的关系等，为投资者、债权人和第三人与该公司的经济交往提供了条件和资信依据。凡依公司章程与公司进行经济交往的所有人，依法可以得到有效的保护。

（三）怎样制定公司章程

鉴于公司章程的上述作用，必须强化其法律效力。这不仅是公司活动本身的需要，也是市场经济健康发展的需要。公司章程与《公司法》一样，肩负调整公司活动的责任。这就要求公司的股东和发起人在制订公司章程时，必须考虑周全，规定得明确详细，不能做各种各样的理解。公司登记机关必须严格把关，使公司章程做到规范化，从国家管理的角度，对公司的设立进行监督和保证公司设立以后能够正常地运行。有限责任公司的公司章程由股东共同制订，经全体股东一致同意，在公司章程上签名盖章。修改公司章程，必须经代表 2/3 以上表决权的股东通过。有限责任公司的公司章程必须载明下列事项：公司名称和住所，公司经营范围，公司注册资本，股东的姓名或名称，股东的权利和义务，股东的出资方式和出资额，股东转让出资的条件，公司机构的产生办法、职权、议事规则，公司的法定代表人，公司的解散事由与清算办法，股东认为需要规定的其他事项。

八、企业年检

（一）企业年检的概念

企业年检指工商行政管理机关依法按年度对企业进行检查，确认企业继续经营资格的法定制度。当年设立的企业，自下一年起参加年检。

（二）企业年检的内容

企业年检的内容包括：①企业登记事项执行和变动情况；②股东或者出资人的出资或提供合作条件的情况；③企业对外投资情况；④企业设立分支机构情况；⑤企业生产经营情况。

（三）企业年检的意义

企业年检的意义是加强对企业的监督管理、保护企业的合法权益、完善企业法人制度、规范各类市场主体的经营行为，以促进市场经济的健康发展。

（四）法定年检日期

法定年检的起止日期为：每年 1 月 1 日至 4 月 30 日，登记主管机关在规定的时间内，对企业上一年度的情况进行检查，企业应当于 3 月 15 日前向登记主管机关报送年检材料。

本 章 小 结

本章共分四节。第一节，首先阐释了创业环境的概念及特征，而后介绍了创业环境分析的内容。第二节，首先论述了创业机会的概念及特性，而后阐释了如何识别和把握创业机会问题，最后论述了评估创业机会的准则。第三节，首先论述了商业模式的概念和特征，而后介绍了商业模式的构成要素，最后介绍了设计商业模式的原则和步骤。第四节，先后介绍了法人、企业法人及法定代表人，企业住所、经营场所，注册资本和注册资金，经营范围，验资证明，营业执照，公司章程和企业年检等问题。通过本章的学习，可以明确创业准备的各项内容，为创业活动的开展，打下必要的理论基础。

名词解释

创业环境　　创业机会　　商业模式　　企业法人　　企业法人住所

思考训练题

1. 简述创业环境的特征并分析创业环境的内容。
2. 简述创业机会的特性。
3. 简述应如何识别和把握创业机会。
4. 简述评估创业机会的准则。
5. 简述商业模式的特征和类型。
6. 商业模式的构成有哪些要素？
7. 简述商业模式设计的步骤。
8. 简述进行企业登记注册与取得营业执照的步骤。

案例分析

商业模式案例——沃尔玛模式

沃尔玛所从事的传统零售业，从交易形式上看没有什么特别之处。但沃尔玛为什么能将传统的零售业做到全世界？沃尔玛家族为什么能成为世界首富？在我看来，其成功之道在于为顾客节省每一分钱，向顾客提供最实惠的商品。

提到沃尔玛，我们自然会想到中国的亚细亚。亚细亚也是做百货零售，基本情况与沃尔玛大同小异。亚细亚也曾在中国建立过十多家连锁店，结果形成巨额亏损而关门。

亚细亚为什么会失败？失败的原因与沃尔玛成功的原因刚好相反。如果说沃尔玛成功的原因在于为顾客节省每一分钱，亚细亚失败的原因在于为顾客尽量多花钱。首先，亚细亚追求豪华的装修，这一点从亚细亚所投资的郑州五彩购物广场就很清楚，恨不得用五星级酒店的装修来做商场。其次，各种人员花销也是大手大脚。亚细亚每天搞升旗仪式，有专业歌唱和表演队伍，养了一批闲人。最后，看广告，亚细亚作为郑州的一个零售商场天天在中央电视台做广告，单从商业目的来看，其中大部分是浪费。

商业本身并不创造价值，商业中的一切花费，最终都要由消费者买单。亚细亚的上述各种排场，最终都要通过商品的价格摊销。因此，亚细亚的商品价格普遍高于其他商场。同样的东西，消费者为什么要到更贵的商场去买呢？这就是亚细亚失败的根本原因。

沃尔玛同样是一个零售企业，则是处处精打细算：商场没有专门的办公室，办公室同时又是仓库，经理们经常站着开会；所有的文件纸都是两面都用；通过信息技术和物流优化，尽可能降低物流成本；通过大批量采购，千方百计地压低采购成本。正因为这样，沃尔玛同样的东西，比别的商场价格要便宜；正因为东西便宜，更多的人都愿意到沃尔玛去购买；正因为更多的人购买，沃尔玛能更大批量地采购，其价格则更便宜。

资料来源：姚凤云. 创新与创业管理[M]. 北京：清华大学出版社，2017.

问题： 沃尔玛的商业模式对你有哪些启示？商业模式设计应遵循哪些原则？

第九章

创业团队的组建与发展

学习要点及目标

通过本章的学习，认识创业团队的含义、构成要素和类型、互补等问题，认清创业团队组建的特征、原则和条件等问题，了解创业团队组建的模式，明确组建创业团队的程序、方法和途径及创业团队的管理和发展等基本知识。

引导案例

周枫与"婷美"

当年周枫带人做婷美，一个 500 万元的项目，做了 2 年多，花了 440 万元还是没有做成。眼看钱就没了，合作伙伴都失去了信心，要周枫把这个项目卖了。周枫说，这样好的项目不能卖，要卖也要卖个好价钱。合作伙伴说，这样的项目怎么能卖到那么多钱，要不然你自己把这个项目买下来算了。周枫就花 5 万元把这个项目买了下来。原来大家一起还有个合伙公司，作为代价，周枫把在这个合伙公司的利益也全部放弃了，据说损失有几千万元。

单干的周枫带着 23 名员工，把自己的房子抵押，跟几个朋友一共凑了 300 万元。他把其中 5 万元存在账上，另外的钱，他算过，一共可以在北京打两个月的广告。从当年的 11 月到 12 月底，他告诉员工，这回做成了咱们就成了，不成，你们把那 5 万块钱分了，算是你们的遣散费，我不欠你们的工资。咱们就这样了！这些话把他的员工感动得要哭，当时人人奋勇争先，个个无比卖力，结果婷美就成功了。周枫成了亿万富翁，他的许多员工成了千万富翁、百万富翁。

资料来源：姚凤云. 创新与创业管理[M]. 北京：清华大学出版社，2017.

第一节　创业团队的构成要素和类型

一、创业团队的含义和构成要素

（一）创业团队的含义

"团队"一词，英文单词为"team"，直译的最常用的词汇是"小组"，但该词也往往译为工作团队，即"work team"。在管理科学和管理实践中，人们有着基本一致的看法，即团队一词的概念是：一个组织在特定的可操作范围内，为实现特定的目标而建立的相互合作、一致努力的由若干成员组成的共同体。

在团队的界定方面，群体与团队是两个重要的概念。深刻理解二者的关系，能够进一步推动对团队的理解。从对各自含义的理解，可以得出群体是指为了实现特定的目标，由两个以上的人所组成的相互依赖、相互影响的人群结构。团队是指一种为了实现某一目标而由相互协作的个体所组成的正式群体，是由员工和管理层组成的一个共同体，它合理利用每一个成员的知识和技能协同工作，解决问题，达到共同的目的。可以说团队一词源于工作群体，又高于工作群体。

所谓创业团队就是由少数具有技能互补和角色分工的创业者组成，他们为了实现共同的创业目标，共同为达成高品质的结果而努力工作的共同体。

（二）创业团队的构成要素

创业团队有五个重要的构成要素，它们是目标、人员、定位、权限、计划。管理学家们称之为5P。

1. 目标（Purpose）

创业团队应该有一个既定的共同目标，为团队成员导航，知道要往何处去。目标在创业企业的管理中以企业远景、战略的形式体现出来。

2. 人员（People）

在一个创业团队中，人是所有创业资源中最活跃、最重要的资源。创业团队应充分调动队员的各种资源和能力，将人力资源进一步转化为人力资本。目标是通过人员来实现的，所以，人员的选择是创业团队中非常重要的一部分。在一个创业团队中，肯定需要有人出主意，有人订计划，有人负责实施，有人协调不同的人一起工作，还有人监督团队工作的进展、评价团队的最终贡献，不同的人通过分工来共同完成创业团队的任务。所以在人员选择方面要考虑人员的能力、经验如何，能力是否互补等。

3. 定位（Place）

创业团队的定位包含两层意思：一是整个团队的定位，即创业团队在企业中处于什么位置，由谁选择和决定团队成员，团队最终应对谁负责，团队应采取什么方式激励下属；二是个体（创业者）的定位，即成员在创业团队中扮演什么角色，是制订计划还是具体实施或评估。大家共同出资，是委派某个人参与管理，还是共同参与管理，或是聘请第三方（职业经理人）管理。这体现在创业实体的组织形式上，即是合伙企业还是公司制企业。

4. 权限（Power）

创业团队中领导人的权力大小与团队的发展阶段和创业实体所在的行业密切相关。一般而言，创业团队越成熟，领导者所拥有的权力相应就越小；在创业团队发展的初期，领导权相对比较集中。

5. 计划（Plan）

计划有两层含义：一是目标的最终实现，需要一系列具体的行动计划，可以把计划理解成实现目标的具体工作程序；二是按计划进行，可以保障创业团队的顺利发展，只有在计划的指导下，创业团队才会一步一步地贴近目标，最终实现目标。

二、创业团队的类型

创业团队依据划分方式的不同，可以划分为不同的类型。目前来看主流划分依据有两种，一种是根据团队存在的目的来划分，另一种是根据团队的主导权来划分。

（一）问题解决型团队、自我管理型团队和多功能型团队

这是根据团队存在目的划分的类型。

1. 问题解决型团队

在团队出现的初期，大多数团队属于问题解决型团队。问题解决型团队通常由同一个部门的若干名员工临时组成，主要讨论如何提高产品质量、增加生产效率、改进工作程序和工作方法等问题，互相交换看法或提供建议，但是问题解决型团队没有对自己形成的意见或建议单方面采取行动的决策权。

2. 自我管理型团队

问题解决型团队在员工参与决策方面权力缺乏、功能不足。为了弥补这种缺陷，就需要建立独立自主地解决问题，并对工作的结果承担全部责任的团队，即自我管理型团队。自我管理型团队的人数通常为 10～15 人，一般来说，他们的责任范围包括控制工作的节奏、决定工作任务的分配等。这种自我管理型团队可以自由组合，并让成员相互进行绩效评估。这就使主管人员的重要性相应下降。自我管理型团队形式的采用有一定的范围限制，需要具备一定的条件。

3. 多功能型团队

多功能型团队也叫跨职能型团队，由来自同一等级、不同工作领域的员工组成，他们聚集在一起的目的就是完成某项任务。多功能型团队是一种有效的团队管理方式，它能使组织内（甚至组织之间）不同领域员工之间交换信息，激发产生新的观点，解决面临的问题，协调复杂的项目。但是多功能型团队在形成的早期阶段需要耗费大量的时间，因为团队成员需要学会处理复杂多样的工作任务。在成员之间，尤其是那些背景、经历和观点不同的成员之间，建立起信任并能真正地合作也需要一定的时间。许多组织采用跨越横向部门界线的形式已有多年。例如，20 世纪 60 年代，IBM 公司为了开发卓有成效的 360 系统，组织了一个大型的任务攻坚队，攻坚队成员来自公司的多个部门。任务攻坚队其实就是一个临时性的多功能型团队。

（二）星状创业团队、网状创业团队和虚拟星状创业团队

这是根据团队主导权划分的类型。

1. 星状创业团队

团队中拥有一个充当领导角色的核心人物。一般在团队组成之前，核心人物已经就团队的组成进行了仔细的思考，根据自己的想法选择相应的人员加入团队，这些加入创业团队的成员也许是核心人物以前熟悉的人，也有可能是以前不熟悉的人，这些团队成员在企业中更多是支持者的角色。

这种创业团队的特点：组织结构紧密，向心力强，主导人物行为对其他个体影响力

强；决策程序相对简单，组织效率较高；容易形成权力过分集中的局面，从而使决策失误的风险加大；核心主导人物拥有特殊权威，其他成员与主导人员发生冲突时，处于被动地位，冲突严重时一般会选择离队。

2. 网状创业团队

创业团队成员在创业之前有密切的关系，如同学、亲友、同事、朋友等。在交往过程中，共同认可某一创业想法，并就创业达成了共识之后，开始共同创业。在创业团队组成时，没有明确核心人物，大家根据各自特点进行自发组织角色定位。在创业初创时期，各位成员基本上扮演的是协作或者伙伴角色。

这种创业团队的特点：团队没有明显的核心，整体结构较为松散；决策一般采取大量沟通和讨论达成一致意见，决策效率相对较低；团队成员在团队中地位相似，容易形成多头领导局面；一般采取平等协商、积极解决态度消除冲突，团队成员不轻易离开；一旦团队成员冲突升级，某些成员撤出，容易导致整个团队涣散。

网状创业团队的典型是微软的比尔·盖茨和童年玩伴保罗·艾伦，惠普的戴维·帕卡德和他在斯坦福大学的同学比尔·休利特等。多家知名企业的创建多是先由于关系和结识，基于一些互动激发出创业点子，然后合伙创业。

3. 虚拟星状创业团队

虚拟星状创业团队由网状创业团队演化而来，是前两种的中间形态。在团队中，有一个核心成员，但是核心成员地位的确立是团队成员协商的结果，核心人物从某种意义上说是整个团队的代言人，而不是主导型人物，其在团队中的行为必须充分考虑其他团队成员的意见，不如星状创业团队中的核心主导人物那样有权威。

第二节　创业团队的组建

一、创业团队组建的特征、原则和条件

（一）创业团队组建的特征

创业团队的组建具有以下特征。

1. 补缺性特征

补缺性是指团队成员在性格、能力和背景上都能互补。团队成员之间可以有一定的交叉，但又要尽量避免过多的重叠。一般来说，一个新创企业的团队是由它的创始人组织的，而创始人不可能也没有必要对企业经营中所有的方面都精通，他可能在某些方面存在不足之处，比如营销或财务，那就有必要利用其他团队成员或是外部资源来弥补。如果团队成员能为创始人起到补充和平衡的作用，并且相互之间也能互补协调，则这样的团队会对企业的发展作出很大的贡献。

2. 渐进性特征

并不是所有的新创企业创立之时都要配备完整的团队，团队的组建不一定要一步到位，而是可以按照"按需组建，试用磨合"的方式创建。在正式吸收新成员之前，各团

队成员之间最好留有相当一段时间来相互了解和磨合。在发展过程中，创业团队应该清晰：企业需要有哪些专业技术、技能和特长？需要进行哪些关键工作，采取何种行动？成功的必要条件是什么？公司的竞争力突出表现在哪里？需要有些什么样的外部资源？企业现有的空缺大小及其严重程度如何？企业能负担的极限是多少？企业能否通过增加新董事或寻找外部咨询顾问来获得所需的专业技能？这些问题决定了在创业的不同阶段面临不同的任务，而对完成任务的团队成员各方面的才能也有不同要求，可以逐渐地补充团队成员的不足并日益完善。

3. 动态性特征

一开始就拥有一支成功、不变的创业团队是每个创业企业的梦想，然而这种可能性微乎其微。即使新创企业成功地存活下来，其团队成员在前几年的流动率也会非常高。在创业企业发展过程中，由于团队成员有更好的发展机会，或者团队成员能力已经不能满足企业需求，团队成员也需要主动或被动调整。

在团队组建的时候就应该预见到这种可能的变动，并制订大家一致认同的团队成员流动规则。这种规则首先应该体现公司利益至上的原则，每个团队成员都应认可这样的观点：当自己能力不再能支撑公司发展需求的时候，可以让位于更适合的人才。此外，这种原则也应体现公平性，充分肯定原团队成员的贡献，承认其股份、任命有相应级别的"虚职"以及合理的经济补偿，这些都是安置团队成员退出的有效方式。

（二）创业团队组建的原则

组建创业团队应遵循以下原则。

1. 合伙人原则

一般企业都是招员工，而员工都是在做"工作"。但创业团队需要招的是"合伙人"，因为合伙人做的是事业，一个人只有把工作当作事业才有成功的可能，一个企业只有把员工当作"合伙人"才有机会迅速成长，所以，创业团队要先解决价值分配障碍，然后去找自己的"合伙人"。

2. 激情原则

激情是衡量一个人是否能够成功的基础标准。创业团队一定要选择对项目有高度热情的人加入，并且要使所有人在企业初创就要有每天长时间工作的准备。任何人，不管其有无专业水平，如果对事业的信心不足，将无法适应创业的需求，而这种消极因素，对创业团队所有成员产生的负面影响可能是致命的。

3. 团队原则

团队是企业凝聚力的基础，成败是整体而非个人，成员能够同甘共苦，经营成果能够公开且合理地分享，团队就会形成坚强的凝聚力与一体感。团队中每一位成员都应将团队利益置于个人利益之上，个人利益是建立在团队利益基础上的，因此成员必须愿意牺牲短期利益来换取长期的成功果实，而不计较短期薪资、福利、津贴等，将利益分享放在成功后。这样的团队是不可能不成功的。

4. 互补原则

建立优势互补的团队是创业成功的关键。创业者寻找团队成员，首先要弥补当前资源、能力上的不足，要针对创业目标与当前能力的差距，寻找所需要的配套成员。"主内"与"主外"的不同人才，耐心的"总管"和具有战略眼光的"领袖"，技术与市场两方面的人才，都不可偏废。好的创业团队，成员间的性格、能力通常都能形成良好的互补，而这种性格、能力互补也有助于强化团队成员间彼此的合作。

（三）创业团队组建的条件

1. 树立正确的团队理念

正确的团队理念有以下几种体现。

（1）凝聚力。加强团队成员的凝聚力，使他们明确其处在一个命运共同体中，共同受益、共担风险。团队工作的成功不能靠个别的"英雄"，而是所有人的工作相互依赖和支持的结果，即依靠事业成功来激励每个人。

（2）诚实正直。这是有利于顾客、公司和价值创造的行为准则，它排斥纯粹的实用主义或利己主义，拒绝狭隘的个人利益和部门利益。

（3）为长远着想。拥有正确团队理念的成员相信他们正在为企业的长远利益工作，正在成就一番事业，而不是把企业当作一个快速致富的工具。他们追求的是最终的资本回报及由此带来的成就感，而不是当前的收入水平、地位和待遇。

（4）承诺价值创造。拥有正确团队理念的成员会承诺为了每个人而使"蛋糕"更大。包括为顾客增加价值、使供应商随着团队成功而获益、为团队的所有支持者和各种利益相关者谋利。

2. 确立明确的团队发展目标

目标在团队组建过程中具有以下特殊的价值。

首先，目标是一种有效的激励因素。如果一个人看清了团队的发展目标，并认为随着团队目标的实现，自己可以从中得到很多的利益，那么他就会把这个目标当作自己的目标，并为实现这个目标而奋斗。从这个意义上说，为了共同的目标而奋斗是创业团队克服困难、取得胜利的动力。其次，目标是一种有效的协调因素。团队中队员的个性、能力肯定有所不同，但是"步调一致才能取得胜利"。只有目标一致、齐心协力的创业团队才会取得最终的胜利。

3. 建立责、权、利统一的团队管理机制

（1）创业团队内部需要妥善处理各种权力和利益关系。首先，要妥善处理团队内部的权力关系。在创业团队运行的过程中，要确定谁负责何种关键任务和谁对关键人物承担什么责任，以使权力和责任明晰化。其次，要妥善处理创业团队内部的利益关系。一个新创企业的报酬体系，不仅包括股权、工资及奖金等金钱报酬，还包括个人成长机会和相关技能提高等方面的因素。

（2）制定创业团队的管理规则。要处理好团队成员之间的权力和利益关系，创业团队必须制定相关的管理规则。规则的制定要有前瞻性和可操作性，要遵循先粗后细、由近及远、逐步细化、主次到位的原则。这样有利于维持管理规则的相对稳定，而规则的稳定有利于团队的稳定。

二、创业团队组建的模式

创业团队投资是一种创业性投资活动。创业团队投资由于投资时机、投资对象选择，以及资本额的大小、对投资收益的期望值等原因而具有较高的风险，因而对于这类投资活动采取何种组织形式，对于投资本身及其成效具有重要影响。一般而言，创业团队在创业投资时可采用的组织形式主要有公司制、合伙制两种，两种形式各有其特点。

（一）公司制

创业投资采用公司制形式，即设立有限责任公司或股份有限公司，运用公司的运作机制及形式进行创业投资。采用公司制的优势主要体现在以下几个方面：一是能有效集中资金进行投资活动；二是公司以自有资本进行投资有利于控制风险；三是对于投资收益公司可以根据自身发展，作必要扣除和提留后再进行分配；四是随着公司的快速发展，可以申请对公司进行改制上市，使投资者的股份可以公开转让而以套现资金用于循环投资。有限责任公司是由两个以上的创业投资者共同出资，每个投资者以其认缴的出资额对公司承担有限责任，公司是以其全部资产对其债务承担责任的企业法人。股份有限公司是指全部资本由等额股份构成并通过发行股票筹集资本，股东以其认购的股份对公司承担责任，公司是以其全部资产对公司债务承担责任的企业法人。一般非家族成员的创业者采用公司制比较多。

（二）合伙制

合伙制是指依法在中国境内设立的由各合伙人订立合伙协议，共同出资、合伙经营、共享收益、共担风险，并对合伙企业债务承担无限连带责任的营利性的经营组织。创业团队投资采取合伙制，有利于将创业投资中的激励机制与约束机制有机结合起来。

合伙人执行合伙企业事务，有全体合伙人共同执行合伙企业事务、委托一名或数名合伙人执行合伙企业事务两种形式。全体合伙人共同执行合伙企业事务是指按照合伙协议的约定，各个合伙人都直接参与经营，处理合伙企业的事务，对外代表合伙企业。委托一名或数名合伙人执行合伙企业事务是指由合伙协议约定或全体合伙人决定一名或数名合伙人执行合伙企业事务，对外代表合伙企业。在我国现阶段，主要有四种合伙形式：亲戚内合伙、家族内合伙、朋友间合伙、同事间合伙。咨询类、律师事务所和会计师事务所多数采用合伙制形式。

三、组建创业团队的程序和方法

创业者有了创业点子后，可以采用以下程序和方法组建创业团队。

（1）撰写创业计划书。通过撰写创业计划书，进一步使自己的思路清晰，也可为后来的合作伙伴寻找奠定基础。

（2）认真分析自身的优势和劣势。要对自己正在或即将开展的创业活动有足够清醒的认识，并使用 SWOT 法分析自身的优势和劣势。

（3）确定合作形式。通过第二步的分析，并根据自己的情况，选择有利于实现创业计划的合作方式，通常是寻找那些能与自己形成优势互补的合作者。

（4）寻求创业合作伙伴。可以通过媒体广告、亲戚朋友介绍、各种招商洽谈会、互联网等形式寻找自己的创业合作伙伴。

（5）沟通交流，达成创业协议。找到有创业意愿的合作伙伴后，双方可就创业计划、股权分配等具体合作事宜进行多层次、多方位的全面沟通。

（6）落实谈判，确定责、权、利。在双方充分交流达成一致意见后，创业团队还需对合伙条款进行协商。

四、创业团队成员的招聘途径

创业团队成员的招聘途径有以下几种。

1. 熟人介绍

一般来说，一个创业者因其特有的创业者品质，往往在社会上拥有一个广阔的人际网络，而出于创业的需要，在这个网络中一定存在着相当的企业家，或是企业的管理人员，或是与自己所创企业有关的一些人，创业者可以获得一些自己所需要的人员的信息和推荐，并通过这些人的途径，招聘到合适的人员。另外，当企业已经建立并已经拥有自己内部的员工时，还可以通过内部员工的推荐，来获得自己需要的人员。通过这种途径招聘到的员工一般比较可靠。

2. 职业介绍机构

职业介绍机构是专门为企事业单位提供劳动者有关信息，同时也为劳动者提供用人单位信息的机构。通常这类机构都存有大量各类应聘人员的信息，以便提供给寻找人员的单位。他们提供服务的同时会收取一定的费用。企业利用职业介绍机构进行招聘的好处在于能节省时间，候选人信息面广，尤其是对那些还没有设置人力资源部的新创小企业来说，能利用其得到专业服务和咨询。不足之处在于要花一定的费用，而且对招聘的过程不能实施有效的控制。

3. 猎头公司

猎头公司顾名思义是指专门为企业选聘有经验的专业人员和管理人员的机构。作为一个迅速发展的行业，越来越多的企业开始利用猎头公司为其搜寻中、高级管理人员。猎头公司区别于其他职业中介机构的特点是，它一般不为个人服务，而且每次服务，无论企业是否招聘到中意的候选人，都必须向猎头公司付费。另外，猎头公司通常与它们的顾客保持密切的关系，只有熟知所服务企业的目标、结构、企业文化以及所空缺的职位，才能为企业找到合适的人选。

4. 大中专院校

大中专院校常常是企业进行外部招聘最直接、最主要的途径。在大中专院校中，企业可以发现潜在的专业技术人员和管理人员，经过企业的培养，他们往往能成为企业未来的栋梁。成功的校园招聘，需要新创企业付出一定的努力。如与大学建立友好的关系，支持学校的建设，定期到学校做招聘宣传，组织学生到公司参观，等等。同时不可忽视的是，派往大中专院校进行招聘的人员要有足够的能力吸引到优秀的人员。能否积极地与学生沟通，能否辨别受聘人员的素质差异以及作出准确的判断，决定了校园招聘成功的程度。为此，企业应经常对派往学校招聘的人员进行一定的培训，使他们能在招聘过程中尽量做到态度友好、和蔼可亲，并能积极地向学生推荐自己的企业。

5. 招聘洽谈会

人才交流中心或其他人才机构每年都要举办多场人才招聘洽谈会，在洽谈会中，用人企业和应聘者可以直接进行接洽和交流，节省了企业和应聘者的时间。随着人才交流市场的日益完善，洽谈会呈现出向专业方向发展的趋势。比如，有中高级人才洽谈会、应届生双向选择会、信息技术人才交流会等。洽谈会由于应聘者集中，企业的选择余地较大，但招聘高级人才还是较为困难的。

通过参加招聘洽谈会，企业招聘人员不仅可以了解当地人力资源素质和走向，还可以了解同行业其他企业的人事政策和人力需求情况。

6. 广告（报纸、杂志、广播电视、电脑网络）

企业可以利用在报纸、杂志或电视上做广告的方法来招聘外部求职者。通过一定的媒体以广告的形式向特定的人群传播有关企业人员需求的信息，并以此吸引他们，是企业最常用的外部招聘方法。借助广告进行招聘，企业需要考虑两个方面的因素：一个是如何选择媒体，也就是说决定是在报纸、杂志上刊登广告，还是利用广播电视进行招聘宣传；另外一个需要精心策划的是广告本身的制作，能够引人注意、有吸引力的广告才能够达到好的招聘效果。

7. 非正式招聘途径

以上几种途径是通过正式途径进行招聘的，但作为一个团队，特别是作为创业团队，对人才的获取不会局限于以上几种途径。在日常生活中，我们会接触不同的人，往往团队所需要的人才就在他们之中。这就需要我们善于观察和发掘，对于创业者来说更要成为善于发现千里马的伯乐。

第三节　创业团队的管理和发展

一、创业团队的管理

创业团队组建之后，接下来面对的问题就是创业团队的管理。进行正确有效的团队管理有以下要求。

（一）核心创业者的领导才能

在创业团队的日常管理中，核心创业者的领导才能能起到至关重要的作用。优秀创业团队的杰出理念虽然各有不同，但基本上具有以下几个共同点。

1. 凝聚力

创业团队中每个成员都是紧密相关、不可分割的，企业的成功既是每位成员共同努力的目标，也能使成员从中获取精神和物质上的收益。优秀创业团队中的每一位成员都会认为单纯依靠个人的力量不可能取得成功，任何个人离开企业的整体利益不能单独获益。同样，任何个人的损失也将损害整个企业的利益，从而影响每一位成员的利益。

2. 创新能力

当今社会的竞争，与其说是人才的竞争，不如说是人的创造力的竞争。创业与创新是密不可分的，创新贯穿于创业的全过程。因此，创新能力是创业者的核心能力，作为团队的核心领导者要提倡创新能力，发挥创新能力，引领企业的创新方向。

3. 合作精神

具有成长潜力的团队其最显著的特点就是创业团队的整体协同合作能力，优秀的创业团队注重相互配合以减轻他人的工作负担，从而提高整体的效率。他们在创业团队的成员中树立榜样，并通过奖励制度激励员工。

4. 完整性

任务的完成必须建立在保证工作质量、员工健康或其他相关利益不被侵犯的前提下。因此，艰难的选择和利弊权衡应综合考虑顾客、公司利益以及价值型创造，而不能以纯粹的功利主义为依据，或是狭隘地从个人或部门需求的角度来衡量。

5. 长远目标

新创业团队的成员应朝着企业的长远目标而努力，而不应指望一夜暴富。企业在团队成员眼中是一场持续 5 年或者 10 年的愉快经历，他们将在其中不断奋斗直到取得最后的胜利。没有一家企业能够在短期内获得意外财富。

6. 收获的观念

成功的收获是创业团队的目标。对创业团队的成员来说，团队最终获得的收益才是衡量成功程度的标准，而非他们个人的薪水、办公条件或生活待遇等。

7. 追求价值创造

创业团队成员都应致力于价值创造，即努力把蛋糕做大，从而使所有的人都能获利，包括为客户提供更多的价值，帮助供应商也能从团队的成功中获取相应收益，以及使团队的赞助商和持股人获得更大的盈利。

8. 平等中的不平等

在成功的新创企业中，简单的民主和盲目的平等显然都没有什么价值，企业所关注的是如何选定能胜任关键工作的适当人选及其职责所在。核心创业者是负责制定基本的行动准则和决定团队环境以及团队文化的关键人物。

9. 公正性

对关键员工的奖酬以及员工股权计划应与个人在一段时间内的贡献、工作业绩和工作成果挂钩。由于贡献大小在事前只能做一个大概的估计，而且意外和不公平的情况往往在所难免，因此必须随时做增减调整。

10. 共同分享收获

尽管法律或道德都没有规定创业者在企业收获期要公平公正地分配所获利益，但越来越多的成功者都已经这样做了。通常，他们会把企业盈利中的 10%～20% 留出来分给关键员工。

（二）团队内部的冲突管理

管理团队冲突在团队管理中必须要引起重视。在冲突管理中，核心创业者首先要注意利用激励手段来鼓励正面冲突，让团队成员感受到通过知识分享实现创业成功后，能获得相应的收益和价值。在制订激励方案时，创业者需要注意以下几个方面。

1. 差异化

虽然民主方案可能行得通，但是与根据个人贡献价值不同而实行的差异化方案相比，它包含的风险更大，缺陷也更多。一般情况下，不同的团队成员很少会对企业作出同样大小的贡献，因此，合理的薪酬制度应该反映出这种差异。

2. 关注业绩

报酬应该与业绩（而不是努力程度）挂钩，而且该业绩指的是每个人在团队早期运营的整个过程中所表现出来的业绩，而不仅仅是此过程中某个阶段的业绩。有许多创业团队，其团队成员在团队成立后几年内所作出的贡献程度变化很大，但报酬却没有多大变化，这种不合理的薪酬制度使团队很快就土崩瓦解了。

3. 灵活性

无论哪个团队成员在哪个既定时间段的贡献多大或多小，这种情况都很可能随着时间的改变而发生变化，而且团队成员的业绩也会和预期的业绩有很大出入。一旦发生情感冲突，创业者就应该理性地判断团队存续的可能性，通过替换新成员来及时化解情感冲突，这种方法比维持旧成员处理情感冲突往往更加有效。灵活的薪酬制度包括年金补助等，这样的机制有助于让人们产生公平感。

二、创业团队的发展

（一）创业团队发展各阶段的特征

一个成熟的团队通常要经历几个阶段才能成长起来，一般包括形成阶段、波动阶段、稳定阶段和成熟阶段。

1. 形成阶段的特征

在该阶段，团队的各个成员聚集到一起，每个人都迫切地想知道他的工作任务是什么。在这一时期，成员之间的信任一般处于低谷状态，团队的主要活动应该是交流思想和收集信息。

在形成阶段，个人需要很高，他们需要确定各自的工作任务是什么，以及他人是如何评价自己的。因而，团队领导需要多一些精力来认识每个成员，并就将会出现的问题与他们进行沟通。团队需要在形成阶段处于中等水平，此时的团队领导需要通过自由活动，帮助团队成员相互认识。

形成阶段的任务需要很低，只有在群体成为一支团队之后才能真正开始解决工作中的问题。但是，在这一阶段，团队领导可以向团队成员介绍自己的观点，回答"我们要做什么"的问题，慢慢推动工作朝前发展。

2. 波动阶段的特征

当团队从互相信任转向拥有共同目标时，可能会出现意见不一致的情况甚至产生冲突。这是一个充满竞争且积极向上的阶段，如果处理得当，本阶段将富有创造性。在该阶段，个人仍需要保持较高水平，因此必须继续满足个人需要，使整个团队成员安心。随着成员不同观点的提出（如群体应该如何协作、群体应该做什么等），团队能力需要逐渐提高。这时要注意发生问题的信号，并避免一两个人在群体中占据优势。

随着冲突的产生，把冲突公开并帮助团队成员解决冲突将变得越来越重要。任务需要在此阶段仍处于较低水平，因为团队仍处在发展过程中。团队领导需要把任务看做推动团队发展并解决波动问题的工具。

3. 稳定阶段的特征

在该阶段，团队成员了解了各自的工作任务，并相互产生信任，团队开始和谐发展。

在此阶段，任务需要的必要性开始凸显，团队领导应该注重目标的制订并激励团队成员为目标做出贡献，使全体成员加强合作。

在这一阶段，个人可以得心应手地处理在团队中遇到的问题，因此，他们的个人需要在某种程度上降低了。此时，团队需要仍然很高，因为团队正致力于在行动准则和工作程序上达成一致。团队领导在本阶段的角色是激励者，督促每个团队成员全力以赴，帮助他们达成一致意见。

4. 成熟阶段的特征

在该阶段，团队在一种公开、信任的氛围中工作。团队成员之间能够相互理解并领悟了工作的实质，他们互相鼓舞，以期达到目标。团队主要致力于完成工作任务。

在这一阶段，团队领导的精力主要应放在任务需要上，帮助团队实现并监控计划，时刻谨记团队目标。团队成员个人需要与团队需要处于中等水平。同时，要警惕团队退回到前一阶段。例如，当有新成员加入时，团队经常会回到波动阶段。如果发生了这种情况，要尽快对行动进行修正，使团队回到成熟阶段。

（二）创业团队的稳定发展

1. 创业团队如何保持稳定

无论是有核心主导的创业团队还是群体性创业团队，在组建以后都要保持其稳定性，都应注意以下几点。

（1）一定要在碰撞后形成一致的创业思路，成员要有共同的远景目标，认同团队将要努力的目标和方向，同时要有自己的行动纲领和行为准则。这涉及团队文化建设问题。

（2）以法律文本的形式确定一个清晰的利润分配方案，把最基本的责、权、利界定清楚，尤其是股权、期权和分红权。此外，还应包括增资、扩股、融资、撤资、人事安排、解散等与团队成员利益紧密相关的事宜。

（3）要保证团队成员间持续不断的顺畅沟通。团队开始工作时要沟通，遇到问题时要沟通，解决问题时也要沟通，有矛盾时更要沟通。沟通的时候，要多考虑团队的远景目标和未来的远大理想，多想有利于团队发展的事情。孙子曰："上下同欲者胜。"创业团队只有目标一致、齐心协力，才会获得最终的胜利。

2. 创业团队分裂的主要原因及其预防措施

创业团队分裂的主要原因及其预防措施具体如下。

（1）随着企业规模的扩大，有些成员因其能力问题已经不适应更规范的企业经营管理的需要。这一点在我国众多的中小乡镇企业中体现得非常明显。很多乡镇企业的创业元老文化程度不高，当初的成功往往是因为敢拼敢干，能吃别人不能吃的苦，干别人不敢干的事。但随着企业进入规范发展阶段，受自身素质和能力的制约，这些创业元老反而会成为企业发展的阻力因素，在这种情况下，创业团队很有可能走向分裂。

预防措施：在企业壮大过程中，不断地修正与规范员工的思想、言行，创建学习型创业团队。

（2）创业团队成员的经营理念不一致，团队思想没有统一，有些成员不认可公司的目标、策略和价值观，导致创业团队解散。这种情况非常普遍。

预防措施：公司不可多人合办，最好由一人做主，公司发展壮大后，可以分股，但决策方向自始至终须由一人来定。

（3）创业成员之间因为性格、个性、兴趣不同，导致磨合出现问题，创业活动难以正常开展，创业团队解散。群体型创业团队中容易出现这种情况。若团队成员间目标不一致，造成的结果就是"1＋1＜2"，这种情况必定会导致创业团队的解散。

预防措施：公司创办之初，团队核心需经过考核。人心各异，必会散伙。

（4）团队在创立初期没有确立一个明确的利润分配方案，随着企业的发展，利润增加，在分配利润时出现争议导致创业团队解散。这种情况在民营企业中非常普遍。

预防措施：公司创办之初，要确定一个比较明确的利润分配方案。

本 章 小 结

本章共三节。第一节，首先论述了创业团队的含义和构成要素，而后论述了创业团队的类型。第二节，首先论述了创业团队组建的特征、原则和条件，而后介绍了创业团队组建的模式，接下来阐释了组建创业团队的程序和方法，最后介绍了创业团队成员的招聘途径。第三节，首先论述了创业团队的管理，而后阐释了创业团队的发展问题。通过本章学习，可以提高对创业团队的组建与发展的思想认识水平。

名词解释

创业团队

思考训练题

1. 简述创业团队的构成要素。
2. 简述创业团队的类型。
3. 创业团队组建具有哪些特征？
4. 简述创业团队组建的基本原则和基本条件。

5. 创业团队组建有哪些模式？

6. 简述组建创业团队的程序、方法和招聘途径。

7. 简述团队内部的冲突管理策略。

8. 创业团队发展各阶段具有哪些特征？

案例分析

马化腾是如何创建创业团队的

1993 年马化腾毕业于深圳大学电子系计算机专业，1998 年 11 月他与同学张志东"合资"注册了深圳计算机系统有限公司。之后又吸纳了 3 位股东：曾李青、许晨晔、陈一丹。这 5 个创始人的 QQ 号，据说是从 10001 到 10005。为避免彼此争夺权力，马化腾在创立之初就和 4 个伙伴约定清楚：各展所长、各管一摊。马化腾是 CEO（首席执行官），张志东是 CTO（首席技术官），曾李青是 COO（首席运营官），许晨晔是 CIO（首席信息官），陈一丹是 CAO（首席行政官）。直到 2005 年，这 5 人的创始团队还基本是保持这样的合作阵形，不离不弃。

目前其注册用户超过 10 亿，活跃用户超过 7 亿，2012 年第一季度总收入为 96.479 亿元，成为名副其实的商业帝国。如今 4 个创业伙伴还在公司一线，只有 COO 曾李青挂着终身顾问的虚职而退休。这种稳定的创始人团队与工程师出身的马化腾从一开始对于合作框架的理性设计密不可分。

从股份构成上来看，5 个人一共凑了 50 万元，其中马化腾出资 23.75 万元，占了 47.5% 的股份；张志东出了 10 万元，占 20% 的股份；曾李青出资 6.25 万元，占 12.5% 的股份；其他两人各出 5 万元，各占 10% 的股份。虽然主要资金都由马化腾所出，他却自愿把所占的股份降到一半以下，47.5%，"要他们的总和比我多一点点，不要形成一种垄断、独裁的局面。"而同时，他自己又一定要出主要的资金，占大股。"如果没有一个主心骨，股份大家平分，到时候也肯定会出问题，同样完蛋。"

保持稳定的另一个关键因素，就在于搭档之间的"合理组合"。马化腾非常聪明，但非常固执，注重用户体验，愿意从普通用户的角度去看产品。张志东是脑袋非常活跃，对技术很沉迷的一个人。马化腾技术上也非常好，但是他的长处是能够把很多事情简单化，而张志东更多是把一个事情做得完美化。许晨晔和马化腾、张志东同为深圳大学计算机系的同学，他是一个非常随和而有自己的观点，但不轻易表达的人，是有名的"好好先生"。陈一丹是马化腾在深圳中学时的同学，后来也就读深圳大学，他十分严谨，同时又是一个非常张扬的人，他能在不同的状态下激起大家的激情。如果说，其他几位合作者都只是"搭档级人物"的话，只有曾李青是 5 个创始人中最好玩、最开放、最具激情和感召力的一个，与温和的马化腾、爱好技术的张志东相比，是另一个类型。其大开大合的性格，也比马化腾更具备攻击性，更像拿主意的人。不过或许正是这一点，也导致他最早脱离了团队，单独创业。

马化腾最开始也考虑过和张志东、曾李青 3 个人均分股份的方法，但最后还是采取了 5 人创业团队，根据分工占据不同的股份结构的策略。即便是后来有人想加钱、占更大的股份，马化腾都说不行，"根据我对你能力的判断，你不适合拿更多的股份。"因为在马化腾看来，未来的潜力要和应有的股份匹配，不匹配就要出问题。如果拿大股的不干事，干事的股份又少，矛盾就会发生。当然，经过几次稀释，最后他们上市所持有的股份比例只有当初的 1/3，但即便是这样，他们每个人的身价都还是达到了数十亿元人民币，是一个皆大欢喜的结局。

可以说，在中国的民营企业中，能够像马化腾这样，既包容又拉拢，选择性格不同、各有特长的人组成一个创业团队，并在成功开拓局面后还能依旧保持着长期默契合作，是很少见的。

资料来源：姚飞. 创业管理[M]. 大连：大连理工大学出版社，2013.

问题：

1. 结合本案例谈谈创业团队互补原则的必要性。
2. 结合本案例谈谈你对创业团队组建的公司制和合伙制模式的理解。

第十章

创业资源整合

通过本章的学习，明确资源的含义，了解创业资源整合的策略，认识创业资源的分类及其整合问题。

引导案例

"借力修天桥"

在天津生活的人都知道国际商场。国际商场是天津市第一家上市公司，20世纪80年代初期开业，定位于引进国外最好的商品，让改革开放初期急于了解国外又无法出国的人了解国外，准确且新颖的定位使国际商场开业后很红火。国际商场邻南京路，这是一条十分繁忙的主干道，道路对面就是滨江道繁华的商业街。在国际商场刚开业时，门口并没有过街天桥，行人穿越南京路很不方便也不安全。应该修建天桥，这是很正常的事情，估计经过那里的人都会很自然地想到这一问题。但是，估计绝大多数有这样认识的人会觉得这个天桥应该由政府来修建，所以想想、发发牢骚也就过去了。有一天，一位年轻人同样也产生了这样的想法，他没有认为这是政府该干的事情，而是立即找政府商量，提出自己出钱修建过街天桥，而且还不说是自己建的，希望政府批准，前提是在修建好的天桥上挂广告牌。不花钱还让老百姓高兴，再说天桥也不注明谁出资修建，政府觉得不错，就同意了。这个年轻人拿到政府的批文，从政府出来后立即找可口可乐这些著名的大公司，洽谈广告业务，在这么繁华的街道上立广告牌，当然是件好事情。就这样，这位年轻人从大公司那里拿到了广告的定金，用这笔钱修建了天桥还略有剩余。天桥修建好了，广告也挂上了，年轻人从大公司那里拿到余款，这就是他的第一桶金。

资料来源：姚凤云. 创新与创业管理[M]. 北京：清华大学出版社，2017.

第一节　创业资源整合的含义和策略

一、创业资源整合的含义

创业不是饮无源之水，栽无本之木。每一个人创业，都必然有其凭依的条件，也就是拥有的资源。创业的过程就是创业者建立、整合和拓展资源的过程。

斯蒂芬森指出，成功创业者对把握商机过程中所需要的资源以及对这些资源的所有权和管理权有着自己的独特看法。与企业经理人的看法极不相同，成功的创业者在新创企业成长的各个阶段，都会努力做到用尽可能少的资源来推进企业向前发展；同时，对他们而言，资源的所有权并不是关键，关键的是对其他人的资源的控制和影响。换言之，创业活动是在资源受到高度限制的情况下开展的商业活动，创业之初资源的匮乏性凸显出创业者对资源的掌控能力的重要性，即如何能够利用他人的资源，如何创造性地整合资源。

整合就是要优化资源配置，就是要有进有退、有取有舍，就是要获得整体的最优。在战略思维的层面上，资源整合是系统论的思维方式，是通过组织协调，把企业内部彼此相关但却彼此分离的职能，把企业外部既参与共同的使命，又拥有独立经济利益的合作伙伴整合成一个为客户服务的统一体，取得"1+1>2"的效果。

在战术选择的层面上，资源整合是优化配置的决策，是根据企业的发展战略和市场需求对有关的资源进行重新配置，以凸显企业的核心竞争力，并寻求资源配置与客户需求的最佳结合点，目的是要通过组织制度安排和管理运作协调来增强企业的竞争优势，提高客户服务水平。

二、创业资源整合的策略

优秀的创业者在创业过程中所体现出的卓越创业技能之一，就是创造性地整合和运用资源，尤其是那种能够创造竞争优势，并带来持续竞争优势的战略资源。

尽管与已存在的进入成熟发展期的大公司相比，创业型企业资源比较匮乏，但实际上创业者所拥有的创业精神、独特创意以及社会关系等资源，却同样具有战略性。因此，对创业者而言，一方面要借助自身的创造性，用有限的资源创造尽可能大的价值；另一方面更要设法获取和整合各类资源。

（一）善用资源整合技巧

创业总是和创新、创造及创富联系在一起。一位创业者结合自身创业经历提出了这样的观点：缺少资金、设备、雇员等资源，实际上是一个巨大的优势。因为这会迫使创业者把有限的资源集中于销售，进而为企业带来现金。为了确保公司持续发展，创业者在每个阶段都要问自己，怎样才能用有限的资源获得更多的价值创造？

学会拼凑。很多创业者都是拼凑高手，通过加入一些新元素，与已有的元素重新组合，形成在资源利用方面的创新行为，就有可能带来意想不到的惊喜。创业者往往利用身边能够找到的一切资源进行创业活动，有些资源对他人来说也许是无用的、废弃的，但创业者可以通过自己的独有经验和技巧，加以整合利用。例如：很多高新技术企业的创业者并不是专业科班出身，可能是出于兴趣或其他原因，对某个领域的技术略知一二，却凭借这个略知的"一二"敏锐地发现了机会，并迅速实现了相关资源的整合。

整合已有的资源，快速应对新情况，是创业的利器之一。拼凑者善于用发现的眼光，洞悉身边各种资源的属性，将它们创造性地整合起来。这种整合很多时候甚至不是事前仔细计划好的，往往是具体情况具体分析、"摸着石头过河"的产物。而这也正体现了创业的不确定性特性，并考验创业者的资源整合能力。

步步为营。创业者分多个阶段投入资源并在每个阶段投入最有限的资源，这种做法被称为"步步为营"。步步为营的策略首先表现为节俭，设法降低资源的使用量，降低管理成本。但过分强调降低成本，会影响产品和服务质量，甚至会制约企业发展。比如：为了求生存和发展，有的创业者不注重环境保护，或者盗用别人的知识产权，甚至以次充好。这样的创业活动尽管短期可能赚取利润，但长期而言，发展潜力有限。所以，需要"有原则地保持节俭"。

步步为营策略表现为自力更生，减少对外部资源的依赖，目的是降低经营风险，加强对所创事业的控制。很多时候，步步为营不仅是一种做事最经济的方法，也是创业者在资源受限的情况下寻找实现企业理想目的和目标的途径，更是在有限资源的约束下获取满意收益的方法。习惯于步步为营的创业者会形成一种审慎控制和管理的价值理念，这对创业型企业的成长与向稳健成熟发展期的过渡尤其重要。

（二）发挥资源的杠杆效应

尽管存在资源约束，但创业者并不会被当前控制或支配的资源所限制，成功的创业者善于利用关键资源的杠杆效应，利用他人或者别的企业的资源来完成自己创业的目的：用一种资源补足另一种资源，产生更高的复合价值；或者利用一种资源撬动和获得其他资源。其实，大公司也不只是一味地积累资源，他们更善于资源互换，进行资源结构更新和调整，积累战略性资源，这是创业者需要学习的经验。

对创业者来说，容易产生杠杆效应的资源主要包括人力资本和社会资本等非物质资源。创业者的人力资本由一般人力资本与特殊人力资本构成。一般人力资本包括受教育背景、以往的工作经验及个性品质特征等。特殊人力资本包括产业人力资本(与特定产业相关的知识、技能和经验)与创业人力资本(如先前的创业经验或创业背景)。调查显示，特殊人力资本会直接作用于资源获取，有产业相关经验和先前创业经验的创业者能够更快地整合资源，更快地实施市场交易行为。而一般人力资本可使创业者具有知识、技能、资格认证、名誉等资源，也可提供同窗、校友、老师以及其他连带的社会资本。

相比之下，社会资本有别于物质资本、人力资本，是社会成员从各种不同的社会结构中获得的利益，是一种根植于社会关系网络的优势。在个体分析层面，社会资本是嵌入、来自并浮现在个体关系网络之中的真实或潜在资源的总和，它有助于个体开展目的性行动，并为个体带来行为优势。社会交往频繁的创业者所获取的相关商业信息更加丰裕，从而有助于提升创业者对特定商业活动的深入认识和理解，使创业者更容易识别出常规商业活动中难以被其他人发现的顾客需求，进而更容易获得财务和物质资源，这正是其杠杆作用所在。

（三）设置合理的利益机制

资源通常与利益相关，创业者之所以能够从家庭成员那里获得支持，就因为家庭成员之间不仅是利益相关者，更是利益整体。既然资源与利益相关，创业者在整合资源时，就一定要设计好有助于资源整合的利益机制，借助利益机制把包括潜在的和非直接的资源提供者整合起来，借力发展。因此，整合资源需要关注有利益关系的组织或个人，要尽可能多地找到利益相关者。同时，分析清楚这些组织或个体和自己以及自己想做的事情有哪些利益关系，利益关系越强、越直接，整合到资源的可能性就越大，这是资源整合的基本前提。

利益关系者之间的利益关系有时是直接的，有时是间接的；有时是显性的，有时是隐性的；有时甚至还需要在没有的情况下创造出来。另外，有利益关系也并不意味着能够实现资源整合，还需要找到或发展共同的利益，或者说利益共同点。为此，识别到利益相关者后，逐一认真分析每一个利益相关者所关注的利益非常重要，多数情况下，将相对弱的利益关系变强，更有利于资源整合。

然而，有了共同的利益或利益共同点，并不意味着就可以顺利实现资源整合。资源整合是多方面的合作，切实的合作需要有各方面利益真正能够实现的预期加以保证，这就要求寻找和设计出多方共赢的机制。对于在长期合作中获益、彼此建立起信任关系的合作，双赢和共赢的机制已经形成，进一步的合作并不很难。但对于首次合作，建立共赢机制尤其需要智慧，要让对方看到潜在的收益，为了获取收益而愿意投入资源。因此，创业者在设计共赢机制时，既要帮助对方扩大收益，也要帮助对方降低风险，降低风险本身也是扩大收益。在此基础上，还需要考虑如何建立稳定的信任关系，并加以维护、管理。

第二节　创业资源的分类及其整合

根据资源的性质和作用可将创业资源分为人力资源、财务资源、技术资源、信息资源、社会资源、管理资源以及政府资源，在此特对各类创业资源及其整合问题进行阐释。

一、人力资源及其整合

创业者和创业团队是创业人力资源总体中最为重要的一部分，创业者是创业活动的开创者和推动者。创业者是一种人力资本积累较高、具有极强的经济活力的稀缺性人力资源。创业团队是创业过程中组建的创业风险共担、未来收益共享的集体，能够带来创业过程中最为宝贵的全力投入的人力资源。不同知识结构、思维方式、能力结构的高素质创业者集中在一起，产生思维碰撞，将会导致更高水平创新的发生。创业团队的这种资源和力量是无可代替的。资源集合优势和团队行为也是应对创业过程中资源短缺和经验匮乏等各种难题的有力武器。创业者和创业团队应该将人才战略作为企业发展的重点，逐步建立起完善的激励制度和培训制度，并充分利用"外脑"，如科研院所、大专院校等。

案例导入

整合人才资源，保持创新能力

上海神开科技工程有限公司成立于 1993 年，是以研究、开发、制造石油勘探仪器为主的高新技术企业，民营股份制性质，同时以 60%控股"上海神开石油化工设备有限公司"。公司的主要产品是：录井仪器、钻井仪表、采油仪表、防喷器及控制系统、油品分析仪、新型钻采工具、录井技术服务等。目前，公司已发展成为国内最大的石油勘探录井仪器研制生产厂家。

目前，公司已经开发研制生产 SK 系列产品九大类近百个品种，每年都有 10 多种新产品推向市场。其中综合录井仪销售量占国内市场份额的 50% 以上，其先进性和可靠性在国内享有盛誉。同时积极向国外拓展，目前产品已进入中东、中亚、南美、蒙古、苏丹、印尼等国家和地区。

案例分析

上海神开总经理李芳英认为神开在建立技术创新体系中，人才是第一位的。企业要想保持持久的创新能力，必须有优秀的人才资源作为后盾，有效地整合石油人才资源。她亲自抓公司的人力资源建设，注重人才的培养与吸收，建立了举贤纳才、尽最大努力整合人才资源的用人机制。身为总经理的她亲自到人才市场去招聘、面试，上油田招聘专业技术人才。目前，神开员工中具有大专以上学历的占 71.4%，其中具有中、高级技术职称的占 38%，技术开发人员占职工总数的 32%，神开的技术研究力量在国内录井仪生产企业里的实力是最为雄厚的。为充分调动科技人员的积极性、创造性，神开公司采取了一系列有效的措施，制定了《科技人员奖励办法》，使项目与效益挂钩、工资奖金向科技人员倾斜，极大地激发了科研人员的积极性和创造性，营造了良好的创新创业氛围，每年都有新产品推向市场，使神开始终走在同行业的前面。

资料来源：姚凤云. 创新与创业管理[M]. 北京：清华大学出版社，2017.

二、财务资源及其整合

创业企业的财务资源主要包括资金、资产和股票等。由于创业者在创业之初，没有固定资产或资金作为贷款的抵押和担保，故而创业资本很难从传统的筹资渠道获得。从现行政策来讲，中小企业无法满足股票市场、债券市场融资的规定和要求，无法从股票市场、债券市场等筹资渠道融资。因此，创业者更依赖自由资源或风险投资。风险投资是一种资金与管理相结合的投资，风投公司与企业之间不仅存在着一般意义上的委托代理关系，而且还存在着"帮助与被帮助"的合作关系，具有"治理＋管理"的双重意义。

三、技术资源及其整合

在创业的过程中，技术资源占有十分突出的地位。"技术"一词除了指操作技能外，还包括相应的生产工具和其他物资设备，以及生产的工艺过程或作业程序、方法等，往往表现为专利、图纸、设计、公式、数据、程序、技术创新等。创业技术也是创业企业成功的关键因素之一，技术水平决定着创业产品的市场竞争力和获利能力，也决定着企业所需创业资本的大小，往往对创业企业整体的资源配置方式起根本性的决定作用。由于创业企业很难有实力具有技术优势或保持技术优势，因此就必须整合企业之外的技术资源，更多地汲取和依赖所处经济环境的技术资源，尽可能地与大专院校、科研院所合作，因为那里有技术上的前沿人才，而且这些前沿人才也很愿意把自己的技术资源转化为产品，实现技术成果的转化。

四、信息资源及其整合

信息资源与人力、物力、财力以及自然资源一样，都是创业企业的重要资源。信息化时代最为直接的体现就是信息量增大，各种类型的信息充斥在我们周围，创业者如何能够在最短的时间内获取最有效的信息，发现商机至关重要。创业企业信息化的最高层次是决策，创业者在进行决策时，需要掌握多方面的信息，包括企业自身的优劣势等内部信息，也包括竞争对手、政府、行业、合作伙伴、客户等外部信息，然后才能在理性分析的基础上作出合理的决策。信息资源包括两层含义：一方面是指信息本身，另一方面则是指与信息的收集、加工整理、存储、处理、传递、利用等信息活动过程相关的各种资源。因此，创业过程中的信息资源包括两个方面：一是与创业紧密相关的信息。在创业的整个过程中，需要大量的信息来识别机会、撰写商业计划、创建与管理新企业。既要掌握政治、经济、文化等宏观信息，也要掌握产品市场、劳动力市场、客户要求、政府政策导向等微观信息。二是与创业相关的信息服务设施、机构及创业者。需要通过种种渠道获取相关知识，这些渠道所涉及的各类资源也是创业信息资源的重要组成部分，如数据库、电子软件、电话、互联网设施等，缺乏这些资源，信息的获取将会受到严重的影响。

五、社会资源及其整合

社会资源是由创业者及创业团队的人际关系和社会关系网络所形成的关系资源。社会资源对创业活动非常重要，因为社会资源就是创业者的社交网络，它能使创业者有机会接触到大量的外部资源，从而能够顺畅地获取产品、技术、市场、资金等方面的资源。这种关系资源一方面是指企业因为与顾客、政府、社区、金融机构等个人或组织之间在正式交往中而获得的关系资源，这其中特别应该受到重视的是客户关系资源。企业与客户因长期良好的合作而建立起诚信关系，这样客户就会变成企业经营中获取强大竞争优势的一项重要资源。另一方面是基于共同的社会文化背景，人与人之间在非正式交往中形成的关系资源。非正式关系资源同正式关系资源相比具有特殊的优势，因为关系网络本身就是一种资源，而且是很难复制的资源。

六、管理资源及其整合

管理资源是指企业中实存的各种成文和不成文的经营理念、惯例、规章、组织架构、运行机制以及创业者或管理者所拥有的管理知识和管理能力。经营理念深刻地影响着创业企业的组织文化、组织架构、运营机制以及规章制度的形成，是管理资源的基础部分。组织文化是组织在长期的生存和发展中所形成的为组织所特有的，且为组织多数成员共同遵循的最高目标、价值标准、基本信念和行为规范等的总和。规章制度则是企业的经营理念和企业文化的显性化和具体化。组织架构和运营机制是一种比较常见的管理资源。组织架构是一个组织的整体结构，包括组织内部的权利、责任、分工关系以及具体的组织结构，是人为设计的结果。组织运营机制是组织的功能和运行的方式，它与组织架构有关，表现为组织行为的惯例、默契和功能。

七、政府资源及其整合

政府资源对创业者而言是不可多得的成功创业的助推器。政府资源即是各项优惠扶持政策，如财政扶持政策、融资政策、税收政策、科技政策、产业政策、中介服务政策、创业扶持政策等。创业者应该了解政府扶持政策、整合政府资源。

本 章 小 结

本章共两节。第一节，首先论述了创业资源整合的含义，而后论述了创业资源整合的策略。第二节，先后阐释了人力资源、财务资源、技术资源、信息资源、社会资源、管理资源和政府资源的类型及其整合。通过本章的学习，了解创业资源整合的相关知识，使创业者能整合好资源，更好地做好创业的基础工作。

名词解释

资源整合

思考训练题

1. 简述创业资源整合的策略
2. 简述创业资源的分类及其整合。

案例分析

华氏公司的人力资源整合

1995 年，华氏公司（化名）开发了汉字扫描识别软件，其技术含量在当时可以说是绝无仅有。当时在考虑将技术产品化和商品化的时候，采取提供服务的商业模式，即只对客户提供文字扫描识别的服务，而不是有形产品或软件。主要定位在当地的报社和杂志社，因为杂志社需要把以前的报纸资料录入电脑，靠人工输入费时费力，当时需求很大。企业发展两年后，人员规模迅速扩张到逾 50 人，而业务量却不到 600 万元/年。如果要继续成长，人员规模就要继续扩大，而且要是再考虑往市外或省外拓展，则需要大量资金租营业场所和装修门面，还要购置大量的电脑，巨大的投入以及计算机技术日新月异的现实让公司犹豫不决。

后来经过咨询公司的建议，其商业模式的调整方式为：将原来的软件分解为扫描和汉化两部分，其中扫描录入部分需要大量人力，公司将这部分免费送给那些待业在家，且有电脑的社会闲散劳动人员，吸纳这些人员作为弹性工作制员工，他们只需完成录入的动作，将录入好的电子文档交给公司，再由公司通过另外一半的识别软件进行格式转换，公司此时只需两个人就够了，其中一个人操作软件，另外一个人负责做好工作人员的业务管理和考核。

这样，不仅解决了公司人员与业绩成比例增长的矛盾，还整合了社会的人力物力资源，同时人力资源成本也相对降低了；新吸纳的这些员工不仅可以是生产员工，也可以是销售人员，对于华氏公司来说，销售队伍也大大强化了；而且市场有什么变化，公司也容易灵活应对。

资料来源：姚凤云. 创新与创业管理[M]. 北京：清华大学出版社，2017.

问题： 华氏公司的人力资源整合有哪些创新？对你有何启示？

第十一章

创业融资

学习要点及目标

通过本章的学习，认识创业融资的含义和目的，弄清创业融资的渠道与方式，了解创业融资的过程，学会创业融资计划书的写作。

引导案例

有创业贷款，汤婵娟的"小手套大天地"

2006 年，大学毕业后的汤婵娟怀着梦想来到北京，成为北漂一族。但 2008 年的金融危机让她的北漂梦碎，她回到家乡后反而开创出自己的事业。

回家后，汤婵娟不愿依偎在父母温暖的怀抱里生活，天天寻找创业信息，跑市场搞调查，但一无所获。父母在家做劳保手套，有一天让汤婵娟去送货。她心里一动：项目就在眼前，难道不能做大做强吗？她决定办个上规模的手套厂，并得到万载县劳动就业局的支持，获得 10 万元创业贷款。2009 年 3 月，汤婵娟的胜英手套厂开工投产。她到浙江接到出口手套的加工任务，可出口手套技术含量高，员工很难适应，有的工人不辞而别。为此，汤婵娟专程从浙江请来技师传授技艺，加强员工培训，出口手套产品终于按合同如期交货。目前，胜英手套厂产品供应到美国、日本、韩国等国家和中国香港等地区。

资料来源：姚凤云. 大学生就业与创业[M]. 北京：清华大学出版社，2017.

第一节　创业融资的方式与过程

一、创业融资的含义和目的

（一）创业融资的含义

从广义上讲，融资也叫金融，就是货币资金的融通，是指当事人通过各种方式到融资市场上筹措或贷放资金的行为。融资即是一个企业的资金筹集的行为与过程。创业企业的融资是关乎企业发展的重要环节，它关系到创业计划能否顺利进行以及企业能否健康、持续、稳定地发展。创业融资，就是指一个创业企业资金筹集的过程，是公司根据自身所拥有的生产经营条件和发展目标，通过一定的方式和渠道，向公司的投资者和债权人去筹集资金、组织资金，以保证其正常运行的理财行为。

（二）创业融资的目的

企业在持续的生产经营过程中，会不断地产生对资金的需求。它的主要目的是自身的维持和发展，可以是为了创业起步而融资，为了购置设备、引进技术、开发技术和开发新产品而融资，为了偿债、调整资本结构而融资，为了扩大企业规模和并购其他企业而融资，等等。企业融资的动机可以概括为以下 4 种类型。

1. 扩张动机

中小企业的创新带来高速成长，形成了规模生产的资本需求。这种需求包括厂房设施、生产设备的扩大改造，人员数量、研发费用、市场开发投入的增加等，甚至想通过兼并其他企业来扩张自己的规模。这个阶段的企业需要大量的资金来扩大企业的规模，因此，出于扩张的动机，企业往往需要进行融资。

2. 偿债动机

企业在发展的过程中，往往会背负一定的债务，当这些债务到期时，企业就不得不偿还。若在此时，企业的流动资金不足，就不得不进行融资，比如通过发行股票、债券等方式来筹集资金，以补充企业现有资金的不足。

3. 混合动机

一般来说，一个正常发展的企业不可能不背负一定的债务，企业一方面需要不断地偿还旧的债务，一方面又不断背负新的债务。而这样的企业也是要不断扩大自己的规模的，此时企业可能背负更多的债务，因此，企业需要大量的资金，一方面偿还部分债务，一方面来扩大企业的规模。大多数企业的融资多是出于这种扩张和偿债的混合动机。

4. 其他动机

除了上面总结的几点融资动机外，企业的融资可能还出于其他目的，比如为了创业起步而融资，这也是本节研究的重点。一个企业在创立之初，对资金的需求是巨大的。在这个过程中，企业必须将产品推向市场，通过一系列营销策略扩大规模和市场份额，最终实现产业化。中小企业的成长对资金的需求和依赖程度很高，尤其是成长阶段，公司因市场导入而获得的销售收入远远满足不了公司为扩张生产和组织销售而产生的资金需求。因此企业成长阶段的资金需求量很大。创业之初的融资是企业所面临的最初融资，它的成与败是至关重要的，融资成功的企业得以发展，融资失败的企业很可能面临失败。

二、创业融资的渠道与方式

融资渠道就是指企业筹措资金的方向和通道，体现了资金的来源和流量。了解企业的融资类型和融资方式，对企业的生存和发展是极其关键的，特别是对创业企业能否成功地创立、顺利地发展具有重要的意义。

（一）融资方式与来源

创业企业的建立，最大的困难就是怎样获得资金。对创业者来说，融资渠道的考察应着眼于债务融资与权益融资的比较、内部融资和外部融资的差异。

1. 债务融资与权益融资

债务融资是指利用涉及利息偿付的金融工具来筹措资金的融资方法,通常也就是贷款,其偿付只是间接地与企业的销售收入和利润相联系。如果对创业企业的债务结构进行细分,其主要可分为直接债务融资和间接债务融资两类。直接债务融资包括业主贷款或主要股东贷款、商业贷款、亲友贷款、内部职工借款、商业票据发行和债券发行。间接债务融资包括商业银行贷款、其他非银行金融机构贷款、融资租赁等形式。实际上,在企业发展的不同阶段,特别是创业企业成长的过程中,各种不同债务的融资便利程度是存在较大差异的,不同债务在不同阶段所起的作用也不相同。

权益融资无须资产抵押,它赋予投资者在企业中某种形式的股东地位,投资者分享企业的利润,并按照预先约定的方式获得资产的分配权。企业常见的权益融资方式有两种:一种是通过公开发行或私募发行的方式发行证券;另一种是通过企业内源性融资来获得,也就是把获取的利润不以红利的形式分配给股东,而是将其以股东权益的形式留存在企业内部,用以支持企业的长期发展。在市场经济中,任何创业企业都有其创始股东,同时也拥有权益资本。尽管股东有时候未直接参与日常的经营管理,但总有股东提供的资金在运作。

2. 内部融资与外部融资

从另一个角度来说,融资既可以是内部融资,也可以是外部融资。企业使用的资金最为常见的是内部生成的。企业有多种内部资金来源:经营的利润、出售资产的收入、流动资产的削减、支付项目的增加、应收账款的回收等。

资金的另一个来源就是企业的外部融资。外部融资的渠道各有利弊,我们要从资金可用的时间长短、资金成本以及公司控制权的丧失等多方面进行综合考虑,然后选择最佳的融资渠道。创业者在创业之初,对外部融资渠道的选择和利用是相当重要的。

(二)融资渠道的种类

融资渠道具体有以下几种。

1. 个人融资

所谓个人融资就是创业者自己出资或者从亲属、朋友那里筹集资金。创业者将自有资金投入到创业企业中有两方面的有利因素。第一,将尽可能多的资本投入到创业企业中可以增加自己所持有的股份,当未来企业的价值得到实现后可以获得更多的分红。第二,将个人资金投入到创业企业中可以对其他投资者形成一个良好的承诺,表明自己对创业企业的信心,可以使自己全身心地投入到事业中去。

2. 商业银行贷款

商业银行贷款是创业者通过向银行借款来筹集所需资金。这是创业者筹集固定资产投资,尤其是筹集流动资金的一种重要方法。商业银行贷款有其自身的特点:首先,银行贷款范围广、品种多。银行的贷款业务包括流动资金贷款、专项贷款、固定资金贷款等。一家银行不能承担的,可以组织银团贷款,品种多样,适用范围广。其次,偿还期灵活。商业银行贷款由于其频繁性,使银行与企业之间关系更紧密。贷款的期限有长期和短期之分，也有分期归还和一次性归还之分。这种期限上的灵活性，对于企业生产经营很重要。最后，资金成本低。银行由于享有"规模经济"的优势，能够把调查、分析等费用分散在大量的业务中，而且信息资料可以反复使用，因而降低了资金成本。在利用商业银行贷款的过程中，贷款银行、利息及期限的选择对企业的资金运用起着举足轻重的作用。所以企业向银行贷款必须做好周密的准备工作，严格按企业贷款融资的方式办事，并时刻注意可能出现的各种问题。

3. 中小企业互助机构贷款

中小企业互助机构贷款是指中小企业在向银行融资过程中，根据合同约定，由已设立的担保机构以保证的方式为债务人提供担保，在债务人不能依法履行债务时，由担保机构承担合同约定的偿还责任。从国外实践和我国实际情况来看，信用担保可以为中小企业创业和经营融资提供便利，分散金融机构信贷风险，推进银企合作，是解决中小企业融资难的突破口之一。

4. 风险投资基金

风险投资基金是指由专业机构提供的投资于极具增长潜力的创业企业并参与其管理的权益资本。投资者将创业资本投向新兴的、迅速成长的、有巨大竞争潜力的未上市公司，在承担风险的基础上为融资人提供长期股权资本和增值服务，培育企业快速成长，数年后通过上市、并购或其他股权转让方式撤出投资并取得高额投资回报。风险投资公司有很多种，大部分公司通过风险投资基金来进行投资，基金的使用由一些合作经营者经营管理，经营者只从利润中取得佣金。在美国，风险投资基金投资者还包括一些传统的金融机构、退休基金等。

5. 政府资助

有时候创业企业可以通过政府资助的方式获取部分资金，然而，一般产业领域的创业企业是很难申请到政府资助的，只有那些新兴产业、高科技产业比较容易受到政府的重视。政府资助的主要目的并不是盈利，而是为了启动各方面的资金，起到"四两拨千斤"的作用。因此，对新创的中小企业的资金需求来说，政府资助非常有限。

6. 发行股票

在股份制新创企业成立时，通常是通过发行股票筹集股东资本，企业靠购股者交纳的股金组建公司并开展业务经营。新创企业有两种组建形式：一种是由发起人发起成立，发起人要承购全部股票；另一种是通过招股来成立，发起人自购一部分股票，其余部分通过招股由其他人认购。新创企业筹集的这种资本是其自有资本，不必偿还，可以长期使用，它代表着公司的实力，对公司的发展有着举足轻重的作用。

7. 发行债券

企业债券代表债券持有人与企业之间是一种债权债务的关系。以发行债券的方式进行融资是在保持投资者资金所有权的条件下，把巨大而又分散的社会资金中的一部分集中起来，交给创业者进行有效的运用，以增强新创企业的活力。企业发行债券，既可以根据投资运营的不同需要，运用灵活多样的债券形式，筹集到大量的、可供长期使用的资金，又无须顾忌债权人对公司决策营运的参与、干预和控制，是企业可以有效运用的良好筹资方式之一。

8. 天使投资

天使投资是富有的投资者对具有创意的创业项目或小型新创企业进行的投资，天使投资对传统的投资方式进行了很好的补充。天使投资对于创业企业来说是最早介入的外部资本，即便还处于创业构思阶段，只要有发展潜力，就能获得资金，而其他投资者很少对这些尚未成形的项目感兴趣。天使投资人已经成为国内创业领域的重要组成部分。

9. 出售特权融资

出售特权融资是新创企业以一定的方式出售其生产或销售某种产品或服务的特权，以取得资金的一种筹资方法。通常，特权出售方应向卖方提供如下的无形资产：技术专利、诀窍、商标、商誉、顾客名单，以及其他咨询服务如经营指导、产品或服务开发等。买方要履行下列义务：按照卖方规定的标准进行生产和销售产品，提供服务，并预付一定量的资金，还要按照生产量或价格向卖方提交一定比例的利润。

出售特权融资不用花费任何成本、承担任何债务就可以取得资金，并且可以充分利用规模经济的优势，扩大企业影响，并迅速扩大市场占有率，但同时卖方企业失去了对专利、商标特权的绝对控制，需要提供有关的技术资料，并且买方的生产经营可能会影响卖方企业的市场和营利。出售特权合同一经签订，卖方企业很难收回特权。

三、创业融资的过程

（一）融资前的准备事项

在当今社会，虽然有些人拥有非常好的创意，却无法募集到创业的资金；有些人虽然自己没有创业的资金，却凭借敏锐的专业技能、强大的信息网络以及良好的个人信用和人脉关系，获得创业资金，实现创业的梦想，成就自己的财富人生。"老天永远青睐不断努力的人"，创业融资不只是一个技术问题，还是一个社会问题。所以在创业前如果做好了以下工作，会有助于创业融资取得成功。

1. 广结人脉

调查报告显示，如果一个人可以赚钱，那么其中 20%来自知识，80%来自人脉关系。现代关系理论研究表明中国社会是以个人为中心的社会关系网络，社会关系网络以自身为中心，以亲缘、地缘、业缘、物缘为纽带，就如同把一块石头丢在水面上所产生的一圈一圈的波纹一样，不断扩展。应基于正常的社会经济建立诸如师生、同学、朋友、同事等人际关系，这些关系在创业过程中会带来有用的信息和资源。

2. 拥有良好的个人信用

现在的市场是买卖双方公平的市场，信用是双方联系的桥梁，信用对国家、企业、个人来说都是一种珍贵的资源。创业融资时，信用同样具有重要的作用。创业最初的融资通常来自创业者的亲人、朋友和同事，如果口碑太差，信任度太低，那么融资难度就会增加。良好的个人信用不是在创业融资时迅速积攒的，而是需要创业者平时注重自己的道德修养，培养良好的信用意识。

（二）融资中的准备事项

1. 估算资本需求数量

每一个创业者在融资前都需要明确资本需求数量，换言之，资本需求数量的估算是融资的基础。对创业者来说，首先需要清楚创业所需资本的用途。任何企业的经营都需要一定的资产，资产以各种形式存在，包括现金、设备、原材料等。创业所筹集的资金就是用来购买企业经营所需的这些资产，同时还要保留足够的资金来支付企业的运行费用，如管理费用、员工的工资、企业税费等。

2. 展示创业计划

创业者必须尽可能地将自己的创业计划展现给投资者，如果条件允许，可带领投资者进行实地考察。在演示的过程中，双方可以进行深入的沟通，增加彼此的了解，增强投资者对新创企业或项目的投资信心。

（三）融资后的准备事项

1. 商务谈判

如果想获得投资，那么创业者在与投资者谈判时的表现极为重要。糟糕的商务谈判很难让创业者获得对方的支持，因此要做好充分准备，如果条件允许，可以找专门的谈判人士进行相关的咨询，学习谈判技巧。然后再考虑对方可能提出的问题，要表现出良好的精神状态和自信心。陈述时抓住重点、条理清楚，让对方感同身受。尽可能多地提供真实数据，使资金提供者明白自己在未来可以获得怎样的收益。

2. 签署文件

文件的签署标志着创业者与投资者双方合作的开始，并在法律关系上得到确认。在所签署的文件中应该明确：①双方的权利、责任和义务；②双方如何处理收益分配；③其他双方需要添加的内容。

第二节 创业融资计划书

一、创业融资计划书的编写

融资计划书，其实是一份说服投资者的证明书。投资者通过创业计划书就可以认识创业项目，除了创业计划书外，投资者往往需要融资者出具融资计划书，说明资金数量、资金用途、利润分配、退出方式等。在融资过程中，融资计划书显得很重要。

（一）融资计划书的内容

融资计划书包括以下内容。

（1）企业介绍：企业简介、企业现状、现有股东实力、资信程度、董事会决议。

（2）项目分析：项目的基本情况、项目来历、项目价值、项目可行性。

（3）市场分析：市场容量、目标客户、竞争定位、市场预测。

（4）管理团队：管理人员介绍、组织结构、管理优势。

（5）财务计划：资金需求量、资金用途、财务报表。

（6）融资方案的设计：融资方式、融资期限和价格、风险分析、退出机制。

（7）摘要：写在融资计划书前面。

融资计划书的内容很多与创业计划书雷同，但是侧重点不一样，融资计划书要侧重项目可行性分析、团队实力、股本结构、资金数量、资金用途、利润分配和退出方式。

特别要强调的是需要预测资本的需求量，创业者需要明确资金用途，然后估算资本需求量，相对准确地预计固定资本和运营资本的数量。创业融资计划是一个规划未来资金运作的计划，在计划中需要考虑长期利益和短期利益。首先，需要估算启动资金。启动资金包括企业最基本的采购资金、运作资金等，是企业前期最基本的投资。其次，预测营业收入、营业成本和利润。对于新创企业来说，预测营业收入是定制财务计划和财务报表的第一步。在市场调研的基础上，估计每年的营业收入。然后估算营业成本、营业费用、管理费用等。收入和成本都估算出来了，就可以估算出税前利润、税后利润、净利润。最后，编制预计的财务报表。预计利润表可以预计企业内部融资的数额，另外可以让投资者看到企业利润情况。预计资产负债表反映了企业需要外部融资的数额。预计现金流量表反映了流动资金运转情况，新创企业往往会遇到资金短缺或资金链断裂的问题。预计现金流量表就显得十分重要，但是影响预计现金流量的不确定因素太多，很难准确预计现金流，创业者可以采用各种假设预计最乐观和最悲观的情况。

（二）撰写融资计划书的步骤

撰写融资计划书有五个步骤。

（1）融资项目的论证。主要是指项目的可行性和项目的收益率。

（2）融资途径的选择。作为融资人，应该选择成本低、融资快的融资方式。比如说发行股票、证券，向银行贷款，接受入伙者的投资；如果你的项目和现行的产业政策相符，可以请求政府财政支持。

（3）融资的分配。所融资金应该专款专用，以保证项目实施的连续性。

（4）融资的归还。项目的实施总有个期限的控制，一旦项目的实施开始回收本金，就应该合理地偿还所融的资金。

（5）融资利润的分配。

二、创业融资计划书模板

（一）创业计划书摘要

创业计划书摘要，是全部计划书的核心，是指其他需要着重说明的情况或数据（可以与下文重复，本概要将作为项目摘要由投资人浏览）。

（二）业务描述

（1）企业的宗旨（200字左右）。

（2）主要发展战略目标和阶段目标。

（3）项目技术独特性（请与同类技术比较说明）。

（4）介绍投入研究开发的人员和资金计划及所要实现的目标，主要包括：

①研究资金投入。

②研发人员情况。

③研发设备。

④研发产品的技术先进性及发展趋势。

（三）产品与服务

（1）创业者必须对自己的产品或服务创意进行介绍。主要包括下列内容。

①产品的名称、特征及性能用途；介绍企业的产品或服务及对客户的价值。

②产品的开发过程；同样的产品是否还没有在市场上出现？为什么？

③产品处于生命周期的哪一段。

④产品的市场前景和竞争力如何。

⑤产品的技术改进和更新换代计划及成本，利润的来源及持续营利的商业模式。

（2）生产经营计划。主要包括下列内容。

①新产品的生产经营计划：生产产品的原料如何采购、供应商的有关情况、劳动力和雇员的情况、生产资金的安排以及厂房、土地等。

②公司的生产技术能力。

③品质控制和质量改进能力。

④将要购置的生产设备。

⑤生产工艺流程。

⑥生产产品的经济分析及生产过程。

（四）市场营销

（1）介绍企业所针对的市场、营销战略、竞争环境、竞争优势与不足，主要介绍产品的销售金额、增长率和产品或服务所拥有的核心技术、拟投资的核心产品的总需求等，

（2）目标市场，应解决以下问题：

①你的细分市场是什么？

②你的目标顾客群是什么？

③你的5年生产计划、收入和利润是多少？

④你拥有多大的市场？你的目标市场份额为多大？

⑤你的营销策略是什么？

（3）行业分析，应该回答以下问题：

①该行业发展程度如何？

②现在发展动态如何？

③该行业的总销售额有多少？总收入是多少？发展趋势怎样？

④经济发展对该行业的影响程度如何？

⑤政府是如何影响该行业的？

⑥是什么因素决定它的发展？

⑦竞争的本质是什么？你采取什么样的战略？

⑧进入该行业的障碍是什么？你将如何克服？

（4）竞争分析，要回答如下问题：

①你的主要竞争对手是谁？

②你的竞争对手所占的市场份额和市场策略？

③可能出现什么样的新情况、新发展？

④你的核心技术（包括专利技术拥有情况、相关技术使用情况）和产品研发的进展情况和现实物质基础是什么？

⑤你的策略是什么？

⑥在竞争中你的发展、市场和地理位置的优势所在？

⑦你能否承受竞争所带来的压力？

⑧产品的价格、性能、质量在市场竞争中所具备的优势是什么？

（5）市场营销，你的市场营销策略应该说明以下问题：

①营销机构和营销队伍。

②营销渠道的选择和营销网络的建设。

③广告策略和促销策略。

④价格策略。

⑤市场渗透与开拓计划。

⑥市场营销中意外情况的应急对策。

（五）管理团队

（1）全面介绍公司管理团队情况，主要包括：

①公司的管理机构，主要股东、董事、关键的雇员、薪金、股票期权、劳工协议、奖惩制度及各部门的构成等情况都要以明晰的形式展示出来。

②要展示你公司管理团队的战斗力和独特性及与众不同的凝聚力和团结战斗精神。

（2）列出企业的关键人物（含创建者、董事、经理和主要雇员等）。

（3）企业共有多少全职员工（填数字）。

（4）企业共有多少兼职员工（填数字）。

（5）尚未有合适人选的关键职位？

（6）管理团队优势与不足之处？

（7）人才战略与激励制度？

（8）外部支持：公司聘请的法律顾问、投资顾问、投发顾问、会计师事务所等中介机构的名称。

（六）财务预测

财务分析包括以下三方面的内容。

（1）过去三年的历史数据，今后三年的发展预测，主要提供过去三年的现金流量表、资产负债表、损益表以及年度的财务总结报告书。

（2）投资计划

①预计的风险投资数额。

②风险企业未来的筹资资本结构如何安排。

③获取风险投资的抵押、担保条件。

④投资收益和再投资的安排。

⑤风险投资者投资后双方股权的比例安排。

⑥投资资金的收支安排及财务报告编制。

⑦投资者介入公司经营管理的程度。

（3）融资需求

①创业所需要的资金额、团队出资情况、资金需求计划、为实现公司发展计划所需要的资金额、资金需求的时间性、资金用途（详细说明资金用途，并列表说明）。

②融资方案：公司所希望的投资人及所占股份的说明；资金其他来源，如银行贷款等。

③完成研发所需投入、达到盈亏平衡所需投入、达到盈亏平衡的时间、项目实施的计划进度及相应的资金配置、进度表。（略）

（七）资本结构

请说明你希望寻求什么样的投资者（包括投资者对行业的了解，资金上、管理上的支持程度等）。

（八）投资者退出方式

（1）股票上市：依照本创业计划的分析，对公司上市的可能性做出分析，对上市的前提条件做出说明。

（2）股权转让：投资商可以通过股权转让的方式收回投资。

（3）股权回购：依照本创业计划的分析，公司对实施股权回购计划应向投资者说明。

（4）利润分红：投资商可以通过公司利润分红达到收回投资的目的，按照本创业计划的分析，公司的股权利润分红计划应向投资者说明。

（九）风险分析

详细说明项目实施过程中可能遇到的风险，提出有效的风险控制和防范手段，包括技术风险、市场风险、管理风险、财务风险及其他不可预见的风险。

（十）其他说明

（1）企业成功的关键因素是什么？

（2）请说明为什么投资人应该投贵企业而不是别的企业。

（3）关于项目承担团队的主要负责人或公司总经理详细的个人简历及证明人。

（4）媒介关于产品的报道；公司产品的样品、图片及说明；有关公司及产品的其他资料。

（5）创业计划书内容真实性承诺。

本 章 小 结

本章共两节。第一节，首先论述了创业融资的含义和目的，接着介绍了创业融资的渠道与方式，最后叙述了创业融资的过程。第二节，首先阐释了创业融资计划书的编写，而后提供了创业融资计划书模板。通过本章的学习，可掌握创业融资的基本知识，使创业者能按创业融资的要求，规范化地做好创业的基础工作。

名词解释

融资

思考训练题

1. 简述融资方式与来源。
2. 简述具体融资渠道的选择。
3. 简述融资前、融资中、融资后的准备事项。
4. 简述编制融资计划书的内容。
5. 简述撰写融资计划书的步骤。

案例分析

益生堂医疗保健中心商业融资计划书

起草人：易德高

起草时间：2005 年 9 月 4 日

联系电话：(0571) 5678 1234

电子邮箱：abcd@xyz.com

1. 摘要

企业名称：杭州益生堂医疗保健中心（HealthyLife House, Ltd.）

互联网网址：http://www.HealthyLife.com.cn

注册资金：×××万元人民币

经营地点：杭州市高尚住宅区和中央商务区交界处

注册地址：杭州市市区

主要股东及其持股比例：

姓名　A　B　C　D

股份比例　45%　25%　20%　10%

职责：投资人、商业策划、业务管理、行政管理。

服务简介：为社会成功人士和企业白领提供康复医疗和传统医疗保健服务。

服务定位：一个上规模、上档次的大型社会医疗机构；服务人员全部为医疗类中专以上专业人士；营业环境明亮整洁；为政商界人士提供解除疲劳和社交的场地。

项目经营者：B 先生是出色的企业管理人才，有很强的策划能力；C 女士是本行业技术专家；D 先生是一位经验丰富、热情洋溢的行政管理人员。他们将分别担任新公司的总经理、技术总监和行政副总经理。

投资计划：本项目需要租用 500 m² 场地，首期投入××万元装修及设备费用，花费××万元的开办费，预留××万元的流动资金和风险备用金。全部投资为×××万元。预计开业后半年内达到盈亏平衡，一年半内收回全部投资。

2. 业务描述

项目以保健推拿为主，中医门诊和治疗推拿为辅，附设健身房和商务茶座，逐步增加其他与康复医疗和身心健康有关的业务。项目初期营业场所面积约×××平方米，要求装修高雅，环境明亮整洁。业务部门分为康复保健部和中医治疗部，所有的推拿技师均具有中医针灸推拿专业中专以上学历，并配备一至三名中医师。主要营业收入来自康复保健部。

目标消费群：生意人、旅游者、高级白领、广告人、休闲族。

消费水平：50～150 元/位/次

接待规模：30～50 人（逐步扩展到 50～200 人）

市场定位：高档次、中高价位、专业水平。

康复保健部业务介绍：

益生堂康复保健部是一个正规化、专业性的康复保健场所。由于现代都市人生活节奏快，竞争日趋激烈，工作压力加大，缺乏锻炼，用脑过度等，导致体力透支，身体常处于亚健康状态，出现颈椎、腰椎疾患及神经衰弱（如失眠、健忘）、烦躁、上火、内分泌失调、性欲减退等，中心康复保健采用历史悠久的传统医疗按摩法结合先进的保健设备，能迅速舒通经络、补肾强腰、消除亚健康。从而达到消除疲劳、增强体质、健美防衰、延年益寿的目的。

各类服务描述：（按业务开展前后顺序和初期重点排序）

*保健推拿

提供每次一至两小时的全身保健推拿。

*治疗推拿

对落枕、腰肌劳损、网球肘、颈椎病、急慢性扭伤等常见病用推拿、针灸、拔罐、理疗等方法进行治疗。为了使治疗效果更加理想，采用中药熏蒸、刮痧和穴位注射等辅助疗法。

*中医门诊

侧重与工作紧张和劳累有关的慢性病，如慢性胃病、失眠、腰肌劳损等。兼顾骨伤和运动系统的诊疗，适应病症包括腰间盘突出、膨出、脱出，腰椎滑脱，第三腰椎横突间综合征，腰肌劳损，腰肌筋膜炎，腰骶部韧带撕裂伤，腰背肌风湿征，梨状肌损伤综合征，骨质增生，坐骨神经痛，关节炎，膝关节滑膜炎，颈椎病，肩周炎，前斜角肌综合征，肋软骨炎，各部关节脱臼、错位，各部软组织损伤，半身不遂，斜颈，各部位神经痛，脑神经衰弱等病。

*健身室、商务洽谈咖啡（茶）座。

*健康药品：

各类保健药酒、药浴配方、养生药膳配料等。

*健康咨询：

运动处方、心理门诊。

业务发展远景：

在业务发展良好的情况下，将进一步规范企业管理和服务内容，建立连锁店。在医疗保健的核心业务的带动下，发展周边业务，包括药膳、保健药品、干洗服务、美容等。

3. 市场分析

*市场状况：

目前市面上足浴保健和桑拿按摩属于特种服务行业，这类服务多如牛毛，盲人按摩也很多，但是上档次、上规模的，既为顾客提供正规专业服务，又有明快舒适环境的保健按摩院却很少。市面上以中医为经营主业的也有不少，这类服务可以兼营治疗、按摩、针灸和药房，但以休闲和亚健康状态康复为主营业务的极少。在市区内目前尚未发现与本中心定位的经营手法相同的场所。

*客户的需求分析：

工作紧张，很多人处于亚健康状态，对此最好的治疗手段是中医康复疗法，主要是保健按摩。

商业交往过程中人们越来越倾向于到一些高雅的消费场所，而不是桑拿、洗脚乃至色情按摩场所。

团体的海外旅游者希望体验中国传统的康复疗法。

高档医疗中心将成为一个市场发展点。

顾客在接受按摩时，希望有一个舒适整洁的环境，相近行业的例子如高档美容美体中心。还有一些顾客喜欢在紧张的工作之余，找年轻人轻松地聊聊天，相近的行业如伴游伴聊服务。

*客户群的购买特点：

白领和商界人士讲究时间效率，80%的顾客居住或工作在距营业场所6公里以内，平均车程10分钟。

商业成功人士和外国旅游者有足够的消费能力，也愿意支付服务费。

商业交往过程中有人愿意出钱请人消费，而且这类消费场所又不至令人尴尬。

出于身心健康和工作的需要，顾客在接受保健服务之前可以先在本堂附设的健身中心锻炼身体，接受完保健服务后可以接着到附设的商务茶座聊天。

*估计业务量：

很难从市场需求或营销力度来推测业务量。如果初期聘用50个按摩技师，按每人每月工作25天、每天8小时，每人每天营业额200~400元人民币计算，每月营业收入为25万至50万元人民币。

*服务导入市场的可能障碍及克服办法：

前期服务导入的障碍主要是缺乏知名度；克服办法是到商业大厦和成功人士聚会的地方散发传单，还可以发放打折优惠会员卡。

4. 管理构架

*组织结构（略）

总经理 B 先生负责财务和企业战略发展管理。

业务总监 C 女士负责操作规范业务培训、技术质量监督和新业务开发管理。

副总经理 D 先生负责公关、人事和行政管理。

*主要合伙人：

A 先生

天使投资人，有多次创业成功的经验，与商界有广泛的联系。

B 先生

中山大学经济学学士，中欧管理学院 MBA。曾在医疗行业工作，有企业营运和会计方面的工作经验。

C 女士

北京医科大学针灸推拿中医本科毕业，有中医主治医师资格证书，中华康复医学协会理事，有 6 年医疗康复行业经验。

D 先生

复旦大学人力资源专业本科毕业，多年日资企业行政管理经验，浙江大学业余 MBA 课程在读。

上述团队成员均在自己的领域有多年的工作经验，相识多年，专长和能力互补，这样的组合成为本中心成功的保证。

*工资福利和激励机制：

按摩技师在头一个月培训期间按底薪 600 元计算，以后按业务量提成。

技师提成比例按业务量和年资分成多个档次，分别在 15%～35%，年资越高、业务量越大，提成比例越高。

办公室人员和其他辅助人员拿固定工资，按职位和年资确定工资等级，并根据企业效益派发奖金。

经营管理人员按行业相同水准领取工资，合伙人按股份分红。分红和奖金每季度计算发放一次。

5. 业务计划

*经营策略：

走高档路线，强调服务环境和服务质量，保证服务的规范性，价位比类似服务高 50%。

康复中心将全年开放，每天开放 14 小时。为满足喜欢锻炼和需要商务洽谈的顾客的需要，康复中心将附设一个健身中心和一个商务茶座。

与杭州市中医医院结成战略联盟，互相推荐顾客，经常进行业务交流。

采取会员优惠制度，通过会员服务加强宣传和培养忠实客户群。

我们将观察全国和本地区的变化趋势，及时提供新的服务项目来保持顾客的兴趣。

广告口号：带着青春的笑容和饱满的精神走出来。

促销战术：团体客户发放优惠会员打折卡（5～7 折）。到附近商业写字楼推销 8 折优惠会员卡和一次性免费卡。通过当地报纸进行软性宣传。

*经营地点选择：

本康复中心选址在杭州市中心商务区和高尚住宅区之间某商业中心大厦二楼，租金便宜、有预备发展空间，店面附近人流量大、有泊车位。经营地址附近人口增长迅速、人群收入高，而且该地区人们对康复休闲活动有较大的潜在需求。据最新统计，在中心商务区工作的白领和商业成功人士有15万，他们的平均年龄是34岁，平均月收入是4000元；高尚住宅区有常住人口25万，平均年龄是32岁，平均家庭收入是全市平均值的2.4倍。这样的人群基础为本中心提供了足够的潜在客户源。

*人员计划：

康复中心预计第一年需要招聘7名行政及后勤人员，6名健身中心和商务茶座服务人员，45名保健医师，1名康复及健身指导，3名治疗医师。他们的工资根据不同职位将在每小时8元至20元之间，另加各种福利（如医疗、人寿保险等）及免费家庭会员证；工作满一年以上者，每年可享受两周假期。

*法律及保险事务：

领取医疗保健中心的营业执照必须有从业主治医师和针灸师的资格证书和卫生局的审批证书，无须公安局特批的特种行业服务许可。

为了保证经营的性质和业务范围符合政策和法律的规定，本中心聘请专业律师担任常年法律顾问。本中心将通过保险公司购买资产保险和商业意外保险，保证赔偿由于意外事故而造成的固定资产或现金损失。为了防止意外事故而造成顾客伤残所引起的法律诉讼，还将购买一般责任保险。同时中心管理人员会采取有关预防措施，向雇员提供适当指导，给予必要的警告，并与会员顾客签署无责任条款合同等。

*业务计划实施时间表和价目表（略）

6. 竞争及风险分析

*同类机构状况及替代产品与服务：

机构类型和特点

中医保健诊所——规模小、经营环境不佳。

大型保健按摩中心——在大城市逐渐普及，牌照难拿，将来两年盈利行业。

桑拿按摩——由于政府整顿，行业整体走下坡路。

洗浴中心——属于较低端的消费。

足浴——良莠不齐、竞争激烈、难上档次。

盲人按摩——渐渐普及、难上档次，不能满足聊天类及商务类顾客的需求。

康复医院——面向严重病患者，过于专业化，不具有休闲性质。

*进入壁垒/潜在的竞争加入者：

领取中医保健中心的营业执照必须有从业中医师和针灸师的资格证书和卫生局的审批证书。在经营过程中，需与政府相关管理部门保持良好关系。进入这一行的技术壁垒并不高，对于中低端足浴及按摩中心，壁垒在于特殊服务行业的营业执照；高端中医康复保健中心的进入壁垒在于营业牌照的申领和服务管理的水平。还将通过连锁服务加强竞争力。

*风险分析：

政府政策：类似政府对桑拿按摩场所要求装修间隔，这种可能性不大，因为我们的业务是纯医疗康复性质的。也有可能政府对医疗类企业采取更严格的控制管理政策，如此则可能导致成本费用增加或客源流失。

人员流失：这一行人员的平均工作年限是 3～5 年，员工的忠诚度较低。解决办法是按年资提高员工收入，为老员工提供较好的福利待遇，通过开设分店的形式让出色的员工有晋升机会。如果中心经营得好，员工跳槽将面临业务提成降低的风险。

市场变化：过几年又不知道时兴什么消费。但是人们生活越来越舒适，对健康和休闲的消费需求会越来越高，本中心将根据市场变化调整业务和经营方式。

技术失误：从事本行业一定要讲职业道德，不能说为了赚钱就称自己什么都行，耽误了病情可是大事。客人有的患有骨质疏松、骨结核等症，不宜按摩。

成本增加：预料不到的税费、租金增长等。这种可能性很小。

资金周转困难：初期投资不到位；开业后宣传推广不利，导致门可罗雀。可能性极小。

7. 财务分析

*经济效益分析：

初期（开业半年）费用预算表（略）

现金流效益预测（略）

投资回报：按保守估计，首期投入资金约 60 万元人民币，正式开业后半年内达到盈亏平衡，一年半内收回投资。如按乐观估计，投资不超过 50 万元，开业后半年回本。（具体计算略）

税务安排：营业税按服务行业 5% 计算，所得税按 30% 计算。

8. 资金的筹集与权益分配（略）

资料来源：姚凤云. 创新与创业管理[M]. 北京：清华大学出版社，2017.

课后实训：请按创业融资计划书的写作要求撰写一份创业融资计划书。

第十二章

创业计划书

学习要点及目标

通过本章的学习，认识创业计划书的作用和类型，弄清创业计划书的总体框架；了解创业计划书正文的内容架构，熟悉创业计划书的撰写过程；了解创业计划书的展示的有关问题。

引导案例

罗小姐的"午睡店"的创业计划

在罗小姐开办"午睡店"之前，她花费了整整一年的时间做市场调研。白天，她作为一名职员在一家会计事务所工作，晚上利用自己休息的时间潜心准备周到细致的创业计划。她与潜在的顾客交谈，认真研究一些重要信息，学习关于经营店面的一切知识。经过不懈的努力，罗小姐终于制订了一份创业计划，这份创业计划较详细地描述了她所希望的"午睡店"的架构。而且在制订创业计划的过程中，罗小姐理清了运作思路，即"午睡店"能为消费者提供什么、如何建立自己企业的信誉以及如何盈利等。最终她有了自己的店面。周密的计划加上潜心的经营，小店自开张以来效益蒸蒸日上。目前她准备实施第二步创业计划，再开几家连锁店。用她的话说："我经营午睡店的核心思想和目标，从来没有偏离过当初制订的那份创业计划。那些数字就像大多数创业计划中的数字一样，虽然不是很准确，但它可以确保一切工作都能按照预期的方向进行。"

资料来源：姚凤云. 创新与创业管理[M]. 北京：清华大学出版社，2017.

第一节　创业计划书的作用和类型

一、创业计划与创业计划书

当创业者选定了创业目标，在资金、人力、市场等各方面的条件都基本具备或已累积了相当实力的时候，编写一份完整的创业计划书可使创业者更加明确新创企业的经营思想，客观评估自己的优势和劣势，仔细考虑创业的目的和手段，起到"磨刀不误砍柴工"的作用。

（一）相关概念

1. 创业计划

创业计划（business plan），又称商业计划，是创业活动的重要组成部分。可用来描述与特定商业活动相关的所有内部要素及外部条件，是对特定商业活动详尽筹划后的系统描述。它主要用于向投资方和创业投资者说明公司未来的发展战略与实施计划，展示自己实现战略和为投资者带来回报的能力，从而取得投资方或创业投资者的支持。

创业计划不仅要建立未来的目标，还应该列出创业企业想要达成目标所需的战略战术行为、人力资源与财务资源等。创业计划的价值在于对决策的影响，创业计划将促使创业项目的开展具有计划性、针对性和条理性，增加创业项目成功的概率。通常情况下，创业计划是各项职能计划如市场营销、财务、生产、人力资源计划的综合，为创业经营过程中制定决策提供依据和指导方针，也为衡量业务进展情况提供标准。它将回答这样的问题：目前我们在哪里？我们将去哪里？

一般来说，以任何形式融资的创业者都需要制订创业计划。因为商业理念本身对于任何一个有能力和有经验的商人来说或许是可行的，但对于一个初涉市场的创业者来说，则需要考虑这些问题：自己是否真正具备取得成功所不可或缺的技能？自己有没有相关产品或服务的背景知识？是否了解市场？有没有销售经验？懂不懂得怎样管理员工，如何授权？是否具备会计记账和信用控制所必需的财务技能？等等。创业计划不仅可以作为向风险投资家游说以取得创业投资的依据，同时也可以让创业者比较客观地分析创业的主要影响因素以及自己所具备的条件，使创业者保持清醒的头脑，并将创业计划作为创业者的创业指南或行动大纲。有了合理的创业计划，才能明确创业的方向，吸引创业的资源，凝聚创业的团队，实现更好的融资，甚至获取政府的支持。

创业者在进行创业活动时之所以需要一个详尽的创业计划，主要是基于以下几点。

（1）明确创业方向。创业计划是创业者事业的蓝图，有了明确的创业计划，创业者才不至于迷失创业方向；在受到干扰或挫折时，也不至于乱了创业活动的节奏和进程。

（2）凝结创业团队。当今社会，创业需要团队的努力，仅靠单个创业者的奋斗是不可能获得创业成功的。而有效的创业计划可对吸引新的创业团队成员起到"诱饵"的作用，将为既成的创业团队指明努力的方向，成为创业团队沟通的"工作语言"，成为凝聚团队力量的有效工具。

（3）吸引创业活动所需的资源。客观上，创业者不可能拥有特定创业活动所需的所有资源。要想获取他人掌握的资源，或争取他人的资源支持或投入，就要在供给者与创业者之间架起桥梁，让供给者了解、信服创业者的创业思路。

（4）争取政府的支持。在我国，大量创业活动都离不开政府的支持。要让政府支持创业者的创业活动，就必须借助人际沟通和完整的创业计划，使政府了解创业者的创业思路及其所需的具体支持方式。

2. 创业计划书

创业计划书是创业计划的书面化。它是用通用的标准文本格式写成的项目建议书，是集新产品、新项目的功能、规划、市场营销介绍及计划于一体的项目融资推广书，也是高新技术的拥有者向风险投资者或普通投资者推广项目或产品的市场计划书。随着知识经济的兴起，创业计划书逐渐成为一种新兴的投资应用文体，编制创业计划书的目的是吸引投资人的投资，从而获得创办企业所需要的资金和资源。

创业计划书是企业融资成功的武器。在市场经济中，风险投资者对资金申请者的资格审查主要是通过审查创业计划书来进行的，因为一般情况下风险投资者的投资方式属于被动投资，他们并不直接参与企业的经营管理，此时创业计划书就成了他们考虑投资有无保障的重要参考文献。为使投资人充分信任创业计划内容的真实性、可靠性，创业计划书一般是由具有很高信誉的中介机构协助创业者制订的。

创业计划书不仅是企业融资成功的武器，还是企业项目管理与经营的基本工具。一份好的创业计划书可以使创业者明确自己的战略目标，在创业者确定了创业目标后，就必然会引出下面的问题，即"如何实现这一目标？"因此创业者就要对创业计划的核心，即财务、经营运作、市场营销和管理控制进行考察与阐述。同时创业者还要考虑创业项目的可行性，必然又引出另一个问题："的确，这听起来是个很不错的项目，但是你为什么认为它是可行的？"预感、直觉、固有的信念都无法确保一个创业项目切实可行。因此，回答这个问题需要给出一些更具体的东西以增强其说服力。可行性涉及方方面面的分析与思考，包括市场分析与细分、可行性研究、对预期销售额和利润率的估计、盈亏平衡分析、日常供应的可得性、能否得到充足的营运资本以及能否雇到得力员工等。而创业计划书将涵盖这些问题的所有答案。

对初创的企业来说，创业计划书的作用尤为重要。一个酝酿中的项目，往往很模糊，通过制订创业计划书，把正反理由都写下来，然后再逐条推敲，这样，风险企业家就能对这一项目有更清晰的认识。从国外风险投资发展的经验来看，创业者是否有良好的创业计划书，对于能否成功地吸引风险投资是极为关键的。

（二）创业计划书的作用

创业活动在促进社会经济不断创新与成长过程中扮演着关键角色。但新创事业的风险性往往很高，如何预测创业成败，进而于事先加以有效规划与控制，来提升创业成功的概率呢？创业计划书可以为新创企业指明比较具体的方向，从而使创业团队了解企业的目标，并激励他们为共同的目标而努力。更重要的是，它可以使风险投资者以及供货商、销售商等了解企业的状况和目标，说服风险投资者为新创企业提供资金。

具体来讲，创业计划书有以下重要作用。

（1）制订创业计划是使创业者集中精力思考问题的一个有效方法。经历了这个过程之后，创业者就能够明确目标，并对自己组建经营企业的能力进行一番评估；同时，创业者在进行大规模投资之前也可以利用制订创业计划这一过程检验创业项目的可行性。企业在创建或兼并之前一般都要准备这样的创业计划。

（2）创业者通过制订创业计划，确定具体的目标和参数，并以此为尺度衡量业务的进展与盈利性。这种计划同样也是创建或兼并企业首先应做的工作，而且构成了企业可持续经营过程的一部分。

（3）资金对于一个企业的成长和发展尤为重要，但是由于能够完全自筹资金的创业者相对较少，大多数创业者面临的一个问题就是外部融资。对于创业者来说，是否有一份好的创业计划就决定了新创企业的将来。

二、创业计划书的类型

创业计划书可以从不同角度区分为不同的类型，下面我们将按创业计划书的编写目的和创业计划书的结构及篇幅来对创业计划书进行分类。

（一）按创业计划书的编写目的分类

1. 争取风险投资的创业计划书

在编制这类创业计划书时，可能已经存在一家公司，也可能是需要得到这笔风险投资去建立另外一家公司。这类创业计划书通常包括以下几部分内容：

①计划概述；②产业背景和公司概述；③市场调查和分析；④公司战略；⑤项目总体进度安排；⑥关键风险和问题；⑦管理团队的组成；⑧企业经济状况；⑨财务预测；⑩假定公司能够提供的利益。

2. 争取他人合伙的创业计划书

要争取与他人合伙，就必须将自己的创业思路告诉给他人，达到心理上的高度沟通与信任。这类创业计划书一般包括以下几个部分：

①创业机会及其商业价值描述；②新创企业拟提供的产品或服务以及可能的用户群；③可能的市场竞争与拟采取的市场策略；④可能的市场收益；⑤可能遇到的风险及对策；⑥希望别人以怎样的方式参与；⑦将给新进入者哪些利益。

3. 争取政府支持的创业计划书

过去，个人或机构要开展某项商业活动，如希望得到政府支持，就必须研究、编制、提供一个可行性报告。而现在，政府和相关机构希望个人或商业机构提供的可行性报告已越来越类似于一个创业计划书。这类创业计划书一般应包括以下部分：

①总论；②团队情况；③产品的市场需求预测；④项目的技术可行性；⑤项目实施方案；⑥投资估算与资金筹措；⑦项目效益分析；⑧项目风险及不确定性分析；⑨关于项目可行性的综合结论；⑩希望政府给予的具体支持。

（二）按创业计划书的结构和篇幅分类

1. 略式创业计划书

略式创业计划书包括企业的重要信息、发展方向以及少部分重要的辅助性材料，是一种比较简略、短小的计划书。略式创业计划书的篇幅在 10～15 页。一般来说，略式创业计划书主要适用于以下几种情况：一是申请银行贷款；二是创业者享有盛名；三是试探投资者的兴趣；四是竞争激烈、时间紧迫。

2. 详式创业计划书

在详式创业计划书中，创业者必须对整个创业思路做一个比较全面的阐述，尤其应对计划书中的关键部分进行较详细的论述。详式创业计划书的篇幅在 30～40 页，通常会附有 10～20 页的辅助性材料。详式创业计划书主要适用于以下两种情况：一是详细解释和探索企业的关键问题；二是寻求大额的风险投资。

第二节　创业计划书的内容、写作与展示

一、创业计划书的总体框架

（一）封面

创业计划书封面部分一般应呈现以下内容。①编号；②保密等级：秘密（机密、绝密）；③标题：×××公司（或××项目）创业计划书；④落款：公司名称；⑤时间：××××年××月××日。

其中，标题应体现核心主题，使人一目了然；保密等级表明商业项目的保密程度；编号体现档案管理水平。

封面是创业计划书的"脸面"，最好单独成页。此外根据项目内容和阅读对象的不同，封面可以适当包装，例如，加硬皮封面或塑料封皮等，以体现创业者对项目和阅读者的重视以及自身的实力和风格。一般而言，计划书封面设计应简洁大方，以不加图案为宜，但对于已有某种成果或具体规划图案的项目，也可以将图案作为封面背景，以凸显主题。

（二）扉页

扉页部分主要有上下两部分内容：上半部分提出保密要求，或提供机构简介（便于阅读者对机构进行初步的了解），这些内容可根据具体情况进行适当的修改或删除，也可省略不写；下半部分提供机构的联系方式，例如机构名称、地址、网址、邮编、负责人或联系人的姓名、电话、传真等信息，以便阅读者（投资者、合作者）调查核实公司情况并及时与策划者取得联系。

（三）目录

有的策划者出于节省成本或自身方便的考虑，常常在创业计划书中省略目录，实际上在很多时候尤其是计划书页面较多的情况下，这种做法往往会给阅读者带来很多麻烦，而且不利于他们迅速把握计划书的内容。所以在一般情况下，策划者应尽量为自己的计划书配上详细目录。

（四）正文

正文是整个计划书的核心，一般而言，这部分应该包括以下内容：①概述；②产品与服务；③产品制造；④市场分析；⑤市场营销；⑥管理团队；⑦财务管理；⑧风险控制。

（五）附录

附录有附件、附图、附表3种形式，主要内容有：①公司相关的资质材料。例如营业执照复印件、公司章程、经营团队名单及简介、产品说明书和相关材料、产品专利相关材料、宣传材料等。②生产、技术服务相关的技术资料。如设备清单、产品目录、工艺流程图、技术图纸与方案等。③市场营销的相关资料。例如主要客户名单、主要供应商和经销商名单、市场调查和预测资料、产品相关资料等。④财务相关资料。如各种财

务报表、现金流量预测表、资产负债预测表以及公司利润预测表等。

二、创业计划书正文的内容架构

（一）经营计划概要

这部分主要说明资金需求的目的，并摘要说明整份计划书的重点，目的是引起投资者进一步评估的兴趣。其主要内容如下：①企业名称与经营团队介绍；②申请融资的金额、形式、股权比例及价格；③资金需求的时机与运用方式；④未来融资需求及时机；⑤总计划成本与预算资本额；⑥整份计划书重点摘要；⑦投资者可期望获得的投资报酬。

（二）企业简介

其主要内容有：①企业成立时间、形式与创立者；②企业股东结构，包括股东背景资料、股权结构；③企业发展简史；④企业业务范围。

（三）组织与管理

其主要内容有：①经营管理团队背景资料、专长与经营理念；②企业拥有的成功经营经验与优势的组织管理能力；③企业的组织结构，以及未来组织结构的可能演变；④人力资源发展计划，包括各职能部门人才需求计划、薪资结构、员工分红与认股权利、招募培训人才的计划等。

（四）产品与产业

其主要内容有：①产业环境与发展历史；②产品的发展阶段（包括创意、原型、量产）、开发过程，是否已具有专利；③产品的功能、特性、附加价值，以及具有的竞争优势；④企业产品与其他竞争性产品的优劣势比较。

（五）市场分析

其主要内容有：①明确界定产品的目标市场，包括销售对象与销售区域。②过去、现在以及未来的市场需求与市场成长潜力。③过去、现在以及未来的市场价格发展趋势。④说明过去、现在以及未来的公司销售量、市场成长情形、市场占有率变化情形；主要市场顾客的特征，其接受公司产品的事实依据，以及该产品对顾客的价值。⑤说明市场上主要的竞争者，包括竞争者的市场占有率、销售量、排名，彼此的优劣势与绩效，以及应对策略（包括价格、品质或创新等）。若尚无竞争者，则分析未来可能的发展和竞争者出现的概率。⑥说明其他替代性产品的情形，以及未来因新技术发明，而威胁到现有产品的可能性与后果，并提出对策。

（六）行销计划

其主要内容有：说明现在与未来五年的行销策略，包括销售与促销方式、销售网络的分布、产品定价策略，以及不同销售量水平下的定价方法；说明销售计划与广告的各项成本。

（七）技术与研究发展

其主要内容有：①说明产品研发与生产所需的技术来源，以及技术与生产团队的专长与特质；②说明技术特性与应用此技术所开发出来的产品，技术研究所具有的竞争优势与利益，以及未来的发展趋势；③说明企业的技术发展战术，包括短、中期计划，技术部门的资源管理方式，以及持续保持优势的策略；④说明未来研究发展计划，包括研究方向、资金需求和预期结果。

（八）生产制造计划

其主要内容有：①建厂计划，包括厂房地点、设计，以及所需时间与成本。②制造流程与生产方法。③物料需求结构、原料、零组件来源和成本管理。④品质管理方法，包括优良品率的假设。⑤委托外制与外包管理情况。⑥制造设备的需求，包括设备厂商与规格功能要求。⑦产品各项固定成本与变动成本，以及详细生产成本的预估。⑧生产计划，包括自制率、开工率、人力需求等。

（九）财务计划与投资报酬分析

其主要内容有：①公司过去财务状况，包括过去五年期间的资产负债表、利润表的比较，以及过去融资的来源与用途；并提供财务分析统计图表，指出统计图表异常处，同时也应说明所使用的会计方法。②提供融资后五至七年财务预估。编制的原则是第一年的财务预估须按月编制，第二年按季编制，最后三年按年编制；并且应说明每一项财务预估的基本假设与会计方法。③上述财务预估应包含资产负债表、利润表、现金流量表、销货收入和销货成本预估表（包含销售数量、价格与总成本、收入金额）。④提供未来五年损益平衡分析（或敏感性分析）和投资报酬率预估。⑤说明未来融资计划，包括融资时机、金额与用途。⑥若是成熟期公司，应附上公司股票公开上市的可行性分析。⑦说明投资者回收资金的可能方式、时机，以及获利情形。

（十）风险评估

此部分旨在列出可能产生的风险因素，并估计其严重性发生的概率，且提出解决方法。进行风险分析是为确认投资计划附随的风险，并以数据方式衡量风险对投资计划的影响，目的是向投资者说明风险的应对策略。

（十一）结论

此部分综合前面的分析与计划，说明企业整体竞争优势，并指出整个经营计划的利基所在，尤其应强调投资方案可预期的远大市场前景以及对于投资者可能产出的显著回报。

（十二）证明资料

其主要包括：①附上能够证实前述各项计划的资料；②附上详细的制造流程与技术方面资料；③附上各种参考体的佐证资料。

此结构为一般结构，供创业者们在编制创业计划书时作为参考模板，也可根据实际创业项目和内容进行增减。

三、创业计划书的撰写过程

从根本上讲，撰写创业计划书是一个展望项目的未来前景、细致探索合理思路、确认实施项目所需的各种必要资源、寻求所需支持的过程。需要注意的是，并非所有创业方案都要完全包括全部内容。创业者一般会按照以下步骤撰写创业计划书。

（一）经验学习

关于经验学习，主要包括以下内容。

（1）创业团队：包括技术人才和管理人才在内的具有综合性技能的团队。组建起来的团队成员每人都能力十足，堪称创业家，同时又能灵活、协调、有效地工作，这是创业成功的重要保证。

（2）盈利模式：新创企业不仅需要一项新发明，还要开发出一种营利模式，以清楚地阐明是谁、为什么、在哪里、什么时间以及如何实行等关键问题。技术方面的内容不论如何具体，都不能取代清楚明确的市场营销方案。

（3）分析顾客：要明确说明哪些人是顾客，他们如何能够从你的产品或服务中得到好处。

（4）分析竞争对手：认真分析与自己的竞争对手相比，自身优势何在。展示自己有能力获得一种持续的、有竞争力的优势，例如能够设置市场进入障碍，或是拥有自主知识产权，使对手们无法夺取你的市场。

（5）写作要求：文字要直接、中肯，要花费足够的时间和精力来撰写你的创业方案摘要和创业计划书全文，要严肃认真对待。

（6）创业计划可行性：制订创业计划和进行时间安排时一定要有理有据、实事求是，注意方案的可行性和实用性。

（二）创业构思

作为创业者，应该对以下问题进行认真思考。

（1）市场机遇与开发谋略。市场面临何种需求？应该以什么产品或服务来满足这些需求？产品或服务的潜在销售额是多大？如何实现这些销售额？如何找到产品或服务的顾客？

（2）产品与服务构想。产品或服务如何能够满足真正的顾客需求，帮助他们解决实际问题？如何销售自己的产品或服务？如何撰写产品或服务的简介，以便向潜在顾客展示？

（3）竞争优势。你的竞争对手是谁？与竞争对手相比，你的产品或服务在外观设计、生产成本、上市时间、战略联盟、技术创新、环境和谐、同类兼容等方面，有何优势？

（4）创业团队。说明每个人在创业团队中承担何种角色及相关背景。在团队的组织方面，要注意选对人。团队的组成者不一定是"最优秀"的，但一定是"最合作"的。合作精神是一个团队形成、发展的前提。

在创业的构思方面，要有创新。包括新的产品或者产品的新用途、新的生产方法、新的市场、原料或半成品的新的供给源、新的企业组织形式等。作为创业计划来讲，应当发现市场中没有的、紧缺的获利机会，进行创新。如可以开发一套软件系统，使顾客可以在传统的大型百货商店中通过电子网络采购，用网络弥补商场大而不方便的缺点，实现真正的休闲购物。这是企业在组织形式上的创新。

（三）市场调查

市场调查是编写创业计划书的一个重要环节。通过市场调查，可以对产品与行业特点、市场供求关系、行业竞争状况、市场容量和增长潜力等有关方面进行了解，为创业计划书的编写提供必要的资料和依据。

（四）方案起草

起草方案要注意以下几点。

（1）阐述市场目标与战略。这是创业方案中的第一个重要部分，这部分要以顾客分析和竞争对手分析的基本事实为出发点，利用创业方案大纲作为考虑问题的框架，用1～2页的文字尽可能将市场目标和战略等问题分析细致透彻。用统计方法分析市场机遇，阐述抓住机遇能获得的成就，以及为实现目标应采取的战略细节。此外，还可以附录市场展望依据，如顾客建议、调查资料、产品或服务的推广数据、报刊文摘、产品规格等。

（2）介绍团队。撰写2～3页的文字，重点说明你的创业团队有能力实施此项目，再分别说明各成员专业技能与有关背景。此外，要用专门的一页细分团队中各成员作为创业者在该企业中所占股权的百分比。

（3）财务预算。要对此项创业进行全面的财务预算，包括用人民币计量的整个新创业务的价值。要注明财务预算所基于的所有假设条件。整个财务预算要与创业的创收创利指标一致，要符合创业谋略的要求。因此，需要通盘考虑实现创业所需的具体投资内容。

（4）创业方案全文。写好全文，加上封面，将整个创业要点抽出来写成摘要，计划好创业活动的下一步安排，简要评估关键性风险及风险化解思路。并按下面的顺序将全套创业方案排列起来：市场目标与战略、经营管理、经营团队、财务预算、其他与读者有直接关系的信息和材料，如企业创始人、潜在投资人，甚至家庭成员和配偶。

（五）修饰阶段

首先，根据方案的重点，把最主要的东西做成摘要，放在前面。其次，认真检查，不要出现错别字之类的低级错误，否则风险投资者会对你做事的严谨态度产生怀疑。最后，设计一个漂亮的封面，编写目录与页码，打印、装订成册。

（六）检查阶段

在创业计划书写完之后，创业者要对计划书检查一遍，看一下计划书是否能准确回答风险投资者的疑问，树立风险投资者对新创企业的信心。

创业者应该从以下几个方面对计划书加以检查。

（1）创业计划书是否显示出创业者具有管理公司的经验。如果创业者缺乏能力管理公司，一定要明确地说明，会由雇用的经营大师来管理新创的公司。

（2）创业计划书是否显示出创业团队已进行过完整的市场分析。要让投资者坚信在计划书中阐明的产品需求量是属实的。

（3）创业计划书是否显示了创业者有能力偿还借款。要保证给预期的投资者提供一份完整的比率分析。

（4）创业计划书是否有计划摘要。计划摘要相当于公司创业计划书的封面，为了引起风险投资者的兴趣，计划摘要应写得引人入胜。

（5）创业计划书是否容易被投资者所领会。为了方便风险投资者查阅，创业计划书应该有索引和目录，并且保证目录中的信息流是有逻辑性和现实性的。

（6）创业计划书能否消除风险投资者对产品或服务的疑虑。如果有必要，可以准备一件产品模型。

（7）创业计划书是否在文法上全部正确。最好请专业人士检查一下，不要出现拼写错误和排印错误，否则会使创业者丧失机会。

创业计划书撰写的每一个环节都决定着创业计划书的质量，进而影响筹资的成功与否。因此，如果对撰写创业计划书缺乏信心，那么在撰写创业计划书时，最好查阅一下创业计划书编写指南或向专门的顾问请教。

四、创业计划书的展示

（一）创业计划书的展示技巧

1. 展示创业计划书的原则

创业计划书的展示是与投资人沟通的一个重要环节。因此，在与风险投资者会面之前，创业者一定要做好充分准备，并严格守时。一般来讲，创业者在展示创业计划书时应遵循一些基本原则。

（1）开门见山，打动人心。展示创业计划书时一定要开门见山地切入主题，用简洁、真实的语言描述创业计划书，并表达出你的想法，不在与主题无关的内容上浪费时间。

（2）注意细节，自信诚恳。尽可能多搜集相关资料，对于市场前景、竞争优势、回报分析、退出策略等要从多角度加以分析和总结，对于可能出现的困难或问题要有足够的认识和预测，强调项目的可行性，用自信诚恳的态度赢得风险投资者的信任。

（3）脉络清楚，条理分明。尽可能按照创业计划书的标准格式设计创业计划书，这样能够使条理更清楚。要有清楚的脉络，以便随时对风险投资者提出的问题作出明确的回答。

2. 展示创业计划书的技巧

创业者在向风险投资者展示创业计划书时，为了提高效率和突出重点，通常用幻灯片的形式来展示。一般来说，创业者向风险投资者展示创业计划书只需使用 10～15 张幻灯片。展示创业计划书的关键点以及陈述技巧如下。

（1）新创企业。用 1 张幻灯片迅速说明新创企业概况和目标市场。

（2）机会（即尚待解决的问题和未满足的需求）。这是陈述的核心内容，最好用 2～3 张幻灯片。

（3）解决方式。解释新创企业将如何解决问题以及如何满足需求，这部分内容需要 1～2 张幻灯片。

（4）管理团队。用 1～2 张幻灯片简要介绍每个管理者的资格，突出管理团队的优势。

（5）知识产权。用 1 张幻灯片介绍企业已有的或待批准的知识产权和专利。

（6）行业、目标市场和竞争者。用2~3张幻灯片简要介绍企业即将进入的行业、目标市场及主要竞争者，并详细介绍企业如何与目标市场中的现有企业展开竞争。

（7）财务。用2~3张幻灯片简要陈述财务规划，重点强调企业的预计现金流量表、预计资产负债表和预计损益表。

（8）退出战略。用1张幻灯片说明需要的资金数目及计划中的退出战略。

（二）展示创业计划书应避免的错误

创业者在向风险投资者展示创业计划书时应避免以下常见的错误。

（1）内容繁杂，重点不突出，因准备的幻灯片过多而不得不在规定时间内走马观花地陈述完。

（2）口头陈述超过了规定时间，从而违背事先的安排。比如，如果投资人总共给创业者1小时的面谈时间，包括30分钟的陈述和30分钟问答，那么，口头陈述就不能超过30分钟。

（3）陈述前的准备工作不充分。如果需要视听设备，在风险投资者没有此类设备的情况下，创业者应事先自行准备好。

（4）陈述时过多使用专业术语，晦涩难懂。创业者常犯的错误是，花费太多时间纠缠于产品或服务的技术环节，却没有时间陈述企业自身情况。

（5）遗忘一些重要材料。例如，创业者的某项新产品已提交了专利申请，如果投资人问："什么时候提交的专利申请？"创业者回答："不记得具体日期了，应该是在去年1月或2月吧。"这种回答会给投资人留下很差的印象。

本 章 小 结

本章共两节。第一节，首先介绍了创业计划书的概念和作用，而后介绍了创业计划书的类型。第二节，介绍了创业计划书的总体框架、创业计划书正文的内容架构、创业计划书的撰写过程、创业计划书的展示等问题。通过本章的学习，可掌握创业计划和创业计划书的相关知识，以使创业工作更加具有计划性和规范性。

名词解释

创业计划　　创业计划书

思考训练题

1. 简述创业计划书的作用。
2. 简述创业计划书的总体框架。
3. 简述创业计划书正文的内容架构。
4. 怎样评估创业计划书？
5. 展示创业计划书应遵循哪些原则？
6. 简述展示创业计划书的技巧。

案例分析

奶茶店创业计划书

奶茶店创业计划摘要（目录）

一、项目介绍

二、行业分析

三、产品/服务介绍

四、店面选址

五、装修与设备购买

六、人力资源规划

七、市场分析与预测，竞争者分析与本店特色

八、营销策略

九、财务需求与运用

十、风险与风险管理

十一、中长期规划

一、项目介绍

本项目是一个资金投入低、消费人群广、回收成本快而且门面非常好找的创业项目，一般除了保留 3 个月左右的店租、人工和日常开销外，奶茶店经营管理不用太多周转资金，非常适合小本自主创业。我们店名为"茶物语"，易记顺口，可以让人很快记住。我们的目标是以独有的特色吸引顾客而获取较大的利润，用一年的时间打响"茶物语"名声，建立品牌效应并积累资金；通过调查试点后，把运营扩张到其他市场，获得更大的利益；通过在经营的过程中不断改革，逐步完善，形成口碑，扩大市场占有额，形成连锁"茶物语"奶茶店。

二、行业分析

奶茶、咖啡属于大众消费，消费者很多，以青少年学生为主，不管是现在的市场需求还是未来的市场需求都很大。不过奶茶店行业竞争也很激烈，我们必须做出特色才能不被淘汰，才能在行业中脱颖而出。目前奶茶店口味大多雷同，所以我们要想做得出色，必须创新，例如增加新的口味、使用奇特有趣的杯具，让顾客耳目一新；同时要注重奶茶店的卫生，让顾客一走进奶茶店就有一种干净清新的感觉。

对于产品的定价，我们会根据不同的口味定出不同的价格，一般在 3.5 元左右，和市场平均价格相同。我们采取产品竞争优势，以产品的质量和特色抢占市场份额。

由于类似的店众多，进入该行业比较困难，而且大多数顾客有惯性消费心理，取得行业竞争优势比较困难。因此我们会在开业前期以高质量低价格来取得进入市场的通行证，并且会有促销和特殊活动，具体方案会在产品和服务中介绍。

三、产品/服务介绍

本店主要经营各种咖啡、奶茶，为了满足顾客的消费需求，同时经营双皮奶、刨冰、奶昔，各种果汁及饮料和各种小吃，如各种口味的瓜子和烤翅等。为吸引顾客，本店会通过不断地尝试来研发新类奶茶，新类奶茶会成为本周的推荐饮品，在推出的前两天会

特价销售，如果反响好的话会成为本店特色产品。为了不因为模仿而被超越，我们会不断地推出新产品、节日产品和周年产品。如情人节，推出情侣奶茶；光棍节，推出单身奶茶。不断地因特色而吸引顾客，使顾客对本店印象深刻，并逐渐地形成口碑，成为企业的无形的品牌资产。

另外可以把调味技术结合调酒工艺要求来操作，这是一种质的飞跃，也是一种艺术享受。奶茶的主要成分有：奶粉、茶叶、糖、水（及冰）、香料（珍珠奶茶还包括珍珠）。不同的水做的奶茶味道相差很远，你用的是自来水，还是矿泉水？还是山泉水？海水？过滤水？这是完全不同的，山泉水虽然贵，但口感好，产品好才能有回头客。冰也是，制冰的程序也会严重影响每杯奶茶的品质。所以，为了企业长远的发展，操作人员要真正地学会奶茶技术。基本要懂得：①品味奶茶；②原料成分配方；③调味分量与时间；④设备的应用与调味火候；⑤调味手法；⑥奶茶的保存；⑦奶茶的包装要求；⑧奶茶的变化，比如拉花。

四、店面选址

奶茶是一种快速消费的休闲饮品，完全是一种可有可无的东西，因此，如果选址不好，就没有人会"不远万里"地跑去专门喝你一杯奶茶。繁华地段是最佳选择，这是无须考虑的事情，但繁华地段的高成本却是不得不考虑的。所以要按自己的投资能力和竞争能力选址，要看到现时的铺位情况，也要对以后发展情况作估算。要对铺位消费水平进行评估，低消费的地方不宜大投资；同样的，高消费的地方不宜低投资。还要考虑旁边或是周边有无同行，价格、质量怎样；如果找的铺面现在没有竞争，以后有无可能出现竞争者，等等。特别对于我们这种资金短少投资者，在盈亏平衡测算里会根据数据"对面的铺租不要超过平均最低营业额的 15%"来确定店址。学校周边是很不错的位置，学生多，消费也会多。另外，买奶茶的顾客中，女性居多，所以如果是女孩子，尤其是年轻的女孩子多的地方，毫无疑问是好地方。

五、装修与设备购买

按照投资额及消费水平和产品搭配情况来进行装修设计。装修的风格要做到大概符合消费能力，又显得舒服、卫生、简洁、大方。特别地，针对年轻人的观念，要设计得比较有特点，让年轻人喜欢。特别注意吧台的流水线设计，要根据产品需求和设备配备情况进行设计，操作流畅的同时尽可能考虑产品的更新和设备的添加所需空间。这里面也包含水电的布局。

设备是按产品菜单来采购的。高质量的设备才能做出高品质的产品，而且能提高效率。店面设备要和店面水力、电力搭配得上，特别是店面小的步行街区，要考虑另找厨房。

奶茶的制作一般要用到如下设备。

1. 封口机

封口机带有计数器，一般卖炊具机械、封口设备的店里有卖，每封一下口，计数器都会记一下数，无论电源有没有接通，这是一种机械计数。选购封口机时要注意，找个杯子封一下试试，把温度调到 170 度左右，按下大约一秒多钟，取出看有没有封住；再稍微用力捏一下，看封得结实不结实，有没有封得不结实的地方、有漏气的小孔。再要注意看封口膜切得是否整齐，有没有没切断，也就是看上下模平不平，齿刀锋不锋利。

2. 封口膜

一般卖封口机的地方会附带销售封口膜。选购时要注意，封口膜不能太厚，太厚了容易封不住；而且插吸管的时候会很难插破，用力过猛，要么把吸管插坏，要么把奶茶掉到地上，要么一不小心把杯子插破。从用料方面考虑，太厚的一般都不是什么好料，会很脆，一插就会裂一道大口子。

3. 冰柜

一般购买双室冰柜，一半冷藏，一半冷冻。

4. 杯子

卖塑料制品、塑料袋等的店里有卖，卖封口机的店里也会附带销售，一般是 2000个一箱，不单卖。杯子的价格相差不大，质量却相差不少，而且杯子很重要，一定要多跑几家，认真选购。选购时要首先看料的厚度，太软的不行，用力拿会把奶茶捏出来，不用力又拿不住。最好在家先拿一杯水感受一下，然后买的时候拿在手里感受一下看厚度够不够。还有最重要的一点是：杯沿的结实程度。杯沿要够厚、够结实，关键是用料要均匀，这样盛满奶茶时，用手提杯沿，才不会洒掉。杯身太薄、杯沿太软的杯子，会大大破坏顾客的心情，而且在怀疑杯子质量的同时，一定会怀疑奶茶的质量。

对于在店里消费用的杯子，尽量多跑几家店，要选择奇特新颖的杯子，而且，可以有多种款式，每种款式量不要购买太多，才会让人有好奇的心理。

5. 吸管

卖塑料制品、塑料袋、杯子等的店里有卖。一大包总共 5000 只，每一大包里又有100 只的小包，可以买几小包，不过会贵一点。选购的时候主要注意用料的厚薄，不能太软；如果你选购了过厚的封口膜和过软的吸管，那么你的顾客将会因此丑态百出。选购的时候拿吸管的尖端往自己手指上压一下试试，如果手还没感觉有多痛，吸管的尖已经弯了，那就是太软了。吸管的形状要有特色，可以用别人不常用、不敢用的种类。

6. 搅拌机

西贝乐牌的比较好。不管是材料还是运行时间等，都比九阳等乱七八糟的牌子要好一点，价钱也不贵，这个最好到大商场里买，售后服务比较好。

7. 饮水机

为了节约成本，可以选购台式的。由于饮水机的主要部件就是一个加热器，因此没必要买名牌，只要注意内胆是不锈钢的，一次盛水不要太少就行。冬天的时候需要的热水多，可以动手做一个另外的设备来解决。

8. 容器

糖、奶茶粉、奶精、珍珠等，都需要合适的容器来盛，这些容器可以按自己的喜好来购买。不过要注意的是，这些容器都要有盖子，其一，这样比较卫生；其二，热天、下雨天，原料都容易结块或融化，不用时及时盖上盖子会好一些，像保鲜盒、调料盒等都是不错的选择。

六、人力资源规划

社会发展到今天，人已经成为最宝贵的资源，这是由人的主动性和创造性决定的，企业要管理好这种资源，应遵循科学的原则。

根据每个人的不同优点，我们对本店的人员安排如下：段天森，店长，并负责原料采购工作，保证原料的采购质量，控制好库存，既要保证店面的正常经营又不要积压太多资金；吴焘，很有想法，脑子灵活，负责新类奶茶的尝试和研发工作，保证每周有一种新产品推出；谢伟，谨慎、心细，负责财务工作，统计收入并控制支出；马元，勤快、手巧、胆大心细，负责产品的作业管理，即奶茶的调制，保证作业的速度，以及服务顾客的工作。

在一年期后，店面生意兴隆或店面扩张的时候，会招聘一些有经验的人才。注意：宁愿要笨点的，不要太精明的；为了以后不会发生太多的财产纠纷，要尽量避免招用亲戚、朋友。

七、市场分析与预测，竞争者分析与本店特色

需求在现阶段处以较大阶段，在未来有增长的趋势。现阶段竞争者大多都不具特色，少数具有特色的企业又没有推广。所以本企业要在进入市场后占有一定的市场地位就要努力创建特色，以独特方式吸引人群。在经营过程中要注意同行的产品、服务等情况，如果有很好的收益，要及时地借鉴。

八、营销策略

1. 广告

我们会通过传单的方式让顾客了解"茶物语"；在店门口我们会设有海报等，告知近期的新产品推出及近日的促销活动。店面的招牌使用显眼、引人注目的颜色和图案。在后期积累一定资金后还可以在报纸、广播、电视、网络等投入广告。另外，工作人员一律着本店工作服。

2. 促销计划

（1）办理会员，25元/人，一次性消费满20元时可免费办理。会员使用会员卡可打9折，而且会员在生日会收到本店送出的祝福和礼物。

（2）使用奇特新颖的杯具和吸管类工具，让人有耳目一新的感觉。

（3）采用情侣杯具和吸管，情侣来时，可以推荐情侣套餐，并送情侣礼物。

（4）在各种节日时，推出节日特别产品及活动。

（5）在一次性消费到15元时送出小礼物。有时可以送本店特别定做的印有本店店名的T-shirt，从而提高本店的知名度。

3. 价格

在每次推出新产品的前两天会有特价，其余的按市场平均价格来售出，在后期有了自己的品牌的时候适当提价。

4. 队伍管理

各人做好自己的工作，重要事务由店长召集人员进行讨论并作出决策。

5. 服务

店里人员统一做好服务工作，保持良好的心情，要对顾客仔细礼貌，不能对顾客发脾气。

九、财务需求与运用

1. 原则

把每一分钱用在刀刃上，充分发挥每一分钱的价值。

2. 初期投资

这一时期，资金主要用于设备购买、产品原料采购、店面租金、前期宣传等。预计需要人民币 3 万元。

（1）封口机 400 元，冰柜 450 元，搅拌机 250 元，饮水机 250 元，封口膜、杯子、吸管、各种容器 400 元。

（2）装修：包括招牌、门墙等 1000 元。

（3）营业设备：包括会员卡工本费、小礼物费用、电话机、空调与收银机等其他设备，共计 1 万元。

（4）开业费用：包括注册、开业营销、员工培训等共 15000 元。

（5）月运营管理成本：约 3920 元。①房租：2500 元。②水电费：120 元。③电话及上网费：300 元。④进货费：包括交通设备使用费，计 1000 元。

开店第一年店主将按月制作现金流量表与资金损益表，第二、第三年按季制作。

3. 第二期投资

这一阶段我们的"茶物语"要具有一定的知名度，并且在顾客中有一定的口碑，在市场占有很好的份额并且会有很好的前景。我们的店面会有很大的扩展，服务的质量也将有进一步的提高。其资金来源主要是公司前期盈利的积累和外来资金的引入，如银行的信贷。

十、风险与风险管理

为防止人为的破坏与偷盗，奶茶店 24 小时尽量不离人。每天夜里安排两名人员值班，时间从晚 7：30 至早 7：30，早 7：30 后由其他人接手看管，直到正常营业时间（上午 10：00）。

十一、中长期规划

假如实际情况不如现在的预期规划这么理想，我店会及时调整营销战略，两年内依然亏损就处理全部设备设施后关张停业。一年后，如果按预期计划获利的话，计划在未来一至两年内扩大营业面积，安放几套沙发，同时在店内配有音乐；如果条件允许，可以加入吉他弹唱与点歌模式，给顾客提供更舒畅的环境。在三年后，如果奶茶店营业额依然稳定的话，考虑在其他市场再建连锁店面。

资料来源：姚凤云. 创新与创业管理[M]. 北京：清华大学出版社，2017.

问题： 分析本案例是否符合创业计划书正文的内容架构。请按创业计划书的要求，参照本案例撰写一份创业计划书。

第十三章

创业风险管理

学习要点及目标

通过本章的学习，认识创业风险的含义和特征，了解创业风险的类型，了解创业风险识别与评估的相关问题，熟悉创业风险控制管理的途径等问题。

引导案例

创业风险识别与防范——记校外专家进校园之创业沙龙

为持续深入开展创业教育，我校在开设常规创业课程、讲座的同时，以"专家进校园"活动为契机，邀请中国人民大学苏州校区、上海应用技术大学苏鹏老师为创业社团的学生开设创业沙龙。

2016年12月7日晚，苏老师就"创业机会与风险——寻找与选择创业项目"这一主题，与社团学生展开了互动式探讨。苏老师从他执教的本科生及研究生创业案例入手，向学生们介绍了企业机会、创业项目、创业模式以及创业风险的识别防范等内容，引导学生们开展小组讨论活动，充分调动了学生们的参与积极性。

活动期间，周润中的合金纪元、陈淑芬的天空之城、罗家辉的数码电子开发等项目均作了自我介绍，并进行头脑风暴、SWOT分析等提高创业项目的可行性。

通过苏老师精心准备的沙龙活动，使得创业社团的同学们均充分推敲了自己创业项目的可行性，同时增强了市场风险意识，提升了他们今后在创业工作中的综合素养。

资料来源：姚凤云. 大学生就业与创业[M]. 北京：清华大学出版社，2017.

企业的发展始终伴随着风险，对创业企业而言，最大的风险就是缺乏危机意识。有的创业企业往往只看到企业发展的有利因素，而忽视了潜在的风险，从而导致创业失败。创业风险管理虽然不能避免风险事件的发生，但是可以未雨绸缪，做好充足的准备是避免创业失败的关键。

作为创业者，必须面对各种风险；如果决心创业，就必须学会防范风险，做好风险管理。

第一节　创业风险的特征和类型

一、创业风险的含义和特征

（一）创业风险的含义

创业风险是指企业在创业过程中存在的各种风险。由于创业环境的不确定性，创业机会与创业企业的复杂性，创业者、创业团队与创业投资者的能力和实力的有限性而导致创业活动结果的不确定性，就是创业风险。

（二）创业风险的特征

创业是企业整个成长过程中的孕育期，这一时期可塑性强，变化多，投入大，而且对企业以后的发展影响很大。创业风险主要有以下几个特点。

1. 创业风险的客观存在

在创业过程中，由于内外部事物发展的不确定性是客观存在的，因而创业风险是客观存在的。客观性要求我们采取正确的态度承认创业风险，正视创业风险，认识创业成长发展规律，并积极对待创业风险。当然，客观性并不否认创业风险的存在也有主观的一面。

2. 创业风险的不确定性

在创业的过程中，影响创业的各种因素是不断变化、难以预知的，这种难以预知造成了创业风险的不确定性。如可能遭受已有市场竞争对手的排斥，进入新市场面临着需求的不确定性，新技术难以转化为生产力，顾客需求发生改变等。还有，在创业阶段投入较大，而且往往只有投入没有产出，因而可能面临资金不足，从而导致创业的失败。

3. 创业风险的损益双重性

创业风险对于创业收益不是仅有负面的影响，如果能正确认识并且充分利用创业风险，反而会使收益有很大程度的增加。

4. 创业风险的相关性

创业风险的相关性是指创业者面临的风险与其创业行为及决策是紧密相关的。不同创业者对同一风险事件有不同的认知，由于其决策或是其采取的策略的不同，会面临不同的风险结果。

5. 创业风险的可变性

创业风险的可变性是指在创业的内部与外部条件发生变化的时候，必然会引起创业风险的变化。创业风险的可变性包括创业过程中风险性质的变化、风险后果的变化，以及出现新的创业风险这三个方面。

6. 创业风险的可测性与不可测性

创业风险的可测性是指创业风险是可以测量的，即可通过定性或者定量的方法对其进行估计。创业风险的不可测性是指创业风险往往会出现偏离误差范围的状况，它一般是由于创业投资的不可测、创业产品周期的不可测与创业产品市场的不可测而造成的。

二、创业风险的类型

（一）按照创业风险的来源划分

1. 系统风险

创业的系统风险是指由于创业外部环境的不确定性引发的风险，即创业者和企业无法控制或无力排除的风险，比如政策立法、宏观经济以及社会、文化等带来的风险。系统风险还可分为以下几类风险。

（1）政治风险。政治风险是指由于国家政治的稳定性、社会政策的连贯性等产生的风险。国家对创业企业在国民经济发展中发挥作用的认识，进而所采取的政策，对其创业的风险度有一定的影响。如来自国家政局、国家政策、管理体制、规划的变动等方面的不确定因素对经营者风险会产生一定的影响。

（2）法律风险。法律风险是指法律、法规的制定和修改，对创业企业产生的风险。如国家重要法律法规的实行和修订情况，特别是有关公司法、环境保护法、消费者权益法、市场流通等方面的法律，以及税法、能源法、价格法、金融法、信贷法等，与企业的活动都有重要的关联，形成风险外在发源地。

（3）宏观经济风险。宏观经济风险是指因国家宏观经济状况、产业政策、利率变动以及汇率的稳定性等因素所带来的损失的风险。任何企业的发展都必须依托所在国家和地区的经济环境，利率、价格水平、通货膨胀率等因素的变化以及金融、资本市场的层次、规模、健全程度等都会带来很大的不确定性，使创业企业容易暴露在风险之中。

（4）社会风险。社会风险是指传统文化、社会意识以及新技术、新产品的冲击，或社会中介服务机构和基础设施不完备等引起的创业风险。这些因素很多是固化于社会文化或社会发展之中的，短时期内不可能有太大的改变。

2. 非系统风险

创业的非系统风险是指非外部因素引发的风险，即指与创业者、创业投资和创业企业有关的不确定性因素引发的风险。非系统风险可以通过创业各方的努力，通过科学方法加以控制或者消除。非系统风险可分为以下几类风险。

（1）技术风险。技术风险是指由于技术方面的因素及其变化的不确定性而导致创业失败的可能性，是创业初期最为突出的一种风险。当一个创业者最初证明一个特定的科学突破或技术创新可能成为商业化的产品时，他只是停留在自己满意的论证程度上，技术尚未经过市场和生产过程的检验，因此，技术究竟是否可行、是否可进行商业化运作都还不能完全把握，在期望与实际之间就会出现偏差，从而形成风险。随着科学技术的深入发展，其所带来的不确定性和风险会有增无减。

（2）生产风险。生产风险是指在创业过程中，由于生产环节的有关因素及其变化的不确定性而导致创业失败或利润受损的可能性。对于创业企业来说，由于创业刚刚起步，人员的配备、生产要素的供给、各类资源的配置等都容易出现问题，新产品又多是首次进入生产环节，工艺、设备等都难以得到保证，而且新产品必然要求有与其质量控制相适应的新标准、新检测手段。这些在创业阶段都需要尝试和摸索，故存在着较大的风险。

（3）市场风险。市场风险是指由于市场情况的不确定性导致创业者或创业企业损失的可能性。这种风险主要体现在两个方面，一是技术转化为市场需求商品的机会识别问题，由于信息的偏差而错误地理解市场机会，从而导致风险的出现。二是技术创新的产品，由于产品技术本身的前瞻性，创业者无法得到相对准确的市场预测，对市场的接受度、产品导入市场的时间、市场的需求量等都很难估测，因而，存在着较大的风险性。创业企业发展到稳定前期时，企业产品被消费者所接受，如果企业经营者着眼于近期利益，只注重现有技术产品的生产和销售，而不注重现有产品的完善和新产品的开发，就会使企业随着消费者对其产品反感的增加或市场上更新产品、替代产品的出现而陷入困境，此时创业企业很可能因未能充分发挥市场潜力、拓展市场份额而面临巨大的市场成长风险。

（4）金融风险。金融风险在创业初期更多地体现为融资风险，往往存在于研究基金和投资基金之间的断层。创业者可以证明其构想的可行性，但往往没有持续的或足够的资金投入将其实现商品化，并达到初创企业的稳定运营。在创业中后期，金融风险则体现为运营过程中追加投资的风险，当企业需要扩大规模，金融风险体现为融资风险和财务风险，追加投资时若无法筹集到足够的资金，其生产和经营将经受严重的考验；同时，若企业的财务管理不规范，还会出现资金周转慢、呆账和死账多的现象，形成财务风险。

案例导入

"巨人"风波

曾创造"一年百万富翁，二年千万富翁，三年亿万富翁"这一神话，被称为当代中国比尔·盖茨的"巨人"总裁史玉柱，靠4000元起家，勇敢地背水一战，创立了巨人品牌，创造了巨人奇迹。1994年在电脑行业成功创业后，立即实现多元化发展战略涉足保健品、房地产、药品、化妆品、服装等多个新的产业，甚至开发中央空调。在保健品方面，"脑黄金"的成功使史玉柱激动起来，竟一举向市场推出12种新的保健品产品，一年内在生物工程上投入的广告费猛增到1个亿。网络铺开后，由于成本控制得不好，导致产品大量积压；同时，财务管理混乱，最后扣除债权还剩余5000万元左右的债务。

在房地产方面，史玉柱从流动资金和卖楼花收入中共筹集2亿元的资金，拟建18层"巨人大厦"，未向银行贷一分钱。而且在不做任何可行性分析论证的情况下，贸然将大厦由最初设计的18层追加到54层，最后竟然追加到70层，为当时中国第一高楼。

此后，连续出现巨人公司内部员工贪污、挪用巨额资金，软件开发人员将技术私自卖给其他公司，子公司私自贷款，下属私自侵占公司财产等一系列事件，使巨人的市场占有率一落千丈。1997年初，巨人大厦到期未完工，酿成全国有名的巨人风波。巨人集团因为1000万元的资金缺口而轰然崩塌。

资料来源：姚凤云. 创新与创业管理[M]. 北京：清华大学出版社，2017.

（5）管理风险。管理风险是指创业企业因管理不善而引致的不能够获得预期利润或是威胁其运营甚至生存的风险。这种风险主要体现为经营决策、战略规划、营销组合不合理以及组织制度的不科学，管理层的综合素质较低，以及对生产运作、企业内沟通、激励等问题管理不力等方面。

（6）人员风险。人员风险本是管理风险的一部分，在创业者初次创业过程中，这类风险通常表现得尤为突出，对其创业的危害是致命性的，所以将其单独列出，加以重点识别。它主要包括两个方面：一是人员流失风险。在创业过程中，关键技术只掌握在少数关键人物手中，因此，关键技术人员的离开将会延迟项目的研发，甚至使项目流产，有的技术人员还带走已研发的技术，引起技术机密外泄，这些都是很大的风险因素。二是人员道德风险。在创业过程中，会出现代理人以牺牲委托人利益为代价追求自身效益最大化的行为，导致委托人利益受损的风险，即道德风险。

（二）按照创业的过程划分

1. 机会的识别与评估风险

它是指在机会的识别与评估过程中，由于各种主客观因素，如信息获取量不足、把握不准确或推理偏误等使创业一开始就面临方向错误的风险。另外，由于创业而放弃了原有的职业所面临的机会成本，也是该阶段的风险之一。

2. 准备与撰写创业计划风险

它是指在创业计划制订过程中，各种不确定性因素与制订者自身能力的限制，给创业活动带来的风险。

3. 确定并获取资源风险

它是指由于存在资源缺口，无法获得所需的关键资源，或即使可获得，但获得的成本较高，从而给创业活动带来的风险。

4. 新创企业管理风险

它主要包括管理方式，企业文化的选取与创建，发展战略的制定，组织、技术及营销等各方面管理中存在的风险。

（三）按照创业与市场和技术的关系划分

1. 改良型风险

它是指利用现有的市场、技术进行创业所存在的风险。这种创业风险最低，但经济回报也有限。

2. 杠杆型风险

它是指利用新的市场、现有的技术进行创业存在的风险。该风险稍高。常见于挖掘未开辟的市场，如彩电行业利用原有技术进入农村市场。

3. 跨越型风险

它是指利用现有市场、新的技术进行创业存在的风险。该风险主要体现在创新技术的应用方面，往往反映了技术的替代，这是一种较常见的情况，常见于企业的二次创业，领先者可获得一定的竞争优势，但模仿者很快就会跟上。

4. 激进型风险

它是指利用新的市场、新的技术进行创业存在的风险。该风险最大，如果市场很大，可能会带来巨大的机会。对第一个行动者而言，其优势在于竞争风险较低，但是知识产权保护力度较弱，市场需求不确定，确定产品性能有很大的风险。

第二节　创业风险识别与评估

创业企业风险识别是在各类风险事件发生之前，依据创业企业生产经营过程中各种活动的迹象，运用各种方法对风险进行辨认与鉴别各种风险的过程。这是一个系统地、连续地发现风险的过程。创业企业的风险识别是其风险管理工作的开始和基础，其识别效果的优劣直接影响着风险评价及风险控制的效果。

一、创业风险识别方法

选择正确的、恰当的风险识别方法是保证风险识别准确性的重要因素之一。目前常用的风险识别方法以定性识别方法为主，主要有以下几种方法。

（一）调查法

创业企业可以通过定期调查来辨识相关因素的变化，以及时发现风险，具体可以通过现场调查法、问卷调查法、专家咨询法了解市场的变化、需求的变化、竞争对手的变化，以及时发现各方面出现的不确定性对创业带来风险的可能性、损失的幅度等。调查的对象范围较为广泛，如创业企业管理者、研发人员、风险投资家、生产一线人员、营销人员、外部专家和消费者等。

现场调查法，即创业企业深入现场、了解信息。例如：深入市场，了解消费者需求是否将发生变动；了解竞争对手信息，看竞争对手是否有新的行动；等等。

问卷调查法，即由企业向各有关方面发放问卷，要求回答问卷中的问题，然后将问卷回收，进行统计处理，以发现新的信息。

专业咨询法，即聘请有关专家，既借用专家的经验、知识和能力，又发挥专家的特长，对风险的可能性及其后果作出估计。

（二）环境分析法

企业环境的构成极其复杂。自然、经济、政治、社会、技术等环境构成宏观环境，企业的微观环境主要包括投资者、消费者、供应商、政府部门和竞争者等。在不同的环境下企业对创业风险识别的特定方法，是指通过对环境的分析，明确机会与威胁，发现企业的优势和劣势，找出这些环境可能引发的风险和损失。运用环境分析法，重点是分析环境的不确定性及变动趋势。同时，要分析环境中的变动因素及其相互作用的产生对企业的各种制约和影响。此外，应从整体角度，分析外部环境与内部环境的相互作用及其影响程度。

（三）情景分析法

情景分析是一个从战略角度的分析技巧，它使得创业者能够评估不同的偶然事件对自身利润流量的潜在影响。它使用多维的预测方法，帮助创业企业对其长期的关键性薄弱层面作出评价。情景分析是衡量一些更复杂和具有内在相关性的事件对创业的更广泛影响。不利事件的发生经常会给创业造成巨额损失甚至导致关门，通过情景分析可以很好地提前辨别这种潜在的危险。情景分析通常由创业者使用，被认为是一种非常主观的风险识别工具，但情景分析又是一项困难的工作，因为它要分析的是一系列事件对企业整体状况的影响。

（四）图示法

在创业企业的风险识别中还可以广泛使用更加明了、形象的流程图法、因果分析图法、事故树法等图示法。

1. 流程图法

流程图法是将风险主体按照生产经营的过程、活动内在的逻辑联系绘成流程图，针对流程中的关键环节和薄弱环节预测风险、识别风险的办法。将创业企业的发展阶段和经营过程中的各环节按其逻辑关系以流程图显示出来，并以此判断各要素之间的联系和风险因果的传导机制，进而识别风险。

2. 因果分析图法

因果分析图法是一种用于分析风险事故与影响风险事故原因之间关系的比较有效的分析方法。因果分析图是将导致风险事故的原因归纳为类别和子原因，画成形似鱼刺的图，又称鱼刺图或石川图。通过鱼骨图将导致风险结果的各种可能因素列出来，一方面可以有效地分析风险成因；另一方面也可以反过来通过原因推断结果，对潜在风险进行识别。

3. 事故树法

事故树法是从某一事故出发，运用逻辑推理的方法寻找引发事故的原因，即从结果推导出引发风险事故的原因。利用图解的形式，推导损失发生前的种种失误事件，以将大的风险分解成小的风险，具体判断哪些失误最可能导致损失风险发生。

值得注意的是，任何一种方法都不可能揭示创业者面临的全部创业风险，更不可能揭示导致风险事故的所有因素，各种方法各有优劣。

二、创业风险评估方法

创业风险评估就是在识别出的创业风险基础之上，结合定性与定量分析，主要利用统计分析技术方法对创业风险进行预测。它是风险管理中最为关键的环节，常见的风险评估方法有以下几种。

（一）德尔菲法

德尔菲法（Delphi method）又称专家调查法，即通过建立风险评级表和风险指数，组织专家对各种风险项目进行打分而判定风险程度的风险估计方法。企业针对某种风险同时咨询多个专家，专家们根据自己的经验作出各自的评估；再综合这些评估得出一个折中的判断，把该结果送交给专家们，专家们据此对自己的评估进行修改，直至达到一致。德尔菲法的优点是简单易行，取各家之长，避各家之短，有一定的科学性和实用性；缺点是仍属主观判断，所需时间较长。

（二）层次分析法

层次分析法（analytic hierarchy process，AHP）作为系统工程中对非定量事件的一种评价分析方法，是 20 世纪 70 年代美国运筹学家萨蒂最早提出的。利用 AHP 的递阶层次结构模型，可以将风险评估的总目标进行逐层分解，得到从不同方面衡量风险的多变量准则层，每个待评估的方案按不同准则相互比较，构建判断矩阵，求出矩阵最大特征值对应的特征向量，便可得到风险大小关系。运用层次分析法可以很好地处理定性和定量相结合的问题，将创业者的主观判断与经验导入模型，并加以量化处理。

（三）概率估计法

概率估计法（probability estimation method）就是首先估测出各种风险事件发生的概率及其后果的大小，然后求出其期望和方差，从而判定风险的大小。概率通常有两种：一是客观概率。主要是根据大量试验，利用大量统计数据采用统计方法进行估算，具体可采用累积频率分析法和时间序列预测法。二是主观概率。有些风险事件是在不可能作出准确分析，很难计算出客观概率，而又必须进行预测的情况下产生的，一般应组织有关专家对风险事件的概率进行合理的预测。对风险结果的估测具体可采用回归法、计量模型法和敏感度分析法。概率估计法又可分为概率树与逻辑树分析法、外推法、蒙特卡罗模拟分析法。

（四）风险价值法

风险价值法（value at risk，VAR）源于 20 世纪 90 年代美国 J. P. 摩根集团著名的"4·15"报告。风险价值定义为在一定时期内、一定的置信水平上可能产生的最大损失。它可将企业的风险大小以一定的货币量形式表示出来，实现不同风险的相互比较。目前求解风险价值主要有两种方法：参数方法和模拟仿真法。风险价值是一个概括性数值，通过该数值能够直接预测企业具体的风险大小，风险价值法较之以往以方差来代表企业风险的做法有了很大的改进。

（五）模糊综合评价法

模糊综合评价法（fuzzy comprehensive evaluation method）是综合考虑系统或者事物的多种价值因素，用模糊集的理论来评定优劣的方法。它的特点是将定性分析和定量分析相结合、主观分析与客观分析相结合。在风险评估过程中，有许多事件的风险程度很难精确描述或用数字准确地表达出来，而要用一种边界不清楚的概念来表示。对这类风险的评估，可引入模糊数学的相关理论和技术，构建风险评价指标集和评价集，得到综合评价矩阵，根据合成算子求出风险总评分。

另外，还有其他一些风险评估方法，如敏感分析法、风险调整贴现率法、肯定当量法等。在实际估计创业风险时，应结合具体情况及各种方法的适用性来选用合适的评估方法，如果能同时或交叉使用几种方法对同一种风险进行评估，效果会更好。

第三节　创业风险的控制管理

风险控制就是在风险识别和风险评估的基础上，针对存在的风险因素，采取各种控制方法，尽量减小企业的风险，降低损失频率和减少损失幅度。风险控制是风险管理的主要环节和核心，狭义的风险管理就是风险控制。风险控制作为风险管理的过程和手段，其目标是最大限度地减少风险所造成的损失，避免风险转化为危机。在进行风险决策时，风险控制的目标则是通过可能获取的风险收益和可能产生的风险损失两者之间的权衡，优化企业经营活动的风险控制，争取以较低的风险代价获取预期的收益。

一、风险控制的类型

（一）根据风险发生的时间分类

1. 事前风险控制

事前风险控制是指创业者在进行创业决策之前对其内部条件因素和外部环境因素进行详尽的分析，综合评估各种风险因素，对创业决策的结果进行趋势预测，如果发现可能出现的风险因素，则提前采取预防性的纠偏措施，保证创业决策始终沿着正确的方向发展，从而实现创业的预期目标。

2. 事中风险控制

事中风险控制是指在创业企业成长过程中或风险发生过程中，创业企业对创业决策行为和条件变化情况进行检查，对照既定的标准判断是否合适，如果发现了风险成因，就立即采取措施，快速反应，对创业决策行为进行调整、修正的过程。

3. 事后风险控制

事后风险控制要求创业者将创业企业经营的实际结果与预期结果进行比较与评价，然后根据偏差情况查找具体的风险成因，总结经验教训，对已出现的错误或过失进行弥补，同时及时调整创业策略。事后风险控制要完成两项任务，其一是尽可能地减少风险损失；其二是调整经营策略，减少风险再次发生的可能性，以指导后续的创业实践活动。

（二）根据风险处理的对象分类

1. 风险因素控制

企业的风险控制因素通常包括技术及产品、市场、财务、人力资源等。技术及产品因素的控制包括技术创新程度、技术的独占性、竞争对手的情况、技术的应用前景及效果、产品的质量等的控制；市场风险控制主要包括对新产品的竞争力、新产品价格、销售渠道、促销行为等的控制；财务风险控制包括对财务预算、融资与投资方式，对财务的收益性指标、安全性指标、流动性指标、成长性指标等的控制；人力资源的控制在于为创业企业构建良好的创业团队，建立科学的管理制度和运行机制，选拔合适、优秀的员工，塑造良好的企业文化和工作氛围，提高组织效率。

2. 风险事态控制

风险因素控制主要是对创业企业日常经营活动中的某一部门或某一领域的风险进行控制，风险事态控制往往并不局限于此。它通过对创业企业成长过程中的既成风险事件进行全面诊断，分析风险成因，预测风险隐患，采取积极有效的风险处理措施以尽可能地减少风险损失，避免事态的扩大对企业的进一步不利影响。风险事态控制通过对风险事件的及时处理来控制风险，往往需要同时涉及多个风险因素，因此风险事态控制相对于风险因素控制更具后验性和综合性。

二、创业风险控制方法

创业企业的凝聚力、合作精神、立足长远目标的敬业精神会帮助新创企业渡过危难时刻，加快成长步伐。另外，团队成员之间的互补、协调以及与创业者之间的互补和平衡，对新创科技型企业能起到降低管理风险、提高管理水平的作用。但是创业企业总有一些风险的，那么创业应如何进行风险控制？

（一）选择合适的团队成员

建立优势互补的创业团队是保持创业团队稳定的关键，也是规避和降低团队组建模式风险的有效手段。在团队创建初期，人数不宜过多，能满足基本的需求即可。在成员选择上，要综合考虑成员在能力和技术上的互补性，基本保证具备理想团队所需的九种角色。而且，成员的能力和技术应该处于同一等级，不宜差异过大。如果团队成员在对项目的理解能力、表达能力、执行能力、社会资源能力、思维创新能力等方面存在较大的差异，就会产生严重的沟通和执行障碍。

此外，在选择成员时还要考虑创业激情的影响。在企业初创期，所有成员每天都需要超负荷工作，如果缺乏创业激情和对事业的信心，不管其专业水平多高，都可能成为团队中的消极因素，对其他成员产生致命的负面影响。

例如，"携程网"的成功，除了抓住互联网快速发展的契机，有一个良好的创业团队是关键。"携程网"的团队成员来自美国甲骨文公司、德意志银行和上海旅行社等，是技术、管理、金融运作和旅游的完美组合。大家共同创业，分享各自的知识和经验，避开了很多创业"雷区"。

（二）确定清晰的创业目标

创业企业在实践中要不断总结经验和吸取教训，形成一致的创业思路，勾画出共同的目标，以此作为团队努力的目标和方向，鼓励团队成员积极掌握工作内容和职责，竭诚与他人合作交流，贡献个人能力。

创业企业的目标必须清晰明确，能够集中体现团队成员的利益，与团队成员的价值趋向一致，并保证所有团队成员都能正确理解，这样才能发挥激励团队成员的作用。此外，创业团队的目标还必须切实可行，既不应太高，也不应太低，而且能够随着环境和组织的变化及时更新和调整。

（三）制订有效的激励机制

正确判断团队成员的"利益需求"是有效激励的前提。实际上，不同类型的人员对于利益的需求并不完全一样，有些成员将物质追求放在第一位，而有些成员则是希望能够获得荣誉、发展机会、能力提高等其他利益。因此，创业企业的领导者必须加强与团队成员的交流，针对各成员的情况采取合理的激励措施。

创业企业的利润分配体系必须体现出个人贡献价值的差异，而且要以团队成员在整个创业过程中的表现为依据，而不仅是某一阶段的业绩。其具体分配方式要具有灵活性，既包括诸如股权、工资、奖金等物质利益，也包括个人成长机会和相关技能培训等内容，并且能够根据团队成员的期望进行适时调整。

腾讯公司马化腾的创业团队多年来十分稳定，与其利润分配机制的有效性是分不开的。虽然腾讯公司的股权多次转让，但是它的5位创办人一直共同持有公司的大部分股份。公司的上市更是使创业团队的5位成员均成了亿万富翁。

（四）健全企业的管理制度

制度建设是企业建设的基本要求。创业企业要打造一支企业员工队伍，必须明确岗位职责。不成规矩无以成方圆，制度对创业者是一种激励，也是一种鞭策。创业企业管理分为人力资源管理、营销管理、生产管理、财务管理，任何一个环节出现问题都可能导致企业混乱以至于瘫痪。因此，完善的管理制度必不可少，同时还必须对其严格执行，奖惩分明，否则再好的管理制度也会成为摆设。

三、创业风险管理的基本途径

（一）减少或放弃有风险的活动

当创业企业发现从事某一项活动会涉及过高的风险时，可决定减少或放弃这项活动，以便减少甚至完全避免风险。避免风险有两种方式：一种是完全拒绝承担风险，另一种是放弃原先承担的风险，但是这种方法的适用性很有限。

（二）实行损失管理计划

损失管理计划分为防损计划和减损计划。防损计划旨在减少损失的发生频率或消除损失发生的可能性。建造防火建筑物、质量管理、驾驶技术考核、颁布安全条例、提供劳动保护用品、检查通风设备及产品设计改进等均是减少损失频率的措施。

（三）适当地分散风险

分散风险是指通过增加风险单位的个数来减少风险损失的波动。这样，企业一方面可以比较准确地预测风险损失，另一方面可以减少预防风险损失所需预备的资金。

风险的分散可分为隔离与兼容两种方法。风险隔离是将现在的资产或活动，分散在不同的地方，万一有一处发生损失，不致影响其他地方各项业务的正常进行。例如，将存货分别储存在不同的地点、将原料分由几家供应商供应、投资项目组合分散等。风险兼容是通过增加新的风险单位，达到分散风险的目的。例如，准备一套备用机器，随时替代机器损坏的风险，以保证生产的顺利进行等。

（四）非保险方式的转移风险

在风险管理中，较为普遍使用的非保险转移风险的方式有合同、租赁和转移责任条款。例如，一家公司在与某建筑承包商签订新建厂房的合同中规定，建筑承包商对完工前厂房的任何损失负赔偿责任。再如，计算机租赁合同中规定租赁公司对计算机的维修、保养及损坏负责。又如，出版商在出版合同中加入转移责任条款，规定作者对剽窃行为自负法律责任。

（五）自担风险

自担风险是指企业使用自有资金或借用资金补偿灾害事故的损失。自担风险分为被动的和主动的，即无意识、无计划的和有意识、有计划的。当风险管理人员没有觉察到所面临的风险，或者觉察到风险的存在，但没有作出对应风险的决策时，这样的自担风险是被动的。当风险管理人员觉察到风险存在，并相应地采取了对应风险的办法时，这种自担风险是主动的。

（六）通过保险方式转移风险

保险是转移风险的一种办法，它把风险转移给保险人。保险也是一种分摊风险和意外损失的方法，一旦发生意外损失，保险人就补偿被保险人的损失，这实际上是把少数人遭受的损失分摊给同险种的所有投保人。对创业企业来说，投保是其对企业各类纯粹风险进行管理最为有效的手段。

本 章 小 结

本章共三节。第一节，首先论述了创业风险的含义和特点，而后介绍了创业风险的类型。第二节，先后介绍了创业风险识别方法和创业风险评估方法。第三节，首先介绍了风险控制的类型，然后介绍了创业风险控制方法，最后阐释了创业风险管理的基本途径。通过本章的学习，可掌握创业的风险识别、风险评估、风险控制和风险防范的相关知识，使创业者能规避各种风险，保证创业获得成功。

名词解释

创业风险　　　风险控制

思考训练题

1. 简答创业风险的特征。
2. 简述创业风险的类型。
3. 简答创业风险评估的方法。
4. 简答风险控制的类型。
5. 简述创业风险控制的方法。
6. 创业风险管理有哪些基本途径？
7. 简述创业前期、创业过程中、创业后期的主要风险与防范。

案例分析

细节决定成败

穆波是个时尚前卫的女孩，正是对自己的独到眼光特别自信，所以，在大学毕业后，学外语的穆波没有急着找工作，而是开了个时装店自己当起了老板。20 平米的临街铺面经过精心装修，花钱不多但是很前卫。前三个月辛辛苦苦小赔，半年之后生意开始旺爆，第九个月房东收回店面开始自己经营。说起自己的当老板经历，穆波的脸上没有失败者的颓唐和消极，"如果我的房东不那么狠，也许我的小店会很红旺。"

穆波也认真地想过自己失败的原因，第一是自己找店铺的时候操之过急，没有认真考虑店铺的位置；第二个致命硬伤是在租用店铺的时候，没有和房东订立合同，以至于在问题出现时，没有对自己有利的证据；第三是在出现问题时，没有积极地想对策，而是用一种很消极的方式去解决，吃亏的还是自己。

　　穆波告诫那些刚刚跨出校门准备自己开店的创业者，作为一个学生，社会阅历毕竟还是少，所以难免会在创业时遇到挫折，尤其在人际关系上。在遇到问题时，千万不能冲动，要有心理上的承受能力，失败了也不要气馁，要及时总结，这样才能在以后的创业中更加成熟。穆波还建议那些想创业的年轻人，先将自己的梦想储存几年，先从别的地方学习经验，等有了心理、人际和经济上的基础后，再考虑自己的创业计划。

资料来源：姚凤云. 大学生就业与创业[M]. 北京：清华大学出版社，2017.

　　问题：穆波的创业失败对欲创业的你有何启示？应该如何防范创业风险？

第十四章

新企业的创立与成长管理

学习要点及目标

通过本章的学习,认识新企业创建的法律问题,了解新企业的选址与名称设计知识,认识新企业的市场进入相关问题,弄清新企业的成长阶段和最佳实践,了解企业中的二次创业问题,明确创业企业上市的流程等问题。

引导案例

河南郑州创业故事:3D 打印创业梦

河南青年冯浩 2013 年毕业于湖北大学食品科学与工程专业,回老家郑州做了一段时间本专业工作后,萌生了自己创业的想法。

冯浩先后考察了食品、服装、快递等十几个项目,一次偶然的机会从报纸上看到关于郑州第一家 3D 人像概念馆的报道,由此对 3D 影像修复、打印产生了兴趣。2014 年 11 月,冯浩和几个志趣相投的朋友一起成立了郑州龙凤结网络科技有限公司,主营 3D 打印的影像修复、打印及扫描仪区域代理等业务。现在,公司不仅把 3D 打印业务做到了澳大利亚,还成功拿到了香港一家三维成像扫描仪公司在河南、山东、湖北、山西等 4 个省份的销售代理权,公司的销售额也从最初的每月 5000 元增长到每月 20 万元。谈到对未来的设想,冯浩说,希望能成立全国性的 3D 扫描、打印联盟,将 3D 打印行业资源整合、降低成本,让 3D 打印走进千家万户。

资料来源:姚凤云. 创新与创业管理[M]. 北京:清华大学出版社,2017.

第一节　新企业的创立

一、新企业创建的法律问题

创建新企业需要处理好一些重要的法律和伦理问题,这是企业良性发展的基础。因此,创业者必须了解这些问题。

(一)新企业创建的法律与法规

在新企业的创建阶段,创业者需要面对确定企业的法律形式、企业注册、申请商标、起草合同等问题。在新企业的运营阶段,创业者仍然要关注一些与企业经营相关的法律法规,如与知识产权相关的《著作权法》《商标法》,与人力资源管理相关的《劳动法》

《劳动合同法》，与产品质量相关的《产品质量法》《食品安全法》《消费者权益保护法》，与财务、会计相关的《企业会计准则》等。

1. 知识产权及其相关法律

知识产权是指人们就其智力劳动成果所依法享有的专有权利，通常是国家赋予创造者的对其智力成果在一定时期内享有的专有权或独占权。从我国目前的立法现状看，知识产权法不是一部具体的制定法，主要由著作权法、专利法、商标法等若干法律法规或规章、司法解释、相关国际条约等共同构成。

（1）著作权及著作权法。著作权是指文学、艺术、科学作品的作者依法对自己的作品享有的一系列的专有权。著作权是一种特殊的民事权利，在我国，"著作权"与"版权"为同一法律概念。著作权是在作者的作品创作完成之后，即依法自动产生，而不需要经过任何主管机关的审查批准。我国公民、法人或其他组织的作品不论是否发表，都依法享有著作权。外国人、无国籍人的作品首先在中国境内出版的，也依法享有著作权。外国人、无国籍人的作品根据其作者所属国或者经常居住地国同中国签订的协议或共同参加的国际条约享有的著作权，受我国《著作权法》保护。

我国于 1990 年 9 月 7 日颁布了《中华人民共和国著作权法》，并于 2020 年 11 月 11 日进行第三次修正。根据《中华人民共和国著作权法》制作的《中华人民共和国著作权法实施条例》于 2013 年 1 月 16 日进行了第二次修正，并自 2013 年 3 月 1 日起施行。

（2）专利及专利法。专利是国家依法在一定时期内授予发明创造者或者其权利继受者独占使用其发明创造的权利。专利权是一种专有权，这种权利具有独占的排他性。非专利权人要想使用他人的专利技术，必须依法征得专利权人的授权或许可。专利法可以有效地保护专利权人的合法权益。我国于 1984 年 3 月 12 日颁布了《中华人民共和国专利法》，并于 2008 年 12 月 27 日进行了第三次修正。根据《中华人民共和国专利法》制作的《中华人民共和国专利法实施条例》最近的一次修正是 2010 年 1 月 9 日。

（3）商标及商标法。商标是商品的生产者、经营者在其生产、制造、加工、拣选或者经销的商品上，或者服务的提供者在其提供的服务上采用的，用于区别商品或服务来源的，由文字、图形、字母、数字、三维标志、颜色组合或上述要素的组合，具有显著特征的标志。根据商标的管理来分类，可划分为注册商标和未注册商标。经使用商标人按照法定手续向国家商标局申请注册，经过审核后准予核准注册的商标，被称为注册商标。注册商标具有排他性、独占性、唯一性等特点，属于注册商标所有人所独占，受法律保护，任何企业或个人未经注册所有权人许可或授权，均不可自行使用，否则将承担侵权责任。我国实行商标自愿注册，但对人用药品、烟草实行强制注册。注册商标的有效期为十年，有效期满，需要继续使用的，应当在期满前六个月内申请续展注册，每次续展注册的有效期仍为十年。

我国于 1982 年 8 月 23 日颁布了《中华人民共和国商标法》，并于 2001 年 10 月 27 日进行了第二次修正。

2. 劳动合同与劳动合同法

劳动合同是指劳动者与用人单位确立劳动关系、明确双方权利和义务的协议。其条款包括劳动合同期限、工作内容、劳动保护和劳动条件、劳动报酬、劳动纪律、劳动合同终止的条件、违反劳动合同的责任等。劳动合同的订立和变更，应当遵循平等自愿、协商一致的原则。劳动合同法是规范劳动关系的一部重要法律，在我国境内的企业、个体经济组织、民办非企业单位等组织与劳动者建立劳动关系，订立、履行、变更、解除或者终止劳动合同，适用于劳动合同法。《中华人民共和国劳动合同法》于 2007 年 6 月 29 日通过，自 2008 年 1 月 1 日起施行。修改方案于 2012 年 12 月 28 日通过，自 2013 年 7 月 1 日起施行。

3. 不正当竞争与反不正当竞争法

经营者在经营活动中违反诚信公平等原则的竞争行为，如商业贿赂、侵犯商业秘密、虚假广告、倾销等，都属于不正当竞争。不正当竞争严重危害公平竞争的市场秩序，阻碍技术进步和社会生产力的发展，损害其他经营者的正常经营和合法权益，使守法经营者蒙受物质上和精神上的双重损害。《中华人民共和国反不正当竞争法》于 1993 年 9 月 2 日通过，自 1993 年 12 月 1 日起执行。根据我国《反不正当竞争法》的规定，经营者只要实施了各种不正当竞争行为以及与不正当竞争有关的违法行为，就要承担相应的法律责任，包括民事责任、行政责任和刑事责任。《反不正当竞争法》第 10 条规定了商业秘密的内容。创业者应特别注意对自己认为属于商业秘密的信息和资料采取切实可行的保密措施。比如，用内部规章制度对保密的范围、内容、岗位、人员、措施等加以明确，也就是制订保密制度；用协议书的形式与有关单位和职工约定保守秘密的权利与义务。只有如此，才能在发生争议之后，依法保护自己的合法利益。

（二）选择新企业的法律组织形式

在新企业创建前，创业者应该就企业的法律组织形式作出选择。我国法律规定，企业可以选择四种形式进行注册：股份有限公司、有限责任公司、合伙公司和个人独资企业。独资企业，即个人出资经营、归个人所有和控制、由个人承担经营风险和享有全部经营收益的企业，是最古老、最简单的一种企业组织形式。其成立的条件包括：投资人为一个自然人；有合法的企业名称；有投资人申报的出资；有固定的生产经营场所和必要的生产经营条件；有必要的从业人员。此种企业形式要求企业业主对企业负无限责任，因此投资者将承担巨大的风险。

合伙企业，是指自然人、法人和其他组织依照《中华人民共和国合伙企业法》在中国境内设立的，由两个或两个以上的自然人通过订立合伙协议，共同出资经营、共负盈亏、共担风险的企业组织形式。合伙企业包括普通合伙企业和有限合伙企业。普通合伙企业由 2 人以上普通合伙人（没有上限规定）组成，合伙人对合伙企业债务承担无限连带责任。有限合伙企业由 2 人以上 50 人以下的普通合伙人和有限合伙人组成，其中普通合伙人至少有 1 人，当有限合伙企业只剩下普通合伙人时，应当转为普通合伙企业，如果只剩下有限合伙人时，应当解散。有限合伙人以其认缴的出资额为限对合伙企业债务承担责任。

股份有限公司是指将全部资本划分为等额股份，股东以其认购的股份为限对公司承担责任，公司以全部财产对公司债务承担责任的法人。设立股份有限公司，应当有 2 人以上 200 人以下为发起人，注册资本的最低限额为人民币 500 万元。选择以上三种形式的创业者比较少，或是由于需承担无限责任，或是因为注册资本较高等原因。

有限责任公司是我国企业实行公司制最重要的一种组织形式，指在中国境内设立的，股东以其认缴的出资额为限对公司承担责任，公司以其全部资产为限对公司的债务承担责任的企业法人。其优点是设立程序比较简单，不必发布公告，也不必公布账目，尤其是公司的资产负债表一般不予公开，公司内部机构设置灵活。其缺点是由于不能公开发行股票，筹集资金范围和规模一般都比较小，难以适应大规模生产经营活动的需要。因此，有限责任公司这种形式一般适合于中小企业，成为绝大多数创业者乐于选择的形式。

我国《公司法》规定，设立有限责任公司，应当具备下列条件：

（1）股东符合法定人数，《公司法》规定有限责任公司由 50 个以下股东出资设立。

（2）股东出资达到法定资本最低限额。有限责任公司注册资本的最低限额为人民币三万元，股东可以用货币出资，也可以用实物、知识产权、土地使用权等可用货币估价并可以依法转让的非货币财产作价出资；但是，法律、行政法规规定不得作为出资的财产除外。全体股东的货币出资金额不得低于有限责任公司注册资本的 30%。

（3）股东共同制订公司章程。有限责任公司章程应当载明下列事项：公司名称和住所；公司经营范围；公司注册资本；股东的姓名或者名称；股东的出资方式；出资额和出资时间；公司的机构及其产生办法、职权、议事规则；公司法定代表人；股东会议认为需要规定的其他事项。

（4）有公司名称，建立符合有限责任公司要求的组织机构。

（5）有公司住所。

二、新企业的选址与名称设计

（一）新企业的选址

创业者的成功，新企业的选址往往也是十分关键的一环。

新企业选址应注意以下几方面。

1. 产业区位

产业区位环境是很多新类型企业选址的一个重要保障。因为新企业只有融入良好的产业环境中，才能依托于产业集群规模经济与范围经济的优势，获取资源、降低成本、提高质量，打造自身的核心竞争力。

2. 地理交通区位

成熟高效的交通体系是决定创业企业生存与发展的重要因素。交通状况的优劣直接影响到创业企业的商务成本、员工的通勤成本及办公效率，甚至会影响对商业机会的把握。因此，具有交通优势的城市核心区域通常会是新企业的选择。

3. 企业本身

新企业的选址除了要考虑区位因素之外，企业本身的情况也是重要的决定因素，如企业的市场定位、目标顾客、产品特点、发展战略等。以培训为核心产品的新东方教育科技集团的选址策略通常是"要么贴近学校，要么贴近家庭"。所以，一些中青年密集居住的地方，以4~14岁儿童为服务对象的业态关注的餐饮、游乐场、书店等场所将成为培训地点所在。

资料导入

麦当劳选址的五大原则

麦当劳的选址，有五方面值得借鉴。

（1）针对目标消费群。麦当劳的目标消费群是年轻人、儿童和家庭成员。所以在布点上，一是选择人潮涌动的地方，如在地铁一号线布点10家，二号线也作了布点，在上海徐家汇、人民广场、新客站和五角场等交通集散点周边设点。二是在年轻人和儿童经常出入的地方布点，比如在南京路宝大祥儿童用品商店和淮海路青少年用品公司的前方站或附近设点，方便儿童就餐；在百货商厦和大卖场设店中店，吸引逛商店的年轻人就餐。

（2）着眼于今天和明天。麦当劳布点的一大原则，是一定二十年不变。所以对每个点的开与否，都通过三个月到六个月的考察，再作决策评估。重点考察是否与城市规划发展相符合，是否会出现市政动迁和周围人口动迁，是否会进入城市规划中的红线范围。进入红线的，坚决不碰；老化的商圈，坚决不设点。有发展前途的商街和商圈，新辟的学院区、住宅区，是布点考虑的地区。纯住宅区往往不设点，因为纯住宅区居民消费的时间有限。

（3）讲究醒目。麦当劳布点都选择在一楼的店堂，透过落地玻璃橱窗，让路人感知麦当劳的餐饮文化氛围，体现其经营宗旨——方便、安全、物有所值。由于布点醒目，便于顾客寻找，也吸引人。

（4）不急于求成。黄金地段黄金市口，业主往往要价很高。当要价超过投资的心理价位时，麦当劳不急于求成，而是先发展其他地方的布点。通过别的网点的成功，让"高价"路段的房产业主感到麦当劳的引进，有助于提高自己的身价，于是再谈价格，重新布点。松江、金山的两个布点，就是经过了这样的曲折。

（5）优势互动。麦当劳开"店中店"选择的"东家"，不少是牌誉较高的，如家乐福、百盛购物中心、上海广场、时代广场等。知名百货店为麦当劳带来客源，麦当劳又吸引年轻人逛商店，起到优势互补的作用。

资料来源：姚凤云. 创新与创业管理[M]. 北京：清华大学出版社，2017.

（二）新企业的名称设计

企业名称是指从事物质产品生产或提供有偿服务的组织或者群体的代号，用于和其他从事同样活动的组织或者群体进行区别。新企业的名称设计首先应符合我国《企业名称登记管理规定》和《企业名称登记管理实施办法》，如《规定》中说明除了少数类型的企业之外，其他企业名称应当由以下部分依次组成：字号（或者商号）、行业或者经营特点、组织形式。其次，由于企业的名称是企业外观形象的重要组成因素，好的名称会产生一种魅力，有利于企业形象的塑造。因此，从传播的角度来说，企业的名称设计还要考虑到企业经营理念、企业的价值观等。具体而言，应注意以下三点。

1. 简单

企业名称的字数对其认知度具有一定的影响，名称越简洁明快，越容易与产品用户进行沟通，越有利于企业形象的传播。比如，欧美许多著名公司往往将其完整的名称简化，全称只用于涉及法律的场合，在一般商业活动中使用缩略名称，如 Minnesota Mining and Manufacturing Corporation，简称 3M 公司；International Business Machines Corporation，简称 IBM 公司。

2. 富有创意

富有创意的名称能够吸引消费者的注意力，引发其遐想、思考。例如，必胜客是比萨专卖连锁企业。其中"必胜客"运用行业用字"比萨"（pizza）一词自然必不可少，但注册时还剩下 4 个英文字母的空位，也就因亲戚随口一说"小屋"（hut），便一锤定音，名噪全球的"必胜客"（pizza hut）便诞生了。作为最早将比萨带入中国的品牌——必胜客与日俱进、敢于创新。据悉必胜客先请来了男演员陈伟霆作为全新品牌代言人，并推出新款 wow 烤肉黑比萨，更是在抖音平台策划上线了一个奇趣的挑战主题。

3. 响亮

发音响亮、朗朗上口的名称比那些难发音或音韵不好的名字容易传播。如果名称比较拗口，节奏感不强，不利于发音效果，也不利于传播，从而很难让大众熟识。如日本健伍电子，原名特丽欧（trio），发音节奏感不强，最后一个音 o 念起来没有气势，后租用英文 KENWOOD 商标，ken 与 can 谐音，有力度和个性，而 wood 又有短促音与和谐感，整个名称节奏感强，由此也打开了欧洲市场。

二、新企业的市场进入

（一）新企业选择市场进入模式的影响因素

帕克和裴（2004）根据技术能力（即跟进者及先行者）、产品市场成熟度（既有市场及新兴市场）及目标市场（本土市场及国际市场）三个层面，对新创企业市场进入战略进行了分类。

1. 技术水平

技术水平是衡量新企业最重要的一项指标。创新型企业拥有开创性的技术知识并使得产品的技术设计和生产工艺成为业界广为接受的标准或主导性的设计方案。相反，普通的模仿者只是跟随技术进步的轨迹，对现有产品进行一定的改良。

2. 产品市场成熟度

产品市场的成熟度和产品生命周期息息相关，后者是指一种产品在市场所经过的一系列阶段，即导入期、成长期、成熟期和衰退期，这些阶段都和产品的竞争环境有着密切联系。例如，技术密集型产业的一个重要特征就是技术的不断创新缩短了产品的生命周期，现有产品很快就变得过时。因此，产品市场可以分为两个发展阶段：新兴产品市场和现有产品市场，产品导入期和成长期可归入新兴产品市场，而产品成熟期和衰退期可归为现有产品市场。

3. 目标市场

目标市场是企业决定要进入的市场，也就是企业拟投其所好，为之服务的那个客户群。高新技术企业的国际化程度不断加强，新技术、新产品传播速度不断加快，使得新企业可以直接定位于国际市场。

（二）新企业的市场进入模式

从现有的路径模式看，创业者可以选择以下模式进入市场。

1. 依附大企业

当新企业的技术或产品成熟度较低时，创业者应扮演跟随者的角色，选择依附于大企业的模式进入市场。我国学者张仁寿将中小企业与大企业的分工合作分为广义与狭义两种。从广义上来说，小企业在经营各环节只要同大型企业发生联系就视为二者展开合作，只是这种关系时间较短，并不稳定。从狭义来说，小企业与大企业通过协议、信任与承诺以及资本联系展开合作。相对而言，这种关系较为稳定持久，因此也成为中小企业与大企业进行合作的主要表现。这种模式既适用于较为成熟的市场，也适用于新兴市场。一方面表现为新企业模仿大企业的产品、服务或技术，或者通过合同约定的形式利用大企业的产品、技术、商标、管理经验等。如创业者可以通过特许经营创办新企业，这样，创业者只要签订特许经营协议，就可以获得巨大的品牌资源，而且还能获得各种经营诀窍和培训。因此，特许经营是新企业进入市场很好的模式选择。另一方面，新企业可以将自己的产品、服务或技术与大企业的所需加以结合开拓新市场。这种合作由于大企业的提携，能够减少新企业的生存压力，降低经营风险。但可能会导致新企业严重依附于大企业。

2. 选择利基市场

"利基"一词是英文 niche 的音译，菲利普·科特勒将利基定义为：利基是更窄地确定某些群体，这是一个小市场并且它的需要没有被服务好，因此有获取利益的基础。利基市场是指那些被市场中的有绝对优势的企业忽略的某些细分市场。理想的利基市场具有如下特征：具有足够的规模和购买力，能够盈利；具备发展的潜力；强大的竞争对手对该市场不屑一顾；企业具备这个市场所需的能力和资源；能够抵挡强大竞争者的入侵；还没有统治者。现实中存在许多只得到局部满足或根本未得到充分满足的需要，这就构成了潜在的市场需求，创业者如果从中发现商机，那么这个市场就会成为企业的潜在的利基市场。因此企业应选定一个很小的产品或服务领域，集中力量以优势产品或专利技术进入并努力成为领先者，从当地市场到全国再到全球，同时建立各种壁垒，逐渐形成持久的竞争优势。

3. 借助于集群的力量

众多的中小企业在特定地理位置上的集中是企业群落的通常表现。企业通过"扎堆"，聚集在一起，可以形成整体优势和规模效应，建立和扩大共同的知名度和"品牌"

效应，达成内部的优势互补和资源共享，从而有效地解决新企业的先天不足问题。例如，美国硅谷的繁荣在很大程度上归功于当地企业集群的发展。

新企业可以通过与集群中的其他企业协作经营，实行规模性合作，创造出一种经营的态势，这种规模性联合经营，不一定需要产品相同，只要取得产品的同类性，就能够取得良好的效果。新企业借助于小企业集群的力量，在生产上可以统一规划和使用基础与配套设施，在销售上可以获得规模化营销的优势。

第二节　新企业的成长管理

一、新企业的成长阶段

企业成长如同人的成长一样，具有阶段性。不同学者有不同的划分方法和结果，通常可将企业成长划分为以下几个阶段。

（一）种子期

这一阶段基本上处于研究与开发 R&D 的中后期，产生的是实验室成果、样品和专利，而不是产品。企业可能刚刚组建或正在筹建，基本上没有管理队伍。

这一阶段的投资成功率最低（平均不到 10%），但单项资金要求最少，成功后的获利最高。这一阶段的主要投入形式为政府专项拨款、科研机构和大学的科研基金、社会捐赠和被称作精灵投资者的个人创业投资家提供的股本金等。由于投资风险太高，规范的创业投资机构基本不涉足这一阶段。

（二）创建期

这一阶段，企业已经有了一个处于初级阶段的产品，而且拥有了一份很粗的经营计划、一个不完整的管理队伍。没有任何收入，开销也极低。据统计，创建阶段一般在一年。至该阶段末期，企业已有经营计划，管理队伍也已组建完毕。

这一阶段大致相当于我国划分的小试阶段前期，技术风险与种子期相比，有较大幅度下降，但投资成功率依然较低（平均不到 20%）。虽然单项资金要求较种子期要高出不少，但成功后的获利依然很高。这一阶段，那些非营利性的投资，由于法律的限制将不再适宜，因此创业投资将是其主要投入形式。一般来说，创业投资从这一阶段才真正介入创业企业的发展。

（三）成长期

这一阶段大致相当于我国划分的小试阶段后期和中试前期，技术风险大幅度下降，产品或服务进入开发阶段，并有数量有限的顾客试用，费用在增加，但仍没有销售收入。至该阶段末期，企业完成产品定型，着手实施其市场开拓计划。这一阶段，资金需求量迅速上升，由于创业企业很难靠自我积累和债权融资等方式解决这一阶段的资金需求问题，因此创业投资依然是其主要投入形式。

（四）扩张期

这一阶段，企业开始出售产品和服务，但支出仍大于收入。在最初的试销阶段获得成功后，企业需要投资以提高生产和销售能力。在这一阶段，企业的生产、销售、服务已具备成功的把握，企业可能希望组建自己的销售队伍、扩大生产线、增强其研究发展的后劲，进一步开拓市场，或拓展其生产能力或服务能力。这一阶段，企业逐步形成经济规模，开始实现市场占有率目标，此时成功率已接近70%，企业开始考虑上市计划。

这一阶段融资活动可以把它理解为"承上启下"的资金，是拓展资金或是公开上市前的拓展资金。这一阶段意味着企业介于创业投资和股票市场投资之间。投资于这一阶段的创业投资通常有以下两个目的：

（1）基于以前的业绩，风险性大大降低；企业的管理与运作基本到位；业已具有的成功业绩，使风险显著降低。

（2）一两年以后便可迅速成长壮大走向成熟。这个阶段之所以对创业投资家有一定的吸引力，是因为企业能够很快成熟，并接近于达到公开上市的水平。

这一阶段资金需求量更大。比较保守或规模较大的创业投资机构往往希望在这一阶段提供创业资本。在股本金增加的同时，企业还可争取各种形式的资金，包括私募资金、有担保的负债，或无担保的可转换债，以及优先股等。

（五）获利期

在这一阶段，企业的销售收入高于支出，产生净收入，创业投资家开始考虑撤出。对于企业来讲，在这一阶段筹集资金的最佳方法之一是通过发行股票上市。成功上市得到的资金一方面为企业发展增添了后劲，拓宽了运作的范围和规模；另一方面也为创业投资家的撤出创造了条件。创业投资家通常通过公开上市而撤出，但有时也通过并购方式撤出。

综上所述，创业投资一般主要投资于创建阶段、成长阶段和扩张阶段。规模较小、运作较为灵活的创业投资机构主要投资于前两个阶段，规模较大、相对保守的创业投资机构往往投资于后一个阶段。

二、新企业成长的最佳实践

（一）标杆瞄准，确立目标

通过标杆瞄准，企业能通过识别并模仿其他成功企业的经营方法，从而提升相应的自身活动质量。企业成长为标杆瞄准提供了绝佳的机会。通常，如果公司的"标杆瞄准"企业没有将它视为竞争者的话，这将推动并有利于公司的标杆瞄准努力。实施标杆瞄准的成功企业数不胜数。

（二）平衡企业职能管理

管理者应谋求企业的快速行动和市场机会把握能力与有效管理成长以及专业化经营实践需要之间的恰当平衡。

（1）兼顾规模与效益。可规范销售行为，对客户进行筛选和细化管理，满足关键客户的需求，促进销售收入与利润的同步增长，努力成为在某些产业或利基市场上销量名列前茅的领导企业。

（2）做好计划，处理好短期生存和远景目标的关系，关键是执行可扩展的商业模式，即利润率会随销售额增长而提高。

（3）处理好控制与放权的关系，加强领导与沟通，提供有力的激励和鼓舞，提高员工的凝聚力。

（三）改进组织结构

有学者将计划过度的组织比作"铁路"，而将有利于恢复成长的组织比作"出租车"，两种组织的运行规则及其带来的结果截然不同。"铁路"型组织有着严密的"停靠站点"，让顾客适应火车，但它无法适应突发的变化；"出租车"型组织的"停靠站点"灵活，适应顾客的要求，能应对突发事件及环境变化。企业成长要求具备有利于、沟通和交流、反应敏捷、行动快速的扁平式组织结构。

三、企业的二次创业

企业的二次创业可描述为：积极引入新产品和新技术，寻求市场创新和生产制造环节的创新，在竞争中主动出击，倾向于作领先者而不是跟随者，敢于承担风险。

（一）确定远景

许多大型组织都有明确的愿景。高层管理者应当对公司二次创业的愿景进行概念化处理，并向组织内的员工传达，使内部创业者从事创新活动时有一个遵循的方向，并能与公司的战略相结合。愿景来自组织的顶层，而创业行为则来自整个组织。推动公司创业的企业首先在政策上能够支持与鼓励创新行为，并向员工明确传达下述政策："只要是符合企业的发展策略，有助于实现企业的远景目标，由员工主动发起的创新活动将被容许，并且可获得资源上的支持。"

（二）鼓励创新

创业家必须具有创意，并能提出具体可行的方案。一般来说，存在两类创新：根本性创新和递增式创新。前者代表的是前所未有的突破，后者是指产品或服务的升级换代或进入新市场的系统演进。

（三）组建创业团队

团队的内部创业家除具有创意以外，还必须是一位好的领导人，能够在组织内部吸引所需要的专业人才，共同组成创业团队。同时在新事业开创过程中，还需要一位具有影响力的高层支持者作为保护人，协助获得所需资源，并排除创业过程中的企业内部阻力，使创业团队能够安然渡过最艰辛的创业初始期。赋予创业团队行动自由，但同时要求承担创造价值的责任。

（四）构建内部创业环境

构建内部创业环境主要包括以下几方面内容。

（1）管理层对公司创业活动的支持。主要表现在：员工想法迅速被采用、赏识提出想法的人员、对小的试验项目的支持、提供项目启动的种子资金等。

（2）员工的工作自主权。公司应当允许员工作出关于工作进展的决定，并避免对员工在创新时犯错误进行批评。

（3）采用红利分配与内部资本的双重奖励制度来激励内部创业行为。一般员工对于企业奖惩的认知是，冒险创新成功的报酬太低，而失败时的惩罚太重，因此宁愿保守应对。

（4）给予充裕的时间。公司必须合理分配员工的工作负担，给个人一定的时间来形成新的想法。同时，管理层对一个创业项目同样要承诺有足够长的时间以等待成功的机会。

（五）实施内部创业活动

这一阶段类似于创业者创办了自己的新企业。公司创业项目需整合公司内外部资源才能取得成功。成功后，公司可能会追加投资，使其在正式的组织结构中的地位得以确立；也可能从企业中分立出去，成为一家完全独立的公司，通过公开上市和转让股权，实现资本的增值。若公司创业项目失败，它可能遭到分解，其资源由公司重新吸收。

第三节　企业上市之路

一、企业上市的意义与优劣势

古希腊哲学家、数学家、物理学家、科学家阿基米德说过："给我一个支点，我可以撬动整个地球。"对企业来说，这个支点就是改制上市。通过股份制改造和发行上市，优秀的企业能够借助资本市场的力量，迅速发展壮大，成为商界巨头和行业旗帜。

（一）企业上市的意义

1. 利用资本市场可以推动中小企业实现规范发展

企业改制上市的过程，就是企业明确发展方向、完善公司治理、夯实基础管理、实现规范发展的过程。企业改制上市前，要分析内外部环境，评价企业的优势和劣势，找准定位，使企业发展战略清晰化。在改制过程中，保荐人、律师事务所和会计师事务所等众多专业机构可为企业出谋划策，通过清产核资等一系列过程，帮助企业明晰产权关系，规范纳税行为，完善公司治理，建立现代企业制度。企业改制上市后，要围绕资本市场发行的上市标准努力"达标"和"持续达标"；同时，上市后的退市风险和被并购的风险，能促使高管人员更加诚实守信、勤勉尽责，促使企业持续规范地发展。

上市后，企业可以建立以股权为核心的完善的激励机制，以吸引和留住核心管理人员以及关键技术人才，为企业的长期稳定发展奠定基础。

2. 利用资本市场可使企业获得长期稳定的资本性资金

世界银行国际金融公司的研究表明，中国私营公司的发展资金绝大部分来自业主资本和内部留存收益，公司债券和外部股权融资不到1%，我国企业面临着严重的直接融资瓶颈。

企业通过发行股票进行直接融资，可以打破融资瓶颈束缚，获得长期稳定的资本性资金，改善企业的资本结构；可以借助股权融资独特的"风险共担、收益共享"的机制实现股权资本收益最大化；还可以通过配股、增发、可转债等多种金融工具实现低成本的持续融资。例如，深圳万科1988年首次上市时融资额为2 800万元，此后通过六次再融资累计筹集资金51亿元，从一个名不见经传的小公司发展成为总资产近百亿元的房地产业巨头，其中持续稳定的资本供给发挥了巨大的作用。

与银行贷款等间接融资方式不同，直接融资不存在还本付息的压力。企业将可以投入更多资金用于研发，中小企业上市将有效地增强企业创业和创新的动力和能力。

3. 企业上市可以有效提升企业的品牌价值和市场影响力

从传统意义上讲，企业传播品牌或形象主要有三个途径：口碑、广告和营销（或公共关系）。实际上，公开发行与上市具有更强的品牌传播效应。进入资本市场表明中小企业的成长性、市场潜力和发展前景得到承认，本身就是荣誉的象征。同时，改制上市对中小企业的品牌建设作用巨大。路演和招股说明书可以公开展示企业形象；每日的交易行情、公司股票的涨跌，成为千百万投资者必看的公司广告；媒体对上市公司拓展新业务和资本市场运作新动向的追踪报道，能够吸引成千上万投资者的眼球；机构投资者和证券分析师对企业的实时调查、行业分析，可以进一步挖掘企业的潜在价值。

4. 企业上市可以发现公司的价值，实现公司股权的增值

股票上市，相当于为公司"证券化"的资产提供了一个交易平台，增强了公司股票的流动性，通过公开市场交易有利于发现公司的价值，实现公司股权业绩的一种市场评价机制，也成为公司并购的重要驱动力，使公司管理层增值，为公司股东、员工带来财富。上市后股票价格的变动，可以对公司形成有效的鞭策作用。对于业绩优良、成长性好、讲诚信的公司，其股价会保持在较高的水平上，不仅能够以较低的成本持续筹集大量资本，不断扩大经营规模，而且可以将股票作为工具进行并购重组，进一步培育和发展公司的竞争优势和竞争实力，增强公司的发展潜力和发展后劲，进入持续快速发展的通道。而对于管理不善的绩差公司来说，在价格机制的引导下，资本流向好的公司，逐渐淘汰差的公司，股价的下跌可使公司面临着随时被收购的命运。

（二）中小企业改制上市的社会责任

中小企业成为公众公司后，事关千万投资者的利益，事关证券市场稳定甚至社会安定，必然要受到更多约束，承担更多的社会责任。①资本市场的社会监督。要求企业接受来自投资者、监管机构以及社会公众的监督，在阳光下进行操作，减少公司运作的随意性。②保荐人的督导。要求企业接受保荐人的持续督导，促使企业切实履行承诺。③信息披露制度。要求企业及时、准确、完整、真实地披露定期报告和临时报告，做到财务规范、透明。④股市价格机制。要求企业不断提高企业投资价值，不断优化发展战略、提高竞争能力和可持续发展后劲。⑤诚信管理机制。要求企业强化约束，讲求诚信，合法经营，规范运作。企业上市并非只有好处而没有坏处，因此企业拟定上市前一定要分析上市的优缺点，认真考虑是否要上市，上市是否符合企业发展规划。

（三）企业上市的优势与劣势

（1）企业上市的优势：①取得固定的融资渠道；②得到更多的融资机会；③获得创业资本或持续发展资本；④募集资金以解决发展资金短缺问题；⑤为了降低债务比例而采用的措施；⑥在行业内扩展或跨行业发展；⑦增加知名度和品牌形象；⑧持股人出售股票；⑨管理者收购企业股权；⑩对雇员的期权激励；⑪取得更多的"政策"优惠和竞争地位。

（2）企业上市的劣势：①信息披露使财务状况公开化；②股权稀释，减少控股权；③高级管理人员将承担更多的责任；④公司面临严格的审查；⑤上市的成本和费用较高；⑥经常会产生股东败诉。

二、创业企业上市流程

（一）改制阶段

企业改制、发行上市牵涉的问题较为广泛和复杂，一般在企业聘请的专业机构的协助下完成。企业改制并于主板上市、企业中小板上市、企业深圳创业板上市所涉及的主要中介机构均需证券执业资格。

1. 各有关机构的工作内容

（1）拟改制公司。拟改制企业一般要成立改制小组，公司主要负责人全面统筹，小组由公司抽调办公室、财务及熟悉公司历史、生产经营情况的人员组成，其主要工作包括：①全面协调企业与省、市各有关部门、行业主管部门、中国证监会派出机构以及各中介机构的关系，并全面督查工作进程；②配合会计师及评估师进行会计报表审计、盈利预测编制及资产评估工作；③与中介机构合作，处理上市有关法律事务，包括编写公司章程、承销协议、各种关联交易协议、发起人协议等；④负责投资项目的立项报批工作和提供项目可行性研究报告；⑤完成各类董事会决议、公司文件、申请主管机关批文，并负责新闻宣传报道及公关活动。

（2）制订股份公司改制方案；对股份公司设立的股本总额、股权结构、招股筹资、新股配售制订方案并进行操作指导和业务服务；推荐具有证券从业资格的其他中介机构，协调各方的业务关系、工作步骤及工作结果，充当公司改制及股票发行上市全过程总策划与总协调人；起草、汇总、报送全套申报材料；组织承销团包销 A 股，承担 A 股发行上市的组织工作。

（3）对各发起人的出资及实际到位情况进行检验，出具验资报告；负责协助公司进行有关账目的调整，使公司的财务处理符合规定；协助公司建立股份公司的财务会计制度、财务管理制度；对公司前三年的经营业绩进行审计，以及审核公司的盈利预测；对公司的内部控制制度进行检查，出具内部控制制度评价报告；在需要的情况下对各发起人投入的资产进行评估，出具资产评估报告。土地评估机构对纳入股份公司股本的土地使用权进行评估。

（4）协助公司编写公司章程、发起人协议及重要合同；负责对股票发行及上市的各项文件进行审查；起草法律意见书、律师工作报告；为股票发行上市提供法律咨询服务。

特别提示:根据中国证券监督管理委员会有关通知的规定,今后拟申请发行股票的公司,设立时应聘请有证券从业资格许可证的中介机构承担验资、评估、审计等业务。若设立聘请没有证券从业资格许可证的中介机构承担上述业务的,在股份公司运行满三年后才能提出发行申请,在申请发行股票前须另聘有证券从业资格许可证的中介机构复核并出具专业报告。

2. 确定方案

券商和其他中介服务机构向发行人提交审慎的调查提纲,由企业根据提纲的要求提供文件资料。通过审慎调查,全面了解企业各方面的情况,确定改制方案。审慎调查是为了保证向投资者提供的招股资料全面、真实、完整而设计的,也是制作申报材料的基础,需要发行人全力配合。

3. 分工协调会

中介机构经过审慎调查阶段对公司进行了解,发行人与券商将召集所有中介机构参加分工协调会。协调会由券商主持,就发行上市的重大问题,如股份公司设立方案、资产重组方案、股本结构、财务审计、资产评估、土地评估、盈利预测等事项进行讨论。协调会将根据工作进展情况不定期召开。

4. 各中介机构开展工作

根据协调会确定的工作进程,确定各中介机构工作的时间表,各中介机构按照上述时间表开展工作,主要包括对初步方案进一步进行分析、财务审计、资产评估及各种法律文件的起草工作。

5. 取得相关部门的确认

取得国有资产管理部门对资产评估结果的确认及对资产折股方案的确认,土地管理部门对土地评估结果的确认,以及国有企业相关投入资产的评估结果,国有股权的处置方案需经过国家有关部门的确认。

6. 准备文件

企业筹建工作基本完成后,向市发展和改革委员会提出正式申请设立股份有限公司,主要包括:①公司设立申请书;②主管部门同意公司设立意见书;③企业名称预核准通知书;④发起人协议书;⑤公司章程;⑥公司改制可行性研究报告;⑦资金运作可行性研究报告;⑧资产评估报告;⑨资产评估确认书;⑩土地使用权评估报告书;⑪国有土地使用权评估确认书;⑫发起人货币出资验资证明;⑬固定资产立项批准书;⑭三年财务审计及未来一年业绩预测报告。以全额货币发起设立的,可免报上述第 8、9、10、11 项文件和第 14 项中年财务审计报告。市发展和改革委员会初核后出具意见转报省体改办审批。

7. 召开创立大会,选举董事会和监事会

省发展和改革委员会对上述有关材料进行审查论证,如无问题获得省政府同意股份公司成立的批文后,公司可以组织召开创立大会,选举产生董事会和监事会。

8. 工商行政管理机关批准股份公司成立，颁发营业执照

在创立大会召开后 30 天内，公司组织向省工商行政管理局报送省政府或中央主管部门批准设立股份公司的文件、公司章程、验资证明等文件，申请设立登记。工商局在 30 日内作出决定，颁发营业执照。

（二）辅导阶段

在取得营业执照之后，股份公司依法成立，按照中国证监会的有关规定，拟公开发行股票的股份有限公司在向中国证监会提出股票发行申请前，均须由具有主承销资格的证券公司进行辅导，辅导期限为一年。辅导内容主要包括：①股份有限公司设立及其历次演变的合法性、有效性；②股份有限公司人事、财务、资产，以及供、产、销系统的独立完整性；③对公司董事、监事、高级管理人员及持有5%以上（含5%）股份的股东（或其法定代表人）进行《公司法》《证券法》等有关法律法规的培训；④建立健全股东大会、董事会、监事会等组织机构，并实现规范运作；⑤依照股份公司会计制度建立健全公司财务会计制度；⑥建立健全公司决策制度和内部控制制度，实现有效运作；⑦建立健全符合上市公司要求的信息披露制度；⑧规范股份公司和控股股东及其他关联方的关系；⑨公司董事、监事、高级管理人员及持有 5%以上（含5%）股份的股东持股变动情况是否合规。

辅导工作开始前 10 个工作日内，辅导机构应当向派出机构提交以下材料：①辅导机构及辅导人员的资格证明文件（复印件）；②辅导协议；③辅导计划；④拟发行公司基本情况资料表；⑤最近两年经审计的财务报告（资产负债表、利润表、现金流量表等）。

辅导协议应明确双方的责任和义务。辅导费用由辅导双方本着公开、合理的原则协商确定，并在辅导协议中列明，辅导双方均不得以保证公司股票发行上市为条件。辅导计划应包括辅导的目的、内容、方式、步骤、要求等内容，辅导计划要切实可行。

辅导有效期为三年，即本次辅导期满后三年内，拟发行公司可以由主承销机构提出发行上市申请；超过三年，则须按本办法规定的程序和要求重新聘请辅导机构进行辅导。

（三）材料制作及申报阶段

1. 申报材料制作

股份公司成立运行一年后，经中国证监会地方派出机构验收符合条件的，可以制作正式的申报材料。申报材料由主承销商与各中介机构分工制作，然后由主承销商汇总并出具推荐函，最后由主承销商完成内核后将申报材料报送中国证监会审核。会计师事务所的审计报告、评估机构的资产评估报告、律师出具的法律意见书将为招股说明书有关内容提供法律及专业依据。

2. 申报材料上报

第一，初审。中国证监会收到申请文件后在 5 个工作日内作出是否受理的决定。未按规定要求制作申请文件的，不予受理。同意受理的，根据国家有关规定收取审核费人

民币 3 万元。中国证监会受理申请文件后，对发行人申请文件的合规性进行初审，在 30 日内将初审意见函告发行人及其主承销商。主承销商自收到初审意见之日起 10 日内将补充完善的申请文件报送至中国证监会。

第二，发行审核委员会审核。中国证监会对按初审意见补充完善的申请文件进行进一步审核，并在受理申请文件后 60 日内，将初审报告和申请文件提交发行审核委员会审核。

第三，核准发行。依据发行审核委员会的审核意见，中国证监会对发行人的发行申请作出核准或不予核准的决定。予以核准的，出具核准公开发行的文件。不予核准的，出具书面意见，说明不予核准的理由。中国证监会自受理申请文件到作出决定的期限为 3 个月。发行申请未被核准的企业，接到中国证监会书面决定之日起 60 日内，可提出复议申请。中国证监会收到复议申请后 60 日内，对复议申请作出决定。

（四）股票发行及上市阶段

（1）股票发行申请经发行审核委员会核准后，取得中国证监会同意发行的批文。

（2）刊登招股说明书，通过媒体进行巡回路演，按照发行方案发行股票。

（3）刊登上市公告书，在交易所安排下完成挂牌上市交易。

本 章 小 结

本章共三节。第一节，首先阐释了新企业创建的法律问题，而后介绍了新企业的选址与名称设计问题，最后论述了新企业的市场进入方式。第二节，首先论述了新企业成长的基本规律，而后介绍了新企业成长的最佳实践，最后探讨了企业的二次创业问题。第三节，首先阐释了企业上市的意义与优劣势，而后介绍了创业企业上市的流程。通过本章的学习，可掌握新企业的创建与成长管理的相关知识，使创业活动得以健康地发展。

名词解释

知识产权　　劳动合同　　有限责任公司

思考训练题

1. 新企业创建的法律与法规包括哪些？
2. 怎样进行新企业的选址？
3. 新企业的名称设计应注意哪些问题？
4. 简述新企业选择市场进入模式的影响因素。
5. 企业的成长经过哪几个阶段？
6. 简述如何进行企业中的二次创业。
7. 简述企业上市的优势与劣势。
8. 简述创业企业上市的流程。

案例分析

徐瑞明二度创业 8 年打造 2 家互联网准上市企业
——记机客网络董事长徐瑞明：引进资本，将新兴产业之路"走活"

在临沂国家级经济技术开发区的投资创业服务中心，"孵化"出了第一家毕业企业——山东机客网络技术有限公司；该公司由被称为"临沂小盖茨"的徐瑞明率领原班创业团队，投资扎根临沂经济技术开发区，历经 4 年打造成国内屈指可数的移动互联网企业；机客网络致力于为全国所有手机提供手机应用的下载服务，以手机游戏、手机软件等各种手机上使用的娱乐内容为主，公司先后在上海、郑州、杭州、深圳投资设立了分公司和办事机构。目前，机客年销售收入达到五千余万元，利润一千余万元，完成税收三百余万元，发展手机用户 1400 余万人；预计未来一年中，注册会员将达到 3000 万以上，营业收入将过亿元，利润超过 3000 万元；并计划申报深圳创业板进行上市运作，也即将成为徐瑞明所运作的第二家准上市企业。届时，机客网络将成为山东省第一家在中国上市的互联网企业、临沂市值最高的企业之一。

机客公司还先后获得国家级双软认证企业、省级创新型企业、省级优秀企业、市级创新型企业称号；第一家投资组建中加合资动漫公司的企业，2011 年入围"临沂市双五零"重点企业；同时成功申报成为临沂第一家通过省科技厅软件技术备案的企业；获得省级信息产业扶持资金、市级财政奖励资金、区级财政奖励资金等殊荣。

回想 7 年前，临沂迎来第一批新兴服务业的创业风潮，徐瑞明所创办的 E 族人娱乐网站与格林斯潘在中国创办的 MYSPACE 分公司成功合并，重组后携手登陆美国纳斯达克，创始人徐瑞明也第一次感受到了资本运作的魅力，成为了临沂第一家赴美国上市的公司，并且还是新兴服务业的互联网公司，徐瑞明也成为有史以来纳斯达克最年轻的上市公司股东，此时他年仅 18 岁；在强大的资本力推动下，徐瑞明的企业如虎添翼，在短时间内获益颇丰；2007 年，徐瑞明通过 OTCBB 二线市场交易的方式成功将资产出售，完成了第一阶段的原始资本积累。

2007 年下半年，中国迎来了 3G 网络的改革春风，刚刚完成第一阶段创业目标的徐瑞明再次抓住了这个良好时机，带领原班创业团队在临沂经济技术开发区创办了山东机客网络，通过 4 年的运作，在 2010 年末，机客网络获得中国达晨投资基金、华谊资本、中润涌信等大型机构基金的联合注资，以 2200 万元人民币价格，共同买入机客 14.67% 股份。机客公司在 2010 年末估值达到 1.5 亿元人民币。2011 年，机客网络已初步达到上市企业基本要求标准，积极筹备上市的各项工作；2011 年末，机客公司展开第二轮融资计划，随着营业收入和利润的爆发式增长，估值再次飙升到 2.5 亿元人民币。回望那个在 2007 年投资 400 万元人民币成立在临沂市经济开发区的小型网络公司，在各大投资机构和资本运作高手的相继介入后，通过公司全体同仁的共同打拼，在短短 4 年多时间里，公司价值提升了 60 多倍！

山东机客网络公司在徐瑞明及其团队的带领下，顺应时代发展的潮流，结合新兴服务业和新兴文化产业的特点，在手机增值服务领域建立了自己的核心价值和市场；同时，引进最新的资本运作理念，通过与资本市场融资渠道的结合，使企业在发展的过程中走得更快、更稳！

　　"把企业这个蛋糕做大，与更多有志之士分享，最后做成一个公开公司与全社会分享，这是做企业的最终目标；企业有了商业价值，还要有社会价值；不光要向社会索取，也要记得不断向社会回馈；机客作为一个即将上市的企业，同时也作为典型新兴服务业的互联网企业、文化传播企业，更要积极担负转型、调结构的重任，积极构建大学生实习创业基地；投入更多的科研经费，打造更高端的创业研发平台，将好的创业思想、资本运作理念介绍给更多企业主、创业者，这才是我们作为社会大家庭的一员应有的责任和义务。"机客网络董事长徐瑞明如是说。

资料来源：姚凤云. 创新与创业管理[M]. 北京：清华大学出版社，2017.

　　问题：谈谈对徐瑞明二度创业打造两家互联网准上市企业的感想。

第三篇　大学生创新素质篇

　　创新素质是指人在先天遗传素质基础上后天通过环境影响和教育所获得的稳定的在创新活动中必备的基本心理品质与特征。大学生就业和创业能力与其创新素质密切相关，创新素质的高低是其就业创业成功与否的前提。可以认为，创新素质教育是高校素质教育的重要组成部分。

　　创新素质教育的理论基础是创造理论，包括创造的原动力、创造精神、创造学的基本原理、创造的个性心理品质、创造性思维、创造技法等。本篇分三章对创造原理、创造性思维、创造技法逐一进行阐释。

第十五章

创造学概论

学习要点及目标

通过本章的学习，了解创造的含义和特征、创造与相关概念的关系；理解人类进行创造的原动力；明确创造精神的含义和作用；认识创造学的基本原理；了解创造学的产生与发展的历程；认识创造力及其开发问题；明确培养创造的个性心理品质的重要性。

引导案例

开拓创新创造更多人间奇迹

习近平总书记曾经说过："中国的先人们早在 2500 多年前就认识到'苟利于民，不必法古；苟周于事，不必循俗。'变革创新是推动人类社会向前发展的根本动力。谁排斥变革，谁拒绝创新，谁就会落后于时代，谁就会被历史淘汰。"

党的十八大以来，每一届国家科学技术奖励大会，习近平总书记总要亲自为获奖者颁奖。在科学家座谈会、企业家座谈会上，在各地考察调研中，习近平总书记都会反复强调，要不断把创新能力摆在更加突出的位置。

习近平总书记说："创新从来都是九死一生，但我们必须有'亦余心之所善兮，虽九死其犹未悔'的豪情。"

创新是一个国家、一个民族发展进步的不竭动力。越是伟大的事业，越充满艰难险阻，越需要艰苦奋斗，越需要开拓创新。

从理论创新、实践创新，到制度创新、文化创新，党的十八大以来，以习近平同志为核心的党中央始终坚持开拓创新，提出一系列原创性的治国理政新理念、新思想、新战略，推出数以千计的改革方案，啃下了不少硬骨头，闯过了不少急流险滩，敢为天下先，走出了前人没有走出的路。

资料来源：人民网（责编：袁勃、郝江震）

http://politics.people.com.cn/n1/2021/1124/c1001-32290994.html.

第一节 创 造

一、创造的含义与特征

（一）创造的含义

"创造"一词是对创造活动综合而生动的概括。创造活动魅力无限，因此，"创造"一词也极富神秘色彩而具有诱人的魅力。

何谓创造？人们对其有多种多样的解释。

在《辞海》中，"创造"一词被解释为"首创前所未有的事物"。在《现代汉语词典》里，创造被解释为："想出新方法、建立新理论、做出新的成绩或东西。"这些，是有关创造的最一般的解释。

在学术界，人们对"创造"有无数种表述。仅日本创造工程学家思田彰教授在其著作《创造的理论和方法》中就列举了人们提出的有关创造的 83 个定义。其他国家和我国的学者对创造的表述也多种多样。我们认为：所谓创造，是指人们首创或改进某种思想、理论、方法、技术和产品的活动。

（二）创造的特征

创造与其他人类活动相比具有以下特征。

1. 创新性

前所未有的与众不同的新奇性是创造的最主要的特点。例如，审批各种创造发明专利的首要标准便是看其发明创造是否是尚未被人发现的、尚未公开的、前所未有的和与众不同的。

2. 普遍性

"人类社会处处是创造之地，天天是创造之时，人人是创造之人。"这是我国著名教育家陶行知先生的一句名言。而事实也的确如此，创造不仅存在于各个比较正规的、集中的科研领域，也存在于人类活动的一切领域，其中包括人们的日常生活领域。

3. 永恒性

人类的许多活动会随着创造而改变，人类的很多成果会随着创造而淘汰，而唯有创造与人们永远相伴。可以说，创造具有永恒性。

4. 超前性

创造就是首创前所未有的事物。所谓首创就是"第一个"。作为第一个，它永远超前于他人的认识，也可谓超前于社会的认识。创造超前于社会的认识，社会认识滞后于创造，这也是客观规律。

5. 社会性

创造，包括创造设想与实施创造，都离不开社会。例如，一项新产品的出现，除科学家的创造发明之外，更需社会各方投入一定的物力才得以产生。此外，创造的目标也都联系着一定社会效果，即使是自然科学的创造，也是离不开社会的。

6. 求异性

创造还具有求异性特征。因欲产生前所未有的具有社会价值的发现、发明、创造，还必须不同于传统，注意找出其不同之处，即求异。科学史上的重大突破，可以说都是求异的成果。正是由于人类思维的求异性，才使科学不断发展，人类社会不断进步。

7. 艰巨性

创造首先表现为一种与众不同的艰苦的劳动。例如，居里夫人花了 4 年时间按化学的要求，投入大量的体力劳动，才证明镭确实是一种新元素。其次，社会认识的滞后性与创造必需的社会性，更显现出创造确实是人类最艰巨的社会活动。例如，哥伦布花了14年的时间，才实现他计划中的航行；盘尼西林的原始配方早在公元 1929 年已经有了，但是过了好几年，仍然没有被继续研究。可见，要把构想转变为行动是需要相当的毅力的。

8. 实践性

创造是一种实践活动，从实践中来，并接受实践检验，这是创造的共性。

二、创造与相关概念的关系

对于创造活动，人们除了用创造一词表示之外，还常用一些不同的词汇，如发现、发明、创新、创业、探索、革新、创作等。

1. 创造与发现

发现是指经过研究、探索等看到或找到前人没有看到和找到的事物或规律。它包含新的科学事实的发现和新的科学规律和理论的发现两类。

从新的科学事实的发现看，哥伦布发现美洲新大陆、陕西农民发现秦始皇陵兵马俑、紫金山天文台发现小行星等都属于这一类发现。

从新的科学规律和理论的发现看，哥白尼的"日心说"、达尔文的"进化论"、爱因斯坦的"相对论"，均属于这类发现。

发现是创造的一种体现，但并不是所有的创造都是发现。创造与发现是包含和被包含的关系。

2. 创造与发明

发明是指人类运用自然规则研制出新的事物或新的方法，这些事物或方法是过去没有的。它包括新产品的研制和新方法的发明两类。

从新产品的研制看，中国四大发明中的火药和指南针，就属此类。在中国发明此物之前，这些东西世界上是没有的。

从新方法的发明看，中国四大发明中的造纸术和印刷术，就属此类。

发明也是一种创造，创造和发明的关系也是包含和被包含的关系。

案例导入

中国药学家屠呦呦等人 获诺贝尔生理学或医学奖

经济日报北京 2015 年 10 月 5 日讯瑞典卡罗琳医学院今天在斯德哥尔摩宣布，将2015 年诺贝尔生理学或医学奖授予中国女药学家屠呦呦，以及另外两名科学家威廉·坎贝尔和大村智，表彰他们在寄生虫疾病治疗研究方面取得的成就。

这是中国本土科学家首次获诺贝尔科学奖，是中国医学界迄今为止获得的最高奖项。屠呦呦团队与中国其他机构合作，经过艰苦努力，从 1600 多年前的中医古籍里得到启发，发现青蒿素，并使其成为世界卫生组织推荐的一线抗疟药，开创了疟疾治疗新方法。

诺贝尔生理学或医学奖评选委员会主席齐拉特对新华社记者说："中国女科学家屠呦呦从中药中分离出青蒿素应用于疟疾治疗，这表明中国传统的中草药也能给科学家们带来新的启发。"她表示，经过现代技术的提纯和与现代医学相结合，中草药在疾病治疗方面所取得的成就"很了不起"。

诺贝尔奖评选委员会说，由寄生虫引发的疾病困扰了人类几千年，构成重大的全球性健康问题。屠呦呦发现的青蒿素应用在治疗中，使疟疾患者的死亡率显著降低。（综合新华社和经济日报记者韩霁报道）

资料来源：姚凤云. 创新与创业管理[M]. 北京：清华大学出版社，2017.

3. 创造与创新

创新是从英文 innovate（动词）或 innovation（名词）翻译过来的。根据韦氏词典所下的定义，创新的含义为：引进新概念、新东西和革新。美国经济学家熊彼特在 1912 年出版的《经济发展理论》一书中给创新下的定义是"生产要素的重新组合"。其形式包括五种：引进一种新产品；开辟一个新市场；找到一种原料的新来源；发明一种新工艺流程；采用一种新企业组织形式。我国有经济学家认为，熊彼特的创新概念过于强调经济学上的意义，认为创新具有多个侧面，根据所强调的方面不同，对创新会有各种不同的定义，但大体上人们可以认为：创新是对已有创造成果的改进、完善和应用，是建立在已有创造成果基础上的再创造。这说明已有创造成果可以是有形的事物，如各种产品；也可以是无形的事物，如理论、技术、工艺、机构等。

4. 创造与创业

创业是某个人或某个团队，运用个体或组织的力量去寻求机遇，独立地开创并经营一种事业，并由此创造出新颖的产品或服务，实现其潜在价值，满足其愿望和社会需求的复杂的活动过程。

创业也是创造的一种体现，创造与创业是包容与被包容的关系。

除了阐释发现、发明、创新、创业这几个与创造相关的概念之外，还须提及一下：探索多体现为创造过程中的思想行为；革新多体现为技术和工艺方面的创新；创作体现为文学艺术方面的创造。

三、创造的原动力

人类为什么要进行创造呢？答案很简单，人类进行创造的主要动力是人类的各种需要。我国学者王景斯先生经过几十年的潜心研究，提出了一个创造公式，即"创造=需要×设想^2"。它很能说明需要在创造中的作用和地位。

关于需要，美国心理学家马斯洛很早就提出了一个五层次理论。他认为，人的需要可分为生理、安全、社交、尊重与自我实现五个层次。

1. 生理需要

这是属于最低层次的人类最原始、最基本的需要。基本的生理需要项目很多，它是指饥饿时有食品，渴了有饮料，冷了有衣服，休息时有居所，病了有药物治疗等。这些物质和生存需要如不能满足，就有生命危险，因而，生理需要是最强烈和最低层次的需要。

2. 安全需要

这是生理需要的延伸，属于第二层次的需要。这是指当人类的物质需要得到基本满足之后，就会有安全的需要，即希望有一个舒适的、安全的、有秩序的、可以预测的、有组织的生活和工作环境，在那里能有所依靠，不会发生意外的、难以控制的或其他危险的事情。人们希望未来的生活有保障，要求劳动保护、社会保险和退休金保障等。

3. 社交的需要

这种需要是人类种群特性的反映，是人们在生理需要和安全需要得到满足之后的第三层次的需要。这是指人们需要和亲属、同事、朋友保持友谊，希望得到信任和互爱，渴望有所归属，成为团体中的一员。人们的这些社交欲和归属感得到满足后，就会为所在的团体努力工作。

4. 尊重的需要

这是人类第四层次的需要。人们一旦在物质需求、安全和社交的需要方面都得到相对满足之后，就非常注重自己的尊严了。这是指人们希望别人尊重自己的人格，希望自己的能力和工作得到公正的承认与赏识，要求在团体中确立自己的地位。同时，人们在得到他人尊重的同时，也去尊重他人，以满足他人获得尊重的需要。

5. 自我实现的需要

这是五个层次需要中最高层次的需要。人类一旦在物质需要、安全、社交及自我尊严的需要方面得到满足之后，便会产生自我实现的需要。这是指人们希望完成与自己能力相称的工作，使自己的潜在能力得到充分的发挥，成为所期望的人物。自我实现的价值作为目标是真实存在的，尽管还没有现实化。也就是说人既是他正在是的那种人，同时又是他向往成为的那种人。

人类的这些需要是创造的原动力。例如，原始人类在劳动（如狩猎）的过程中需要工具，就创造了石器工具。又如，自经济社会以来，战争不断发生，人类为了自我保护，即出于安全的需要便创造了各种武器；我们的祖先在记录传播知识的过程中，需要一种简便有效的记录传播工具，于是在东汉时期便发明创造了纸……人类在其社会活动中，总是先要满足较低层次的需要。较低层次的需要一般多注重对物质的追求。当人们的物质需求满足后，便会更多地要求较高层次的精神上的需求。对较高层次的精神上的需要的追求，会促使人类自觉地去进行各种创造。例如，音乐家创作出华美的音乐，画家描绘出美丽的图画，诗人创作出精练深情的诗篇……正是这些各层次需要的原动力，才促使人类被动地或自觉地去不断地进行着创造。

四、创造精神

（一）创造精神的含义和作用

所谓精神"是指人的意识、思维活动和一般心理状态。唯物主义者常把精神当作和意识同一系列的概念来使用"。而创造精神也主要是指创造者的创造意识。创造意识一般是指创造者的愿望、动机或意图，它是驱使创造个体产生创造行为的出发点。创造精神或创造意识是创造的非智力因素部分，是创造因素的相对软件部分。然而，它却往往在创造中起决定性的作用。如果一个人本来有进行创造的智力，但他却没有创造精神或创造意识，而是长期安于现状、墨守成规，从来没有想过应该创造，一般是不会产生像样的创造成果的。而且创造精神或创造意识不强的智者也很难进行创造发明。只有具有强烈创造意识的创造者全身心地投入创造中去，对创造执着、刻苦、勤奋，有着一往无前的争取创造成果的精神，才能最终获得创造性的成功。所以，创造精神或创造意识是创造力的一个较重要的因素。

（二）创造精神的体现方面

1. 一切向前看

作为创造者应一切向前看，因为这是树立创造精神的前提条件。要做到一切向前看，创造者一般应首先在回顾自己过去的创造经历中认清其成绩与不足，总结经验教训，进一步增强自信心。其次要有远见地展望未来，认识未来的航向，更好地为未来服务，向未来挑战，争做未来的主人。在步入新世纪的今天，要想获取创造性的成就，使自己的人生更有意义，就必须有远见地向前看，对未来看得准、看得远、看得透。正如凯瑟琳·罗甘所说："远见告诉我们可能会得到什么东西。远见招呼我们去行动。心中有了一幅宏图，我们就从一个成就走向另一个成就，把身边的物质条件作为跳板，跳向更高、更好、更令人快慰的境界。这样，我们就拥有了无法衡量的永恒价值。"

2. 永不满足

作为创造者还要永不满足，因为这是产生创造精神的压力条件。创造者应经常在与其他组织或个人的横向比较中找出自身的优势和劣势，不断给自己施加新的压力，不断激起在今后的竞争中超越自我和赶超他人的精神。创造者的永不满足，首先体现为要有"居安思危"的自我意识，不应该沉醉于自身所取得的较好成绩之中而自满自足，而应放眼未来、不断进取。其次，体现为要克服"惰性心理"，因永不满足的对应面是"惰性心理"，知足就会丧失创造精神。创造者只有克服知足的惰性心理，永不满足，才能激发出创造精神。最后，要将"危机感"渗透、扩散到周围的同事中去，促使其他人多提合理化建议，激发起更多人的创造精神。

3. 争取高成就

作为创造者更应不断争取高成就，因为争取高成就是创造精神的目标条件。创造者要有高成就的欲望与意识。高成就意识越强，则创造力的内驱力越大，这两者成正比例关系。创造者要有争取高成就的意识，就必须树立争创一流的思想，即敢于创世界一流、创国家一流、创团体中的一流。

第二节 创 造 学

一、创造学的含义

创造学是一门新兴的边缘性科学。所谓科学，是指正确反映自然、社会和思维的知识体系。它的任务是通过事物一些偶然的、表面的现象去发现事物内部的本质联系，发现事物发展的客观规律，并以这些客观规律的知识指导人们进一步改造客观世界。而所谓创造学是一门研究人类的创造活动现象，揭示和阐明创造的基本规律的科学；具体一点说，创造学是研究人们在科学、技术、管理、艺术和其他所有领域的创造活动现象，并从中探索出创造的过程、特点、方法等规律性的一门科学。

二、创造学的基本原理

创造学的基本原理具体如下。

（1）创造力是人人皆有的一种潜在的自然属性，即人人都有创造力，因此，都具有开发的创造潜能。在我国古代，孟子就有"人人皆尧舜"的说法，这可谓"创造力人人皆有"的一种朴素思想。我国著名教育家陶行知在评论"创造"时说："人类社会处处是创造之地，天天是创造之时，人人是创造之人。"更是对这一基本原理的最好的阐释。

（2）人们的创造力可以通过科学的教育和训练而不断被激发出来，转化为显性的创造能力，并不断得到提高。一些所谓"无创造力"的人，其实他们并不是真的没有创造力，而是其创造力没有得到应有的开发，只要进行科学开发，人们的创造力是完全可以被激发出来并转变为显性创造力的。

三、创造学的产生与发展

创造学发源于 20 世纪 30 年代的美国。

从 20 世纪 30 年代起，美国的一些学者最先开始对创造规律进行较为科学的、系统的、全面的研究。1931 年，美国专利审查人罗斯曼通过对 700 多位最多产的发明家进行问卷调查，总结调查结果后，发表了著名的论著《发明家的心理学》，论述了发明家的心理特征和发明创造的心理过程，探讨了进行创造力开发的可能性和有效方式。同年，美国内布拉斯加大学的克劳福德教授发表了《创造性思维方法》，并首次在大学开设训练创造性思维的课程。并制定了创造技法——特性列举法。1935 年，美国电气工程师协会为该协会的工程师举办了训练发明方法的培训班。随后，史蒂文森于 1936 年在美国通用电气公司为技术人员开设创造工程课。

1939 年，美国 BBDO 广告代理公司经理奥斯本制定了"智力激励法"并将其用于工作实践，取得很大成功。为了普及这种创造力开发技法，奥斯本撰写了他的名著《思考的方法》，即他发明的创造技法——"智力激励法"，其著作于 1941 年出版。他还到布法罗大学创立想象夜校，还深入学院、团体、工厂、车间，指导创造技法的运用，在实践中获得了成功。后来，他还出版了《所谓创造能力》（1948 年）、《实用的想象》（1953 年）等著作，建立了系统的创造理论基础。美国群众性的发明创造活动在 20 世纪 40 年代形成了热潮，奥斯本被誉为"创造工程之父"。

1942 年，由瑞士来的天文学家兹维基在参与美国火箭研制过程中，利用数学中的排列组合原理，制定了"形态分析法"。他按照火箭各主要组成部件可能具有的各种不同形态的组合，利用"形态分析法"，一共得到 576 种不同的火箭构造方案。

1944 年，美国哈佛大学教授戈登在研制鱼雷的过程中发明了著名的创造技法"综摄法"，并在此基础上组织了一个研究小组，为美国通用汽车公司、IBM 公司、通用电气公司及美国国防部等上百家企业和机构进行创造力开发和发明咨询。1948 年，美国麻省理工学院率先对大学生开设"创造性开发课程"。以后不久，美国哈佛大学、加州理工学院等一批著名大学和许多军事院校、工商企业也都相继开设了"创造学""创造力开发训练"等课程。美国通用电气公司、IBM 公司、美国无线电公司、道氏化学公司等一大批大公司都在公司内部增设了创造力训练部门，专门负责企业职工的创造力开发。美国海军部队从 1951 年开始研究想象力对指挥的影响，从 1960 年起，将创造性想象列为军官的必修课程。美国空军也将此类课程列入预备役军官训练大纲，并在全国设了 200 个培训点，轮训了五万多名预备役军官。1954 年，美国创造学家奥斯本发起成立了创造教育基金会（CEF），旨在教育界促进创造教育的开展，以培养大量的创造性人才。1957 年以后，美国政府开始大力强化教育领域里以培养学生创造才能为目标的新教育。

几十年来，创造学研究除在美国、日本和苏联迅速发展之外，国际上现有 60 多个国家和地区在研究创造学，创造学被广泛地应用于政治、军事、经济、科学、教育、文化等各个领域。

在中国，最早提出创造教育思想的人是教育家陶行知先生。他在 20 世纪 30 年代就创立了创造教育理论，并对青少年和儿童进行了创造教育理论实验。1933 年，陶行知在《创造宣言》演讲中，进一步提出了创造教育的目的、内容、方法和意义。后来，经过不断的充实和完善，形成了较为完整的创造教育体系。这使陶行知成为世界创造教育的最早探索者之一。对此，本书将在后面的创造教育的章节中具体地进行阐释，此处不多述。文学家郭沫若在这一时期创办了"创造社"，研究和推进了文艺创作。

在改革开放之初的 20 世纪 70 年代末，我国的一些有识之士开始向国内介绍创造学。上海的创造学工作者首先于 1979 年将日本的创造学专著翻译、连载于《科学画报》杂志上。在上海交通大学，许立言教授首次为该校大学生开设创造学课程。此后，一些大学也陆续开始开设"创造学"和"创造力开发"课程。许多中小学也开始对中小学生进行创造性教育。

自 20 世纪 80 年代初上海交大开设创造学课程之后，中国矿业大学、中国科技大学等许多大学将"创造学"列为大学生的公共选修课或公共必修课，还招收专业本科生、硕士研究生和博士研究生。

创造学的推广和创造力的开发实践证明，推广创造学和开发创造力有助于促进科技领域的发现和发明，有助于工商企业工作效率和管理水平的提高和新产品的开发，有助于创造型人才的培养，有助于国民创造素质的提高。

第三节　创　造　力

一、创造力概述

（一）创造力的含义

创造力又称创造能力或创造才能。有关创造力的定义至今有百种左右，综合这些定义可以认为，创造力是指创造者的创造能力，是创造者在各种社会实践活动中表现出的取得创造成果的能力。这个定义首先指明了创造力的持有者是创造者，创造者可以是某个国家、某个团体或某个人。其次指明了创造力是在各种社会实践中表现出来的，是在生产实践过程中，处理人与人之间关系的过程中和科学实验过程中表现出来的。再次创造力是指取得创造成果的能力，其成果可以是物质的，如鲁班发明的锯子、爱迪生发明的灯泡和留声机、瓦特创造的蒸汽机等；其成果也可以是非物质的，如各种学科的理论、各种革新技术、各种文学作品、各种计算机软件等。最后，创造力是指创造者取得创造成果的各种能力的总和，因创造是一个过程，人们的各种创造能力在这一过程中体现出来，贯穿在各个具体环节之中，所以说，创造力是指取得创造成果的一个综合创造过程中各个环节所需能力的总和。

（二）创造力的能级

不同的人，其创造力的高低是不相同的。显然，儿童的创造力与科学家、艺术家的创造力之间是有区分的。称这种区分为能级的区分，并将创造力的能级分为五个层次。

第一能级，发表的能级。正常的人都能够表达自己的思想。儿童的绘画、游戏表演、编故事等是这一能级的典型例子。

第二能级，技术的能级。这一能级以技术的熟练精巧为特色，每一个思维正常的人经过训练都能达到这一能级。熟练的技术操作便是这一能级的典型例子。

第三能级，发明革新的能级。这一能级以新颖的设计，或将原来分散的事物作出不平凡的新组合，或以新的方法解决旧的困难问题为特色。大多数人经过训练和开发，可以达到这一能级。贝尔发明电话，爱迪生发明电灯、留声机，以及各种各样的技术革新等都是这一能级的典型例子。

第四能级，发现的能级。这是创造力较高的一个能级，它以创造性思维的巧妙运用，经过坚持不懈的努力，发现各种自然界的新现象、新规律为特色。哥白尼提出"日心说"，居里夫人发现镭，杨振宁、李政道发现弱相互作用下宇称不守恒定律等都是这一能级的典型例子。

第五能级，创新的能级。这是创造力最高的能级，它以高级思维能力的精深运用，突破传统的束缚，树立新的理论学说为特色。达尔文提出进化论，马克思创立科学社会主义，爱因斯坦创立"相对论"等都是这一能级的典型例子。

二、认识创造力，辨析相关问题

为正确认识人的创造力，必须弄清以下几个问题。

（一）创造力与禀赋

创造力究竟是少数"天才"的专利，还是人人具有的能力？这是对创造力持有者个体范围认识不一的一个问题。

神经形态学用确凿的材料证明，每个人的大脑具有解剖学上的个体差异，特别是在微观结构上的差异更大。可以认为，个体智力在高低和特点上存在一定的差异。而创造力与智力是什么样的关系呢？国内外学者对其的研究结果很不一致。一是美国心理学家托兰斯曾于1964年以小学儿童为对象进行测量，得出两种能力的相关系数都在0.3以下，因而得出的结论是：创造力与智力不相关或相关很低。二是谢伊考夫特等人曾于1963年仔细挑选了7648名15岁的儿童进行测量，得出相关系数为0.67，如果校正衰减，相关系数可增至0.8。我国朱智贤教授的研究也得到了类似的结论。三是吉尔福特的研究表明，如同时给一些人分析智商测验与创造力测验即可发现，这两者间也不是简单地线性相关。低智商的人很少有高创造力；高创造力的人智商也低不了；但高智商的人却既可能有高创造力，也可能有低创造力。四是美国心理学界1921年至1972年对一批智力超常儿童才能发展的追踪观察证实了这样的观点：禀赋优越只是提供了发展优秀人才的基础。禀赋超常儿童长大后不一定都能成为创造卓著的英才。这是因为，除了他们具有一定的生理素质的基础（智力因素）之外，还与教育和环境对其影响的强弱、自身后天学习和社会实践的勤奋与否等客观因素和主观因素（非智力因素）有关。我国一些学者对大学生中高智力型学生与高创造力型学生的学习行为所作的比较研究结果也说明，创造力和智力是不同的心理品质，它们既有联系，又有区别。综上所述可见，一个人的创造力大小，与其先天禀赋优劣虽有联系，但其因果并不是绝对的，也就是说二者既有一定的关系，又没有必然的关系。

（二）创造力与脑潜力

人脑是人的创造力之源。人们在近25年对具有无限奥秘的人脑才有了进一步的了解："人脑是由万亿个脑细胞构成的，每个脑细胞就其形状而言就像最复杂的小章鱼。它有中心，有许多分支，每一分支有许多连接点。每一个脑细胞都比今天地球上大多数的电脑强大和复杂许多倍。每一个脑细胞由几万至几十万个脑细胞连接。它们来回不断地传送着信息。这被称为迷人的织造术，其复杂和美丽程度在世间万物中无与伦比。而我们每个人都有一个。"神经生理学家对人脑的研究结果更表明：一般人的大脑潜力仅利用了4%～5%，少数创造强者们利用到了10%左右。20世纪杰出的科学家爱因斯坦死后，其大脑被保存下来，人们对它进行了研究，结果发现其大脑重量、细胞数亦与常人相仿，只是其脑细胞间的触突（细胞间起联系作用的）比常人多，但最多也仅达到30%的水平，还有极大的潜力。而最新的研究更进一步提出，一般人运用人脑的潜力连1%还不到，因而，可以毫不夸张地说，人脑的潜能几乎是无穷无尽的。从以上所述可见，人的大脑潜力极大，创造力开发大有可为。

（三）创造力与年龄

长久以来，人们认为，人的脑力在18～24岁到达顶峰状态，之后便注定每况愈下。从近年科学家的研究表明，无论一个人年龄大小，只要脑受到刺激，它就会长出更多结节，也会因此增加脑内部连接的数目。这些新的内部连接的成长速度超过了细胞自然死亡的速度，其脑力还是在增长的。这些均提示人们，无论是青少年，还是40岁以上的中年和老年人，都应该以积极的态度去开发自己的创造潜力。

案例导入

"中国小爱迪生"李晨天：17岁已有9项国家专利

2018年春节前夕，珠海17岁的高中生李晨天应清华大学邀请，赴美参加清华大学与华盛顿大学合办的"全球创新体验营"，在该次创新挑战赛中获得最佳项目奖。随后，他飞回北京，作为上届 ISEF（国际科学与工程大奖赛）的参赛者，给正在参加 2018 年 ISEF 项目遴选的青少年作经验介绍。他 5 岁设计光控开关，9 岁造出"无氟电子冰箱"，12 岁发明"太阳能智能户外井盖管理系统"，13 岁研发"可编程云物联终端机及操作系统"……至今已有 9 项国家发明专利，被外界誉为"中国小爱迪生"。

资料来源：https://www.fx361.com/page/2018/0627/3707198.shtml.

无数的事实和无数的实践证明，人的一生自幼年到老年都能创造，创造力与生命同在。所以，各个年龄段的人们都应正视自己的创造力，珍惜和开发自己的创造潜力。

三、创造力开发

开发人的创造力是创造学的中心任务，也是学习创造学的主要目的。开发人的创造力也是贯彻党和国家创新国策和战略，推进科技进步、社会发展，力促富国强民，振兴中华之必需。

如前所述，创造力并不神秘，创造力具有普遍性。每个神智健全的正常人都存在着一定的创造性潜力。而要使人们处于潜在状态的创造力得到充分的释放，使之产生巨大的能量，以推动科技进步和社会的飞速发展，就有必要对人的创造力进行适当的或大力的开发。

我国创造学者庄寿强教授认为，创造实质上在生物形体长期进化到人类的过程中，随着大脑进化而进化，因此，它是先天的自然属性，是先天形成的。它与人的知识和经历并无直接关系，因此，作为先天的创造力是无法进行测量的，不同人之间天生的创造力无所谓大小之分。而创造能力则是显性的创造力，它是人的一种社会属性，是后天通过各种教育才形成的，因此，它与人的知识、经历关系密切，故而人的创造能力是可以测量的，并且可以依据测量的结果来判别其大小。

显然，人的创造力是可以通过教育、培训、实践激发出来，并不断提升为更高的创造力。简单来说就是创造力具有可开发性。这也是创造的另一个基本原理。

只要进行科学开发，人们的创造力是完全可以被激发出来并转变为显性的创造能力的。而人的创造潜能如果不被开发，就会萎缩，乃至泯灭。只有通过素质教育和训练，才能使创造力得以充分开发。

第四节　创造的个性心理品质

一、理想、品德、勇气、意志

（一）理想

创造者应怀有造福国家、造福人类的远大理想。纵观历史，横看中外，在人类社会发展中有所发现，有所创造，有所贡献的人，大都是有崇高理想和远大抱负的人。可以说，理想是创造的一个很重要的内在动力，创造型人才的成长道路都是从树立远大理想开始的。

许多为创造人类社会美好制度而奋斗的伟人，许多做出重大发明创造的创造者，大都在青少年时代就树立了为造福国家和人类而付出毕生精力的远大理想。毛泽东同志在青少年时代就胸怀天下，立志为拯救苦难的中华民族，创建一个劳动人民当家做主的新中华而献身。周恩来同志在少年时代就立下了"为中华之崛起而读书"的志向。他在东渡日本途经沈阳时，给小学时代的同学写下一句激情满怀、志向宏伟的赠言："愿相会于中华腾飞世界时。"科学巨匠牛顿在18岁考入剑桥大学特里尼蒂学院时就立下誓言："要把毕生精力贡献给科学事业。"

（二）品德

品德是人品、品质或品行的泛称，是道德在人们身上的表现。人们通常用善与恶、美与丑、正义与非正义、公正与偏私、诚实与虚伪等概念来衡量或评价人们品德的好坏。高尚的品德是一个人立身处世的基础，良好的品德修养也是创造者的立身之本。也就是说，创造者应具有良好的品德。

著名科学家爱因斯坦非常重视科学家的品德问题。他尖锐地指出："只用专业知识教育人是不够的。通过专业教育，他可以成为一种有用的机器，但是不能成为和谐发展的人。要使学生对价值（指社会伦理准则——引注）有所理解，并且产生热烈的感情，那是最基本的。他必须获得对美和道德上的'善'的鲜明的辨别力。"值得指出的是，爱因斯坦不但在这方面有大量的著述，而且还身体力行，他在正义感、社会责任感和高尚的道德品质素养方面都堪称典范。

（三）勇气

马克思曾经指出："在科学的入口处，正像在地狱的入口处一样，必须提出这样的要求：这里必须根绝一切犹豫，这里任何怯懦都无济于事。"只有具有创造勇气的创造者才能进入科学的殿堂。

创造者的"思想上的大无畏"，使他们能够冲破思想束缚，登高望远，志在千里。创造勇气还表现在不畏风险和失败上。发明家几乎总是面对失败。发明家常常是试验一千次而失败一千次，但只要他成功一次，他就成功了。所以，要想取得创造的成功，就得冒失败的风险。爱迪生一生取得1300多项发明专利，被誉为"发明大王"。他的成功背后经历了无数次的失败。例如，为寻找电灯的灯丝，他试验了1600多种耐热材料和6000多种植物纤维；为了试制一种新的蓄电池，他失败了8000次。创造勇气也表现在对公认的东西表示怀疑，以便除旧布新。对此，创造者需具有大无畏的胆魄和献身精神。

（四）意志

意志是意识的调节方面，它表现为人为达到预定的目的，自觉地运用自己的智力和体力，自觉地进行活动，自觉地同困难作斗争。因为创造活动是极为艰苦的活动，所以，从事创造活动的创造者必须具有锲而不舍的意志品质。许多伟人名人的创造实践都体现了这方面的品质。例如，牛顿曾打比方说："如果你问一个善于溜冰的人怎样获得成功时，他会告诉你'跌倒了，爬起来'，这就是成功。"巴甫洛夫也说过："锲而不舍地思考是取得重大成就的前提。"伟大的革命导师马克思为了创立科学社会主义理论，在大英博物馆图书室的座位下，留下了两个深深的足印；陈景润演算了六大麻袋稿纸终于证明了哥德巴赫猜想的（1+2），提出了陈氏定理。这些伟人和名人的言行无不体现其锲而不舍的意志力。

二、自信心、好奇心、抓机遇、惜时间

（一）自信心

创造者进行创造活动应具有较强的自信心。任何一种创造性的设想和创造的进行，都会因为他人的抗拒或外界的其他不良影响而夭折，但其最终失败的主要原因还是创造者缺乏自信心。因为，自信心是成为创造强者的重要前提，是进行创造和取得创造成功的先决条件之一。

美国心理学家特尔曼曾对 800 名男性公民进行过几十年的追踪调查，发现其中成就最大的一组人与成就最小的一组人的最大差别，并不在于智力因素，而主要在于自信心、进取心和坚韧性等个性意志品质方面，即非智力因素方面。人们只有注意培养和坚定自己的自信心、进取心和坚韧性，才能取得创造性的成功。

《国际歌》歌词说得好"从来就没有救世主，全靠自己救自己。"马克思当年曾特别推崇过一句谚语："觉得别人伟大往往是因为自己跪着，站起来吧！你也绝不比别人低一头"。只要我们自尊、自强、自信，不自卑，每个人都能成为创造的强者。

（二）好奇心

创造者应具有较强的好奇心。所谓好奇心是指对新异事物进行探究的一种心理倾向，好奇心是推动人们积极主动地观察世界和开展创造性思维的内部动力。

爱因斯坦说："当我们头脑里已有的概念同在现实世界中遇到的事物和现象发生冲突的时候，我们就感到'惊奇'，而我们认识的发展就是对这种惊奇的不断摆脱。"这就是说，好奇心是我们进行探索的动力。爱因斯坦自己在四五岁的时候，有一次，父亲给他看一个罗盘，他感到很惊奇，他想，用这样确定的方式摆动的指南针背面，一定深深地隐藏着什么。他 12 岁那年阅读平面几何，又一次感到惊奇，许多并不显而易见的定理为什么能够可靠地得到证明？他后来创立的相对论，也是同对空间和时间的强烈好奇心分不开的。

（三）抓机遇

机遇主要指良好的、有利的机会。人们常说的"千载难逢""天赐良机"就是指机遇。充满竞争的现代社会既向人们提出了挑战，同时，也为人们提供了实现目标的良好机遇。作为生活在现代社会中的创造者，更应注意抓住创造的机遇。因为，机遇对于创造者的成功会起着一种特殊的作用，它往往能够帮助创造者叩开成功的大门。

机遇的产生和利用都需要有其主、客观条件。爱因斯坦曾说过："机遇只偏爱有准备的头脑。"这就是机遇的主观条件。这里的"准备"主要有两方面的内容：一是知识的积累；二是思维方法的准备。从客观条件看，机遇的产生和利用需要有良好的社会环境，如自由的科研氛围、平等的择业和工作机会、良好的家庭环境和受教育程度等。相对来说，主观条件更为重要。因为，无论谁对机遇的发现、捕捉和利用，除了客观条件

之外，如果不具有广博的知识和创造性的思维方法，是很难捕捉和利用机遇而取得成功的。所以说，抓住机遇获得成功是主、客观因素相互作用的结果。

（四）惜时间

国外有人称时间是"最稀有资源，是世界上最珍贵的财富"。它也应该是进行创造应具有的最特殊的、最稀有的、无可替代的、不可短缺的资源和最珍贵的财富。据此，创造者更应十分珍惜时间这种稀有的资源和宝贵的财富，充分利用好这一极为短缺的资源，力争在有限的时间内创造出更多的成绩。

古今中外，凡是有所成就的创造者，都有一部争分夺秒的动人的惜时史。伟人和名人之所以建立伟业，其秘诀就在这里：意识到人生的短暂，意识到时间的有限，所以竭力用最少的时间去做最多的事情，去做较多的创造性的工作。

三、竞争意识、合作精神、信息观、名利观

（一）竞争意识

在市场经济体制下的现代社会里，创造的主体是多元的，各创造主体之间既是一种横向的平等关系，又是一种相互竞争关系。向往创造性成功的人，只有敢于竞争和崇尚竞争，才能争取到自己的一片天空。列宁也曾经说过："竞争在相当广阔的范围内培植进取心、毅力和大胆首创精神。"世界级的天才企业家和创造者，无一不具有强烈的竞争意识。竞争和竞争意识是行业发展和个人成长的关键，由此可见，竞争意识应是创造者应具有的重要的个性心理品质。

创造者具有较强的竞争意识，还应力戒好高骛远，应注意从确立小的目标开始，循序渐进，一步一步坚实而稳健地攀登，就能不断地取得越来越大的创造性成功。

（二）合作精神

如前所述，创造者应具有较强的竞争意识，但竞争并不排斥合作，创造者还应具有合作精神。美国著名学者亚历山大·阿斯廷认为：人类所有重大的成就都是合作的结果，人类自下而上的漫长历史就是我们合作本性的最好证明。

许多社会学家认为，"合作的交往较之竞争的交往在当今以及未来的世界更为重要。研究资料表明，合作比竞争具有更高的效率。合作能使人学会与别人交流、配合及友好相处，增强自己对团队的自豪感。"

实际上，竞争与合作是相伴而行的。从竞争中寻求合作，合作起来参与竞争，正成为当代市场竞争的一大特色。作为创造者一定要加强竞争意识和合作精神等心理素质的培养。

（三）信息观

创造者的信息观念是指创造者重视信息，善于运用信息进行创造的意识。现代创造者必须具有较强的信息观念，因为创造者的正确认识来自正确的思维，正确的思维取决于对客观事物的正确反映，而信息则是人们认识客观事物的媒介。创造者的思维正是通过摄取外在的信息来认识客观事物的。创造者对要解决的问题有详细的了解，掌握的信

息很全面，很真实，势必会使其思维具有正确性，导致产生创造成果。在重视信息方面，许多先行者是后人的楷模，如发明大王爱迪生死后留下了 200 多本剪报与笔记，足见他的勤奋好学、重视信息。他在此基础上才拥有 1320 多项发明专利。

今天的时代，是以信息的产生和交换为主要特征之一的时代。重视信息、利用信息是现代社会和经济迅速发展的一个很重要的原因。创造者欲参与和推动现代社会和经济的发展，就应及时、准确地获取所需要的信息。这样，就可使其开阔眼界、丰富头脑、及时了解新情况、发现新问题、扩大思维外延、启迪智慧、增强想象力，成功地进行前人所未进行的创造。

（四）名利观

创造者必须要有正确的名利观，正确的名利观应该把国家的名利、集体名利与个人名利很好地密切结合。为了国家与集体的名利搞创造，个人的名利也必将居于其中。

历史上，具有高尚名利观的科学家数不胜数。从对待"名"的态度来看，著名物理学家和社会活动家富兰克林一生中曾担任过多种职务，获得多种荣誉称号，但他始终以自己曾是一个印刷工人而感到自豪。在他自己撰写的墓志铭中，他自称是"印刷工富兰克林"，完全未提他后来所担任的多种重要职务和所获得的多种荣誉称号。从对待"利"的态度来看，著名科学家居里夫人终生拒绝财富。居里夫人和她的丈夫先后发现了钋、铀、镭等放射性物质，但居里夫人宣布：科学家的发现属于全世界！她把付出极大艰辛提炼出的镭全部交给科学组织。

著名科学家们对待"名"和"利"的态度非常令人崇敬。也正是这些科学家们出类拔萃的才智和忘我的造福人类的崇高的名利观，使他们流芳百世，给后人以情感上的感慨、精神上的激励和观念上的启迪。

四、观察力、记忆力、思考力、借鉴力

观察力、记忆力、思考力和借鉴力也是创造者进行创造应具备的重要基础条件。本节将对其分别加以介绍。

（一）观察力

观察力是指有一定目的的、有计划的、主动的知觉过程。它是在感知过程中，以知觉为基础形成的，是知觉的一种特殊形式。通俗地说，观察力是一种能看出对象特征和本质的能力。观察是科学的慧眼，是人们认识世界的门户。古今中外许多科学家和艺术家都以敏锐的观察力著称，他们在事业上所作出的成就与他们良好的观察力有着密切的联系。例如，我国著名画家齐白石为了画好虾，对它们进行细致观察。他画的小鸡，不仅画出了身上的茸毛，还画出了小鸡可爱的稚气，这都同他精细的观察分不开。苏联伟大的生理学家巴甫洛夫在他的生理研究所的建筑物上题上了醒目的大字："观察、观察、再观察"。我们今天正处于物质文明和精神文明建设腾飞的崭新时代，历史赋予我们的责任是有所发现、有所发明、有所创造、有所前进，所以，我们必须易自己的凡眼为慧眼，善于进行观察。

（二）记忆力

从心理学角度看，记忆是指过去的经验在脑中的反映，是人们过去感知过的事物在脑中留下的痕迹。从现代信息论和控制论的观点来看，记忆是指信息的输入和储存。

记忆是人的智慧源泉。人们凭着记忆积累经验，扩大经验，成功地适应环境、改造环境，创造人间奇迹。著名数学家华罗庚抗日战争期间在云南昆明西南联大教书。当时经济条件极差，他搞数学研究遇到了缺少纸张的困难。于是，他不得不用粉笔在黑板上进行演算、论证和推导。冗长的演算往往要占满几块黑板，可是黑板只有一块，结果他只好在黑板写满以后擦掉接着写。华罗庚竟能把擦去的复杂的演算进行下去。

为了提高创造力，创造个体必须具有充足的智慧源泉，即增加记忆量，提高记忆力。而提高记忆力最根本的方法是孜孜不倦地勤奋学习。这是提高记忆力的最根本的途径。除了勤奋学习外，还应掌握一些适当的记忆方法，如理解记忆法、背诵记忆法、提纲网络记忆法、分类列表法、系统结构法、比较记忆法、过渡记忆法、多道协同记忆法等。

（三）思考力

从心理学角度讲，思考就是"思维"，通俗地说，就是"想一想""考虑考虑"。

作为创造者不仅应有较好的思考能力，也应养成勤于思考的习惯。因为人的脑力也同体力一样，要经常使用和锻炼，否则就会退化。经常思考问题的人，头脑复杂，反应敏捷，接受新事物快；思路宽阔，富有主见，做事容易成功。不动脑筋的人，头脑简单，反应迟钝，接受新事物慢而且困难；思路狭窄，容易依赖盲从，做事不易成功，在新事物面前无所适从。这就是韩愈所说的："行成于思，毁于随。"鲁迅强调"多思"说："静观默察，烂熟于心，然后凝神结想，一挥而就。"他的成就，就是他平日"凝神结想"，费尽心思的结果。

（四）借鉴力

借鉴是指跟别的人或事相对照，以便取长补短。作为创造者应具有一定的借鉴能力，即不只固守本专业的范围进行研究和创造，应开阔视野，善于借鉴，多吸取其他专业的知识和方法。这样才能有助于创造性问题的解决。

提到自动化，谁都会首先想到电动机驱动的问题。而在组装集成电路相机时，总觉得它应由电气专家负责研究，于是人们更容易想到使用电动机驱动。可是，提起电动机，不免想到它体积大，把它装到小型相机之中是勉为其难的。这时有一位学机械专业而不是电气专业的专家参加了进来，他边询问有关情况边说："只不过是为了调整镜头，这用不着使用电动机，使用弹簧不就足够了吗？"于是，电气部门的研究人员受机械专家的一言启示，从固有的观念中解放出来，朝着凭借小弹簧挪动镜头的方向探索下去，而由此诞生了世上无与伦比的超小型自动聚焦相机。

五、迷恋性、严谨性、独立性、综合性

（一）迷恋性

迷恋性是指要解决的创造性问题像磁石吸铁屑一般地吸引着创造者，使其着迷，忘掉周围的一切，如痴如醉。科学家牛顿，迷于科学研究，废寝忘食，有一次煮鸡蛋，错

把手表扔进锅里。还有一次他拉马上山，边走边思索问题，当他到达山头想要骑马时，回首一望，马已逃之夭夭。通过这些笑话可见科学家们对自己所要解决的问题的迷恋到何种程度。

（二）严谨性

所谓严谨是形容态度严肃谨慎；做事细致、周全、完善，追求完美。创造者进行创造必须具有一丝不苟的严谨的态度。

（1）严谨的态度体现为对未知的问题应追根溯源，探究因果。如撰写学术论文时，要运用"追根溯源，探究因果"的思维展开论证，即学会用因果分析法拓展论证思路，以得出正确的结论。

（2）严谨的态度体现为对周围的事物进行严格的审视，尽力占有第一手资料。我国魏晋时代地图学家裴秀与古希腊学者托勒密并称古代世界地图史上东西方交相辉映的两颗明星。裴秀在编制《禹贡地域图》的时候，对前人绘制的地图进行了严格的审查和选择，不放过一点疑问，他批评汉朝的地图粗略简陋，于是根据自己的实际经验加以修改。他正是以一丝不苟的精神、严谨的工作态度，做出了前无古人的重大成就。

（3）严谨的态度体现为对创造或创作精益求精。新中国航天事业的发展一直遵循周恩来总理定下的十六字方针，即"严肃认真、周到细致、稳妥可靠、万无一失"。多少年来，航天领域成为在中国相对浮躁的社会环境中不多的一块净土。因为航天是科学，来不得半点疏忽，任何考虑不周和急功近利都会导致直接的失败。所以，航天人有一句话："航天无小事"。在"神舟五号"和"神舟六号"的制作上更是非常严谨，精益求精，就连一个插针的小小毛病都不放过，及时返工重做，严把了质量关，确保了我们的载人飞船一次又一次成功地飞上太空，显示出了我国突飞猛进的航天力量。

（三）独立性

独立性是进行创造性活动所必不可少的个性品质，因为创造性活动的特点是创新，而不是重复。它必须与他人、与前人有所不同而独具卓识。

爱因斯坦这位创造发明家就具有极强的独立性。他很早就与众不同地定下了两条要求：第一，无论什么规则都不要；第二，不为任何人的意见所支配。他那天才的相对论也许正是在这种无拘无束的思考空间中产生出来的。

（四）综合性

综合，是在分析的基础上进行科学的概括，把各个组成部分联合成为一个整体、加以统一的考察。这种"联合"，并非把各个简单的要素（部分、侧面）机械地相加而堆积在一起，而是紧紧地把握住各组成部分内在的联系，从中把握事物的本质和完整性，进而达到从整体上认识事物的本质和变化规律的目的。创造者应具有较强的综合性品质，因为，创造性活动不可能是一种与他人没有任何联系的"全部的"活动，而常常是在前人的基础上做出新的进展、新的突破，即必须综合利用前人已有的成果。这正如西班牙科学家、诺贝尔奖获得者卡哈在实践中总结的那样："科学的发现总是集体脑力劳动的产物。"

本 章 小 结

本章共四节。第一节，首先阐释了创造及相关概念，而后分析了创造的原动力，最后论述了创造精神。第二节，首先论述了创造学的含义，而后阐释了创造学的基本原理，最后简介了创造学的产生与发展历程。第三节，首先对创造力进行了概述，而后对创造力及相关问题进行了辨析，最后阐释了创造力开发问题。第四节，先后阐释了理想、品德、勇气、意志，自信心、好奇心、抓机遇、惜时间，竞争意识、合作精神、信息观、名利观，观察力、记忆力、思考力、借鉴力，迷恋性、严谨性、独立性、综合性等创造的个性心理品质。本章概括地介绍了创造和创造学的基本概念和基础理论，为大学生的就业创业与创新提供了创造理论的指导。

名词解释

创造　发现　发明　创新　创造学　创造力　好奇心　观察力　记忆　迷恋性

思考训练题

1. 创造有哪些特点？
2. 简述创造精神的含义和内容。
3. 创造学基本原理是什么？
4. 创造力分为哪些能级？
5. 结合实际谈谈创造力与禀赋、脑潜力、年龄的关系。
6. 简述信息观的重要作用。
7. 创造的严谨性体现在哪些方面？
8. 创造的"独立性"的个性品质有哪几方面体现？

案例分析

我国科学家突破二氧化碳人工合成淀粉技术

以二氧化碳为原料，不依赖植物光合作用，直接人工合成淀粉——看似科幻的一幕，真实地发生在实验室里。我国科学家首次实现了二氧化碳到淀粉的从头合成，相关成果北京时间 2021 年 9 月 24 日由国际知名学术期刊《科学》在线发表。

淀粉是粮食最主要的成分，通常由农作物通过自然光合作用固定二氧化碳产生。自然界的淀粉合成与积累，涉及 60 余步生化反应以及复杂的生理调控。人工合成淀粉是科技领域一个重大课题。此前，多国科学家积极探索，但一直未取得实质性重要突破。

中国科学院天津工业生物技术研究所研究员马延和带领团队，采用一种类似"搭积木"的方式，从头设计、构建了 11 步反应的非自然固碳与淀粉合成途径，在实验室中首次实现从二氧化碳到淀粉分子的全合成。核磁共振等检测发现，人工合成淀粉分子与天然淀粉分子的结构组成一致。

实验室初步测试显示，人工合成淀粉的效率约为传统农业生产淀粉的 8.5 倍。在充足能量供给的条件下，按照目前技术参数，理论上 1 立方米大小的生物反应器年产淀粉量相当于我国 5 亩玉米地的年产淀粉量。

马延和介绍，此次研究设计、组装出一种自然界不存在的合成代谢途径，并使其工作效率大幅高于自然生物过程，跨越了自然途径数亿年的进化。这一突破，为淀粉的车间生产打开一扇窗口，并为二氧化碳原料合成复杂分子开辟了新的技术路线。

对于此次成果，德国科学院院士曼弗雷德·雷兹、美国工程院院士延斯·尼尔森等国际知名专家均给予高度评价，认为这一重大突破将该领域研究向前推进了一大步。

中科院副院长周琪说，成果目前尚处于实验室阶段，离实际应用还有距离，后续需尽快实现从"0 到 1"的概念突破到"1 到 10"的转换。

据了解，经科技部批准，天津工业生物所正在牵头建设国家合成生物技术创新中心。科研团队的下一步目标，一方面是继续攻克淀粉合成人工生物系统的设计、调控等底层科学难题；另一方面要推动成果走向产业应用，未来让人工合成淀粉的经济可行性接近农业种植。

（新华社记者北京报道）

资料来源：新华网

http://www.news.cn/tech/2021-09/24/c_1127894622.htm.

问题：该案例属于哪一种创造活动？它与创造是一种什么关系？创造活动还有哪几种？

第十六章

创造性思维

学习要点及目标

通过本章的学习，了解思维的含义、分类和创造性思维的含义、特征；熟悉创造性思维的过程，了解方向性思维、动态性思维、形象性思维等创造性思维形式。通过本章的学习，为大学生就业创业创新活动的开展奠定创造性思维的知识基础。

引导案例

比尔·盖茨的创造性思维

比尔·盖茨是一位旷世奇才，他白手起家，创造了连续多年排名世界第一的微软公司；他又是一位卓越的发明家，对电脑软件的更新换代做出了卓越的贡献。当有人问到他成功之诀窍时，他直截了当地说："离开哈佛大学而一心从事微软公司的发展，是我事业成功的关键所在。"原来，盖茨在中学时已经从事电脑软件开发工作，进入哈佛后就开创了微软公司，他知道，鱼与熊掌不可兼得，他必须在继续求学和发展微软公司中放弃一个，结果他选择了辍学，这是他用创造性思维来展望未来的一次关键性的成功。

盖茨是一位人类历史上少有的一帆风顺的企业家，他常对人说："我的特点是善于开发创造性思维。我用人的原则是：看他能不能发掘潜在的创造力。每次我在面试求职者时，总要问一些使他们为之瞠目结舌的问题，如你怎样才能使微软更上一层楼？你有没有开发太空的计划？或者是如果你在非洲丛林中面对面遇到了一头狮子，你将怎么办？我认为，凡是能胡思乱想、天马行空、想出些新点子的人，都是富有创造性思维的人。"

资料来源：姚凤云. 创新与创业管理[M]. 北京：清华大学出版社，2017.

思维决定行为，行为由思维支配。创新和创业行为的产生是由创造性思维所支配和决定的。本章特对创造性思维的特征和过程及方向性思维、动态性思维和形象性思维等创造性思维形式进行阐释。

第一节　创造性思维的特征和过程

一、创造性思维简介

思维是人类区别于其他动物的最根本的特征，恩格斯称其是"地球上最美丽的花朵"。而创造性思维则是人类所特有的最高级、最复杂的精神活动，是"地球上最美丽的花朵"中的奇葩。千百年来,人类凭借创造性思维不断地认识世界和利用世界,创造出了数不胜数的物质文明和精神文明成果。记得一位诺贝尔奖获得者曾经说过:"科学史上的每一项重大突破,总是由某些杰出的科学家完成最关键或最后一步,他们之所以超过前人和同时代人,做出划时代的贡献,并不在于他们比别人的知识更渊博,而在于他们富于科学革命精神和高度的创造性思维。"

何谓创造性思维?目前学术界对此尚无统一论定。各方专家从不同的角度、不同的理解对其有很多的提法和阐释。通过从书本、报刊上请教各位专家,并对其观点进行分析和思考之后,我们认为:从广义上看,所谓创造性思维是创造者利用已掌握的知识和经验,从某些事物中寻找新关系、新答案,创造新成果的高级的、综合的、复杂的思维活动。从狭义的理解看,所谓创造性思维也可具体地指在思维角度、思维过程的某个或某些方面富有独创性,并由此而产生创造性成果的思维。也就是说,在整个思维中的更具体的方面,如他人意想不到的某个思维角度,在整个思维过程中的某一小阶段,其思维具有独特性、新颖性,而且主要是因为其独创性、新颖性而产生了创造性成果的思维。

二、创造性思维的特征

(一)突破性

创造性思维的结果体现为创新。追求创新,是创造性思维的本质。而要创造出新成果,往往需要创造者在思维的某些方面有所突破,可以说,突破性是创造性思维一个最明显的特征。

首先,突破性体现为创造者突破原有的思维框架。这是指在思考有待创造的问题时,要有意识地抛开头脑中以往思考类似问题所形成的思维程序和模式,排除以往的思维程序和模式对寻求新的设想的束缚,就可能取得意想不到的创造性的成功。

其次,突破性还体现为突破已有的思维定式。俗话说"习惯成自然",特别是思维上的习惯一旦形成,就让你不知不觉地按着已形成的思维定式去思考问题。无论是集体还是个人,突破了人们已有的思维定式,就会在各个领域里获得成功。例如,抗日战争初期,日军为了打开晋北战场,决定进攻南大路一带,建立起巩固的攻防体系。当时,刘伯承率部东进平定地区,创建抗日根据地。当他获悉日军20师团的辎重部队宿营测鱼镇时,便判断敌人次日必然要经过垣村,向平定地区输送军需品。于是,刘伯承命令七七二团三营埋伏在垣村外的要道上,以伏击日军。第二天一早,日军果然沿垣村大路向平定挺进。当他们进入伏击圈时,我军一声令下,发起猛烈攻击,毙敌300余人,缴获了大批军用物资,取得了伏击战的胜利。不久,日军又派出辎重部队增援平定地区。日军将领以为熟读兵书,知道中国兵法上有"伏不重设"的原则,便错误地判定,刘伯承不可能再在垣村设埋伏了。于是又令辎重部队沿垣村向平定挺进。谁知,刘伯承神机妙算,又在同一地点设下第二次埋伏,并再获全胜,日军又遭重创。刘伯承由于突破了日军认为我军"伏不重设"的思维定式,再次设伏,所以又获全胜。

最后,突破性也体现在超越人类既存的物质文明和精神文明成果上。从超越既存的物质文明成果看,产品的更新换代,就是科技研发人员思维上敢于超越原产品的结果。

从超越既存的精神文明成果看，爱因斯坦突破了牛顿经典力学的静态宇宙观去思考，而创立了"狭义相对论"。这一案例是创造性思维突破性特点的一个典型例证。

（二）灵活性

灵活性也可称为变通性。它反对一成不变的教条，而是根据不同的对象和条件，具体情况具体对待，灵活应用各种思维方式。例如，当代伟人毛泽东，在与外国侵略者的作战中，成为决胜千里的军事战略家。他创造的游击战、运动战、阵地战，无不体现出思维的灵活性。思维的灵活性也指它能灵活地变换对问题的思维角度，不被常识束缚住，不固执于一种成见之中。思维的灵活性还表现在及时抛弃显然是错误的假说上。这里特别需要强调"及时"这个词。如果受到诱人的错误思想禁锢太久，就会白白地浪费宝贵的光阴。相反，如果过早地抛弃可能是合理的假说，就可能失去获得突破性成就的良机。

（三）流畅性

创造性思维的流畅性特征一是指对提出的问题反应敏捷，表达流畅，例如用汉字组词，要求用最后一个字作为下一个词的首字，如果从"创造"一词开始，而自由地回忆出造物、物理、理论、论文、文化、化学、学说、说笑、笑话、话语、语气、气概等；二是指创造过程中思维的连续性，并获得连续性的创造的成功，如"思潮如涌""一气呵成"，分别描述了科学家和文学家的思维状态，充分反映了创造性思维流畅性的特征。

（四）多向性

多向性特征是指为解决某一问题，从不同侧面、不同角度、不同关系上去思考，进而提出尽可能多的设想和方案。例如，如果问红砖有多少种用途，运用创造性思维来回答这个问题，其答案就不仅仅是能盖房子，还可以想起能铺路、垫桌子、压塑料布或纸、钉钉子、磨砖沐、当防卫武器……再如，如果问"照明"有多少种方法，用创造性思维就可以想到油灯、电灯、蜡烛、手电筒、火柴、火把、反射镜、萤火虫等。

（五）顿悟性

顿悟性特征是指创造性思维有时是在人们苦思冥想以后，以一种突然的形式在人们头脑中闪现。例如，高尔基写作特别重视语言的锤炼，他下笔时总要字斟句酌，反复推敲。有一次他写成了一篇小说，老觉得其中有一个词用得不够准确，就没有交出去付印，尽管编辑已经催促好多次了。一天他去看马戏，正看得入迷时，脑子里突然跳出一个词来，用在他那篇新作中再好也没有了。于是，他立即放弃精彩的马戏，赶快跑回家去，在原稿上作了修改。

（六）可迁移性

可迁移性特征是指从一种情境开发的创造性思维能力，可以迁移到其他情境中去。例如，1911 年，为了搞清楚原子的结构，英籍新西兰物理学家卢瑟福和他的助手设计了用 α 射线照射重金属箔的实验，由此发现了 α 粒子的散射现象，并得出结论：原子是由一个很小的核心(原子核)和围绕它运动的电子构成的。这个发现使他联想到太阳系的结构，他立即提出原子结构的"太阳—行星"式模型，并且兴致勃勃地告诉别人："我发现了一个小太阳。"

（七）非逻辑性

非逻辑性特征是指创造性思维往往是在超出逻辑思维，出人意料地违反常规的情形下出现。它不严密或暂时说不出什么道理。因此，创造性思维的产生常常具有跳跃性，省略了逻辑推理的中间环节。例如，爱因斯坦相对论的建立就体现了非逻辑性特征。由于省略了中间环节，其创新成果曾一时令人无法理解和接受。许多科学家都为之瞠目，有的人甚至公开讥笑他为"疯子"，讲了一通"疯话"。创造性思维的非逻辑性，由于中间环节的省略而成飞跃式，显得"离谱""神奇"。

（八）综合性

创造性思维是一种"高级的、综合的、复杂的思维活动"，它既"寓于各种思维之中"，又是"各种思维有机的综合"。所以，综合性是创造性思维的一个明显的特点。而且，法国遗传学家 F. 雅各布很早就提出过"创造就是重新组合"的观点。日本人也有"综合就是创造"的提法。创造者在"重新组合"过程中必然要进行综合性的思考来进行"智慧杂交"，博采众长地进行巧妙组合，形成新的设想和方案，产生新的事物。

三、创造性思维的过程

美国心理学家华莱士研究了各种类型的思想活跃的人的经验之谈，发表了创造性思维过程的"四阶段论"。

（一）第一阶段——准备期

这是掌握问题，搜集各种材料，动脑筋的过程，即自觉的努力时期。因为创造性思维不会凭空产生，它需要孕育，所以，一般来说，它需要准备期。在准备期，创造性思维的活动主要集中在发现问题，分析问题，形成有创造价值的课题上，发现问题是起点，分析问题并形成创造课题是关键。

（二）第二阶段——酝酿期

形成创造课题之后，就要寻求解决的途径。此时创造性思维进入了冥思苦想的酝酿阶段。

这一阶段往往是虽然开动脑筋，也想不出好主意，因而感到憋闷，想半途而废，停止自觉努力。然而，在此阶段中，潜意识在本人也不曾觉察的情况下，仍在大脑深层进行着有力的活动。在这一阶段，有时酝酿期比较短，好像一触即发便可实现创造；有时酝酿期比较长，在长期酝酿中，创造者要承受痛苦的心灵折磨，如果意志不坚强，不能继续坚忍地求索，就会和成功擦肩而过。只有那些具有强烈创造意识，能够经得起考验的创造者，经过痛苦的煎熬，坚持努力之后，才能进入柳暗花明的境地。这一阶段是能否出创造成果的中心环节。

（三）第三阶段——启发期

这一阶段是创造性思维的突变阶段，有的学者称之为出现"灵感"阶段。这一阶段的表现状态是，解决问题的启示突然出现。它多是在人处于不工作情况下所得的答案，并且大多出现于疲劳后的小憩时，或者在做其他不相干的事情时。另外，"突然出现"的倾向是视觉形象多于语言形象。这一阶段的变化是目前心理学界乃至创造学界最说不清的，人们还没有弄清其生理和心理机制。

（四）第四阶段——验证期

这是创造性思维过程的最后一个阶段。这一阶段是推敲突然出现的启示，并且予以具体化的过程。

创造者取得的成果除了新奇性外，还应满足适用性标准。是否适用，必须经过论证和检验。这也是使用科学方法解决问题的一个重要步骤。

第二节 方向性思维

思维一词，谈不上方向的概念，但为了便于讨论研究，不妨把人们开展思维时的趋势或思路作一个形象化的比喻，将其比作思维方向。这样，就将按趋势和思路来开展的思维统称为方向性思维。它包括扩散思维与集中思维，正向思维与逆向思维，侧向思维与转向思维等。

一、扩散思维与集中思维

（一）扩散思维

1. 扩散思维的含义

扩散思维也叫发散思维或多路思维。扩散思维是创造性思维中最基本、最普通的方式和方法，它广泛存在于人的创造活动中。浙江大学王加微先生认为"扩散思维就是在思维过程中，充分发挥人的想象力，突破原有知识圈，从一点向四面八方想开去，通过知识和观念的重新组合，找出更多更新的可能答案、设想和解决办法。"概括地说，扩散思维是指从一点出发，向各个不同方向辐射，产生大量不同设想的思维。

2. 扩散思维的特征

扩散思维具有以下特征。

（1）多端性。首先，扩散思维的创造性表现为多端性。例如，问你从大连去上海有几种走法，你可能回答说乘火车、乘飞机、乘汽车、乘轮船等方案，你的回答就是运用了扩散思维的结果，而且体现出了这种思维的多端性特征。

（2）宽阔性。扩散思维在思维的方向上"海阔天空"，常常表现为空间上的无限拓广。空间拓广是指对同一对象进行空间上的多要素、多结构、多机制、多功能、多信息、多方面的全方位思维，以达到解决问题的目的。

（3）丰富性。这是指在同一思维方向上能够产生大量新念头的一种属性，它是创造力的重要表现之一。例如，美国的一座有百年历史的自由女神铜像翻新后，现场留下2000多吨废料，这些废料既不能就地焚化，也不能挖坑深埋，清理到相距甚远的垃圾场，运费又十分昂贵。许多人眼睁睁地看着一大堆废料毫无办法。这时，一个名叫斯塔克的人，自告奋勇地承包了这份苦差事。怎样处理这些废料呢？他运用扩散思维，对废料进行分类利用——他把废铜皮铸成纪念币，把废铝做成纪念尺，把水泥碑块做成小石碑……这样一来，本来一文不值，难以处理的垃圾竟成为含义深远、品种繁多、内容丰富的纪念品而身价百倍。

（二）集中思维

1. 集中思维的含义

集中思维也叫收敛或求同思维。这是一种异中求同的思考方式。具体来说，集中思维是指紧随扩散思维，在大量创造性设想中，通过分析、综合、比较、判断，选择最有价值的设想。简言之，就是从数量中找质量的阶段。它好比我们在一个四通八达的交叉路口，要设法找出一条通向目的地的最佳路线一样。它还如同平时开会，在大家发言的基础上，总要把论题和意见集中一下。它也像聚焦镜把太阳光聚合在一起。集中思维使我们的思维直接对准思维目标。

2. 集中思维的特点

集中思维具有如下特征。

（1）唯一性。作为集中思维的结果来说，它是唯一确定的，不允许含糊其辞、模棱两可。

（2）逻辑性。吉尔福特认为，集中思维属于逻辑思维推理的领域。它不仅进行定性分析，还要进行定量分析，仔细分析各种方案、办法和设想的可行性，所以，它具有逻辑性特征。

（三）扩散思维与集中思维的区别和联系

作为两种思维方式，扩散思维与集中思维是有显著区别的。从思维方向上来讲，二者恰好相反，扩散思维的方向是由中心向四面八方扩散，集中思维的方向是由四面八方向中心集中；从作用上讲，扩散思维更有利于人们思维的广阔性、开放性，使人的思维极限尽量放宽，更利于空间上的拓广和时间上的延伸；而集中思维则有利于从各路思维中选取精华，有利于使解决问题取得突破性进展。

扩散思维与集中思维虽然有显著的区别，但是，从一个相对完整的思维过程的角度来说，扩散思维与集中思维又是创造过程中相辅相成的统一体，缺一不可。在解决创造性的问题中，可通过扩散思维推测出许多假设和新的构想；也可通过集中思维，从中找出一个最正确的答案。可见，在创造性问题的解决中，光有扩散思维或光有集中思维都是不够的，需要两者的有机结合。

二、正向思维与逆向思维

（一）正向思维

正向思维是指按照常规思路或者遵照时间发展的自然过程，或者以事物的常见特征与一般趋势为依据而进行的思维方式。正向思维一般是从分析原因入手，经过逻辑推理，由扩散到集中而得出结论。例如，根据国际经济格局过去分布情况、现在分布情况和将来的趋势，找出国际经济格局的变动走向问题做出正确分析，就是运用的正向思维。

（二）逆向思维

1. 逆向思维的含义

逆向思维也称为逆反思维或反向思维，它是相对正向思维而言的一种思维方式。正向思维是人们习以为常、合情合理的思维方式，而逆向思维则与正向思维背道而驰，朝着它的相反方向去想，常常有逆常理。

创造学中的逆向思维是指为了更好地想出解决问题的办法，有意识地从正向思维的反方向去思考问题的思维。平常所说的"反过来想一想、看一看""唱唱反调""推推不行、拉拉看"等都属于逆向思维。

例如，在竞争中，要想技高一筹，就须别出心裁，独辟蹊径。其中就包括从对手的相反方向想主意，搞创新。别人生产"矛"，你可以生产"盾"；别人研究"地对空"，你可以研究"空对地"；别人以高档产品见长，你可以薄利多销取胜。

2. 逆向思维的分类及其应用

逆向思维可分为六类，即结构逆向、功能逆向、状态逆向、原理逆向、序位逆向、方法逆向。

（1）结构逆向。结构逆向就是从已有事物的结构形式出发所进行的逆向思维，以通过结构位置的颠倒、置换等技巧，使该事物产生新的性能。例如，在国外，电冰箱的冷冻室在上，冷藏室在下，而这一家用电器投放到我国的市场却将这一结构上下颠倒，这更符合中国人打开冷藏室的门次数较多的习惯，方便了居民的使用。

（2）功能逆向。功能逆向是指从原有事物功能上去进行逆向思维，以寻求解决问题，获得新的创造发明的思维方法。例如，人们写字都想写得清晰，字保留的时间长，但也有人想使写出的字容易擦去。据此，河南省一家圆珠笔厂采用南京理工大学王卫东发明的可擦圆珠笔油墨配方，大量生产可擦圆珠笔，投放市场后一炮打响，现在已经大量出口。

（3）状态逆向。状态逆向是指人们根据事物某一状态的反面来认识事物，从中找到解决问题的办法或方案的思维方法。例如，过去木匠用锯和刨来加工木料，都是木料不动而工具动，实际上是人在动，因此人的体力消耗大，质量还得不到保证。为了改变这种状况，人们将工作状态反过来，让工具不动而木料动，设计发明了电锯和电刨，从而大大提高了效率和工艺水平，减轻了劳动量。

（4）原理逆向。原理逆向是指从相反的方面或相反的途径对原理及其运用进行思考的思维方法。例如，1819年，丹麦物理学家奥斯特发现了通电导体可使磁针转动的磁效应。1820年，法国物理学家安培发现通电螺线管具有与磁石相同的作用。英国物理学家法拉第想：既然由电可以产生磁效应，反过来能否由磁产生电效应呢？按照这一思路，法拉第开始了新的课题研究，经过9年的艰苦探索，终于在1831年发现了电磁感应现象，即在磁场中做切割磁力线运动可以获得感应电流，为发电机制造奠定了理论基础。

（5）序位逆向。序位是指顺序和方位。顺序又指时序或程序，方位又指方向和位置。序位逆向是指对事物的顺序和方位逆向变动，以产生新的较佳效果的思维。例如，近年来，一些农村专业户非常重视"时间差"的利用，种反季节瓜果蔬菜给农民带来良好的经济效益。又如，火箭是向天上打的，能否向地下打？苏联工程师米海依尔运用方向上的逆向思维，于 1968 年研制成的钻井火箭，能穿透土壤、冰层、冻土、岩石，每分钟钻进 10 米，重量只有普通钻机的 1/17，耗能少 2/3，效率提高 5~8 倍，引起钻井、打桩手段的革命。再如，抗日战争时期，有一次，敌人把一个村庄包围了，不让村里的任何人出去，派了一个伪军在村子通向外界的唯一通道——一座小桥上把守。正巧村里有一个重要的情报要报告给在村外的八路军领导人。村里的一个小八路勇敢地担当起这个任务。这个小八路在黄昏时趁着夜色的掩护，悄悄地来到了小桥旁边的芦苇地，躲藏了起来。他认真地观察，凡是有村外的人来，守关卡的敌人总是头也不抬就说："回去，回去，村里不让进！"于是小八路钻出了芦苇地，悄悄接近并上了小桥，就在敌人抬头发话之前他突然转身向村里的方向走来，并且故意把脚步声弄得挺大。敌人听到后，还是头也不抬地说："回去，回去，村里不让进。"结果小八路顺利过关把情报安全地送了出去，为部队打胜仗立下了汗马功劳。这不就是成功运用逆向思维的方位逆向，变"入"为"出"好的结果吗？

（6）方法逆向。方法逆向是指在解决问题时，采取与惯用方法截然相反的方法的思维。例如，中国乒乓球优秀运动员马龙运用方法逆向的思维而采用了反手拉弧圈球技战术在第十六届亚洲运动会乒乓球比赛男子单打和第五十届世界乒乓球锦标赛男子单打比赛中加以运用。他的反手拉弧圈球技术在发球段、接发球段、相持段的使用率和成功率都比较高。

三、侧向思维与转向思维

（一）侧向思维

1. 侧向思维的含义

何谓侧向思维？我们给它下的定义是：侧向思维是指在正向思维或逆向思维方向之外而选择另一个角度进行思考的思维。

侧向思维和逆向思维都是与常规思维不同的思维。侧向思维和逆向思维二者的区别是：逆向思维在许多场合表现为与常规的正向思维方向相反，但轨迹与正向思维一致。而侧向思维与正向思维不仅在方向上，而且在轨迹上也有所不同，是偏重于在正向思维和逆向思维的轨迹之外而另辟蹊径的思维。它一是指在正向思维和逆向思维的轨迹的旁侧向外延伸的思维；二是指"从其他离得很远的领域取得启示的思维"。这如同我国古代《诗经》中的"他山之石，可以攻玉"一样，这种正逆向思维轨迹之外的侧向思维在思维实践中体现得很多。

2. 侧向思维的实际应用

（1）旁侧外向延伸的案例。例如，一次国际评酒会上，中国的茅台酒由于装潢简朴，未受重视。酒商眼看好酒通过正式途径得不到承认，便以侧向思维，采用另一种非正式的办法，力促中国名酒得到世人的赏识。他装作失手，将酒瓶跌碎，顿时茅台酒的醇香四溢，举座皆惊，各评委们另眼相看，使茅台酒一摔成名。

（2）从远领域得启示的案例。例如，19 世纪末，法国园艺学家莫尼哀从植物的盘根错节想到水泥加固的发明就是从远领域得启示的例子。

（二）转向思维

1. 转向思维的含义

转向思维是指在一个思维方向受阻时，便转向另一个思维方向，经过多次思维转向而达到解决问题目的的思维。善于转向思维的人们，可以在各种思路变换中迂回前进，使其越来越接近解决问题的目标，直至最后取得成功。

2. 转向思维的实际应用

例如，在商务谈判中，一家买方在某个技术合作项目的谈判中，前后找了 5 家公司，与第一家谈不成，就转向第二家，与最后第五家一家大公司谈，结果也未谈成。在这种情况下，买方又把前面一家情况较好的请回来谈，最后，双方洽谈达成协议。协议对双方有利，因此，双方都感到满意。

第三节　动态性思维

一、动态思维与超前思维

（一）动态思维

1. 动态思维的含义

动态思维是一种运动的、调整性的、不断择优化的思维活动。它要求思维根据不断变化的环境和条件来改变自己的思维程序和思维方向，对事物进行调整、控制，从而达到优化的思维目标。例如，优秀羽毛球运动员根据双方运动特点，制定或选择战术方案，并在瞬息万变的局势中决定自己的行动就属于动态思维。

动态思维是由信息、反馈、控制、变动四要素以一定方式结合所构成的思维的动态过程。人类社会及其各个领域均是动态的系统。人类社会的发展，各个领域的各项工作的运行和创新也均是动态的过程。所以，如果人们不根据信息、反馈、控制、变动等去进行动态思维，必将使工作脱离实际，一事无成。

2. 动态思维的体现和应用效果

动态思维在各个领域均有体现，并能产生较佳的效果。

（1）动态思维在科技领域的应用效果。在科技领域更需要运用动态思维进行科学技术研究。在科技领域，从我国的航天科技研究和开发看，科技人员运用动态思维研制的"神舟六号"飞船与"神舟五号"飞船相比，优化全船配置、减轻结构重量、合理安排新增设备在轨飞行工作模式，保证了飞船的能量平衡，进一步提高了飞船的可靠性和安全性。发射"神舟六号"的"长征二号 F 型"火箭与发射"神舟五号"的火箭相比做了一些改进，使火箭升空后，震动大大减少，宇航员感觉更加舒适。火箭还增强了安全措施，重要设备之间增加了物理隔离，其他薄弱环节得到改进和增强。"神舟六号"也根据天气等客观情况的变化和飞船的运行状态而运用动态思维来决定何时发射和何时返回地面。

（2）动态思维在经济管理领域的应用效果。依据管理的动态的特点，作为企业家，在经营管理活动中，就要两眼紧盯住市场，并根据观察所得，进行动态思维，不断调整其经营策略。这样，才会使企业有较大的发展。例如，世界船王包玉刚起家时只有一条27年船龄的8700吨货船经营煤炭运输。后来发展成为一位拥有1800万吨、160条船的世界船王。他的发迹主要是凭借其在经营中进行动态思维，不断调整经营策略，及时抓住一个个商机。20世纪50年代后期，日本急需海上运输，又无力建造船只，而需要外借船只。正好当时香港汇丰银行资金无出路，包氏乘机与之合资，购买旧船，为日本承担运输。60年代，日本经济起飞，想自己造船，但又不愿自己经营，因为，雇日本船员工资高，乃决定向外国人提供低息贷款在日本造船，再租回来用，包氏又借此扩充了船队。1967年中东危机，石油运输紧张，包氏看准时机，又进行动态思维，决定订造10万吨以上超级油船，进一步取得了优势。

（3）动态思维在军事领域的应用效果。在军事领域，军事战略和战术的制定也都需要运用动态思维。例如，在第二次世界大战后期，苏联军队向退守在柏林的德军发动总攻击的前夜，这场战役的指挥者朱可夫元帅遇到了一个难题。本来，苏联军队是想趁着天黑发动突然袭击的，可是这天夜晚星光灿烂，部队难以隐蔽。如果贸然发起攻击，敌人对苏军的行动看得很清楚，苏军的损失肯定很大；如果放弃进攻，就会贻误战机。朱可夫紧张地思索着，忽然，他有了一个主意，他下令把所有的探照灯都集中起来，用最强的光照射敌军阵地。在140台探照灯的强烈光线照射下，德军眼睛睁不开了。苏军在明晃晃的灯光下突然进攻，冲破防线，打得敌人措手不及，迅速结束了战斗。这一军事战术的制定也是运用的动态思维。

动态思维在政治领域、体育领域和其他领域也多有体现。

（二）超前思维

1. 超前思维的含义

超前思维也称预测性思维。它是根据对事物发展进行预见性的推理，进而对将要发生的事物做出科学预测，并调整对眼前事物认识的一种思维过程。

2. 超前思维的特点

超前思维具有以下特点。

（1）思维对象的未来性。通常的思维认识对象是指在时间、空间中已经客观存在的现实事物、事件和现象。而超前思维则不仅要超越过去，而且要超越当前现实存在的事物、事件和现象，把思维认识的对象指向尚未在现实存在而可能发生的未来事物、事件与价值尺度。例如，党的十八大报告提出"两个一百年"奋斗目标：第一个一百年，是到中国共产党成立100年时（2021年）全面建成小康社会；第二个一百年，是到新中国成立100年时（2049年）建成富强、民主、文明、和谐、美丽的社会主义现代化强国。"两个一百年"奋斗目标的提出就体现了思维对象的未来性。

（2）思维过程的前瞻性。超前思维是对将要发生的或未来的事物作出科学预测。而如何认识现实中尚不存在、未来才有可能出现的事物呢？其实，现实是过去的延续，未来又是现实的延续，对未来的认识是通过对过去和现在的认识来把握的。超前思维的过程不仅思考过去和现在，还要根据对过去和现在的思考，将思维向前推移，即借助对事物发展的规律性的认识，从前提条件推导出对未来事物的科学认识。这就是超前思维的前瞻性。例如，对于一个工厂每年的产值、一个商店每个月的销售量的时间序列数据，仔细分析其趋向性、周期性、季节性和随机性，便能前瞻性地推出事物的变化趋势。

（3）思维方法的探索性。已发生的事物、事件、价值尺度是既定的，不会再改变的，因而，要研究这类对象，只要搜寻到足够的资料，就可以依赖逻辑性推理得出确定、可靠的结论。而未来对象是一种可能出现的对象，因而，对其研究只能用探索、推测的方法，如惯性分析、类推分析、因果分析、概率分析、趋势外推等方法，来勾画出一个大概轮廓，导引出一个模糊量值，具有很大的探索性。

3. 超前思维的应用效果

（1）超前思维在军事战略中的应用效果。抗日战争初期，国内外议论纷纷，战争的进展会怎样？中国会不会亡？许多问题摆在我们面前。当时，毛泽东指出：第一，抗日战争的最后胜利是属于中国的；第二，抗日战争是持久战；第三，抗日战争要经过战略防御、战略相持、战略反攻三个阶段。毛泽东以超前思维做出这些科学预见，可谓标新立异，独树一帜。它驳回了当时社会上颇为流行的"亡国论"和"速胜论"。后来，抗日战争的发展和结局，应验了毛泽东的预言。同时，抗日战争这台有声有色、威武雄壮的正剧，使每一个身临其境的人大开了眼界，由此看到了马克思主义和毛泽东思想能够而且必须走到实际斗争的前头，看到了毛泽东的超前思维所得出的伟大的科学预见对历史的进程能够发挥出多么惊人的指导作用。

（2）超前思维在发明创造中的应用效果。许多商品的更新换代，许多管理制度的不断完善，许多操作规程的逐步合理化，直至很多重大的改革与发明，都是运用超前思维所获得的硕果。

（3）超前思维在企业发展中的应用效果。超前思维是面向未来的思维，运用超前思维谋划企业未来的发展决策，能收到较好的甚至是惊人的远效应。例如，具有超前思维的日本丰田汽车公司的经营者在 20 世纪 50 年代末就已经预见到，由于石油逐年减少，石油危机即将到来，将来人们的价值观将会改变，买车时必须考虑怎样省油，因此 20 世纪 60 年代初制定了以省油技术为中心的汽车技术政策。结果省油车在 20 世纪 70 年代进入世界市场，击败了号称汽车之王的美国。

二、分离思维与合并思维

（一）分离思维

分离思维是将思考对象分开剥离进行思考，从而找到解决问题的新方法的思维。中医把人体作为一个黑箱，以望、闻、问、切等手段从外部功能上进行诊断，而西医却要"打开"人体"黑箱"，对其不断地分解来进行诊断。人们经常运用分离思维将产品的结构进行分解后对其进行调整改进，以增强产品的竞争力。

例如，美国一家名叫"通用"的宠物食品公司，准备推出一种新的罐头狗食。众所周知，美国是全世界最大的消费市场，各行各业的竞争都非常激烈，任何新商品想在行业领域出人头地是件十分困难的事。单是一种狗罐头就有数十上百种品牌，个个有其特色，个个有其吸引力，后来者想"居上"，可不是件容易的事。该公司为了杀出重围想出了一个策略——将狗食分为三种。

（1）老狗食，高龄狗专用。广告词为：吃通用牌老狗专用食品，使您的爱犬延年益寿，使家庭更和谐、温馨。

（2）中狗食，壮、中年狗专用。广告词为：吃通用牌中狗专用食品，可使您的爱犬有强壮的身体，帮助您把"家"看得更好。

（3）小狗食，幼、小狗专用。广告词为：吃通用牌小狗专用食品，可促进小狗发育、速成长。

人们从年龄上看狗，大多只分大、中、小三种，而三种狗都被这个策略锁住。这个"市场区隔"策略，使通用狗食在琳琅满目的狗食市场中异军突起，在短短的半年中就稳稳地立足于市场。

（二）合并思维

合并思维是指将几个思考对象合并在一起进行思考，从而找到一种新事物或解决问题的新方法的思维。

例如，第一次世界大战时，有一名叫斯文顿的英国记者随军去前线采访，他清醒地看到，肉体是挡不住子弹的。冥思苦想之后，他向指挥官们建议，用铁皮将"福斯特公司"生产的履带式拖拉机"包装"起来，留出适当的枪眼让士兵射击，然后让士兵们乘坐它冲向敌军。他的建议很快被采纳，履带式拖拉机穿上了盔甲之后，径直冲向敌人，这就是坦克的雏形。坦克为英法联军战胜德军立下汗马功劳，成为第一次世界大战中最有影响的发明。显然，坦克就是履带式拖拉机外包厚铁与枪炮合并而成的，它是记者斯文顿合并思维的产物。

（三）分离思维与合并思维的关系

分离思维与合并思维往往是不可分的，是相辅相成的关系。二者往往是连续运用，既可先分离，再合并，又可先合并，再分离，最后达到思维的目的。

在解决棘手的问题时，分离思维和合并思维的运用也能收到意想不到的效果。例如，中国民间广泛流传的曹冲称象的故事可以称为分离思维与合并思维应用的典例。在当时的条件下，最大的秤也只能称200斤，而要称的大象重量却有上万斤。怎样才能称出大象的重量？其他人无计可施，而年幼聪慧的曹冲却运用分离思维和合并思维解决了这个难题。他的做法是：以木船为媒介，把大象分解成等量的石头，由石头的可分离性，分秤称其重量，然后将各次称得的重量相加，合并成大象的准确重量。

在思想政治工作中，也可运用分离思维和合并思维。例如，为了统一思想，可将工作对象分类或分组，分别进行思想工作，而后再达到思想上的统一。

第四节　形象性思维

形象性思维是一种借助于具体的形象来展开的思维过程。形象性思维又具体地体现为想象思维、联想思维、直觉思维、灵感思维等思维形式。

一、想象思维

（一）想象思维的含义

什么是想象思维呢？从心理学角度概括地说，所谓想象是人脑对记忆中的表象进行加工和改造以后，组合成新形象的过程。根据巴甫洛夫学说，想象就是已有的暂时神经联系的重新组合或搭配，即过去已形成的各种暂时神经联系在新的系统顺序的基础上，所组成的一种新的联系。

革命导师马克思、列宁和其他著名科学家和艺术家对想象的作用均给予了很高的评价。

马克思说，想象力是"十分强烈地促进人类发展的伟大天赋"（《马克思恩格斯论艺术》第二册）。列宁也曾评价说："成功的创造发明都离不开想象。"

爱因斯坦说："想象力比知识更重要，因为知识是有限的，而想象概括着世界上的一切，推动着进步，而且是知识进化的源泉。严格地说，想象力是科学研究中的实在因素。"（《爱因斯坦文集》第一卷）他还说过："现实世界只有一个，而想象力却可以创造千百个世界。"

高尔基直接把想象看成是艺术的思维，他说："想象在其本质上也是对世界的思维，但它主要是用形象来思维，是'艺术'的思维。"

俄国教育家乌申斯基说："强烈的活跃的想象是伟大智慧不可缺少的属性。"

我国著名文学家茅盾说："创作文学时必不可缺的是观察的能力与想象的能力，两者缺一不可。"

（二）想象思维的分类

想象思维可分为再造性想象、创造性想象和憧憬性想象。

1. 再造性想象

再造性想象的形象是曾经存在过的，或者现在还存在着的，但是想象者在实践中没有遇到过它们，而是根据别人语言、文字、图样的描述，在头脑中形成相应的新形象的心理过程。例如，在学习历史的时候，头脑中就会构想出种种历史场景；阅读文学作品时，眼前便会浮现出各种人物形象。这就是再造性想象。

2. 创造性想象

创造性想象是根据一定目的和任务在头脑中创造出新形象的心理过程。作家在头脑中构成新的典型人物形象就属于创造性想象。这些形象不是仅仅根据别人的描述，而是想象者根据生活提供的素材，在头脑中通过创造性的综合，从而构成前所未有的新形象。例如，飞机设计师设计新型飞机，建筑装潢设计师设计音乐厅或会客厅的装潢图等也都需运用创造性想象。

近些年出现的一些形象化的新概念的词汇，如"信息高速公路""铁路信息港""知识爆炸""纳米技术""虚拟机床""物流""下海""跳槽""菜单""桑拿天"……也都是创造性想象的体现。

创造性想象是一种比再造性想象更复杂的智力活动，但二者又有密切联系。首先，它们都以感知为基础，都是在原有表象基础上进行加工改造，重新组合成新的形象。其次，依据描述进行再造想象时，对想象者来说或多或少都含有不同程度的创造性想象成分，而创造性想象中也有再造性想象的因素，如参照已有的资料等。所以，在理解上绝不能把二者对立起来。

3. 憧憬性想象

憧憬性想象是一种对美好的未来，对希望的事物，对某种成功的向往。憧憬性想象也就是我们平时所说的幻想。列宁曾高度评价这种想象在科学研究和人们实践活动中的重要作用。他指出："这种才能是极其可贵的。有人认为，只有诗人才需要幻想，这是没有理由的。没有它，就不能发明微积分。幻想是极其可贵的品质……"

无数事实证明，憧憬性想象常常是科学发现、技术发明和艺术创作的先导。例如，德国科学家凯库勒在打盹中朦胧看到原子组成蛇形队伍在眼前跳舞，忽然这条蛇咬住了自己的尾巴，形成一个环状。他从这一憧憬性的想象中悟出苯分子结构正是这样一个环形，就这样弄清了苯的环形结构式。梦幻中想象出科学发现的例子很多。又如，许多文学艺术作品也都是憧憬性想象的产物，如小说和电影《哈利·波特》和我国古典名著《西游记》、"嫦娥奔月"等民间故事、敦煌莫高窟壁画的"飞天"形象等。

值得注意的是，上述再造性想象、创造性想象和憧憬性想象是否正确，要以实践检验为准。想象在发明创造中具有重要作用，但是如果脱离实践检验，则可能带来意外的坏处。

美国科学家贝弗里奇说："在探索新知识的过程中，想象力如不受到检验，也可能酿成危险，丰富的想象力需用批评和判断来加以平衡。"

二、联想思维

（一）联想思维的含义

所谓联想思维，就是根据当前感知到的事物、概念或现象，想到与之相关的事物、概念或现象的思维活动。联想思维方式也就是通常所说的由此及彼、举一反三、触类旁通。更具体地说，联想就是根据输入的信息，在大脑的记忆库中搜寻与之相关的信息，或者利用大脑记忆库中的一些信息形成与之相关的新信息的过程。搜寻的结果主要是再现，但形成新信息已是创造。

联想思维在创造活动中具有开拓思路和启迪思维的引导作用。人们展开联想，就可以突破感官的时空限制，海阔天空地、多角度地进行各种思维的联系，进而由已认识到的事物联想出有创意的新事物。

（二）联想思维的分类

联想思维可分为相关联想、相似联想、类比联想、对称联想和因果联想。

1. 相关联想

相关联想是由给定事物联想到经常与之同时出现或在某个方面有内在联系的事物的思维活动。例如，由鹅可联想到鹅毛，进一步可联想到羽绒服。

在实际运用中，相关联想有很好的应用效果。例如，武汉某主要街道上的一家小副食店，店主为了把从门前经过的客人留住，就在门口放了一把自行车打气筒，并在黑板上写着："免费打气，用完后请放回原处。"于是，每天都有许多上下班从这儿经过的人在此给自行车打气。一把打气筒不够，店主就又加了一把。该店每日的销售额也比过去增加了30%。用打气筒给行人提供方便从而又"留住"顾客的创意，使看似毫不相关的东西有机地相关了。在这里，店主在店和顾客之间增设了一个相关的条件，便起到了很好的营销作用。

2. 相似联想

相似联想是从给定事物想到与之相似的事物（形状、功能、性质等方面）的思维活动。

例如，从元宵可以联想到与之形状相似的乒乓球，从飞鸟可以联想到与之功能相似的飞机，从香味可以联想到与之气味属性相似的花香。

运用相似联想原理去分析研究问题，能促使人们取得较好的实际效果。例如，1903年，两位美国发明家莱特兄弟制造飞机成功。当时，飞机虽然上了天，可是还有一个难题没有解决，就是怎样使飞机在空中拐弯的时候能够保持机身平稳。当他们观察到一种叫鸢的老鹰飞行的时候，问题迎刃而解。他们仿照鸢的羽翼制作了后缘能够弯折的机翼。现代飞机的襟翼正是从莱特兄弟发明的这种机翼发展而来的。

3. 类比联想

类比联想是由一类事物的规律或现象联想到其他事物的规律或现象的思维活动。

例如，目前市场上各种折叠式产品琳琅满目，直升机是不是也可以折叠呢？日本长野县的一家公司，在类比联想的启发下敢为天下先，开始生产一种折叠后可以放入汽车行李箱内的直升机。机重仅70千克，4个汽缸、容量为125毫升的发动机，带动两个螺旋桨，可上升300米，时速100千米。如果有3个发动机出现毛病，座椅后背会自动打开降落伞。这种直升机只在美国销售，售价2.5万美元。

4. 对称联想

对称联想是由给定事物联想到在空间、时间、形状、特性等方面与之对称的事物的思维活动。例如，由左联想到右，由上联想到下，由光明联想到黑暗，由放大联想到缩小等。

对称联想也能促使人们产生创造性的设想和成果。例如，牛顿发现天体运动的原因，据说是在花园里碰巧一个苹果从树上掉下来，他因此突然想到，使苹果落地和天体运动是因为同一种力（后来被称为万有引力）。其具体过程是这样的：苹果的落地使他想到既然在最深的矿井和最高的山上都这样感到地球的吸引力，那么，这种力能否达到月球？牛顿自己说："就在这一年，我开始想到把重力引申到月球的轨道上。"

5. 因果联想

因果联想是指由事物的某种原因而联想到它的结果，或指由一个事物的因果关系联想到另一事物的因果关系。人们由冰想到冷，由风想到凉，由火想到热，由科技进步想到经济发展，就是运用的因果联想。

三、直觉思维

（一）直觉思维的含义

1. 什么是直觉思维

爱因斯坦关于科学创造原理的思想可以简洁地表述成这样一个模式：经验—直觉—概念或假设—逻辑推理—理论。这其中的"直觉"，字面上的意思是直接的感觉，本源于第一感觉和第六感觉。具体地说，直觉思维是一种未经逐步分析，而是凭借已有的知识与经验，便能对问题的答案做出迅速而合理的判断的思维方式。它是一种无意识的、非逻辑的思维活动。

伊恩·斯图加特说："直觉是真正的数学家赖以生存的东西。"许多重大的发现都是基于直觉。欧几里得几何学的五个公设都是基于直觉，从而建立起欧几里得几何学这栋辉煌的大厦；汉密尔顿在散步的路上迸发了构造四元素的火花；阿基米德在浴室里找到了辨别王冠真假的方法，这些均是直觉思维的成功典范。

2. 直觉的产生

直觉是怎样产生的呢？我国学者王国权认为：直觉首先来自人的本能——第一感觉。不同的人有不同的基因，决定着人有不同的本能，这种本能也可以称为先天资源或天赋。既然是本能，也就不需要明确的理论依据，可以根据直觉进行人生决策。直觉其次来自熟悉领域——第六感觉。由于人们在某一领域不断地探索、钻研、练习，形成了第六感觉，不需要思考就能根据某一信息产生相应的行为。第六感觉是由于人们对某一行业的熟悉而产生的本能反应，故有它自然的道理，往往会给人带来正确的决策。

美国加州大学神经科学家奎尔通过大量研究认为，人的大脑的不同部分储存着不同的记忆。当我们进行一般性学习时，我们使用的是"陈述记忆"；而当我们对所学的东西十分稔熟时，它们就成了"程序记忆"的一部分潜入我们的意识中储存起来，这种潜意识以后在适当的条件下便能产生直觉。

（二）直觉思维的特征

直觉思维具有以下特征。

1. 直接性

直觉思维不用逻辑推理，也不需分析综合，而多靠直接的领悟，就能对遇到的事物和接触的问题直接做出反应，并能在刹那间直抵事物的本质或得出结论，或提出解决问题的方法。这是直觉思维最根本的特征。学者周义澄说："直觉就是直接的觉察。"例如，爱迪生运用直觉思维确定鱼雷形状，就明显地体现了思维的直接性。当年美国的鱼雷速度不高，因而命中率极低。他们去找爱迪生，爱迪生提出一种意想不到的办法，要研究人员作一块鱼雷那么大的肥皂，由军舰在海中拖行若干天，由于水的阻力作用，使肥皂变成了流线型，再按肥皂的形状建造鱼雷，果然收到奇效。

2. 快速性

直觉思维常常使人一遇到问题，很快就能萌发出答案，或想出对策。其过程非常短暂、速度非常快捷，通常是在一念之间完成的。例如，稍懂一点围棋的人都会知道，在快棋赛或正规棋赛进入读秒阶段，容不得棋手苦思细想，需要在短短的数秒中看透令人眼花缭乱的黑白世界，迅速地找到最佳的落子点。像棋手这样按"棋感"行棋就体现了直觉思维的快速性。

3. 跳跃性

直觉思维往往是从对问题思考的起点一下就奔到解决问题的终点，似乎完全没有中间过程，跳跃式地将思维完成。例如，当华生医生初次见到福尔摩斯时，福尔摩斯开口就说："我看得出，你到过阿富汗。"华生医生对此非常惊讶。后来，他对福尔摩斯说："我想，一定有人告诉过你。"福尔摩斯解释说："没有那回事。我当时一看就知道你是从阿富汗来的。由于长久以来的习惯，一系列的思索飞也似的掠过我的脑际，因此，在我得出结论时，竟未觉察得出结论所经的步骤。但是这中间是有一定步骤的。在你这件事上，我的推理过程是这样的：'这位先生具有医务工作者的风度，但却是一副军人气概。那么，显而易见他是个军医。他是刚从热带回来，因为他脸色黝黑，但是从他手腕的皮肤黑白分明来看，这并不是他原来的肤色。他面容憔悴，这就清楚地说明他是久病初愈而又历尽艰苦的人。他左臂受过伤，现在看起来动作还有些僵硬不便。试问，一个英国的军医，在热带地方历尽艰苦，并且臂部受过伤，这能在什么地方呢？自然只有在阿富汗了。'这一连串的思想，历时不到 1 秒钟，因此我便脱口说出你是从阿富汗来的，你当时还感到惊奇哩！"

4. 理智性

在日常生活中，人们会经常遇到一些资深的医生，在第一眼接触某一重病患者时，他们会立即感觉到此人的病因、病源所在，而他们下一步的全面检查就会自觉地围绕这些感觉展开。医生的这种感觉就是直觉。医生们的"感觉"，即直觉，是同他们丰富的经验、高深的医学理论和娴熟的技术分不开的。所以，直觉思维过程体现出来的不是草率、浮躁和鲁莽行为，而是一种理智性思维的过程。

（三）直觉思维的功能

直觉思维具有以下功能。

1. 人们可以依靠直觉进行优化选择

法国数学家彭加勒说过："所谓发明，实际上就是鉴别，简单说来，就是选择。"比如，当普朗克提出能量子假说以后，物理学就出现了问题：究竟是通过修改来维护经典物理理论，还是进行革命，另创新的量子物理呢？爱因斯坦凭借他非凡的直觉能力，选择了一条革命的道路，创立"光量子假说"，对量子论做出了创造性预见。

2. 人们可以依靠直觉作出创造性预见

例如，生物学家达尔文在见到向日葵总是朝着太阳的现象后，便直觉地提出"其中可能含有能跑向背光一面的某种物质"的设想。这种设想，在他生前始终未能得到证明，但后人通过实验证实了这种物质的存在，它就是促使植物提早开花结果的"植物生长素"。

3. 人们可以借助于直觉获得新的发明

例如，美籍华裔物理学家丁肇中在谈到"J"粒子的发现时写道："1972 年，我感到很可能存在许多有光的而又比较重的粒子，然而理论上并没有预言这些粒子的存在。我直观上感到没有理由认为这种较重的发光的粒子(简称重光子)也一定比质子轻。"这就是直觉。正是在这种直觉的驱使下丁肇中决定研究重光子，终于发现了"J"粒子，并因此而获得诺贝尔物理学奖。

4. 人们可以依靠直觉提出新的科学思想

华莱士一次在病中阅读马尔萨斯的《人口论》，看到它清晰地阐述了人类数量增长所受到的各种遏制，并提到那些被淘汰的是最不适于生存的弱者，这时他模模糊糊地想着这种淘汰所意味着的巨大的影响。他突然问道："为什么有的死了，有的活下来？"答案很明白："一般说来，适者生存……"这样，就写出了他的论文草稿。

（四）直觉的局限性

直觉容易局限在狭窄的观察范围里。有时，甚至经验丰富的研究者，像心理学家、医生和生物学家也常常根据范围有限的数量不足的观察事实，就凭直觉错误地提出假说和引出结论。比如，在没有对病人进行周密的观察之前，匆匆根据直觉作判断，医生就有可能做出错误的诊断。

直觉有时会使人把两个风马牛不相及的事件纳入虚假的联系之中。因此，直觉得出的发现或者说猜测，应当由实践来检验其正确性，这是科学创造的一个极其重要的阶段。

四、灵感思维

（一）灵感思维的含义

何谓灵感呢？杨振宁教授指出："灵感是一种顿悟。"所以，灵感思维也叫顿悟思维。它是一种在不知不觉中产生的突发性的特殊思维形式。它既指突如其来的对事物规律的认识，也指突然闪现的解决问题的创造性设想。研究表明，灵感的生理机制与大脑皮层兴奋和抑制的相互诱导有关，当一个人处于创造的长期思考中，大脑皮层便形成一个优势兴奋中心，抑制着周围地区的神经活动；而紧张思考一旦松弛，被抑制的神经便得到活跃的机会，因而出现了一闪而过的灵机一动、豁然开窍，给人一种"踏破铁鞋无觅处，得来全不费工夫"的感觉。

（二）灵感思维的特征

灵感思维具有以下特征。

1. 突发性

想象思维是主动自觉地进行搜索，而灵感思维却往往是在出其不意的刹那间突然出现。在时间上，它不期而至、突如其来；在效果上，突然领悟、意想不到，这是灵感思维最突出的特征。例如，爱因斯坦回忆说："一天，我坐在伯尔尼专利局内的椅子上突然想到：假设一个人自由落下时，他决不会感到自身的重量。我吃了一惊，这个简单的想法给我打上了一个深深的烙印，这是我创立引力论的灵感。"

2. 瞬时性

灵感的出现常常是蜻蜓点水式地一点，又像闪电似地一闪，极易稍纵即逝。我国宋代诗人文学家苏轼的"作诗火急追亡捕，情景一失永难慕"即是对灵感这一特征的生动写照。基于灵感的瞬时性这一特征，就需要我们当灵感一出现时，必须抓住它，尽量不要让它失之交臂而留下遗憾。例如，英国药物学教授洛伊睡觉时产生了灵感，可是他忽视了，第二天醒来后，怎么也想不起来了，留下遗憾。

3. 飞跃性

由灵感的闪现而得到的一些绝妙的想法和新奇的方案不是一种连续的、自然的进程，而是一种质的飞跃的过程。例如，1934 年，被誉为"中子之王"的费密做出了一个引起原子核裂变的关键性发现：如果使中子束事先通过石蜡来降低速度，那么，当中子束射中靶子的时候就能极其有效地使靶中的原子核变得不稳定。费密后来这样记叙他做出这一发现的情景："当时我们正在不辞辛劳地研究中子诱发放射性的问题，迟迟得不出什么有意义的成果。一天，我来到实验室，忽然产生一个念头，我应该考察一下，在入射中子前面放置一块铅会有什么效应。我一反往常，不惜付出艰苦的劳动，到机床上加工出一块铅。我分明感到某种不满意，因此，我找种种'借口'拖延时间，不把这块铅放上去。最后，我终于准备勉强把它放到那里去。可是，我喃喃自语：'不，我不想把这块铅放在这里，我想放一块石蜡'。事情就是这样，没有前兆，事先也不曾有意识地进行过推理。我马上随手取了一块石蜡，把它放到原来准备放铅块的地方。"

4. 情绪性

很多灵感产生前后的人的状态表明，灵感产生前往往伴随着激烈的情绪，因为这有助于促成神经中枢的持久兴奋。灵感降临时，人的心情也是紧张和高度兴奋的，甚至陷入迷狂的境地。所以，灵感具有情绪性的特征。沉墨同志说：写文章写不下去，喝茶抽烟围着桌子打转转，正在冥思苦想之际，突然脑子像有啥东西一闪，叫人豁然开朗，思想的闸门打开了，心潮澎湃，握笔的手好像不是自己的，鬼使神差，一行行一串串的文字跃然纸上，文章不费劲地就完成了。

（三）灵感产生的一般规律

灵感产生的一般规律具体如下。

1. 灵感以用全部的精力去思考和解决问题为前提

正如俄国画家列宾（1844—1930）所说："灵感是对艰苦劳动的奖赏。"也就是说，灵感绝不是心血来潮、灵机一动的产物。曾有一个记者问门捷列夫：您是怎么发现元素周期律的？他回答道：这个问题我大约考虑了近 20 年，而你却认为，坐着不动，突然成功了！事情并不是这样的！

2. 灵感多产生于精神良好状态或疯狂之时

人的思维敏捷、想象力丰富而活跃，灵感易于在此时出现。例如，奥地利著名作曲家约翰·施特劳斯就是在一个优美的环境中休息，精神非常良好甚至有些癫狂时，突然涌现出灵感的火花。当时他没有带纸，便急中生智地迅速脱下衬衣，挥笔在衣袖上谱成一曲，这就是后来举世闻名的圆舞曲《蓝色多瑙河》。

3. 灵感也多在心情恬淡闲适，神经比较放松时得以闪现

灵感或是在散步中，或是在与别人闲谈时出现。例如，意大利物理学家费密就是这样发现量子物理学中著名的"费密统计"的。有一天，他和另一位物理学家一起舒坦地躺在寂静的草地上。两人手里都握着一根系有套索的玻璃棒，准备捕捉壁虎。费密眼睛盯着地面，随时准备拉他的套索逮住壁虎。与此同时，他也听凭自己的思想去漫游。蓦地，从费密的心灵深处出现了他长久以来一直在寻找的一个因素：一种气体中没有两个原子能够恰好用同样的速度运动。这就是费密统计：在理想单原子气体里，原子所可能有的每一种量子状态中，只可能有一个原子。

（四）如何捕捉灵感

可以采取以下几种方法捕捉灵感。

1. 捕捉灵感必须珍惜最佳环境和时机

英国科学家布朗经过大量的研究发现，浴室、床铺和农村的田野是最适宜科学家产生灵感的地方。我国宋代的欧阳修在他的《归田录》中曾提到"三上"，即在马上、厕上、枕上（清晨似睡非睡时）才能赋出好诗，即才能产生赋诗的灵感。苏格兰诗人和小说家司各脱说：我的一生证明，睡醒和起床之间的半小时非常有助于发挥我任何的创造性工作。期待的想法，总是在我一睁眼的时候大量涌现。科学家黑姆霍兹也说过：灵感往往在早晨当我醒来时就有了。产生灵感的经验之谈提醒我们，捕捉灵感必须珍惜最佳环境和时机。

2. 原型启发是捕捉灵感的一个重要途径

原型启发中的原型是指对解决问题起着启发作用的事物，如自然现象、日常用品、机器、示意图、文字描述、口头提问或其他事物等。原型对创造能起到启发作用，使创造者因触之而产生灵感。例如，瓦特看到开水壶的盖子上下起伏，便想到可以创造出蒸汽机。又如，我们在下雨天，最讨厌雨水顺着雨衣流进鞋里。北京一个四年级小学生发明了一种充气雨衣，雨衣下面是一个气圈，充气后雨衣张开，雨水便不会灌进鞋子了。他的充气雨衣的构想，便是从芭蕾舞旋转长裙和游泳圈这两个原型得来的。

3. 摆脱习惯性思维程序的束缚

长期用一个思路去研究问题，特殊的意识定势易使思路闭塞和思想僵化。如果打破思维定式，就易闪现灵感的火花。例如，公元前 333 年冬天，马其顿将军亚历山大率领军队进入亚洲的一个城市安营扎寨。亚历山大听说城里有一个著名的预言：城中有一个复杂的 Cordian 结，谁能解开它，谁就会成为亚细亚王。亚历山大对这个预言非常有兴趣，就请人带他去看这个难解之结，并试图解开它。可是，尝试了几个月，都无法找到结的两端，他茫无头绪，自言自语："我要用什么方法打开这个结呢？"突然，他想到了："我只要制定我自己打开这个结的规则就可以了。"于是，他拔出剑来，把结砍成两半。结给解开了，亚细亚注定归他管辖了。

4. 保持乐观镇静的心绪是捕捉灵感的重要条件

焦虑不安、悲观失望、情绪波动，都能降低人们的智力活动水平，特别影响创造性思维活动的进行。在这种负性情绪状态下，是难以产生灵感的。而心胸开阔、情绪乐观，宽松的气氛，和谐的自由交谈，容易使人浮想联翩，灵感往往在这时产生。黑姆霍兹说："在紧张思考之后，身体完全健旺并且安闲自在的时刻，好的意识就会到来。"有人认为音乐在情绪上带给人们快感，而适宜的音乐能够帮助人们产生适合于创造性思维的情绪。

5. 注意带着纸和笔，随时记录下思想的火花

美国生理学家坎农青年时经常借助于灵感进行创造。他把纸墨放在手边，便于捕捉那些倏忽即逝的思想。爱因斯坦有一次在一个朋友家里吃饭，与朋友讨论一些问题，突然间受到某种启发产生了一种灵感，他立即拿出钢笔，在口袋里找纸，但没有找到，就在朋友的新桌布上写下了一个公式。著名的发明家爱迪生的衣兜里总是装着一个小本本，不论何时何地，每当脑际忽闪出思想的火花时，就即刻记在本子上。英国著名女作家艾米丽·勃朗特年轻时经常在厨房里劳动，她每次都带着纸和笔，随时把脑子里涌现出的思想灵感记下来。因此，随身带笔和小本是捕捉灵感的一个普遍适用的好方法。

本 章 小 结

本章共四节。第一节，首先论述了思维的含义和分类，而后对创造性思维进行了简介，接下来阐释了创造性思维的特征，最后介绍了创造性思维的过程。第二节，先后阐释了扩散思维与集中思维、正向思维与逆向思维、侧向思维与转向思维等方向性思维。第三节，先后阐释了动态思维与超前思维、分离思维与合并思维等动态性思维。第四节，先后阐释了想象思维、联想思维、直觉思维和灵感思维等形象思维。本章提示大学生应注重了解、激发和应用各种创造性思维，以促成创造性地解决学习、就业、创业中的各种问题。

名词解释

创造性思维　　扩散思维　　逆向思维　　侧向思维　　转向思维
动态思维　　超前思维　　想象思维　　联想思维　　直觉思维　　灵感思维

思考训练题

1. 创造性思维有哪些特点？
2. 美国心理学家华莱士"创造性思维过程的四阶段论"将创造性思维分为哪几个阶段？
3. 扩散思维有哪些特征？
4. 逆向思维有哪些分类？
5. 简述动态思维的应用效果。
6. 超前思维有哪些特点？

7. 想象思维可分为哪些类型？

8. 联想思维有哪几种类型？

9. 直觉思维有哪些特征？

10. 灵感思维有哪些特征？灵感产生有哪些一般规律？应如何捕捉灵感？

案例分析

撒在博览会大厅里的铜牌

1957年，芝加哥全国博览会上，用于陈列汉斯罐头制品的小阁楼，僻静不起眼。为了解决这一问题，该公司在大会大厅里撒一些铜牌，铜牌上刻有这样的话："谁拾到这些铜牌，就可以到展览会的阁楼上汉斯食品公司陈列处换一件纪念品。"结果，人们争先恐后地涌过去，本来偏僻的小阁楼被参观者围得水泄不通，成为展览会上轰动一时的新闻。

小小的铜牌以及透露出的诱人信息，成为一个中介，把本来不感兴趣的广大顾客吸引到了自己的展台前。

资料来源：姚凤云. 创造学理论与实践[M]. 北京：清华大学出版社，2006.

问题：该案例属于形象思维中的哪一种联想思维？你从中受到什么启示？

第十七章

创造技法

学习目标

通过本章的学习，认识奥斯本检核表法及其改进情况；了解奥斯本激励法及其改进情况；认识特性列举法、缺点列举法、希望点列举法、综合列举法等列举法；了解信息交合法的基本原理、实施程序和原则。

引导案例

思考"未来的电风扇"

中国机械冶金工会举办的一次合理化建议和技术革新工作研讨班，运用智力激励法思考"未来的电风扇"，36人在半小时内提出173条新设想。其中典型的设想有：带负离子发生器的电扇、全遥控电扇、智能式电扇、理疗电扇、驱蚊虫电扇、激光幻影式电扇、催眠电扇、变形金刚式电扇、熊猫型儿童电扇、老寿星电扇、解忧愁录音电扇、恋爱气氛电扇、去潮湿电扇、衣服烘干电扇、美容电扇、木叶片仿自然风电扇、解酒电扇、吸尘电扇、笔记本式袖珍电扇、太阳能电扇、床头电扇、台灯电扇等。

资料来源：姚凤云. 创造学理论与实践[M]. 北京：清华大学出版社，2006.

创造技法是创造的基本要素，是进行创新与创业活动的一个有力的智能性工具。它能帮助创新与创业者迅速有效地越过各种阻碍，解决各种难题，取得创新创业的成功，具有较强的实用性和可操作性。目前，学者们已经总结出500多种创造技法。本章将介绍检核表法、智力激励法、列举法、信息交合法等创造技法。

第一节 检核表法

一、奥斯本检核表法

（一）奥斯本检核表法简介

检核表法又称设想提问法或分项检查法。它是由美国创造学家奥斯本发明的，在创造学界最有名、最受欢迎的创造技法。

奥斯本曾担任过美国 BBDO 广告公司经理，是美国创造基金会的创始人，也是世界上第一个创造技法——"智力激励法"的发明者。他在《发挥独创力》一书中介绍了许多创意技巧。美国麻省理工学院创造工程研究室从书中选择出 9 项，编制成《新创意检核表》。它成了人们现在常提到的奥斯本检核表。

所谓"检核表",是人们在考虑某一问题时,为了避免疏漏,把想到的重要内容扼要地记录下来制成的表格,以便于以后对每项内容逐个进行检查。

奥斯本是首位将检核表用于创造发明的创造学家。麻省理工学院根据需要解决的问题,或者需要创造的对象,将此列为表 17.1 所示的检核表。

表 17.1　奥斯本的检核表

记　号	检核项目	新设想名称	新设想概述
1	有无其他用途		
2	能否借用		
3	能否改变		
4	能否扩大		
5	能否缩小		
6	能否代用		
7	能否调整		
8	能否颠倒		
9	能否组合		

奥斯本检核表法应用面极广,几乎适用于所有类型与场合的创造活动,以及非创造性的常规问题的分析研究方面。

(二)奥斯本检核表法的具体内容及其应用实例

(1)现有的发明是否有其他用途,是否可直接用于新的用途?或改造后用于其他用途?简而言之,"有无其他用途"?例如,谐波减速器研制成功后,用在登月车上,解决了登月车的减速器问题;将其用于机器人上,又可使机械手运动自如;将其用于全位置自动焊机上,解决了船内管子焊接问题。

(2)现有的发明是否能够应用其他设想,是否与过去的设想相类似,是否暗示了某些其他设想,是否能够加以模仿,是否可以向谁学习?简而言之,"能否借用"?例如,日本一位专家给奶牛设计一套服装,包括裹住肚子的披肩及为角留有小孔的风帽,这种衣服是用人造纤维制造的,再覆盖上一层薄薄的防辐射层,以保护奶牛免受夏天的酷热和冬天的寒冷,使之生产更多的牛奶。这位专家就是借用人穿衣的"经验"而想到这一创意的。

(3)现有的发明是否可以修正,是否有新的想法,是否能改变意义、颜色、运动、声音、香味、样式和类型等,是否可以有其他变化?简而言之,"能否改变"?例如,日本奈良林木实验室将圆木用巨型微波炉加热到 100 ℃ 使其变软,再加压使圆木变为方木,提高了木材的利用率。

(4)现有的发明是否可以扩大一下,是否可以增加些什么,是否要延长时间,是否可提高频率或增大幅度,是否可以更高些、更长些、更厚些,是否可以附加价值,是否可以增加材料,是否可以复制或加倍乃至夸张?简而言之,"能否扩大"?例如,南京大学物理学教授用"气相沉积法"在各种刀具、手表表面、装饰品表面涂上一层金刚石薄膜，大大提高了硬度和耐磨度，使其延长了使用寿命。

（5）现有的发明是否可以缩小，是否可以减少些什么，是否可以更小些，是否可以微型化，是否可以做到浓缩、更低、更短、更轻或更加省略，是否可以分割？简而言之，"能否缩小"？例如，应力应变试验，为找出疲劳失效线，必须作很多次试验求出对称循环应力 σ，可是贝格赛疲劳线可以不找 σ，大大减少试验次数和资金。后来有人在贝格赛线基础上又提出二次椭圆方程，不仅简化了过程，且精度不降低。

（6）现有的发明是否可代用，谁能代替，可用什么代替，是否可以采用其他材料、其他素材、其他制造工序或其他动力，是否可以选择其他场所、其他方法或是其他音色？简而言之，"能否代用"？例如，机械方面用电木代替钢材的齿轮，用球墨铸铁代替钢材的曲轴，用根据直蚌线原理制作的内燃机代替现有的机器，都是符合这个原理的。

（7）现有的发明是否可以重新排列，是否可以替换要素，是否可以采用其他顺序或其他布局，是否可以置换原因和结果，是否可以改变步调或改变日程表？简而言之，"能否调整"？例如，在大型建筑工地，施工的程序进行适当的调整，往往可以大大提高工程的进度。

（8）现有的发明是否可以颠倒，是否可以正负替换，是否可以换一换方向？简而言之，"能否颠倒"？例如，曲柄滑块机构，曲柄主动，滑块从动，可制成水泵等；颠倒过来，滑块主动，曲柄从动，则可制成内燃机等。

（9）现有的几种发明是否可以组合，是否可以统一？简而言之，"能否组合"？例如，陕西省一家工厂把平刨机、凿眼机、开榫机、木工钻、木工车床组合在一起，制成一种多功能的小型木工机床，很受小型木工厂和家庭木工作坊的欢迎。就用这一检核方法，也可先将研究对象或改变或扩大或缩小或调整或颠倒之后，再组合。即先分部改革后再组合。

不难看出，奥斯本的检核表内容比较全面，有利于创造者进行多角度的扩散性思考，有利于突破习惯性思维和不愿提问的心理障碍。

在创造过程中，从给定信息出发，对照检核表的九个项目，逐项提问思考，就可产生出相应的新信息、新设想。这种方法适用于各种类型和场合的创造活动，故而被创造学界誉为"创造技法之母"。很多创造技法都是在检核表法的基础上发明出来的。

（三）奥斯本检核表法的特点和运用要点

1. 奥斯本检核表法的特点

奥斯本检核表法具有以下特点。

（1）检核表法的逐项提问思考是一种强制性思考，有利于突破不愿提问的心理障碍。

（2）检核表法的逐项提问思考是一种扩散性思维。

（3）检核表提供了创造活动最基本的思路。采用检核表这一工具，可以使创造者尽快地集中精力朝提示的目标和方向思考。

2. 奥斯本检核表法的运用要点

奥斯本检核表法的运用要点具体如下。

（1）要进行技法培训。奥斯本检核表法实际上是一种综合技法。它涉及许多其他技法，如其中1、2实际上属于移植法，3~7与列举法关系密切，9是组合法。因此，在使用检核表法之前应对所涉及的技法组织培训，理解其含义，学会分析思考的方法。

（2）检核内容可作适当改变。虽然奥斯本的检核表是九大内容，但具体使用时应灵活掌握，应根据活动的主要目的，检核创造对象的具体特点、已发现的老大难问题及市场上同类产品的行情来设计检核表。

（3）检核表的设计应当稍微大些。设想的概述除了填在简表上以外，还应有详细的说明（写在附纸上），必要时应画图，便于筛选者了解创造者的本意。

二、对奥斯本检核表法的改进

人们发现运用奥斯本检核表法存在不便记忆、过于烦琐等不足，开始从不同的角度对它进行改进。

（一）动词提示检核表法

这是我国创造学家许立言教授等针对奥斯本检核表中每一条项目内容烦琐、句子及说明冗长难记、主题不够突出等缺点，并在总结上海和田路小学的创造经验后创造出来的一种以动词提示代替原项目内容的检核表，称为动词提示检核表。这种新表主题突出、思路清晰、易懂易记，深受我国广大群众欢迎。我们将动词提示检核表列出如下：

（1）加一加，还可添加点什么？例如，航天飞机实际是飞机加宇宙飞船又加火箭的组合。

（2）减一减，还可减去点什么？例如，将眼镜架去掉，再减小镜片，就发明制造出了隐形眼镜。

（3）扩一扩，在功能、结构上还可扩展吗？例如，宽银幕电影，一物多用的工具——多用刀、多用剪子、多用起子，均是扩一扩的结果。

（4）缩一缩，在功能、结构上还可缩减吗？例如，日本精工公司推出的袖珍彩电便是缩一缩的成果。

（5）变一变，可以变化吗？例如，据研究表明，黄光照射胡萝卜，可加快生长；红光照射黄瓜可提高产量一倍。根据不同作物的需要，可生产不同颜色的农用塑料薄膜，改变单一白色的状态。

（6）改一改，何处可以改进呢？例如，宁波市标准件二厂工人魏山发明的变形金刚式的万能自行车，仅用一把扳手，不用任何附件，可将一辆车变换出108种样式。如脚刹车、脚转向、前轮驱动，可用于代步、康复、娱乐、载货、车技训练等。

（7）联一联，与其他什么有联系呢？例如，非洲南部旱季缺水，人们找不到水源，但发现狒狒不搬家，它们一定清楚哪儿有水源。于是，人们设下连环计，设法给狒狒吃盐，然后再跟踪它找水源，用这个方法，最后终于找到了水源。

（8）学一学，有什么事物可让自己模仿、学习一下吗？例如，美国福特汽车公司为开发新产品，广泛搜集各国名牌车，逐项分析各自优点，组织人员评出400多项优点，将80%的优点体现在金牛座和黑豹车上，创出了自己的名牌。

（9）代一代，可用别的代替吗？例如，用纸代布，制成纸衬衣领、纸领带、纸太阳帽、纸内衣、纸结婚礼服等一次性产品，色彩鲜艳、造型别致、价格低廉，在国际市场上甚为走俏。

（10）搬一搬，搬到别的场合可用吗？例如，金属电镀使产品闪闪发光，电镀能否搬到塑料上呢？目前已开发出的塑料电镀已使塑料制品面目全新。

（11）反一反，反过来考虑会怎样呢？例如，为进口车生产配件的某厂，在广告中一反常规，不写优点，而写明本厂产品比原装零件耐用率低30%，欲购者请三思。该厂坦诚道出产品短处，反而生意兴隆。

（12）定一定，还要规定些什么呢？例如，上海市昌邑小学科学小组用"定一定"的方法发明了"读书姿势红绿灯"。放在桌上离胸部20~25厘米的地方，姿势正确见绿灯，趴在桌子上的见红灯，斜坐见到半红半绿灯。有了这样的规定，就可以随时矫正读写姿势，保障身体健康，使体形健美、视力正常。

（二）5W1H法

这是由美国陆军首创的通用性极强的检核表，可以广泛用于改进工作、改善管理、技术开发和价值分析等方面。它类似于我国创造学家提出的动词提示检核表法。它充分利用了英文词汇的特点，把奥斯本检核表浓缩为六条：

（1）Who（谁）？

（2）When（何时）？

（3）Where（何处）？

（4）What（什么）？

（5）Why（何故）？

（6）How（怎样）？

取上述六个英文词汇的首写字母就构成了本技法的名称——5W1H法。怎样运用此法？我们来看一个例子：

某航空公司在机场二楼设了一个小卖部，生意相当冷清。问题出在哪里？开发部门运用5W1H法分析了原因，提出了改进建议。

（1）按5W1H法分析原因，先检核六个要素。

Who——谁是顾客？

When——顾客何时来购物？

Where——小卖部设在何处？顾客是否经过此处？

What——顾客购买什么？

Why——顾客为何要在此处购物？

How——怎样方便顾客购物？

从中找出关键要素：Who、Where、When。

（2）分析关键要素，找出原因。

究竟谁是顾客？是出入境的顾客，还是接送客人的人？显然，在二楼流连徘徊的接客者并不热衷在此购物，因为他们有的是时间到市内各大商场去挑肥拣瘦。因此，机场小卖部应当把出入境的乘客当主顾才对。

小卖部设在何处才好？出入境者经海关检查后，都从一楼通道离去，根本不需走二楼。因此，应将小卖部设在乘客的必经之路上。

出入境的乘客何时购物？他们只有当行李到海关检查交付航空公司之后，才有闲情去逛逛小卖部，看看有何纪念品和生活必需品值得购买。原来机场在临上机前才能将行李交付航空公司，自然就挤掉了旅客买东西的时间。

（3）提出改进措施。

把乘客当主顾，充实旅行用品和纪念品，以满足乘客的消费需要；将出入境乘客的海关检查路线改为必经小卖部，增加乘客光顾小卖部的机会；让乘客随时可以把行李交给航空公司，使之"无箱一身轻"，便有了购物的时间和心情。

机场经理根据开发部门的建议进行了改进，果然取得了很好的效果。

除动词提示检核表法和 5W1H 法等对奥斯本检核表法改进的方法之外，还有降低成本检核表法、属性改善排列矩阵法（SAMM 法）、系统提问法等方法。此不详述。

第二节　智力激励法

一、智力激励法

（一）智力激励法的含义

智力激励法是 1939 年美国创造学家奥斯本提出的世界上第一个创造技法，其英文为 Brain Storming，原是神经学的术语，其原意是指精神病患者的一种思想错乱状态，在此借用为"自由奔放的思考"。人们为了书写的方便，将其简称为 BS 法，也有将其称为"脑轰法"或"献计攻关法"。我国创造学界刚开始介绍此法时，将它翻译为"头脑风暴法"。

由于智力激励法的科学性及由它所取得的显著社会效果，使它在美国及世界上产生了较大的影响，并促进了全球性创造学热的形成。智力激励法也由此成为创造学最著名的方法，奥斯本被誉为"创造工程之父"。

智力激励法是一种集体型的创造技法。它是根据一定的规则，运用智力激励会的形式，来共同无拘无束地讨论具体问题。通过集体思考和思维交流来集思广益，从而在短时间内产生大量的创造性设想的活动。

我国过去的"诸葛亮会"和"集体会诊"等活动，其出发点与之是相同的，实际上也是智力激励的原始雏形，但为什么不能称之为创造技法呢？因为没有向更充分、更有效的方向发展，缺乏规范化与可操作性。

（二）智力激励法的原则

采用智力激励法组织专家会议时，应遵循如下原则：

（1）对所讨论问题提出一些具体要求，并严格限制问题范围，使与会人员把注意力集中于所讨论的问题。

（2）对别人提出的任何一种设想，不论其是否可行，与会人员均不能批评或攻击。

（3）鼓励对已提出的设想进行改进和综合，为准备修改自己设想的人提供优先发言权。

（4）提出的想法越多越好，不分好坏，一概记录下来。

（5）发言要精练，不要详细论述展开发言，否则将拉长时间，并有碍产生创造性成果的气氛。

（6）不允许与会人员按事先准备的发言稿照本宣解。

（三）运用智力激励法需注意的问题

1. 选择好会议的主持人

智力激励会议的成功或失败在很大程度上取决于主持人主持会议的方法。因此，要求所选的主持人具有较丰富的智力激励经验，能把握住会议的主题。主持人主持会议时要把握住三点：

（1）严格遵循智力激励会议的规则；

（2）要使会议保持热烈的气氛；

（3）要让所有会议参加者都能献计献策。

2. 选择好会议的记录员

会议的记录员必须及时记下大家提出的新设想，并写在醒目的位置上，让大家都能看到。同时，记录员还要把设想记录在小卡片上，编号保留下来。一个记录员不够时，可以配两名或多名记录员。

3. 确定好会议的主题

主持人应在会议召开的前两天将主题通知参加者，并附上必要的说明，让参加者能够收集确切的资料，按照正确的方向思考问题。

4. 选择好会议的参加者

（1）奥斯本认为会议的规模宜控制在5~10人，日本一些创造学家认为6~9人合适，我国的创造学家认为5~15人合适。看来只有根据各自的情况决定了。但要注意，太多则容易产生分歧，太少则涉及面会过窄。

（2）参加者的专业结构不能单一化，行家过多容易束缚思维，要尽量使专业结构多样化。

（3）要适当选择有实践经验的参加者，以便形成核心小组。

5. 组织好会议

会议开始前，为使参加者尽快将精力转移到会议上来，可以举行热身活动，其内容有多种形式，如让参加者看一段有关创造的录像，讲一个创造性强的小故事，做几道"脑筋急转弯"的思维练习题。

会议开始时，主持人应简明扼要并富有启发性地向参加者介绍要解决的问题。然后，让参加者自由畅谈，提出富有创造性的新设想。此时，主持人要牢记自己的职责。

6. 延迟评价

会议结束后，主持人再组织专人对会议记录进行分类整理，对设想进行评价，选择出有价值的设想。

（四）智力激励法的步骤

（1）准备。准备阶段应包括产生问题，组建头脑风暴小组、选择主持人，并事先向与会者通知问题的内容，及会议召开的时间和地点，请大家有所准备。

（2）热身。热身活动的目的是使与会者能迅速放松心理，大脑进入畅想，使会议很快进入高潮。热身活动可采用"动物游戏""互相介绍""讲幽默故事""说相声"等各种形式，使气氛和谐、宽松、热烈，并引起大家的各种话题使思维活跃起来。

（3）明确问题。①介绍问题。由主持人向大家介绍要讨论的问题。②对问题进行分析，并将问题分为几个小问题。③主持人或问题的提出者对问题发问并做引导性发言。发问的目的是激发想象，发问可结合奥斯本检核表进行。

（4）自由畅想。要围绕上述问题进行讨论，自由畅谈各种创造性设想。

（5）评价与发展。会后可组织专门的小组，召开专门的会议来评价智力激励会上形成的各种设想，对其中一些荒诞的设想可暂时放弃，对富于创见的想法可再进行加工完善，以便形成方案。并且，在加工整理过程中还会形成许多更有价值的设想。这种做法常称为"二次会议法"。

二、对智力激励法的改进

人们在运用智力激励法进行创造的过程中，根据自己的情况对该技法进行了改进。这里介绍两个典型的改进技法。

（一）653 法

653 法也称默写式智力激励法，是德国创造学家霍利格根据德意志民族惯于沉思，不喜高谈阔论的性格特点，对智力激励法提出的改进方法。

653 法采用书画提创新设想的形式来开展。每次激励会由 6 人参加，针对会议议题，要求每人在 5 分钟内提出 3 个创新设想并写在各自的纸上，所以称之为"653 法"。开展此法时，6 个人围圆桌而坐，先由主持人解释议题、要求及智力激励的基本原则，与会者不必发言，按要求自由畅想。当第一个 5 分钟结束后，大家同时把写了三条设想的纸递给右邻的与会者；接过左邻与会者递来的设想纸后，可以从别人的设想中得到一回新的启发，然后再递给右邻的与会者。如此循回作业，半小时可传递 6 次，产生 108 个设想，有序而高效。

（二）MBS 法

日本的三菱树脂公司在运用智力激励法时，提出了另外一种改进方案——MBS 法（三菱式智力激励法）。其实施过程如下。

（1）主持人向参加会议的人宣布主题。

（2）给 10 分钟左右时间，让参加者将设想写在笔记本上。

（3）轮流宣读设想，每人每次宣读 1~5 个设想，记录员记下设想，其他人受到启发后又可在笔记本上写下新设想，尽量让全体人员把所有设想宣读完。

（4）开始对设想提出质询，提设想人可进行说明。

（5）主持人对讨论结果进行归纳。

（6）参加者对设想进行评价，整理出有用的设想。

这种技法的运用能收到较好的效果。例如，该公司急需研制一种新型净化池，公司领导便召集十余名技术人员，利用 MBS 法，半天就提出 70 余种方案。他们从中选出了 10 种最优方案，画出结构图贴在黑板上，再将每个人对新方案提出的改进设想写在纸条上，贴在相应的位置，通过公司科技人员的评审，最后得出了最佳方案。

对智力激励法的改进还有 CBS 法、K.J 法等。

第三节　列　举　法

列举法是一种将研究对象的某方面本质内容（如特点、缺点或希望点）一一罗列出来，对其进行分析研究，从中探求出各种创造方案的技法。

列举法因研究对象的不同而有多种，但是对创造开发最有实用价值的要数其中的特性列举法、缺点列举法和希望点列举法。需要提及的是列举法的目的不在于一般性列举，而在于从所列举出来的项目中挖掘出发明创造的主题和启发出创造性的设想。所以，在列举研究对象的本质内容时，应是越全面越好，尽量不要有遗漏，这样才不会因罗列的内容有限，导致思考不周全，而与一个更好的创造主题失之交臂。

一、特性列举法和缺点列举法

（一）特性列举法

这是美国内布拉斯加大学的克劳福德教授提出的，他认为应该把问题化整为零，只有把问题区分得越小，才越容易得出设想。例如，你想对一台汽车提出改进设想，最好是根据汽车的特性，把它分解成若干部分，针对每一个部分（如发动机、轮胎、底盘、车身等）分别检查，进而提出新设想，其效果就非常好。

克劳福德的具体做法是，先把所研究的对象分解成细小的组成部分，各部分具有的功能、特征、属性、与整体的关系、连接等尽量全部列举出来，并做详细记录。日本学者上野阳一为找到研究对象的特性提出了区分研究对象特性的三种方式。

（1）根据名词特性——整体、部分、材料、制作方法等来区分。

（2）根据形容词特性——性质等来区分。

（3）根据动词特性——功能等来区分。

例如，需要改良一只盛水的杯子，乍一看水杯没有什么改进的。使用特性列举法可把水杯的构造和性能按要求列出，再一一检查后进行改良，使人豁然开朗，引出新的构思。

1. 名词特性

整体：水杯。

部分：杯身、杯盖、杯把手、杯底、杯肚。

材料：玻璃、陶瓷、铁、组合材料。

制作方法：浇铸、硬模等。

由以上特性，可提醒人们进行各种改进，例如杯盖可改成塑料盖，并可做成艺术品；杯底可以是双层的或中空的。此项内容是天津玻璃器皿厂给外商做试制品时提出的。能否改变玻璃杯的制作，避免现在杯中有玻璃碴的毛病，是玻璃杯生产中的一大难题。虽然这个难题没有解决，但用特性列举法并配合运用机械方面的知识，还是可以构思出新设想的。

2. 形容词特性

水杯的颜色有白、绿、红等；形状有圆、方或特殊形状等；图案也各种各样；水杯的高低、大小均可不同。

这样分析之后，可启发各种构思，如方形杯可在旅行中用；造型可以模仿生物的形状，杯子可做成苹果形、飞鸟形等。

3. 动词特性

功能方面的特性包括可冲水、盛水、测量、保温等；例如在杯上刻上刻度可当量杯，杯把上装温度计可知水的温度等。

按上述特性逐项加以研究和讨论，定会设计出许多具有独特结构和样式的杯子。

（二）缺点列举法

1. 缺点列举法的基本原理

缺点列举法是美国通用电气公司在改进老产品、产生新产品的创意过程中提出的著名创造技法。缺点列举法的基本原理是：任何产品或事物总存在缺点和不足之处，对其进行扩散思维，将这些缺点和不足之处列举出来，并提出改进的方案，就可以形成有创意的新设想。

缺点列举法在一切创造中都普遍适用，因为任何事物都存在大量的缺点，缺点就是创造活动要解决的问题。要解决问题，必须先发现缺点。而要尽可能多地发现缺点，就需要采用缺点列举法这一创造技法。而且任何缺点问题在解决之后，新的缺点又会显现出来。只要广泛地、不断地运用缺点列举法去列举缺点，创新思路便可源源而来。

2. 怎样运用缺点列举法

（1）克服心理障碍，树立强烈的创造意识。

人的心理惰性常常形成一种心理障碍，认为现有的事物能达到如此水平和完善程度已差不多了，应该满意了，不用"鸡蛋里面挑骨头"了。因此，欲运用缺点列举法，应首先克服这种心理障碍，才能树立强烈的创造意识。

（2）尽可能多地列举出已有产品或事物的缺点和不足之处。

这时可以与已有的其他创造技法结合（例如与智力激励法结合），使这一步的效果达到最佳。例如，可采用智力激励会的形式，召集 5~10 人的缺点列举会，根据会议主题，尽可能多地列出缺点，将缺点写在卡片上，再进行分类整理，选出主要的缺点，提出对主要缺点的改进措施。

应该注意的是，这样的会议时间不宜太长。专家们认为在 1~2 小时之内较为适宜。会议主题不要太大或太繁杂，要尽可能小而简单。大的主题可以分解成几个小主题，分几次来实现。

还应注意对于任何产品来说，都至少可以从 6 个思想方向来考虑开展缺点列举。①从产品的使用性能角度列举缺点。②从产品的经济性能角度列举缺点。③从产品的生产制作工艺角度列举缺点。④从产品的技术原理先进性的角度列举缺点。⑤从与国内外相同、相近产品的对比性中列举缺点。⑥从产品的外观、包装、名称、商标及专利保护等市场竞争性方面列举缺点。按照上述思路方向来列举，就能使缺点列举系统化与程序化。

（3）要对列举出的缺点及提出的改进措施进行分析，结合市场的需要和现有各种条件，选择出有价值的改进方案。这是一个决策过程，一个厂家一般不可能针对老产品的所有缺点进行改进，而只能选择 1~2 个主要缺点进行改进。当然，也有对所列缺点进行全改进的时候。

以上阐释了怎样运用缺点列举法，接下来，我们再举例加以说明。

有人认为，作为产品，牛奶不会有什么缺点，但具有创新意识的秦骏伦先生却认为对此问题只要跳出传统的束缚，则必会列举出它也具有一些缺点。①对婴儿来说，牛奶营养不如母乳。②牛奶不能适合于所有的人饮用，特别是不适用于乳酸不耐症者。③牛奶不符合各种高营养要求。④牛奶口味单一，奶味太浓。⑤牛奶热值高，喝了易发胖。⑥牛奶是液体，体积大，不易储存携带……

列举出以上缺点后，提出了改进方案：针对第一条缺点，提出了母乳化牛奶的创新；针对第二条缺点，推出了添加乳糖酶的易消化牛奶；针对第三条缺点，推出了经过浓缩与强化的高蛋白奶新产品；针对第四条缺点，推出果汁、蔬菜汁、可可粉等新品种牛奶；针对第五条缺点，推出脱脂牛奶、低胆固醇牛奶和低热量牛奶等新品种。

二、希望点列举法和综合列举法

（一）希望点列举法

人们为满足市场需求和消费者心理愿望，而将缺点列举又改进为另一种技法——希望点列举法。所谓希望点列举法，是指根据人们的希望点提出各种新的设想，以使人们按照希望与愿望的方向去进行创新的一种创造技法。

运用希望点列举法，首先要了解消费需求的宏观趋势与特点。有人把现在的这种趋势与特点归纳为九个方面。

（1）追求舒适的生活。

（2）追求美的倾向。

（3）追求文化教养的趋势。

（4）讲究格调的倾向。

（5）希望实惠的心理。

（6）追求时尚、流行的心理。

（7）喜好美食的倾向。

（8）重视健康的心理。

（9）追求知识的心理。

轻工部更具体地提出了各轻工行业进行新产品开发的宏观方向。

食品行业：要开发各种方便食品、方便调味品、婴儿系列食品、旅游食品和各种优质酒及饮料；同时要改进食品包装，延长食品保质期。

洗涤剂行业：要研制美容、营养、抗微生物及适用老人和儿童的各种香皂和药皂；开发织物柔软剂、抗静电剂、浴液、餐具洗涤剂、金属洗涤剂等各种液体洗涤剂。

自行车行业：要面向国内外两个市场，按照消费者的性别、年龄、职业、地理环境和使用目的的不同要求，发展不同造型、规格、装饰、速度和制动形式的花色品种。

家用电器行业：要研制能耗小、功能全、使用安全、质量可靠的产品，还要开发结构新颖、使用方便的小家电产品。

玩具行业：要大力研制益智玩具。

陶瓷行业：要在出口陶瓷中着重发展艺术陈设瓷和成套陶瓷的新花色、新品种；国内市场则从厨房用品、卫生洁具、室内装饰、旅游和园林等用途方面增加新品种。

掌握了这些动向，革新者要运用希望点列举法开发新产品就更容易有的放矢了。

希望点列举法的具体开展具有多种形式：一是按照各种需要的思路方向开展个人的列举思考式；二是召开希望点列举的智力激励会；三是先制定希望点列举检核表后再列举等形式。通过各种形式的列举，先扩散，后集中，寻找出最佳希望点，而后便进行创造。

（二）综合列举法

综合列举法是在特性列举法、缺点列举法、希望点列举法及其他列举法的基础上，开展综合性的扩散列举的一种创造技法。

特性列举法、缺点列举法、希望点列举法和其他列举法都只偏重于某一方面来开展创造性思维，因而在一定程度上给创造者带来了一定的束缚，而综合列举法没有任何框框，还可以跳出上述列举法的束缚，对任意思路方向开展扩散思维，最大限度地把列举法应用得更全面、更活跃。

综合列举法的具体方法是针对所确定的创造目标，先列举成尽可能多的思路方向，这些思路方向可以是关于创造对象的缺点、希望点或其他任意为创造所需要的思路方向，然后再对每一个思路方向开展充分的扩散思维，最后再从数量中找质量，选出最佳的创新思路。

第四节　信息交合法

一、许国泰的"思维魔方"

1983 年 7 月，广西南宁召开中国创造学第一届学术讨论会。日本专家村上幸雄隔海赶来，为与会者讲课。面对台下一片亮闪闪的眼睛，村上捧出一把曲别针说："请诸位朋友动一动脑筋，打破框框，说出曲别针有多少用途。看谁想得好、说得多而奇特！"

寂静片刻，有人开了腔："曲别针可别相片、可夹杂志、别报纸。"有人说："纽扣掉了可用曲别针钩起。""可用连起来的曲别针晾东西。"人们七嘴八舌，说出 20 多种。人们问："村上先生，您能讲出多少种？"村上莞尔一笑，伸出三个指头。人们问："30种？"村上摇头："300 种！"人们不胜惊讶。村上扫视一下那些透着怀疑的眼睛，用幻灯片映出了曲别针的用途。

谁知，一位与会者却认为村上所说的曲别针的用途并不算多，他递了一张条子："对曲别针的用途，我能说出 3000 种、30000 种。"

第二天上午，他走上讲台，拿起一支粉笔，在黑板上写下"村上幸雄曲别针术解"。他说："昨天大家和村上先生讲的用途可用钩、挂、别、连四字概括。要突破这种格局，想出更多的用途，最好是借助简单的形式思维工具——信息标和信息反应场。"他首先把曲别针的总体信息分解成若干信息，如材质、重量、体积、长度、截面、韧性、颜色、弹性、硬度、直边、弧等，把这些信息点连成信息标（X 轴）。然后，再把与曲别针相关的人类实践也进行要素分解，如数学、文学、磁、电、音乐、美术等，也连成信息标（Y 轴）。两轴相交并垂直延伸而成"信息反应场"。使两轴各点上的信息依次相交，即进行信息交合。这时，一个奇迹出现了：Y 轴上的数学点与 X 轴上的材质点交合，曲别针可变成 1234567890；＋－×÷；＝、（）、[ ]等数字和符号，用来进行四则运算。Y 轴上的文字与 X 轴材质、直边、弧等交合，曲别针可做成英、日、俄等外文字母，世界上有多少种文字，就有多少种这方面的用途。材质与磁交合可做成指南针；美术与材质、颜色交合可做成铁画；电与长度交合可做成导线……实际上，曲别针的用途可以是无穷无尽的。

此人的术解，将会场里的人们紧紧地吸引住了，宁肯推迟吃午饭的时间。此人是谁？他就是许国泰。以上所介绍的方法，就是他发明的"信息交合法"，人称"思维魔方"。许国泰的思维理论、思维方法和思维智慧，受到了著名科学家高士其和连汝安教授的高度评价，并名扬海外。日本创造学会理事西胜教授说："大有前途！心中有'魔球'，做事不发愁。"该会第九届年会还专邀他去日本讲学。

二、信息交合法的基本原理

信息不是停滞不动的，经过人为的努力，使许多不同质的信息彼此交合，就可导致新的信息的产生，使其增殖。如"钢笔"和"望远镜"相互交合，产生钢笔式单筒"望远镜"；"生物学"和"分子"交合，产生"分子生物学"；"文化"和"旅游"交合，产生"旅游文化学"等。据此，许国泰的"魔球"（信息交合法）理论认为：人的思维活动的实质，是大脑对信息及其联系的输入反映、运行过程和结果表达，一切创造活动都是创造者对自己掌握的信息进行重新认识和联系的组合过程。把信息元素有意识地组成信息系统，使它们在"信息反应场"中交合，就会引出系列的新信息组合（信息组合的物化是产品，信息组合及推导即构思），导出技术发明和技术革新等成果。

三、信息交合法的实施程序

信息交合法分四步程序（见图 17.1）。

（1）定中心：确定坐标原点的东西，例如，想改造笔，就以笔为中心。

（2）画标线：用矢量标串起信息序列。根据"中心"的需要画几条坐标线。例如改造"笔"，则在"笔"的中心点画出时间（过去、现在、未来）、空间（结构、种类、功能等）坐标线若干条。

（3）注标点：在信息标线上注明有关信息点。例如在"种类"标线上注明：钢、毛、圆珠、铅……意即钢笔、毛笔……

（4）相交合：以一标线上的信息与另一标线上的信息相交，产生新信息。仍以笔为例说明，以"钢笔"与"音乐"交合，可产生"钢笔式定音器"；"钢笔"与"电子表"交合可产生"钢笔式电子表"；与"历史"交合可产生有历史图表或十二生肖的钢笔；如果将笔帽与笔尾延伸，即可创造一种带温度计、药盒、针灸用针的"保健笔"。在此基础上仍可继续进行交合，还可产生无数新信息和新联系。事实证明，这的确是一个切实可行的创造技法。

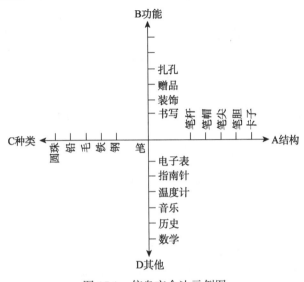

图 17.1　信息交合法示例图

四、信息交合原则

（一）本体交合原则

本体交合是自身分裂，原信息标系中因子依次"相乘"能给人以改革设想。例如搪瓷杯内壁裸出一片薄银，能知液体（酒等）是否有毒掺入；若是铜内壁与酸性果汁接触会有化学反应等，可能提供成百上千种构思。这种本体交合一定要注意整个系统必须有X、Y、Z，缺一不可，还要舍去 X、Y、Z 不适合需要的方案构思。

（二）功能拓展原则

人们的思想常被习惯束缚。打破习惯，任何产品的功能都可拓宽。例如，喝水杯在内壁刻上刻度可当量具；用面粉做杯，内盛冰激凌可食；等等。

（三）杂交原则

杂交原则即以本体信息标为"母体标"，引进非同类知识做"父本"，按本体交合法实施操作。例如在图 17.1 中，引进指南针标，与笔交合，可产生旅游笔；引进温度计标，与之相交合，可产生钢笔式温度计；引进数学，与之相交合，可产生"九九歌"钢笔等。

（四）立体动态原则

把空间方位轴、时间轴引入反应场。例如，杯盖上嵌指北针，盖上画出方位，这样的旅行杯可使人知方向、经度和时间变更；再根据杯盖可旋转引进数学标，可制函数杯、对数杯等；引入人生坐标，可产生生辰杯；把磁引入可制磁化水杯，可延寿祛病等。

此外，不少实践证明，越是"远缘杂交"越难，但越出奇效。如前所述，日本田熊先生把锅炉与人体血液循环放在一起"杂交"，发明高效"田熊式锅炉"。

本 章 小 结

本章共四节。第一节，首先论述了奥斯本检核表法，而后介绍了对奥斯本检核表法的改进情况。第二节，首先阐释了奥斯本激励法，而后介绍了对智力激励法的改进情况。第三节，先后阐释了特性列举法和缺点列举法、希望点列举法和综合列举法。第四节，首先介绍了许国泰的"思维魔方"，而后相继阐释了信息交合法的基本原理和实施程序，接下来论述了信息交合原则。本章提示大学生了解各种创造技法，并更多地加以应用，以使各类创造技法在学习、就业、创业和创新过程中发挥作用。

名词解释

检核表法　　智力激励法　　列举法　　信息交合法

思考训练题

1. 简述奥斯本检核表的内容。
2. 奥斯本检核表法有哪些特点？它的运用应把握哪些要点？
3. 熟记动词提示检核表法的 12 个动词，并根据其寓意联系一下创造中的应用。
4. 运用智力激励法应遵循哪些原则？
5. 克劳福德的特性列举法区分研究对象特性有哪三种方式？
6. 简述信息交合法的基本原埋。

案例分析

圆珠笔漏油的问题的解决

圆珠笔书写到一定程度，笔尖就开始漏油，把书写的纸面、书写者的手都搞得脏兮兮的，十分难看。日本人中田藤三郎发现圆珠笔漏油是因为笔珠磨损变小导致的。因此，他首先想到采用坚硬、耐磨的材料做笔珠来解决这个问题，但是，笔芯头部内侧与笔珠接触的部分因磨损变大，漏油问题仍然未能得到解决。

面对困境，中田藤三郎变换思路，发现当圆珠笔写到 2.5 万字左右时，笔珠就变小漏油。于是他又想，何不减少笔芯容量，使它写到 2.5 万字左右时将笔油用完，问题不就解决了吗？于是，他很快解决了这一难题。

资料来源：姚凤云. 朱光. 创造学与创新管理[M]. 北京：清华大学出版社，2010.

问题：圆珠笔漏油问题的解决运用的是什么创造技法？这种创造技法有几种类型？请简答出各类型的名称？本案例的技法运用属于其中的哪一种类型？

参 考 文 献

[1] 姚凤云，赵雅坦，郑郁. 创新与创业管理[M]. 北京：清华大学出版社，2017.

[2] 姚凤云，郑郁，赵雅坦. 大学生就业与创业[M]. 北京：清华大学出版社，2017.

[3] 陈方前，郭伟，陈永秀. 大学生职业生涯规划与就业指导[M]. 长春：吉林大学出版社，2017.

[4] 王佳，姚圆鑫. 大学生职业生涯规划与就业指导[M]. 北京：国家行政学院出版社，2016.

[5] 姚凤云，戴国宝，李远航. 创造学与创新管理[M]. 第2版. 北京：清华大学出版社，2016.

[6] 郭立银，官桂芬. 大学生职业生涯发展与就业创业指导[M]. 北京：北京师范大学出版社，2015.

[7] 李伟. 创新创业教程[M]. 北京：清华大学出版社，2015.

[8] 陈永奎. 大学生创新创业基础教程[M]. 北京：经济管理出版社，2015.

[9] 雷家骕，葛健新，王华书，林苞. 创新创业管理学导论[M]. 北京：清华大学出版社，2014.

[10] 任荣伟，梁西章，余雷. 创新创业案例教程[M]. 北京：清华大学出版社，2014.

[11] 李军雄，熊安锋. 大学生职业发展与就业创业指导[M]. 北京：北京邮电大学出版社，2013.

[12] 李辉，刁庆国. 大学生就业指导教程[M]. 北京：北京师范大学出版社，2013.

[13] 钱永林，孟繁兴，郁君平. 大学生职业生涯规划[M]. 第2版. 大连：大连理工大学出版社，2013.

[14] 赵伊川，马鹤丹，赵宇哲. 创业基础[M]. 大连：东北财经大学出版社，2013.

[15] 姚飞. 创业管理[M]. 大连：大连理工大学出版社，2013.

[16] 肖宪龙. 大学生就业指导[M]. 北京：北京邮电大学出版社，2012.

[17] 李国雄. 大学生职业生涯发展与就业指导教程[M]. 北京：中国传媒大学出版社，2012.

[18] 郭天宝，关晓丽，李可. 大学生创业教材[M]. 大连：东北财经大学出版社，2012.

[19] 奚国泉. 创新创业实训教程[M]. 北京：清华大学出版社，2012.

[20] 杨东辉，刘春. 大学生就业指导与职业生涯规划[M]. 北京：中国建材工业出版社，2011.

[21] 马恩，谢伟. 大学生就业指导与发展活动教程[M]. 北京：清华大学出版社，2011.

[22] 牟德刚，孙广福，廖传景. 大学生职业生涯发展与就业指导[M]. 北京：科学出版社，2011.

[23] 刘亚娟. 创业风险管理[M]. 北京：中国劳动社会保障出版社，2011.

[24] 武艳，张晓峰，张静. 企业风险管理[M]. 北京：清华大学出版社，2011.

[25] 王云龙，孙佳炎，邢传波. 大学生就业指导教程[M]. 哈尔滨：哈尔滨工程大学出版社，2010.

[26] 耿彦君. 大学生就业与创业指导教程[M]. 北京：高等教育出版社，2010.

[27] 曹敏. 大学生就业指导[M]. 武汉：武汉大学出版社，2010.

[28] 李军锁. 大学生职业指导教程[M]. 北京：清华大学出版社，2010.

[29] 陈文彬，吴恒春. 创业实务教程[M]. 广州：暨南大学出版社，2010.

[30] 魏莉梅. 大学生职业生涯规划与就业指导教程[M]. 北京：经济日报出版社，2009.

[31] 杨安. 创业管理[M]. 北京：清华大学出版社，2009.

[32] 陈劲，郑刚. 创新管理[M]. 北京：北京大学出版社，2009.

[33] 林嵩. 创业学：原理与实践[M]. 上海：上海财经大学出版社，2008.

[34] 武春友，王国红，唐丽艳. 创业管理[M]. 大连：大连理工大学出版社，2008.

[35] 张天桥，侯全生，李朝晖. 大学生创业第一步[M]. 北京：清华大学出版社，2008.

[36] 赵国忻. 大学生创业指导[M]. 北京：冶金工业出版社，2008.

[37] 鲍步云，刘朝臣. 创新管理论[M]. 合肥：合肥工业大学出版社，2008.

[38] 韩国文. 创业学[M]. 武汉：武汉大学出版社，2007.

[39] 李良智，查伟晨，钟运动. 创业管理学[M]. 北京：中国社会科学出版社，2007.

[40] 王延荣. 创业管理[M]. 上海：上海财经大学出版社，2007.

[41] 张涛，雄晓云. 创业管理[M]. 北京：清华大学出版社，2007.

[42] 丁栋虹. 创业管理[M]. 北京：清华大学出版社，2006.

教师服务

　　感谢您选用清华大学出版社的教材！为了更好地服务教学，我们为授课教师提供本书的教学辅助资源，以及本学科重点教材信息。请您扫码获取。

▶▶ 教辅获取

本书教辅资源，授课教师扫码获取

▶▶ 样书赠送

创业与创新类重点教材，教师扫码获取样书

 清华大学出版社

E-mail: tupfuwu@163.com
电话：010-83470332 / 83470142
地址：北京市海淀区双清路学研大厦 B 座 509

网址：http://www.tup.com.cn/
传真：8610-83470107
邮编：100084